乡村振兴战略：理论与实践

谢花林　金　雪　周来友　编著

中国财经出版传媒集团

经济科学出版社
Economic Science Press

图书在版编目（CIP）数据

乡村振兴战略：理论与实践／谢花林，金雪，周来
友编著 . -- 北京：经济科学出版社，2022. 10
ISBN 978 - 7 - 5218 - 4090 - 2

Ⅰ. ①乡…　Ⅱ. ①谢…　②金…　③周…　Ⅲ. ①农村经
济建设 - 研究 - 中国　Ⅳ. ①F323

中国版本图书馆 CIP 数据核字（2022）第 184449 号

责任编辑：白留杰　杨晓莹
责任校对：王苗苗
责任印制：张佳裕

乡村振兴战略：理论与实践

谢花林　金　雪　周来友　编著

经济科学出版社出版、发行　新华书店经销

社址：北京市海淀区阜成路甲 28 号　邮编：100142

教材分社电话：010 - 88191309　发行部电话：010 - 88191522

网址：www. esp. com. cn

电子邮箱：bailiujie518@ 126. com

天猫网店：经济科学出版社旗舰店

网址：http：// jjkxcbs. tmall. com

北京密兴印刷有限公司印装

710 × 1000　16 开　23.25 印张　400000 字

2022 年 12 月第 1 版　2022 年 12 月第 1 次印刷

ISBN 978 - 7 - 5218 - 4090 - 2　定价：86.00 元

（图书出现印装问题，本社负责调换。电话：010 - 88191510）

（版权所有　侵权必究　打击盗版　举报热线：010 - 88191661

QQ：2242791300　营销中心电话：010 - 88191537

电子邮箱：dbts@ esp. com. cn）

前　言

乡村是具有自然、社会、经济特征的地域综合体，兼具生产、生活、生态、文化等多重功能，与城镇互促互进、共生共存，共同构成人类活动的主要空间。乡村兴则国家兴，乡村衰则国家衰。我国人民日益增长的美好生活需要和不平衡不充分的发展之间的矛盾在乡村最为突出，我国仍处于并将长期处于社会主义初级阶段，它的特征很大程度上表现在乡村。全面建成小康社会和全面建设社会主义现代化强国，最艰巨最繁重的任务在农村；最广泛最深厚的基础在农村；最大的潜力和后劲也在农村。党的十九大报告指出，农业农村农民问题是关系国计民生的根本性问题，必须始终把解决好"三农"问题作为全党工作的重中之重。党的二十大报告指出，全面推进乡村振兴，加快建设农业强国，扎实推动乡村产业、人才、文化、生态、组织振兴。实施乡村振兴战略，是解决新时代我国社会主要矛盾、实现"两个一百年"奋斗目标和中华民族伟大复兴中国梦的必然要求，具有重大现实意义和深远的历史意义。

2021年6月1日起施行的《乡村振兴促进法》指出，应当按照产业兴旺、生态宜居、乡风文明、治理有效、生活富裕的总要求，统筹推进农村经济建设、政治建设、文化建设、社会建设、生态文明建设和党的建设，充分发挥乡村在保障农产品供给和粮食安全、保护生态环境、传承发展中华民族优秀传统文化等方面的特有功能。

从"精准扶贫"到乡村振兴，这是"三农"工作重心的历史性转移，其总目标是实现农业农村现代化。从执行层面看，如何全面实施乡村振兴战略？如何全面推进农业农村现代化？这是新时代农业农村现代化发展的"时代之问"。为此，要心系"国之大者"，准确识变，把握"三农"发展新形势新变化；积极应变，促进脱贫攻坚和乡村振兴实现有效衔接，实施具有中国特色的乡村振兴战略；科学谋变，谋求高质量可持续发展。要在脱贫攻坚战取得全面胜利的历史性成就基础上，抓住新时代的历史机遇，站在建党百年以来乡村振兴战略的新历史起点上，乘势而上答好令人民满意、经得住历史考验的农业农村现代化"时代答卷"。

本书在梳理乡村振兴发展脉络的基础上，系统总结了乡村振兴的思想基础、理论体系、考量指标和政策工具，提出了中国乡村振兴战略的实践路径（推进乡村产业兴旺、打造生态宜居美丽乡村、实现脱贫攻坚与乡村振兴有效衔接、创新乡村体制机制、完善人才支撑与智力支持、推进国土空间治理效能、科技赋能乡村振兴、促进乡村生态产品价值实现）。旨在展现我国乡村振兴战略的先进思想和创新实践，引导社会各界形成对我国乡村振兴战略的全面认识和准确判断。

本书内容是在课题组承担的国家社会科学基金重大项目《生态产品价值实现与乡村振兴的协同机制研究》（21&ZD185）等项目资助下的前期部分研究成果，以及相关文献的基础上整理而成。乡村振兴战略研究涉及的领域较广，是一项复杂的系统工程，本书引用了大量的相关文献。在此对相关文献的作者们表示诚挚的谢意。

江西财经大学生态文明研究院的欧阳振益、陈彬、李哲、许信、盛美琪、邹品健、罗世龙、冷克诚、曾宏琛、潘依玲、吴曼玉参与了资料收集和校稿工作。在此对他们表示衷心的感谢。

本书适合农林经济管理、乡村地理、自然资源管理、资源与环境经济学和公共管理等专业的本科生和研究生阅读，也可以作为政府工作人员的参考用书。

编者

2022 年 9 月

目　录

第一章　概　述

第二章　乡村振兴的理论基础

第三章　推进乡村产业兴旺

第四章　打造生态宜居美丽乡村

第五章 实现脱贫攻坚与乡村振兴有效衔接

第六章　创新乡村体制机制

第七章　完善人才支撑与智力支持

第八章　提升乡村国土空间治理效能

第九章　科技赋能乡村振兴

第十章　促进乡村生态产品价值实现

第一章 概　述

第一节　乡村振兴的内涵

2017 年，党中央提出实施乡村振兴战略。实施乡村振兴战略是推动农业农村现代化的重大战略部署，是新时代开展"三农"工作的总抓手。为了进一步深化乡村振兴战略，从 2018 年起，党中央先后发布《关于实施乡村振兴战略的意见》《乡村振兴战略规划（2018～2022 年)》《关于全面推进乡村振兴加快农业农村现代化的意见》等一系列关于乡村振兴战略的文件。在文件中明确指出了实施乡村振兴战略的指导思想、目标任务、根本原则等农业农村发展的相关内容。

一、乡村振兴的提出

一直以来，党中央始终把"三农"问题作为工作的重中之重，持续推进农业农村快速发展。党的十八大以来，党和政府高度重视农业农村发展，并取得一定成效。农村经济发展带动农业产业发展，农业生产效率不断提升，农业综合生产能力大幅增长，粮食产量稳步提升。农村基本医疗卫生等公共服务水平不断提升，部分公共服务水平趋近于城市水平。随着我国精准扶贫战略的大力实施，我国贫困人口由 2013 年的 8 249 万人减少到 2017 年的 3 046万人，减少了 5 203 万人。我国的脱贫减贫工作取得了举世瞩目的成就。党的十八大以来，我国农村经济建设稳步提升，物质产品极大丰富。这些成就为实施乡村振兴战略提供了重要的发展基础。

但需要注意的是，当前我国农村仍然存在许多问题，我国发展不平衡不充分的问题在乡村最为突出。在过去，我国农村发展以资源消耗、环境污染为代价，导致农村生态资源趋紧，环境污染严重。水资源、耕地资源是农业发展必不可少的资源，也是农村最宝贵的财富。长期以来，我国农村始终存在水资源、耕地资源短缺的问题。我们用世界7%的耕地养活了22%的人口。在耕地质量上，我国中低等耕地占总耕地面积的比重超过2/3。农业用水损失率超过50%，普遍高于发达国家和部分发展中国家。在优质农产品供给上，供需不平衡、供给短缺的问题十分明显。在我国农村传统的农业生产模式下，化肥、农药过量使用，导致农产品质量严重受损，食品安全问题依然存在。农村问题还表现在农村资源空置上。由于我国农村经济长期落后于城市，导致大量的农民进城务工，房屋废弃、闲置的情况比较普遍。长时间以来，农村房屋整体呈现破、旧、乱的情况。部分地区农村比较偏僻、地形复杂，以深丘、山地为主的村庄土地撂荒现象依然存在。

随着我国经济社会快速发展，农村存在的种种问题已经严重制约了我国的现代化建设，必须要加以解决。

实施乡村振兴战略是在我国经济持续向好、农业农村发展取得显著成就的基础上提出的推进我国城乡协调发展，解决农村突出问题的重要战略部署。实施乡村振兴战略"要坚持农业农村优先发展，按照产业兴旺、生态宜居、乡风文明、治理有效、生活富裕的总要求，建立健全城乡融合发展体制机制和政策体系，加快推进农业农村现代化。"此后，《关于实施乡村振兴战略的意见》进一步明确，实施乡村振兴战略，要统筹推进农村经济建设、政治建设、文化建设、社会建设、生态文明建设和党的建设，加快推进乡村治理体系和治理能力现代化，加快推进农业农村现代化，走中国特色社会主义乡村振兴道路。

二、乡村振兴战略的内涵

（一）乡村振兴战略内涵概述

进入新时代，基于我国社会主要矛盾的变化，乡村振兴被赋予了更加丰富的内涵。从党中央对乡村振兴战略的论述来看，其内涵包括五个方面：乡村振兴战略关系农业农村农民问题；乡村振兴战略要坚持农业农村优先发展；以全面振兴为内在要求；以城乡融合发展为途径；以实现农业农村现代化为目标。

乡村振兴战略覆盖农业农村农民问题。乡村振兴是全局性的重要战略部署，全面覆盖农业农村农民问题。实施乡村振兴战略首先要大力发展现代农业，坚持质量兴农、绿色兴农、科技兴农的基本线路，推动农业供给侧结构性改革。逐步完善农业体系，引导农业生产向高质量、创新性发展。其次要改善农村生态环境、培育乡风文明和提高治理能力。改善农村生态环境要加强生态环境整治，实现生态宜居乡村目标；培育乡风文明要加强文化内容和形式创新，不断提高乡村文明程度。提高治理能力"要健全党组织领导的自治、法治、德治相结合的乡村治理模式，构建共建共治共享的社会治理格局，走中国特色社会主义乡村善治之路"。最后要着力提高农民的生活水平，按照抓重点、补短板、强弱项的要求，加快农村发展，千方百计拓展农民增收渠道，提高农民的收入水平，让农民群体有幸福感、获得感。

乡村振兴战略要坚持农业农村优先发展。习近平总书记在 2017 年中央工作会议上的讲话指出，"实施乡村振兴战略是从解决我国社会主要矛盾出发的。当前，我国社会主要矛盾发生转变。这种变化要求我们要在继续推动发展的基础上，着力解决好发展不平衡不充分问题，更好满足人民日益增长的美好生活需要。"长期以来，我国一直走在工业化和城镇化道路上，农村大量的人力和物资源源不断输送到城市，带动城市快速发展。最终导致农业农村发展远远滞后于城市发展水平，城乡发展不平衡由此成为我国社会发展中最大的不平衡。为了解决城乡发展矛盾问题，乡村振兴必须坚持农业农村优先发展，要着力解决农产品阶段性供给不平衡的问题，提高农业供给质量；培养新型农民队伍，提高农民群体市场竞争力，满足生产力发展的要求；加强农村基础设施建设，修复和改善农村生态环境；拓宽农民就业渠道，积极为农民创收提供机会；建立健全农村医疗卫生保障体制机制；健全基层治理体系和治理能力现代化建设；以及创新农村金融体制机制，推动城乡资源流动互通互融。

乡村振兴战略要以全面振兴为内在要求。实施乡村振兴战略应当按照"产业兴旺、生态宜居、乡风文明、治理有效、生活富裕"的总要求持续推进。总要求从经济、政治、文化、社会、生态五个方面对乡村振兴战略作出定位。既是对党的十八大提出的"五位一体"总体布局的回应，也与乡村振兴战略五大振兴目标相契合。乡村振兴，产业兴旺是重点。推动农村经济建设，按照产业兴旺的要求，激发农村产业活力，实现产业振兴目标；乡村振兴，生态宜居是关键。推动农村生态文明建设，按照生态宜居的要求，保护和恢复乡村生态环境，实现生态振兴目标；乡村振兴，乡风文明是灵魂。推动农村文化建设，按照乡风文明的要求，培育文明乡风内容和形式，实现文化振兴目标；乡村振兴，治理有效是保障。推动农村政治建设，按照治理有效的要求，在人才队伍的支撑下构建自治、法治、德治相结合的乡村治理体系，实现人才振兴目标；乡村振兴，生活富裕是根本。推动农村社会建设，按照生活富裕的要求，以基层组织为重要抓手，带领农民发家致富，让广大农民生活好起来、富起来，有幸福感和获得感，从而实现组织振兴。

乡村振兴战略要以城乡融合发展为途径。我国长期实行城乡二元发展结构，实行农业支持工业，农村支持城镇的发展模式，导致城镇汇集了更多优质资源，发展速度远超农村。改革开放以后，我国农村面貌发生了翻天覆地的变化。但是，城乡二元结构没有根本改变，城乡发展差距不断拉大趋势没有根本扭转。要想从根本上解决这些问题，必须要推进城乡发展一体化。城镇化是经济社会发展的必然阶段。当前，我国仍然处于城镇化高速发展的阶段，未来仍会有大量的农村人口涌向城镇。因此，乡村振兴要积极与城镇融合，使二者互为支撑、相互促进。一方面要充分发挥政府的规划引导作用，更为主动地将财政投入向农村倾斜，社会建设公共资源向农村投放，基础公共服务向农村延伸，解决好广大农民最关心、最直接、最现实的问题；另一方面要发挥市场在资源配置中的作用，引导更多的社会力量投入农村建设，释放农村庞大的潜力。

乡村振兴战略以实现农业农村现代化为目标。党的十九大以来，我国在即将全面建成小康社会之际，党中央对我国社会主义建设提出了更高的目标和要求。即到 2035 年我国基本实现现代化；2050 年建成社会主义现代化强国。社会主义现代化建设包括工业、农业、军事、科技等方方面面的内容，农业现代化也必然成为其重要组成部分。习近平总书记在 2017 年中央农村工作会议上指出，"新时代'三农'工作必须围绕农业农村现代化这个总目标来推进。"乡村振兴实现农业农村现代化，一是要实现农业现代化。创新农业科技，加强科学技术在农业生产中的应用，从而提高农业生产效率；二是要实现农村现代化。加强生态环境建设、乡村文明建设、治理水平建设，实现农村生态宜居、乡风文明、治理有效的现代化水平，建成社会主义新农村；三是要实现农民生活富裕。要千方百计为农民创造就业机会，增加低收入群体收入，扩大中等收入群体规模，提高农民整体生活水平。

（二）乡村振兴战略的原则与目标

原则是行为的标准，目标是行为的导向。科学的原则和明确的目标为实施乡村振兴战略提供基本遵循和工作方向。《关于实施乡村振兴战略的意见》对于实施乡村振兴战略的基本原则和主要目标作了具体阐释。

一是坚持党管农村工作。毫不动摇地坚持和加强党对农村工作的领导，是中国共产党对一切工作的领导在农村的具体体现。要确保党在农村工作中全面领导和协调各方权益的作用。二是坚持农业农村优先发展。坚持农业农村优先发展，要在经济社会发展中把解决农业农村问题，实现农业农村现代化作为首要任务，从要素配置上优先满足农业农村发展。三是坚持农村农民主体地位。农民是农村的主人，乡村振兴战略的最终关注点是农民。脱离农民去谈农业农村问题是典型的舍本逐末。要充分尊重农民意愿，始终坚持为了农民、依靠农民、农民共享的原则，不断提升农民的获得感、幸福感。四是坚持乡村全面振兴。乡村振兴战略最终要实现农业农村现代化。这里的现代化不能仅仅局限于物质、精神领域的现代化，而应当是设计农村"五位一体"建设新格局等的全面现代化，实现乡村全面振兴。五是坚持城乡融合发展。推动城乡要素互融互通，提高市场在乡村振兴中的地位和作用。这是新时代实现农业农村现代化的重要途径。六是坚持人与自然和谐共生。人是自然的一部分，人与自然和谐共生是经济社会发展所必须遵循的客观规律。构建乡村振兴走绿色发展道路，以绿色发展引领乡村振兴是实现人与自然和谐共生的时代选择。七是坚持因地制宜循序渐进。我国农村数量多、分布广。要准确把握不同地区、不同主体之间的差异性，注重规划引领，发挥不同主体的优势，助力实施乡村振兴战略。

实施乡村振兴战略的主要目标。到 2035 年实现中期目标以及到 2050 年实现长远目标，更好地以目标导向引领发展。第 1 阶段，到 2035 年，再经过15 年的发展，乡村振兴取得决定性进展，农业农村现代化基本实现。在生态环境方面，生态环境得到根本性好转，人居环境明显好于城市水平，美丽宜居乡村基本实现；在产业发展方面，农业供给侧结构性改革进一步深化，农业结构得到根本性改善，农业综合生产力实现巨大提升，三产融合取得重大突破；在生活富裕方面，农民生活质量显著提升，相对贫困进一步缓解，实现城乡共同富裕稳步迈进。农村精神文化建设质与量协同发展，乡风文明达到新高度。农村基础设施建设达到城市水平，城乡基本公共服务均等化基本实现，城乡融合发展体制机制更加完善；在乡村治理方面，坚持党的领导持续深化，自治、法治、德治三治融合取得重要成效，党的农村工作领导体制机制总体完善。

第二节　乡村振兴考量维度

一、产业兴旺维度

所有领域的政策活动都以推动社会健康发展、促进生产力水平提高为政策追求的目的。乡村振兴战略作为 7 大国家战略之一，毫无疑问具有促进生产力发展的价值。产业兴旺就是在坚持绿色发展理念的前提下，以生产力发展的标准来衡量农业现代化程度。并在凸显乡村特色的基础上，最终形成产业链、价值链、附加值为一体的绿色生态产业发展格局。习近平总书记在参加十三届全国人大一次会议山东代表团审议时强调，"要推动乡村产业振兴，紧紧围绕发展现代农业，围绕农村一二三产业融合发展，构建乡村产业体系，实现产业兴旺。"

产业兴旺是以现代农业为核心的产业，是提高农民收入的根本途径。增加收入才能在经济上保障农民物质利益，在政治上尊重农民民主权利。随着"绿色经济""低碳生活"深入人心，技术与自然需要进行充分融合；农业生产力要得到最大限度的发挥和利用；人们的身心健康和环境质量要得到充分保障。在城镇化快速推进的背景下，乡村产业的转型升级，是逐步缩小城乡差距、重塑城乡关系的根本途径。让城乡居民共享经济社会发展成果，不断促进城市与农村在人口流动、公共政策、资源开发、环境共享等方面形成水乳交融、双向互动、互为依存的态势，是城乡一体、产业兴旺的内在要求，也是评价乡村振兴的重要依据。

产业兴旺维度，就是产业发展要有地域特色。能够有力促进当地乡村经济发展，带动农民就近就业，增加非农就业人员比重，农民收入显著提高；能够提高当地的土地使用效率，推动种植业、畜牧业、渔业、农产品加工业等转型升级，努力向现代农业迈进；能够强化物质条件支撑的能力，推动农业全环节升级、全链条增值；以绿色产业为主导，从整体上提高农业供给质量、效益以及农业的产业素质和竞争力，带动农村全面富裕。因此，产业兴旺主要从人均 GDP、土地产出率、非农从业人员比重、农民就近就业率、乡村特色产业对农民增收等方面来进行衡量。

二、生态宜居维度

生态兴则文明兴，生态衰则文明衰。生态宜居目标就是要在治理农村生态环境的突出问题上取得重大成效，在农业生态系统保护力度上取得新进展，人、自然、环境融为一体，使人们获得幸福的最大化。人民安居乐业，有很强的幸福感和获得感。人们都能普遍树立尊重自然、保护自然和珍爱自然的意识，就像保护眼睛一样保护生态环境，像对待生命一样对待生态环境。能够全面推进绿色发展，实现人与自然和谐共生。因为在过去重量而轻质的发展时代，农业活动给农村的生态环境带来了严重的破坏，垃圾、污水、畜禽粪便、秸秆焚烧等问题严重影响了农村的宜居程度。习近平总书记在2014年《加快转变农业发展方式》中指出，农业发展不仅要杜绝生态环境欠新账，而且要逐步还旧账。实现乡村振兴就是要让老百姓呼吸上新鲜的空气、喝上干净的水、吃上放心的食物、生活在宜居的环境中、切实感受到经济发展带来的实实在在的环境效益，让天更蓝、山更绿、水更清、环境更优美；让居民望得见山、看得见水、记得住乡愁。生态宜居的目标评价维度，充分说明良好的生态环境是农村最大的优势和宝贵的财富，要让良好的生态成为乡村振兴的支撑点。

生态宜居是乡村振兴的关键，是满足农民对美好生态环境需要的保证。良好的生态环境是农村最大的优势和宝贵的财富，是乡村振兴的另一目标。生态宜居体现了尊重自然、顺应自然、保护自然的发展理念，是实现百姓富和生态美的统一。生态宜居的评价维度，就是对于农村的要求。环境卫生干净整洁宜居，生态环境美丽清洁良好，交通便利，生活方便，风景怡人，适宜居住。农村不仅要提供充足、安全的农产品，而且要提供清洁的空气、恬静的田园风光等生态产品，还要提供农耕文化、乡愁等精神产品。生态宜居主要从卫生厕所普及率、清洁能源使用率、自来水入户率、乡村干道硬化率、乡村绿化覆盖率、垃圾集中处理率等方面来考量。

三、乡风文明维度

乡村振兴，既要塑形，也要铸魂。文化是乡村的灵魂。文化兴，则乡村兴。乡风文明就是在乡风建设上，形成良好的家风民风，邻里互助和谐，乡土文化得到保护和传承，并得以发展兴盛。党的十九大报告明确提出，要坚持农业农村优先发展，按照产业兴旺、生态宜居、乡风文明、治理有效、生活富裕的总要求，建立健全城乡融合发展体制机制和政策体系，加快推进农业农村现代化。乡村振兴，乡风文明是保障。当前，在逐步实现全面小康、改善物质生活条件的同时，农村一些优秀的农耕文化正在逐渐消失，原来文明的乡风、良好的家风和淳朴的民风正在逐渐衰落。这给农业农村现代化建设带来了严峻的考验。乡风是维系中华民族文化基因的重要纽带。农耕文明是中华民族对人类文明的重要贡献，是乡风文明的根和魂。因此，乡风文明就是要传承和振兴优秀传统农耕文化，重新提振农民的精神面貌，重新塑造人们以社会主义核心价值观为引领的价值信念。习近平总书记在江苏考察时指出，实施乡村振兴战略要物质文明和精神文明一起抓，特别要注重提升农民精神风貌。培育乡风文明，引导农民在思想观念、道德规范、知识水平、素质修养、行为操守等方面继承和弘扬农耕文化的优良传统，形成积极、健康、向上的社会风气和精神风貌。文明乡风、良好家风、淳朴民风，是美丽乡村的精神内核，是乡村精神文明的基石。

乡风文明是乡村振兴的根本体现，是满足农民对高品质精神文化需要的保证。农村美，体现的是乡村"内外兼修"。乡风文明的评价维度，是农民素质的集中反映，就是从农村人口平均受教育年限、文化休闲场所覆盖率、家庭文化消费支出比重、农村社会诚信度、文明家庭所占比重等方面来衡量的。从农民的思想、文化教育和道德水平出发，是否形成了崇尚文明、崇尚科学、家庭和睦、互助合作、稳定和谐的良好社会氛围，农村教育、文化、卫生、体育事业是否得到全面发展，乡村传统文化是否得到保护和传承；农村精神文明建设在文明乡风、良好家风、淳朴民风中作用的发挥，农民精神风貌是否积极向上，乡村社会的文明程度是否显著提高等。乡风文明是乡村振兴之魂，只有乡土文化兴，农村才是真正实现了美丽、文明和振兴。

四、治理有效维度

治理有效就是要在政治民主、乡村治理、群众参与方面取得重大进展；现代乡村治理体制逐步建立；乡村法治、德治与自治的良好局面基本形成；应对农村治理危机的能力显著提升。村民会议、村民议事、村务公开等制度日益健全，村民监督作用得到充分发挥，村务公开全面推进。凡是村里的重大事项和村民普遍关心的问题，都要做到向村民公开，村民积极广泛参与乡村治理成为现实。例如随着退耕还林还草的持续推进和农村基础设施的不断完善，许多农村地区的生态环境得到了较好的保护。但农村的生活环境、人文环境和农田水利等治理情况却依旧较差或者正在呈现出衰败的趋势，某些领域还面临着治理危机的问题。这些都需要通过改革农村治理体制来加以解决。创新和建立现代乡村治理体制，在积极吸收和践行现代治理理念的同时，应努力探索符合乡村发展实际和乡村当地特色的治理机制。在上级政府的监督领导下，应不断提高村两委的治理责任和治理能力，调动村民广泛参与乡村治理，充分发挥村民自治对农村民主政治建设的作用。重视法治对维护乡村和谐安全稳定的作用，强调德治对规范邻里友好和睦相处、培育良好乡风民风的作用。从而建立健全乡村自治、法治和德治相结合的良性互动机制。有效的治理，其治理效果就要能够充分反映乡村特色、乡村风格和乡土风味，保留青山绿水，让人们记得住乡愁。当然，治理有效不仅体现在对突出的环境问题进行综合整治上，还体现在对关系民生的众多小事的治理上。2017 年11 月，习近平总书记就旅游系统推进"厕所革命"工作取得的成效作出重要指示。这是总书记三年来第二次对"厕所革命"作出重要指示。可见，民生无小事，枝叶总关情。

　　治理有效是乡村振兴的重要体现，是满足农业农村现代化需要的保证，是农村脏乱差的状况从根本上得到治理、人居环境得到显著改观的基础。治理有效的评价维度，主要从乡村依法自治达标率、村民对村务公开的满意度、村民对基层党组织的信任度、村民对社会治安的满意度、村民对乡村治理的参与率等方面来考量。治理有效，就是各种社会服务组织的作用是否被彰显，公众是否广泛参与乡村治理，乡村治理能力和水平是否提高；基层党组织的核心作用是否得到充分发挥，村务是否公开透明，是否得到村民监督；农村区域是否长久治安，区域市场体制是否健康发展；法律在维护农民权益、规范市场运行、农业支持保护、生态环境治理、化解农村社会矛盾等方面的权威地位是否不断强化等。

五、生活富裕维度

　　生活富裕是农民富裕的基本要求，是实施乡村振兴战略的根本旨归。农民不仅是农业综合生产能力的实践者，而且是社会财富的根本创造者。"三农"的核心问题是农民的收入问题，也是满足农民美好生活需要的前提。2018年，习近平总书记在山东考察时用最接地气的话叮嘱随行的地方领导，农业农村工作，说一千、道一万，增加农民收入是关键。乡村振兴战略实施的效果如何，关键要看农民的腰包鼓不鼓。只有农民的钱袋子鼓起来，农民的日子才会过得更加富裕体面。为此，乡村振兴战略要在乡村全面发展的基础上，不断开拓增收渠道，千方百计增加农民收入，让广大农民有更多的获得感和幸福感；让农民的收入显著增强，城乡贫富差距和区域差距不断缩小，使居住在乡村里的农民和居住在城市里的居民，同样可以享受到现代生活所带来的各种便利和国家发展成果，人们拥有富裕、安全、文明和积极向上的生活方式。从而实现广大农民生活水平从生活宽裕到生活富裕的跃升，真正实现全面意义上的共同富裕。农民富，中国才真富。所以，农民生活富裕是乡村振兴战略的核心目标，也是实施乡村振兴战略的出发点和落脚点；是满足农民对美好生活需要的前提和基础，也是党"以人民为中心"的发展思想在"三农"领域的具体体现。当然生活富裕不仅在于生活层次上的物质富裕，而且也包括农民精神上的富裕和精神文化需要的满足。这也是实施乡村振兴战略的最终归宿。

生活富裕是乡村振兴的首要目标，是满足农民对美好生活需要和缩小城乡差距的保证。中国要强农业必须强；中国要美农村必须美；中国要富农民必须富。生活富裕的评价维度，就是农民要富裕。要让农民有持续稳定的收入来源，经济宽裕，衣食无忧，生活便利；农村恩格尔系数不断降低，城乡居民收入差距不断缩小，农民的居住水平和生活层次大幅提高，农民有强烈的幸福感和获得感。要让农民能够平等参与现代化进程，共同分享现代化的成果。农村信息化水平明显提高，家庭电脑使用普遍增加，实现网络全覆盖；农民不会再因重特大疾病而返贫，农民平均预期寿命达到并超过发达国家水平。随着生产力的发展，拥有闲暇时间将成为富裕生活的一个显著标志。同时农民要将闲暇时间更多地用于提升自己文明、健康、科学的生活方式上，在物质生活丰裕的基础上农民的精神文化生活也有较大的提升。生活富裕最根本的还是需要提高农民的收入，因此生活富裕主要需从农民人均纯收入、农村恩格尔系数、农民居住质量指数、农村网络覆盖率、农民重特大疾病救助率、农村人口平均预期寿命等方面来衡量。

以产业兴旺、生态宜居、乡风文明、治理有效和生活富裕为乡村振兴的目标评价维度，能够对乡村振兴进行综合全面的评价。这五个方面体现了经济、政治、文化、社会和生态五位一体的发展思想，说明乡村振兴不是某一方面的振兴，而是全方位、多领域、各层面的全面振兴。产业兴旺是乡村振兴的物质基础，为乡村振兴战略其他事项的开展提供持久动力。生态宜居是从村容整洁的外在环境设施的评价向更加注重农民内在生活质量层面的转变，是农民获得感和幸福感的主要来源。乡风文明是对乡村精神文明建设的要求。五大要求中，只有乡风文明未变。这既说明文明乡风建设的重要性，也充分体现了乡村精神文明建设的长期性。

图 1-1 为乡村振兴的内涵和目标，内容包括乡村振兴战略总体要求，中国特色社会主义乡村振兴道路，"五个新愿景"，实现途径等。

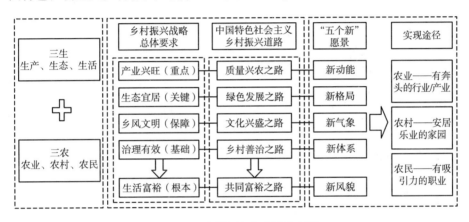

图 1-1 乡村振兴的内涵和目标

资料来源：刘黎明. 乡村景观规划（第 2 版）. 北京：中国农业大学出版社，2022.

第三节 乡村振兴的重要性和动力

一、乡村振兴的重要性

实施乡村振兴战略，是党的十九大着眼于实现"两个一百年"奋斗目标作出的重大战略部署。经过党和人民 4 年多的共同努力，粮食生产连年丰收，农业现代化建设步伐逐渐加快。特别是脱贫攻坚取得了全面胜利，历史性地解决了农村绝对贫困问题，实现了从解决温饱到全面小康的伟大跨越。2021年 2 月 25 日，习近平总书记在全国脱贫攻坚总结表彰大会上强调，脱贫摘帽不是终点，而是新生活、新奋斗的起点。在完成了第一个百年奋斗目标之后，我们要乘势而上朝着全面建成社会主义现代化强国的第二个百年奋斗目标迈进，就不能忽视"三农"问题。要继续坚持农业农村优先发展，加快推进农业农村现代化。党的十九届五中全会提出，走中国特色社会主义乡村振兴道路，全面实施乡村振兴战略。"全面"二字内涵丰富，既体现了乡村振兴已取得阶段性成果，又指向下一阶段将往扩面提质方向发力。因此，立足新发展阶段，"三农"工作的重点要转移到全面实施乡村振兴战略上来。依靠全面深化农村改革，促进乡村全面振兴和农民持续稳定增收，为 2035 年基本实现农业农村现代化和 2050 年第二个百年奋斗目标的顺利达成奠定坚实的基础。

（一）为新发展阶段"三农"工作的开展提供方向和指南

习近平总书记在 2020 年 12 月中央农村工作会议上强调，脱贫攻坚取得胜利后，要全面推进乡村振兴，这是"三农"工作重心的历史性转移。当前，我国社会的主要矛盾依然是人民日益增长的美好生活需要和不平衡不充分的发展之间的矛盾。农业农村发展取得了新的历史性成就的同时，城乡发展不平衡、乡村发展不充分等问题依然存在。农业农村现代化步伐相对滞后，"三农"工作任重而道远。面对这一关系到我国国计民生的根本性问题，必须全面实施乡村振兴战略。以农业农村现代化为总目标，坚持农业和农村现代化一体设计、一并推进，实现农业大国向农业强国跨越，进而推动实现中华民族伟大复兴的中国梦。一是全面实施乡村振兴战略，促进农业高质高效。进入新发展阶段，全面实施乡村振兴战略，就是不断完善制度框架和政策体系。以推进农业供给侧结构性改革为主线，加快转变农业生产方式，推进改革创新、科技创新、工作创新。大力构建现代农业产业体系、生产体系、经营体系，加大对新产业、新技术的投入。从而保障粮食和重要农产品供给，稳固农业基础，实现农业高质量发展；二是全面实施乡村振兴战略，促进乡村宜居宜业。打造宜居宜业的美丽乡村，是人民群众的强烈期盼。全面实施乡村振兴战略，就是牢固树立绿水青山就是金山银山的发展理念。通过加快补齐基础设施和公共服务等突出短板，全力推进农村人居环境整治各项重点任务，着力构建山清水秀的农业生产环境和干净整洁的农村生活环境等一系列举措，来实现人民群众的期盼；三是全面实施乡村振兴战略，促进农民富裕富足。乡村的全面振兴，就是要把实现农民的富裕富足作为出发点和落脚点，要在农业农村的优先发展中实现产业兴旺、生态宜居、乡风文明、治理有效、生活富裕。全面实施乡村振兴战略能够充分保障农民权益，是农民实现共同富裕的前提，是农业强、农村美、农民富目标能够在中国大地实现的必然选择，更是进一步彰显中国特色社会主义制度优越性的重要方面。

（二）是进一步促进城乡融合发展的重要路径

振兴乡村，不能就乡村论乡村，必须走城乡融合发展之路。习近平总书记在党的十九大报告中指出，建立健全城乡融合发展体制机制和政策体系，加快推进农业农村现代化。但是，当前我国城乡发展不平衡，差距较大。相对于城市，农村的基础更为薄弱，农村空心化、农业边缘化问题较为严重，无法达到城乡融合发展的状态。面对这些现实问题，全面实施乡村振兴战略便成为进一步解决城乡融合困境、促进城乡融合发展的重要路径。一是以"产业兴旺"推动城乡产业深度融合。产业兴旺在全面实施乡村振兴战略中居于首要地位，是乡村振兴的工作重点。通过政府引导、农民参与，打造农产品生产、深加工、衍生品制造一体化产业链，进而提升农业附加值；支持农业龙头企业进入乡村，为乡村经济注入活力，为城乡产业融合提供重要帮助；推动农业技术创新，利用现代科学技术及互联网思维，不断建立健全现代农业产业体系，加快农业现代化建设，进而加快实现农村一二三产业融合发展。二是以人才兴旺壮大城乡融合发展人才队伍。人才是实现新时代城乡融合发展的生力军和主力军。全面实施乡村振兴战略，能够不断完善农村人才引进政策，健全大学生下乡政策机制，通过一系列政策措施引进和吸引人才流入乡村。同时，通过加大政策宣传力度、拓宽创业融资渠道、加强创新创业培训等方式，吸引农民工主动返乡创业，进一步壮大城乡融合发展人才队伍。三是以"生态宜居"实现城乡共同繁荣。促进城乡融合发展不能只局限于经济，生态环境也是重要的组成部分。"农村生态治理现代化……是构建城乡融合发展的重要保障"。全面实施乡村振兴战略的总要求之一，就是生态宜居。近年来，伴随农村经济发展，产生了如垃圾污染、环境破坏等严峻问题。全面实施乡村振兴战略，加强农村生态治理，不断加大农村基础设施建设投入，优化垃圾处理技术，广泛宣传环保重要性，逐步在广大农村地区形成爱护环境卫生的良好风尚，有效推动了乡村生态建设。通过全面实施乡村振兴战略，推进乡村全面振兴，使乡村与城市之间形成可以产生共鸣的平台，更好地促进城乡融合发展。

（三）是解决当前我国农村社会主要矛盾的战略举措

农村地区是问题的纠结之地，是矛盾的总焦点。因此，全面实施乡村振兴战略，成为解决当前我国农村社会主要矛盾、实现未来中国经济增长和社会发展的重大战略举措。其一，全面实施乡村振兴战略，就是坚持农业农村的优先发展。无论是粮食生产，还是耕地保护；无论是实施乡村建设行动，还是坚持乡村历史文化传承，就是把农业农村各方面发展放在中国经济社会发展更加优先、更加独特、更加重要的位置上。从而引领国家发展战略和政策框架的调整和倾斜，使农村社会主要矛盾得到全方位的关注和解决。其二，全面实施乡村振兴战略，就是要全方位地构建一个新的乡村，在动态中解决发展不平衡不充分的问题。发展不平衡不充分，是发展中的问题，必须用动态的视角来看问题。在乡村全面振兴过程中，通过转变增长方式实现人和自然的平衡；通过协调区域发展实现人和人的平衡；通过心理和文化建设来实现人与自身的平衡。同时，随着乡村振兴战略的全面实施，实现城乡公共品的充分供给；实现法治和安全的充分供给；实现社会信任和伦理水平的提升；实现中国社会建设和文化建设的充分发展。其三，全面实施乡村振兴战略，能够提高农民生活质量，增强广大农民的获得感、幸福感、安全感。"人民对美好生活的向往就是我们的奋斗目标"。实现好、维护好、发展好最广大人民根本利益始终是全面实施乡村振兴战略的出发点和落脚点。因此，全面实施乡村振兴战略可以实现更加充分、更高质量就业，促进农民收入增长和经济增长基本同步。提高基本公共服务均等化水平，不断提升广大农民受教育程度。健全多层次社会保障体系，完善卫生健康体系，让人民群众获得感、幸福感、安全感更加充实、更有保障、更可持续。

（四）是解决当前我国农村社会主要矛盾的战略举措

共同富裕是社会主义的本质要求，是中国式现代化的重要特征。回望百年，中国共产党领导人民经过艰辛探索，实现了从"公平优先到扎实推进共同富裕的重大历史转折和跨越式飞跃"。党的十八大以来，党中央把握发展阶段新变化，把逐步实现全体人民共同富裕摆在更加重要的位置上，推动区域协调发展。采取有力措施保障和改善民生，打赢脱贫攻坚战，全面建成小康社会，为促进共同富裕创造了良好条件。但是，共同富裕不是均等富裕、同步富裕。这是一个庞大的系统工程，还面临一些短板和制约因素。这就需要全面实施乡村振兴战略，进一步推动共同富裕的实现。一方面，党的十九大提出乡村振兴战略的目标之一是"生活富裕"，其第一阶段的重点是解决农民物质生活层面的问题。全面实施乡村振兴战略与农村改革相呼应。通过多方面举措，调整农业产业结构，打破城乡要素市场壁垒，稳步增加农民收入，缩小城乡差距，有力地解决城乡发展不平衡问题，逐步实现人民物质层面富裕；另一方面，随着脱贫攻坚战的重大胜利，全面小康的顺利实现，在新发展阶段全面实施乡村振兴战略，更加关注农民精神生活层面。通过发展乡村教育、重塑乡村文化生态、构建新型乡村治理格局，对症下药以消除精神贫困，补齐乡村建设中的精神短板，让精神文明在广阔农村生根发芽，茁壮成长。共同富裕是全体人民共同富裕，是人民群众物质生活和精神生活都富裕。随着乡村的全面振兴，农民物质和精神方面将会得到极大丰富和满足，农民富裕将呈现出物质和精神的双向富裕，进而推动农村共同富裕的实现。

二、乡村振兴的动力

（一）农民是推动乡村振兴的"主力军"

2018 年 4 月习近平总书记在湖北考察时强调，乡村振兴不是坐享其成，等不来、也送不来，要靠广大农民奋斗。只有坚持广大农民的主体地位，充分依靠农民群众，把农民参与的积极性充分调动起来，不断促进农民全面发展，才能为乡村实现长足的健康发展打下坚实的基础。

1. 农民的主体意识影响乡村振兴成效。农民是农业农村发展的主体，是落实乡村振兴战略的中坚力量。因此，在推进乡村振兴战略实施中，必须始终把农民作为中心，注重激发农民主人翁意识，坚持把农民放在推动乡村振兴的"主角"位置。如果农民一味地依赖政府给予的帮扶，抱着传统的"等、靠、要"思想不放，把乡村发展看作别人的事，不以自身为主体自觉参与到农村的建设中来，不利于乡村的可持续健康发展。只有不断增强为乡村振兴作贡献的思想和行动自觉，让广大农民以高涨的热情投入到乡村的建设中来，才能为乡村振兴汇聚不竭力量。

2. 农民的文化素质影响乡村乡风文明。乡风文明是乡村治理的重要内容，良好乡风有助于构建和谐稳定的乡村秩序。培育优良乡风既是为了农民，同时也要依靠农民。农民文化素质的高低直接影响着乡村精神文明建设的速度和成效。然而，受文化水平、家庭环境等因素的制约，农民的文化素质参差不齐。部分农民对农村乡风文明建设的重视不够、认识存在偏差，盲目攀比、奢侈浪费以及封建迷信等不良之风仍然存在。这极大地阻碍了乡村精神文明建设的进程。乡村振兴需要有知识、有能力、有理想的新村民来担当。只有农民的文化素质提高了，才会更加积极主动地投身于乡村精神文明建设。从而移风易俗、改善社会风气，提升农村文明程度，塑造新时代的农民精神风貌。

3. 农民的法治素养影响乡村社会治理。实现农村基层治理体系和治理能力现代化，有效推进农村治理，离不开农民法治素养的培育。农民的法治素养关乎农村的社会治理以及村民自治成效，为乡村振兴战略提供法治保障，对维护乡村社会和谐稳定具有重要意义。当前，部分村民法治意识淡薄，违法获取利益、维权意识差等问题时有发生。其重要原因在于农民的法治意识不强、学法守法用法能力不足。作为新时代的农民群众，只有引导其学法、用法，牢固树立法治思维，切实提高法治意识，让其主动守法、自觉用法，不断提高依法参与基层民主建设、依法管理基层事务、依法调解矛盾纠纷的能力，担当弘扬法治的"宣传员"、维护稳定的"主脊梁"，才能为乡村经济社会发展营造和谐稳定的环境。

4. 农民的生态意识影响生态环境建设。培育和提升农民的生态意识，是推进农村生态文明建设的关键一环，对减少农村生活污染、改善村容村貌具有重要意义。长期以来，部分农村地区环境之所以脏、乱、差，归根结底在于村民生产观念落后、生态意识淡薄。只有不断强化村民群众自我约束和自我监督能力，让广大农民把"绿色环保""低碳经济"当成一种生活理念，才能使其支持和配合农村人居环境卫生的整治工作。从而有效推动农村生态环境建设，为保护自然和乡村绿色发展提供可持续内生动力。

（二）产业是带动乡村振兴的"牛鼻子"

乡村产业是巩固脱贫成果、助力乡村全面振兴的重要抓手。只有立足农村本地资源打造稳固而现代的产业基础，把发展乡村产业作为重中之重，才能保持乡村经济发展的旺盛活力，乡村振兴才会有源源不断的内生动力。

1. 筑牢乡村经济基础，促进乡村全面振兴。产业振兴是实现乡村振兴的重要基础，为实现文化振兴、人才振兴、生态振兴以及组织振兴提供重要支撑。其一，产业在助力农民改善物质生活的同时，其精神文化生活也会不断丰富。产业振兴推动乡村文化和精神文明建设，为乡村振兴凝聚精神动力，促进实现文化振兴；其二，产业为返乡人员搭建创业就业平台，吸引和扶持优秀人才返乡参与乡村建设，为乡村振兴提供人才保障，助力实现人才振兴；其三，产业能够帮助农民长远致富。农民收入提高以后，就会更加注重保护生态环境。依托乡村独特的资源优势，有助于发展绿色生态产业，推动实现生态振兴；其四，乡村产业发展壮大后，大家都有活干、有钱赚，有助于构建乡村和谐秩序。从而进一步夯实基层党组织执政根基，以乡村善治赋能组织振兴。总之，只有打好产业振兴这个"地基"，乡村全面振兴才能得以实现。

2. 集聚优质资源要素，推动城乡协调发展。产业作为支撑发展的关键，决定着地区发展的质量与速度。对于广大农村地区而言，土地是最有价值的生产要素，选择合适的产业就是保障土地价值最大化的重要一环。如果缺乏产业支撑，没有龙头企业，仅仅依靠政策帮扶，无法从根本上破解乡村发展难以持续的难题。只有盘活土地资源，打牢乡村产业根基，才能带动人才、资金、技术、信息等先进资源要素向农村回流，打破以往城乡之间要素单向流动的格局。通过培育富民兴村产业，发展制造业、旅游业等实体经济，鼓励和推动各类企业将现代科技和先进要素带入乡村，完善利益联结机制，能有效打通城乡循环堵点、畅通城乡循环，促进城乡融合发展，助推乡村实现高质量发展。

3. 稳定农民就业收入，扎实推动共同富裕。长期以来，由于农村地区缺乏稳定的就业机制，很多农民选择外出务工，农村"空心化"现象愈发明显，从而严重制约了农村经济的发展。加上受到新冠肺炎疫情的影响，农民收入渠道持续变窄。因此，稳定农民就业、保障农民收入成为当前亟须解决的问题。发展产业、促进就业是巩固脱贫攻坚成果和防止返贫的根本之策，发展乡村产业的最终目的是让农民受益。只有实现乡村产业振兴，才能为农民创造更多就业机会和岗位，保障农民就地就近稳定就业和增收致富。

（三）乡村文化是引领乡村振兴的"风向标"

作为乡村民众群体生活的智慧结晶，乡村文化是乡村延续和发展的灵魂所在，是推动乡村振兴的精神力量，发挥着铸魂化人的作用。乡村文化为实现乡村发展提供方向指引，是确保在推进乡村振兴战略过程中不松懈、不变调、不走偏的重要保障，为稳步推进乡村振兴凝人心、聚人气、振精神。

1. 提高农民文化素质，丰富农民精神食粮。培育积极向上的乡村文化，对于提高村民文化素质、丰富村民精神文化生活以及改善乡村社会文明程度起着极其重要的作用。乡村文化建设以提升农民群众文化素养为目标，以文化下乡、文化走亲等文化活动为手段，打造符合乡情、村情的品牌文化活动，丰富农民文化生活，引导广大农民学知识、讲文明、树新风。让农民在看中感受、在学中养成，形成积极、健康、向上的精神风貌，争当新时代的新型农民。先进的乡村文化是农民学习知识、增长见识的"粮食库"，使农民群众在获得丰富物质保障的同时，也获得精神的享受，真正让农民受益。提升农民精神文化水平，让文化雨露润泽乡村。

2. 打造文明乡风，维护乡村和谐稳定。乡村文化是提升乡风文明的动力源、促进乡村和谐的润滑剂，具有凝心聚力、成风化人的重要作用。乡村文化蕴含于村规民约、家风家训、村居建筑等形态之中，具有文化的意识形态功能。能够潜移默化地转变农民群众的思想行为，形成稳定持久的社会认同感和归属感，促进乡村的和谐稳定。与此同时，乡村文艺活动、主题教育宣讲等移风易俗的活动，促进了人与人之间的沟通交流、和睦融洽，使得农民生活观念得到改善。有力地推动了乡村消除陈规陋习，转变社会风气，为乡村振兴注入强大的文化动能。

3. 激发产业发展动能，促进乡村经济发展。乡村文化是乡村经济发展的助推器。以文化引领乡村振兴，能够为乡村经济发展提供不竭动力。随着经济社会的不断发展，乡村的古旧建筑、民俗文化以及小吃美食等传统文化的价值日益彰显，在促进乡村旅游、延续文化根脉方面发挥了重要作用。越来越多的乡村开始挖掘当地文化资源，发挥地域和资源优势，依托当地特色文化资源与深厚的历史文化底蕴吸引游客。既促进了农民增收，又壮大了村级集体经济，形成文化传承与农民富裕并进、环境美化与经济发展互促的良好局面。以"文旅融合"促进产业升级，以乡村文化促进经济发展，提升乡村文化品位，走出一条文化致富的道路，为农村经济发展提供强大的思想保证和精神动力。

（四）生态环境是实现乡村振兴的"支撑点"

良好的生态环境是实现乡村持续发展的内在要求，是建设美丽乡村、推动乡村生态振兴的重要基础。农村生态环境是其文明程度和发展水平的直观体现，也是最普惠的民生福祉。保护农村生态环境对保障健康农民生存发展、推动农业经济可持续发展、促进农村产业融合发展具有重要意义。

1. 生态环境是保障农民健康生存发展的根本条件。乡村振兴战略不是政绩工程、形象工程，而是一切为了农民的发展工程、惠民工程。改善农村人居生态环境，建设生态宜居美丽乡村，既是实施乡村振兴战略的重要抓手，也是满足农民深切期盼的客观需要。生态环境的优劣事关民生福祉，与人民群众的生命健康安全息息相关。农村是农民生产生活的主要场所。如果没有良好的生态环境，农民的生存发展就成了无源之水、无本之木。不但身心健康安全得不到基本的保障，幸福指数与生活质量也会受到影响。只有切实抓好农村生态环境建设，落实农村综合治理、"厕所革命"等环境整治工作，不断改善人居环境，提升乡村环境风貌，才能提高农民的安全感与幸福感。

2. 生态环境是推动农业经济可持续发展的有力保障。现代农业要实现可持续发展，离不开绿色、生态、高效的路子。长期以来受到小农经济与传统农业生产习惯的影响，以往农业发展大多采用高耗能、高污染排放的粗放型发展模式。尽管能在短期内带来显著经济效益，但对生态环境会造成极大的损害。不但需要付出高昂的治理成本，也不利于乡村的绿色高质量发展。只有切实保护乡村生态环境，依托乡村生态优势，大力发展现代绿色生态农业，拓宽传统的农业功能，促进生态效益转化为经济效益，扎实推进环境保护和资源节约，才能走出一条农业生态与农业经济并行的可持续发展道路。

3. 生态环境是促进农村产业融合发展的重要基础。新时代发展农村经济，既要夯实农业基础，也要注重农村一二三产业之间的融合发展，打造有效的农业生产产业链，将农村产业做优做强。将产业发展与乡村生态环境改善统筹考虑，实现新的融合发展，是乡村振兴的关键所在。实现农村产业融合发展需要依托良好的生态环境，优良的生态环境为农村产业发展创造了巨大的潜力和空间。生态资源优势有助于推动一二三产业深度融合发展，如农业与文化、观光旅游业之间的交叉融合，真正将绿水青山变成人民群众增收致富的金山银山。

（五）基层党组织是引领乡村振兴的"主心骨"

基层党组织是党直接联系群众的纽带，是党的路线方针政策的直接执行者，具有政治、思想以及服务引领功能。是把握发展方向，统筹发展全局，是增强党在农村工作中的战斗力、确保乡村振兴行稳致远、做好新时代"三农"工作的重要力量。

1. 发挥政治引领功能，夯实基层党建基础。加强基层党组织建设，首先要强化其对农村经济社会发展的政治引领。基层党组织着眼当前乡村振兴的任务要求，按照党中央的决策部署和上级党委的安排，充分发挥领导核心作用，保证"三农"工作不偏离政治方向，使乡村振兴的政治基础、组织基础更加坚实。同时，基层党组织和党员干部具备政治判断力、政治领悟力和政治执行力，在政治纪律、政治形象、政治担当等方面做到严格要求自我，不折不扣贯彻落实党的方针政策，确保乡村振兴战略一贯到底、一贯始终。通过基层党组织的政治引领，激发乡村振兴中党的政治优势和政治活力，并把党的政治优势转化为乡村振兴的发展优势。

2. 发挥思想引领功能，筑牢群众思想根基。农民群众是实现乡村经济社会发展最核心和最关键的要素，是确保乡村振兴走深走实的重要推动力。作为团结带领群众建设美好生活的领导核心，基层党组织要切实发挥思想引领功能，抓好农民的思想建设，夯实党在农村基层执政根基。基层党组织发挥宣传动员优势，始终把做好农民群众工作摆在突出位置，深入群众、了解群众，知晓群众所思所盼，把握农民群众的思想脉搏。以群众喜闻乐见的方式，针对乡村振兴战略开展形式多样的宣讲活动，使群众知形势、敢奋斗，转变思想认识和行为方式。让民族精神和时代精神厚植于广大农民的思想土壤，从而积蓄群众投身建设美丽乡村的不竭能量。

3. 发挥服务引领功能，凝聚乡村强大合力。作为连接党和群众的桥梁纽带，基层党组织肩负着保障和改善民生、解决群众生活实际问题的重要职责。基层党组织以"服务型党组织"的功能定位，着眼强队伍、优服务、促规范，不断增强其服务功能，妥善解决各类基本民生问题。团结广大群众，完善社会各种利益的体制机制，发掘并化解各种基层内部矛盾。通过"民声通道""入户走访"，知百家事、解百家忧，集中解决困扰农民群众的"痛点堵点难点"问题，为民做事、为民造福，为有效服务群众提供制度保障。发挥基层党组织的中坚作用，提升基层党组织在群众中的公信度、公信力。

第四节　乡村振兴的发展与促进机制

一、提供"保障"：稳步推行农村土地制度改革机制

土地资源作为农村发展最为宝贵的稀缺资源，通过土地制度改革释放资源活力，实现乡村振兴战略在市场资源配置中的帕累托最优，推动农业农村

现代化发展。农村土地制度改革能够使土地资源的使用更加灵活，提升农业生产效率，加快农业农村现代化建设进程，有力推动乡村振兴实施。

（一）土地制度改革创新的原则与方向

在土地制度改革中应坚持以下原则：一是坚持方向，统一领导。二是理念引领，统揽全局。三是尊重主体，保障权益。四是多种经营，协调发展。五是试点先行，循序渐进。

今后农村土地制度改革的基本方向是：坚持一个核心，兼顾两个重点，完善三权分置，实现五大目标。一个核心即以保护农民集体经济组织成员权利为核心；两个重点即以明晰农村集体产权归属、保护农民合法土地权益为重点；三权分置即落实集体所有权，稳定农户承包权，放活土地经营权；五大目标分别是健全归属清晰、权责明确、保护严格、流转顺畅的现代产权制度，使城市国有土地与村集体土地两种所有制权利平等；建立城乡土地平等进入、公平交易的土地市场制度；建立公平、共享的土地增值收益分配制度；建立公开、透明、规范的土地融资制度；建立以权属管理和规划与用途管制为核心的现代土地管理体制。

农村土地制度改革的总体思路是：以实施确权和土地登记颁证为基点，为保障土地权益和农业现代化、人口城镇化提供基础制度保障；以土地制度改革为契机，推进消除城乡二元体制改革，促进生产要素在城乡的优化配置与流动，实现城乡发展一体化和可持续的城镇化；以构建两种所有制土地权利平等的产权制度为主线，实现不同主体平等参与和分享经济发展机会。推进征地制度改革和用地模式改革，促进土地收益的更公平分配，实现全社会对土地增值收益的共享。完善土地经营、融资和税收制度，为可持续的城镇化提供资金保障。

实践中应沿用"布局试点—政策完善—全面推进"的思路，侧重于三个改革前提、四条改革路径和五大体制配套。三个改革前提立足于农村土地制度改革创新的基础层面。包括确地、服务和投入；四条改革路径着眼于农村土地制度改革创新的制度层面。包括明确农民产权主体地位、完善农村土地征用制度、推进建设性用地市场化和探索宅基地市场化流转；五大体制配套则聚焦于农村土地制度改革创新的体制层面。包括推进财政体制深化改革、推动土地管理体制改革、优化农村土地税费体制、健全农民公共服务体系和完善官员绩效考核体制。

（二）土地制度改革创新机制的策略和措施

1. 基础层面

（1）明确农民产权主体地位。改革应指向赋予农民明确、稳定、完整而有效的土地产权。在现有制度框架内，明确土地产权的"责、权、利"，落实集体所有权，把使用权、经营权、收益权和处分权下放给农民。强化承包经营权的稳定性、延续性和物权性，推动土地经营权抵押。

（2）完善农村土地征用制度。第一，必须以立法形式明确界定公益性用地的范围。第二，要建立公开、公平、公正和高效的土地征用管理体制和程序，保障被征地集体和农户的知情权、参与权和申诉权。第三，改革征地补偿制度，公允地确定征地补偿标准，适当提高农民在土地增值收益中的分配比例。此外，还应逐步将被征地农民纳入城镇社保体系，探索留地安置、土地入股等多种模式，确保农民长远生计；完善征地补偿争议裁决制度，畅通救济渠道，维护农民土地合法权益。

（3）推进建设性用地市场化。第一，完善法律法规，依法确立农村建设用地使用权。第二，明确农村集体经济组织、村委会与土地使用方三者之间的关系。第三，明确建设用地流转范围和条件，规范流转形式和程序。第四，规范政府与其他市场主体的竞争行为，减少服务缺位和管理越位。

（4）探索宅基地市场化流转。第一，创新农村住宅制度，维护农民宅基地用益物权，使农民获得完整的使用权权能。第二，坚持相关土地法规原则并实行严格的土地管控，对宅基地的申请、流转、退出等环节，建立规范而严格的审批程序，完善和加强宅基地登记制度。第三，建立和完善宅基地入市的相关制度，明确宅基地入市的对象、条件、范围、方式，以及流转的主体、程序、收益处置与管理等，为其入市提供法律依据。第四，健全宅基地流转、退出、交易平台机制及评估服务体系，为其流转、退出提供服务；第五，完善农村社会保障体系建设，将宅基地所承载的居住保障职责置换出来，使其使用权还原。要对现存农地进行清产核实，确地确权。土地确权不仅需要对土地产权关系进行清查确权，也需要对土地存量、类型、边界等进行测量、核实。

（5）服务。一是建立土地管理技术和信息平台。二是建立土地流转和交易平台。三是探索农地品质地价评估体系。四是完善土地流转奖励支持政策。五是优化承包经营纠纷调解仲裁制度。

（6）投入。农村土地的确权、确地、流转、改制等都需要大量的投入。

必须将这些投入列入财政预算，专项支持。如为了引导、支持和鼓励农村土地流转，构建城乡一体的土地流转市场，建议设立农村土地流转基金，包括流转、评估奖励资金、土地储备资金、土地整治资金和土地市场建设资金。

2. 体制层面

（1）推进财政体制深化改革。其一，合理界定地方政府的财权与事权范围，规范财政管理体制，积极推进省级以下财政体制改革。其二，建立基层政府基本财力保障机制。其三，建立并完善科学合理、结构优化、公开透明的政府预算体系。其四，还应设立财政专项资金，专门为农地确权、流转、征用、纠纷处理及土地承包经营权退出等提供支持和保障。

（2）推动土地管理体制改革。将政府的土地经营权分离出去，只行使土地管理权，强化政府的社会管理和公共服务职能。土地管理体制的改革也要求建立城乡统一、开放、竞争、规范、公平的土地市场，将现行计划配置方式的土地用途管制制度改造为以适应市场配置、弥补市场失灵为主要内容的新型土地用途管制制度。同时，进一步明确和细化各级土地管理部门的土地管理职能，加快基层管理部门职能和组织的改革与管理机制创新。

（3）优化农村土地税费体制。其一，对城乡统筹的建设用地市场实施统一的土地税制。在充分保护农民合法权益的同时，必须利用与其相配套的税费征缴制度，对流转过程中产生的过高收益进行适当的调整，尽可能统筹、均衡国家、集体及农户三者的利益。其二，改革和完善城乡建设用地市场一体化过程中的土地税费体系。进一步强化土地税收的政策功能，促进土地政策全局性、战略性目标的实现。其三，积极推进"费"改"税"，合理调节土地主体利益和行为关系。可在土地占有阶段，以土地占用税保护耕地。在土地转让阶段，以土地增值税规范交易。在土地保有阶段，以不动产保有税和土地闲置税，惩处土地浪费行为。

（4）健全农民公共服务体系。其一，改革制度体制，破除均等化服务障碍。其二，厘清责任，建立合理的服务分工和财政分担机制。其三，村社独立，还原基层自治空间，发挥社区在公共服务中的应有作用。其四，以民为本，构建民众需求利益表达机制。其五，参与式治理，构建多元生产供给体制。

（5）完善官员绩效考核体制。加大资源消耗、新增债务、民生工程等指标的权重。通过绩效考评机制的改革，加快政府职能和官员理念的转变，树立产业兴农、创新强农、绿色活农、协调惠农、开放促农、共享富农的发展理念。借此缓解"GDP竞赛"下城市建设用地的低效率使用和对农民土地权益保障不力，规制一些地方政府利用土地财政和土地金融杠杆筹集大量资金进行超前建设的政绩观。

二、提供经济动力"保障"：促进农村产业融合机制

加快推进农村三次产业融合发展，促进现代农业产业、生产和经营等三大体系的构建。重组供应链、提升价值链、延伸产业链，有利于促进第二、三产业资本、人才、技术、管理、市场等现代生产要素深度融入农业，提升农村各类资源利用率及农业生产发展水平。吸纳有志青年和专业人才到农村创业，改善农村劳动力结构和聚集人气，提高农村三次产业融合的辐射带动能力，拓展农民就业渠道和增收空间。促进农村经济社会繁荣稳定，实现乡村振兴战略目标。

（一）优化产业布局，构建农村三次产业融合的农业产业体系

围绕本地区域优势和资源禀赋，摸清现有产业布局并进行深度挖掘与分析，找准农村产业定位，科学制定农村产业规划。从时间和空间上合理优化产业布局，拓宽发展空间，促进城乡、区域、产业间的协调发展。一是在制定农村产业规划前，必须摸清现阶段三次产业的发展状况、基础设施、气候条件、种植结构、土壤条件、周边环境、经济条件等实际情况。在产业规划和布局中，长远目标要量力而行，依据实际情况，循序渐进、有序推进，不可一味追求速度，盲目扩大再生产。二是依托本地农业资源，做好优质粮油、经济作物等种植业区域规划。考虑周边区域产业的特点，竭力形成集中连片规模化生产，建成优质原料供应、农产品初加工基地。如把长江中下游规划为稻谷、小麦主产区，东北为稻谷、玉米、大豆主产区，黄淮海为小麦、大豆主产区等，并形成初加工产业带。三是在养殖业产业规划中，稳定宜养区域养殖规模，稳步推进适度规模和标准化养殖。拓展外海养殖空间，分别建设肉、奶、蛋等深加工优质原料、优质海产品生产基地。如把西南、中部、东北规划为生猪主产区；西南、东北、西北、中原为肉牛主产区，西南、西北、中东部、中原为肉羊主产区。四是结合本地种植业、养殖业以及农产品加工等优势特色农产品区域布局规划，考虑周边区域农村产业的特点，对农产品加工园区以及农产品加工业进行整体布局，引导产业向产业园区和重点功能区集聚。五是在大中城市郊区建立都市农业发展区。主要发展农产品精深加工与综合利用、休闲食品加工、方

便食品加工、主食加工等产业，培育一批大型农产品产业园区和加工企业，形成具有国内外竞争优势的农产品加工产业带。

（二）改善和保护农业生态环境，构建农村三次产业融合发展的生产体系

农业生态环境与农村三次产业融合发展是密不可分的。没有农业生态环境资源作为依托，农村三次产业融合发展就是无源之水。要尊重自然规律，改善和保护生态环境，科学合理利用资源，有效降低环境污染和资源消耗，提供具有更强竞争力的生态绿色农产品和服务。一是强化耕地保护意识，管制土地用途，保护与提升耕地质量。大力实施土地整治与复耕，补充和增加耕地面积，解决土地产出低效化、建设用地无序化、耕地保护碎片化等问题。加强农沟、泵站、明暗渠、田间道路、机耕桥等农田水利、道路等基础设施建设，形成渠相连、路相通、田成方、林成网、涝能排、旱能灌的农业生产新环境。着力实施高标准农田建设，改善耕地基础条件，培肥地力、改良土壤、治理盐碱、控污修复，提高耕地基础生产能力、高产田比重以及耕地总体质量；二是依据废弃物处理能力和资源环境承载能力，科学合理确定畜禽养殖规模和品种，发展规模化、规范化、标准化养殖。推广清洁养殖技术和工艺，发展生物天然气和农村沼气，畅通畜禽有机肥还田渠道。推进废弃物资源化利用，管住废弃物乱排乱放，构建种养结合、生态循环的绿色、可持续发展新格局。

（三）培育多元化农村三次产业融合经营主体，构建农村三次产业融合的经营体系

推进农村三次产业融合发展，新技术、新业态模式贯穿其中，涉及面广、复杂性强，仅靠传统经营规模狭小的小农户很难发挥大的作用。积极培育农村三次产业融合经营主体，充分发挥他们在品种引进、新技术应用、市场营销、经营管理等方面的优势，引领小农户提升农业生产标准化、组织化、社会化程度，促进小农户与现代农业有机衔接，提高农业规模化、产业化、经营集约化水平，构建农村三次产业融合发展的经营体系。一是鼓励与引导村干部、务工经商返乡人员、返乡大中专毕业生、农村经纪人、新型职业农民等领办创办农民合作社、家庭农（林）场、涉农企业，着力培育多元化新型农村三次产业经营主体。二是支持建立农业技术指导、农产品加工营销、信用评价、保险推广于一体的综合性农业生产服务主体。围绕集中育秧、节水灌溉、统防统治、农机作业、冷冻保鲜、加工贮藏、烘干仓储、流通运输、网上营销等环节，开展农业生产社会化服务。三是大力培养农村实用人才，采用"理论＋实训"和"田间＋课堂"模式，培育更多的"田秀才"、优秀的"土专家"和农村致富带头人。把他们培育成专业大户，支持他们创办家庭农场，让专业大户和家庭农场逐步取代"小而散""小而全"的传统农村家庭经营体系，成为农村三次产业融合的基础力量。鼓励和支持他们规模化、专业化、标准化生产，延长产业链条。依托市场需求，发展农产品初加工、地产地销等新型产业形态，促进产供销对接、三次产业融合。四是引导小农户立足本地优势产业和自身优势，创办农民合作社和加入农民合作社，发挥合作社对小农户的带动引领作用。鼓励采用"共同出资、共享利益、共创品牌"的方式，依法组建合作社联合社，并做实、做强、做大，实现可持续发展。重点扶持运行规范的合作社、联合社和示范社，支持合作社发展肉蛋奶、粮棉油、果蔬茶等绿色生态农产品生产和产前、产中、产后各个环节的生产社会化服务。并拓展到植保、农机、电子商务、旅游休闲、民间工艺等多业态多领域，提升经济实力。鼓励引导合作社探索合作社再联合、股份合作、信用合作、土地合作等多种形式，发展生产、供销、信用、互助保险综合业务合作，提升发展活力。五是加大对农村三次产业融合经营主体的财政扶持力度。以加强农业社会化服务、促进适度规模经营、推广新产品新技术为重点，采取先建后补、以奖代补、政府购买服务、担保费补贴、贷款贴息等方式进行扶持。落实各项税收优惠政策对自产自销的农产品免收增值税。从事涉农项目的所得，减征、免征企业所得税。涉农生产用地免缴城镇土地使用税。建设直接为农业生产服务的生产设施占用农用地，不征收耕地占用税等。

（四）推进土地集中连片流转和适度规模经营，有效解决农村三次产业融合发展用地难题

先进科技成果在农产品生产中应用、农产品质量提高、金融服务提供、品牌培育、市场竞争力提升、生产效益增加方面，都要以适度的经营规模为前提。实现农村三次产业融合发展，核心是优化农村资源配置方式，充分发挥各类新型农村三次产业融合经营主体适度规模效益，延长农村产业链，拓宽农村产业经营空间。从而提高劳动生产率和土地产出率，增加生产经营性和农民财产性收入。党的十九大报告提出了"深化农村土地制度改革，完善承包地'三权'分置制度"，要按照"维护集体所有权、稳定家庭承包权、放活经营权"的思路，创新土地流转方式，推进土地集中连片流转和适度规模经营。一是建立以社会养老保险为主体，医疗、工伤、失业、生育等保险全面覆盖的保障体系，完善和发展农村社会保障体系。以农村社会保障取代农民家庭养老和土地保障等生存模式，弱化土地的社会保障职能，解除农民养老之忧、看病之患等后顾之忧，促进土地连片集中流转与经营的常态化和长效性。二是妥善做好农村各类土地确权、登记和颁证等基础工作，建立农村土地产权归属清晰、流转顺畅、保护严格、权责明确的农村产权制度。赋予农民耕地完整的承包权和经营权以及宅基地资格权和使用权，减少土地流转纠纷，为加快土地流转和建立土地流转市场奠定产权基础。三是充分界定土地所有权、承包权和经营权三权的内涵和边界并制定合理的法律法规，维护集体所有权。赋权对农村土地发包、收回、调整、监督等各项权能，在农民利益不受损的前提下，可以采用互换等形式进行调整，集中连片流转和适度经营规模，满足农村三次产业融合主体的需要。四是落实党的十九大报告提出的"保持土地承包关系稳定并长久不变"精神。稳定家庭承包权，任何单位、个人和组织都不得限制或强迫其流转土地。同时，不论土地如何流转，其承包权都属于农民，让农民放心流转土地。五是放活经营权，推进经营权的资本化、股份化和市场化。引导和鼓励农民采取代耕代种、转包转让、土地托管、租赁互换、土地股份合作等形式，市场化自由流转土地经营权，实现土地集中连片流转，向农村产业融合主体集中和规模经营。六是农产品增值链条设备购置、基础设施建设和物质投入等投入大、回收时间长的问题。切不可在投入还未见效或没有盈利的情况下，流转年限便已经到期，那样谁还去流转土地规模经营。根据规模经营的收益情况，应延长土地流转年限，让农村产业融合主体放心经营，提高土地流转规模经营的积极性。七是推进农村集体经营性建设用地、土地征收制度改革和农村宅基地制度的入市改革试点，保障农民财产权益，壮大集体经济。农村产业融合主体可以通过土地流转市场取得集体经营性建设用地，用于建设农村三次产业融合主体办公用房、新产品研发中心、农产品生产厂房以及原材料和产成品仓储物流等设施建设。同时，也可开展农民闲置宅基地退出、农村土地整治等以新增建设用地，优先用于农村三次产业融合发展。

（五）抓住农业供给侧改革有利时机，加快推进农村三次产业融合发展

振兴乡村离不开产业兴旺。要实现产业兴旺，就必须抓住当前供给侧改革加速、需求侧消费结构升级的有利时机，调整农业产业结构，加快推进农

村三次产业融合发展。一是立足实际，发展种养加一体、粮经饲统筹、农牧结合的绿色生态、循环农业，促进花卉和中草药等经济作物、饲草料、粮油棉等种植结构优化协调发展。推进农渔、农林复合经营，发展休闲采摘、林下经济、渔业、农产品精深加工，形成农产品产加销全产业链融合。引导和鼓励农产品加工企业及各类农村产业融合新型经营主体，通过与小农户、种植大户、养殖大户签订直接投资、参股经营等长期合同，发展专用原料生产。推广农产品加工所需的专用优良品种和技术，带动建设一批专业化、标准化、规模化原料生产基地。二是根据本地资源禀赋和农业生产实际，大力发展农产品加工企业。重点加快如特色农产品保鲜储藏、粮食烘储加工中心、果蔬茶加工中心等农产品收储、初加工各环节配套设施建设及优化，提升农产品加工全链条水平。培育农产品加工产业集群，加快主食和传统食品工业化以及新型杀菌、高效分离、绿色节能干燥等关键技术集成升级与应用。开发功能性及特殊人群膳食产品，着力提升农产品精深加工水平，促进农产品生产、加工与养生、健康、养老、旅游等产业融合。鼓励各类企业建立畜禽水产品的骨血内脏、稻壳、秸秆等副产品开发与综合利用技术体系，实现全值高值利用农产品、农副产品，促进农业龙头企业、农民合作社等各类新型经营主体与这些综合利用企业有机融合。三是发展观光农业、农事体验农业、创意农业等农业新业态，拓展农业多种功能，推进农业与文化旅游、健康养老、休闲养生、艺术观赏、科技教育等深度融合。四是鼓励和支持新型农业经营主体推广农超对接、农社（区）对接、农企对接等多种模式的产销对接。把鲜活、优质、绿色、生态、有机农产品的直销网点设立在城市超市、社区或郊区，把农产品营销服务网点延伸到乡村街道、农村社区。支持大型农产品生产、收储、加工、流通企业开展托管、专项、个性化定制、连锁等各类专业、多元化流通服务。五是鼓励和引导新型农业经营主体对接全国性和区域性农业电子商务平台。推进大数据、移动互联网、物联网、云计算等计算机网络信息技术向农村三次产业生产、收储、加工、销售、流通、服务等领域渗透和应用，促进互联网等现代技术与农业深度融合。

（六）引导和规范工商资本合理投向，让农民分享农村三次产业融合发展的成果

一直以来，改善农民生活、提高农民收入是党中央最为关注的问题。党的十九大报告里强调促进农村三次产业融合发展，目的就是开拓农民更大的创业就业空间，拓宽他们的增收渠道。在我国促进农村三次产业融合发展，必然要把开拓农民创业就业、提高农民收入作为出发点和落脚点。在实践中，一些地方政府鼓励工商资本到农村发展现代种养业，并提供政策支持，促使其投资的项目也成为农村三次产业融合的"样板"。然而，一些农村三次产业融合的"样板"项目，占用当地资源、享受政府政策，有的缺乏辐射带动效应，将农民"屏蔽"在外，导致农民利益边缘化；有的表面上提高了农民收益，促进了农业发展，但对本地农业经营主体发展产生了挤兑作用；有的甚至以侵害农民和农业利益为代价，破坏当地的环境、历史文化和农业特色等。因此，在推进农村三次产业融合发展的过程中，鼓励工商资本下乡，给其足够的发展空间。同时，应从制度上规范其行为，最大限度地规避其违背政府支持和鼓励的初衷。一是引导工商资本向农技推广与传播、向新产品开发等小农户做不好或没有能力做的农业生产薄弱环节投资。鼓励重点发展技术、资本密集型产业，推动传统农业向现代农业加速转型升级。二是加大对工商资本投资项目的论证与宣传，使农民清楚地认识到工商资本投资项目的影响以及自己可能的选择，从而使农民可以选择最优方案。同时，吸纳农民参与决策，改变农民弱势地位，提高农民话语权，避免工商资本下乡出现短期行为。三是指导工商资本投资的经营主体合理使用农药、化肥等投入品，防止他们掠夺性经营，确保流转的农地质量不下降。严防工商资本搞非农建设倾向性、苗头性现象发生。特别要警惕他们以建设农业设施为名，擅自改变农业用途，进行或变相进行旅游度假村、乡村私人会所、乡间别墅等非农建设商业，及时打击污染或破坏租赁农地等违反法律法规行为。四是指导工商资本投资的经营主体采取恰当的方式与当地小农户、家庭农场等农业经营主体结成紧密的利益共同体，提高他们参加农村三次产业融合的能力，确保以小农户、家庭农场等为主体推进当地农业向现代化发展。

三、嵌入与内生，乡村政治生态重构机制

从我国乡村治理体系的演进逻辑可以看出，嵌入式治理和内生性治理是乡村政治系统运行的两种典型模式。在农业税费改革后，我国乡村社会呈现"半内生半嵌入"的乡村治理范式。"村官"既是基层政府的代理人，又是自治组织的代言人，双重身份为政治生态建设留下了治理空间的"模糊地带"。因此，在培养内生性治理力量、尊重村民自治的前提下，还需通过外部力量

的嵌入，形成嵌入和内生的有机统一。通过建构多元化的乡村治理模式，夯实乡村政治生态重构的基础。

（一）嵌入外部力量，健全村民基层自治

实践检验发现，单纯依靠完全的村民自治很难实现乡村政治生态系统的良性运行，完善嵌入式治理机制可有效弥补完全自治的弊端。外部力量嵌入打破乡村封闭的政治系统。在健全村级治理结构的基础上，促进乡村治理范式变革。第一，健全大学生村官长效机制。创新村干部的社会保障和人才培养制度，鼓励大学生村官扎根基层，从而形成一支稳定的乡村建设队伍。在对大学生村官的实践培养上，着重提升核心能力素质和创业能力。同时，应当以制度创新为引领，建构符合乡村振兴战略实施的乡村新型权力结构。第二，完善驻村第一书记制度。第一书记委派的基本原则是选派优秀的年轻干部到村任职，委派单位要加大对第一书记政治待遇和经济待遇支持力度。驻村的第一书记要树立真正为农民"做好事、做实事"的理念，不能因为服役时间短而消极怠工。第三，优化包村干部制度。包村干部要认真履行包村的工作职责，及时了解和掌握该村的工作情况。协助村支部和村委会解决一些村民反映的实际问题，为村民搞好服务。同时向派出单位提出工作或帮扶建议。体现在干部绩效考核上，上级组织部门可将包村情况作为其职务晋升、人事调整的依据。

（二）构筑多方联动，填补权力监督真空

村民自治的制度设计有自身的弊端，而乡村社会的结构性变迁也弱化了对村干部的监督。在基层政权外部监督趋于薄弱和村社内部监督趋于虚化的背景下，应构筑多方联动机制，填补权力监督的真空。第一，实行"纪检下乡"机制。村干部贪腐的根源是缺乏对村干部权力的监督约束机制。通过发挥纪律检查部门的监督执纪功能，发挥威慑作用，可有效地解决农村违法违纪问题，从根本上扭转"小官巨贪"的现象。第二，加强村民监督委员会建设。《村民委员会组织法》中明确规定了"村务监督委员会"的职责和功能。民主监督要真正发挥村民主体的作用，监督委员会的人选应由本村有声望、有公信力的人担任。监委会真正运行起来的前提是需要建立透明的村务信息公开制度，特别是对村集体"三资"使用情况的信息公开。确保村干部权力在阳光下运行，保证村民的知情权。第三，建立网络化的权力监督机制。除

了纪检和监督委员会外，应将党的巡视监督制度拓展到农村。通过创新党风廉政巡查，实现乡村巡视监督常态化。另外，新闻媒体、企业和社会组织理应发挥监督的责任。最终通过多方联动，压缩乡村权力腐败的空间，斩断腐败生物链，修复乡村政治生态。

（三）强化党性修养，提升基层党建质量

乡村是党执政理国的基本场域。乡村基层党组织是党组织体系的末梢，是乡村政治生态重构的关键。推进全面从严治党向基层延伸是建设风清气正政治生态环境的必然。第一，提升党员的党性修养。针对当前乡村党员文化素质低、理想信念不坚定等问题，各级党组织要加强对党员思想政治和科学文化的教育。通过生动活泼的党性教育，强化党员的纪律和服务意识，并使之内化为一种自觉的行动。第二，优化党员结构。当前乡村党员结构存在严重失衡。主要表现在学历普遍较低、女性数量较少、老龄化现象严重。党员结构不合理是造成基层党组织功能弱化的主要原因。因此，必须大力发展年轻党员和女性党员。通过内部培养和外部吸纳的方式优化党员结构，提升基层党组织振兴乡村的活力。第三，严格落实各项政治规则。党内制度建设可有效约束党员干部的行为。通过健全党员干部的任免报告制度、民主生活会制度、干部培养及培训制度和科学的考评制度，强化党员干部廉洁从政意识，提升规范管理能力，从根本上优化乡村政治生态。

（四）挖掘优秀文化，净化政治生态环境

挖掘我国优秀传统文化能够为乡村政治生态重构奠定思想基础，进而促进乡村政治生态系统的良性运行。中华传统文化中的积极因子可以培育乡村治理主体的政治美德，成为政治健康发展的载体。第一，培育新型乡贤文化。通过建立乡村精英回流机制，培育新乡贤成长的环境。退休的老干部、老教师、老党员等都是振兴乡村的主体。他们具备良好的科学文化素质和思想政治素质，发挥这些群体的积极性能够孕育出乡村政治生态需要的现代文化场域。第二，促进村社文化回归。乡村优良的政治价值是村民自治制度健康运行的保障，必须重塑以集体主义为核心的思想价值形态，通过价值感化培育村民有序参与、尊重权利、团结互助的乡村治理理念。倡导促进乡村经济进步和文化建设协同发展的理念。在乡村市场经济制度不完善的背景下，通过发挥文化的深层次力量，形成诚实守信、互利共赢的经济发展格局。第三，

重视主流文化建设。通过建构网络化的党组织发展结构，为整合政治文化载体提供便利。乡村生态文化发展需要强有力的财政支持。加大乡村健康文化的资金投入，能有效增强党组织思想宣传的效力。主流文化建设也需要基层党组织介入乡村思想文化的塑造过程之中，彻底深入基层，扎根农村。

（五）全面依法治村，完善农村法制体系

全面依法治国为乡村政治生态重构指明了方向。古希腊伟大哲学家亚里士多德认为，"法治是使已经成立的法律获得普遍的服从，而大家所服从的法律又应该本身是制定的良好的法律"。只有实施全面依法治村，才能建立公正、透明、正义和民主的乡村治理秩序。第一，正确处理好习惯法和制定法之间的关系。乡村特殊的政治场域决定了其自身的治理既要符合传统的内生规则秩序，又要遵守现代法治，将尊重历史和现实有机地结合起来。村民自治要发挥政府治理和民俗治理的双重效应，破除习惯法和制定法之间的壁垒，建立良性的互动耦合机制。第二，加大普法宣传教育。乡村的普法宣传要做到内容和形式的统一。在丰富法治宣传内容的同时，创新宣传的形式，做到法治建设常态化。加强对村民特别是村干部的教育培训，借助现代媒体网络，提升受众群体的法治观念和法治能力。第三，整合法治服务的资源。单纯依靠政府部门力量进行法治教育和宣传远远不够。在乡村现代治理理念的指导下，应形成以政府为主导，高校、社会组织、新闻媒体和企业等众多主体广泛参与的法治服务模式。通过资源的整合为乡村提供多元化的法治服务，形成良好的乡村法治风尚。

第五节　乘势而上答好我国农业农村现代化 "新时代答卷"

从"精准扶贫"到乡村振兴，这是"三农"工作重心的历史性转移，其总目标是实现农业农村现代化。从执行层面看，如何全面实施乡村振兴战略？如何全面推进农业农村现代化？这是新时代农业农村现代化发展的"时代之问"。为此，要心系"国之大者"，准确识变，把握"三农"发展新形势新变化；积极应变，促进脱贫攻坚和乡村振兴实现有效衔接，实施具有中国特色的乡村振兴战略；科学谋变，谋求高质量可持续发展。要在脱贫攻坚战取得

全面胜利的历史性成就基础上，抓住新时代的历史机遇，站在建党百年以来乡村振兴战略的新历史起点上，乘势而上答好令人民满意、经得住历史考验的农业农村现代化"时代答卷"（谢花林，2020）。

一、识大局：把握农业农村发展新形势新变化

从发展形势看，虽然我国现代农业发展取得了显著的成效，但依靠拼资源消耗、拼农资投入、拼生态环境的粗放型经营现状还未根本改变，农业农村发展依然面临不小挑战。发展的不平衡不充分问题在乡村仍然十分突出。主要体现在农业产业化水平不高，农业供给质量亟待提高；农村基础设施和公共服务相对滞后，城乡融合发展的机制亟待健全；农民收入总体不高，持续稳定增收的长效机制亟待建立；巩固提升脱贫攻坚成果的任务仍然十分艰巨，精准扶贫"造血质量"亟待提升；农村集体经济薄弱，农村资产资源资金大多处于沉睡状态，深化农村改革的红利亟待释放；农村基层治理存在薄弱环节，乡村治理体系和治理能力亟待强化。

从基本农情看，虽然我国农业现代化发展势头强劲，但是从总体上看，农业效益比较低下仍然是我国农业的较大矛盾；现代化程度不高仍然是我国农业的比较劣势；产业化程度相对滞后仍然是我国农业的现实。从农业现代化发展水平看，持续推进供给侧改革仍然是"十四五"时期乃至更长时期的重要任务。全产业链在供应侧和需求侧存在结构性矛盾，呈现出结构性过剩与不足并存的局面，有待进一步拓宽"高品质供给牵引有效需求"的战略路径。在"从田间到餐桌"的食物里程中，还存在不少堵点断点，特别是农产品仓储、深度加工和冷链物流骨干网已经成为掣肘。

从农村现代化发展水平看，破除城乡二元经济社会结构的藩篱，仍然是"十四五"时期乃至更长时期的重要任务。尽管乡村振兴战略已经取得了阶段性成果，在国家倡导人才下乡、科技下乡、资本下乡的进程中，城乡之间发展不平衡不充分的问题依然十分突出。县城品质与功能提升任务依然繁重；重要基础设施在城乡之间的均等化水平依然有待提升；基本公共服务设施在城乡之间的一体化水平依然有待提高。在基层财政压力情况下，乡镇更新改造缺乏有效投入，在教育、医疗、文化和法律等民生事业方面还存在不少短板甚至"历史欠债"。

从农民现代化发展水平看，农民综合素养和内生发展动力提升，仍然是

"十四五"时期乃至更长时期的重要任务。随着农村人口老龄化问题日益突出，"谁来种地、如何种地"的时代问题依然没有根本性解决；小农户与大市场如何有效衔接的产业问题依然没有完全解决；农民可持续增收问题依然没有完全解决。

当前，我国农业农村现代化正呈现良好发展态势，正从"重产量"向"重质量"转变。农村正从"清脏""治乱"向治理体系和治理能力现代化转变，面临"四个关键节点"：一是面临夯实基础、做活存量、做优增量、调整结构，加快转变发展方式的关键节点。二是面临深化改革，破除体制机制深层次矛盾，激发创新发展活力，增强内生增长动力的关键节点。三是面临推动一二三产业相互支撑、相互融合、互动发展，提升农业质量效益和竞争力的关键节点。四是面临统筹区域发展，做强农业现代化示范园，促进地方优势特色农业产业集群发展，促进区域资源利用最大化、功能配置最优化的关键节点。

二、驭变局：促进脱贫攻坚战和乡村振兴战略有效衔接

在脱贫攻坚战取得全面胜利的基础上，要进一步保持战略定力，思想不松、队伍不散、力度不减，接续推进乡村振兴战略，切实推进"三农"工作重心历史性转移。脱贫攻坚与乡村振兴有效衔接的关键在于"平稳转型"，不能"急刹车"，而要"扶上马、送一程"。在五年过渡期，要建立长短结合、标本兼治的体制机制，推动形成制度化、常态化的乡村长效发展机制。在政策衔接上，确保工作不留空当、政策不留空白。要从实际出发，采取差别化的办法，对脱贫攻坚的特惠性政策实行分类处置，促使其向常规性、普惠性、长期性政策转变。

如何使"四不摘"政策（不摘责任、不摘政策、不摘帮扶、不摘监管）转化成脱贫地区的内生增长机制？对此，需要处理好短期与长期的动态平衡和过渡转换问题，对现行脱贫政策进行全面梳理，对制度适应性效率进行科学评估，实行分类处置。按照"保留一批、延期一批、整合一批、取消一批"的思路，对于确实面临困难的已摘帽贫困县继续实施帮扶政策，给予资金和政策扶持，防止规模性返贫和反弹。这是我们要"守好底线"的基本要求。对于整体发展水平比较好的地区，探索将现行扶贫政策整合到欠发达地区发展政策之中，将有关扶贫政策整合后纳入其中，以增强其内生发展动力。

对于发展势头良好并且已经走上了更高发展水平的地区，可以逐步取消一些政策，但是不能"急刹车"。

三、开新局：以"三化一融合"全面促进农业农村现代化

党的十九大报告对乡村振兴战略提出了"产业兴旺、生态宜居、乡风文明、治理有效、生活富裕"的总要求。要加快促进农业现代化、农村现代化、农民生活现代化和城乡融合发展（统筹"三化一融合"），努力走出一条具有中国特色的乡村振兴之路。

一是聚焦农业"高质高效"的目标定位，实施农业产业基础高级化和产业链现代化攻坚行动，促进农业现代化。坚决贯彻落实习近平总书记"产业兴旺是解决农村一切问题的前提"重要指示精神，按照"生态优先、绿色发展，主体参与、政府支持，聚焦特色、突出优势，联农带农、融合发展"的原则，以农业供给侧结构性改革为主线，着力做大优势主导产业、做强农产品加工业、做好农业社会化服务业，促进一二三产业融合发展。大力推动农业高质量发展，不断深化农业供给侧结构性改革，推进农业绿色化、优质化、特色化、品牌化，实现农业由增产转向提质，促进农业现代化发展。坚持以绿色为引领，以改革为动力，以现代农业产业园（示范园）为载体，以科技创新为支撑，构建现代农业产业体系、生产体系、经营体系，全面提升产业实力、创新力、竞争力和全要素生产率。着力转变农业经营方式、生产方式、资源利用方式和管理方式，推动农业发展质量变革、效率变革、动力变革，加快构建"产地生态、产品绿色、产业融合、产出高效"的现代农业发展新格局，全方位推进农业高质量跨越式发展。

二是聚焦农村"宜居宜业"的目标定位，实施新农村建设行动，促进农村现代化。坚持乡村振兴和新型城镇化"双轮驱动"，突出新型工业化、城镇化对乡村振兴的辐射带动作用。统筹城乡国土空间开发格局，牢固树立"绿水青山就是金山银山"的理念，把生态作为乡村振兴的生命线，优化乡村生产生活生态空间。展开美丽宜居县试点建设，同步开展美丽宜居乡镇、村庄、庭院试点建设，巩固"连点成线、拓线扩面、突出特色、整体推进"的建设格局。在推进新农村建设过程中，继续坚持规划引领，以县为单位编制好村庄布局规划，因地制宜、分类指导、分档推进。要注重把乡村特色与现代元素有机结合起来，避免"去农村化"。例如，可以引导盘活农闲房和

宅基地，引导发展民宿经济。优先选择在生态环境优、资源禀赋好、文化底蕴足、村庄公共基础设施完善的乡镇，开展民宿经济集群示范创建，让特色村和农村文化名村的建设成为"系住乡愁"的载体和文化 IP。

三是聚焦农民"富裕富足"的目标定位，实施农民素质和内生发展动力提升行动，促进农民现代化。着力提高乡村社会文明程度，提高农民综合素养和自主发展能力，增强农民主动性和能动性，让农民成为有吸引力的职业。推动农民思想观念、素质能力、行为方式现代化，重点实施脱贫攻坚成果巩固拓展工程、农民持续稳定增收工程、农民就业创业工程、乡风文明与农村文化传承建设工程等四大重点工程，着力共建农村"精神家园"，共享农民现代化新风尚。

四是聚焦"缩小差距"的城乡融合发展目标定位，实施以城带乡示范引领乡村振兴战略行动，推动形成工农互促、城乡互补、协调发展、共同繁荣的新型工农城乡关系。城乡融合发展是城镇化战略和乡村振兴战略的有机契合。要着力破题城乡二元经济社会发展的藩篱，引导城市公共事业和服务向农村延伸，加快补齐农村公共事业和服务短板。推进以人为核心的新型城镇化，促进大中小城市和小城镇协调发展。突出以中心乡镇带动乡村振兴的功能作用，发挥中心乡镇（主要是示范乡镇、经济发达镇和特色小镇等）连接城市和服务乡村的功能作用。重点是发挥中心乡镇的辐射带动作用，努力把乡镇建设成为"三个中心"（乡村治理中心、为农服务中心、乡村经济中心）。

第二章　乡村振兴的理论基础

第一节　乡村振兴发展的理论脉络

2017 年 10 月，党的十九大提出实施乡村振兴战略。同年 12 月召开的中央经济工作会议和中央农村工作会议对"乡村振兴战略"进行了系统阐述，在国内迅速掀起了关于"乡村振兴战略"的讨论热潮，引发了人民群众对农业农村的美好期待。党的二十大报告提出全面推进乡村振兴。这些关注和期望反映了以习近平同志为核心的党中央对中国农业、农民和农村发展的高度重视，与人民对幸福生活的美好追求高度一致。新时代乡村振兴战略是新农村建设实践的升华，着眼于农业农村优先发展和着力解决当下"三农"现实问题，解决新时代中国发展不平衡和不充分问题，解决城乡发展不平衡和农村发展不充分矛盾，具有鲜活的时代感、庄严的使命感和厚重的历史责任感，是习近平新时代中国特色社会主义思想的重大原创性组成部分。深入研究乡村振兴战略的历史渊源和理论脉络，对乡村振兴的实施路径进行研究思考，对加快推进农业农村现代化，建设生态宜居美丽乡村，坚定信心沿着中国特色社会主义道路前进，实现中华民族伟大复兴的"中国梦"具有重大而深远的历史意义（陈光军，2019）。

一、乡村振兴战略的历史渊源

党的十九大提出实施乡村振兴战略，是在认真总结新中国农业农村 70 年发展成就与经验，深刻认识现代化城乡发展规律基础上做出的重要决策。中国要强，农业必须强；中国要美，农村必须美；中国要富，农民必须富（人民出版社，2017）。解决"三农"问题，实现乡村振兴和城乡融合发展是实现百年国家崛起和民族复兴中国梦的必然历史逻辑。

（一）新中国成立后乡村发展新变化

"理解农业的本质，对理解发展问题非常重要"。新中国成立初期，在错综复杂的国内外形势下，我国艰难地推进了农村社会主义改造和农业现代化建设，为消灭城乡对立、巩固工农联盟奠定了初步的制度与物质基础。但在优先发展重工业、建立先进工业国家的目标驱使下，国家在相当程度上实施了一整套以农促工、城乡隔离的政策措施。农业农村长期被统购统销、户籍制度、人民公社制度等因素限制，形成资本和物质生产要素由农到工、由乡及城的单向流动，为国家工业化、城市化提供资源与要素积累；受制于内、外部体制机制的多重约束，农民生产积极性遭到严重压制，农业农村长期处于生产水平很低、农民生活困难、扩大再生产能力很薄弱的境况。据统计，1959～1978 年的 20 年间，农村居民人均纯收入年均增加仅 2.7 元左右；到 1978 年，我国近 8 亿农村居民的人均纯收入只有约 133.6 元（刘儒等，2020）。即使在这一历史时期，我们党仍然十分重视处理工农关系和城乡关系，十分重视农业农村发展。在《论十大关系》中，毛泽东把重工业和轻工业、农业的关系置于十大关系之首。指出要真想发展重工业，就必须注重农业和轻工业。只有这样，才会使重工业发展得多些和快些（刘儒等，2020）。1957 年毛泽东更是强调指出，在优先发展重工业的前提下"必须实行工业和农业同时并举，逐步建立现代化的工业和现代化的农业"（刘儒等，2020）。应客观看到，这一时期在加强农业基础设施建设，促进农业生产力发展，发展和壮大农村集体经济，推进农村基本制度建设和完善乡村治理体系等方面取得了巨大成就，积累了历史经验。我们党就如何在二元经济结构的国度实现农业现代化做了艰难探索。广大中国农民为巩固新生的社会主义制度和实现国家工业化做出了巨大牺牲和不朽贡献。有研究表明，1951～1978 年，农民为工业化提供净积累达 4 340 亿元（吴敬琏，2018）。

（二）改革开放后乡村发展新突破

1978 年 12 月党的十一届三中全会拉开了中国改革开放的巨大序幕，农业农村成为中国改革开放的桥头堡。计划经济时期农业农村普遍存在的管理过于集中、经营方式过于单一、分配方式过于平均的弊端被"责任最明确、利益最直接、方法最简便"的家庭联产承包责任制消解。面对粮食生产下降和农业发展的颓势，20 世纪 80 年代初，中国决定返回到以家庭为主的农业。

尽管公社还是继续存在并发挥某些职能，但小规模集体生产单位取代了大规模的公社，成了农业生产的基本管理单位（刘儒等，2020）。管理、分配和经营方式的改革使农村生产关系得到积极调整，个人积极性和集体优越性得到充分发挥。1982 年，改革开放以来第一个"中央一号"文件《全国农村工作会议纪要》发布。此后，随着农村改革的逐步深入，农业结构的不断调整，粮食政策逐渐放宽，其他农副产品价格逐步放开，使农产品供给能力、供给量和多样性水平不断提高。据统计，1978～1984 年短短 7 年间，粮食产量就由 3.04 亿吨增至 4.07 亿吨；棉花产量增长近 3 倍（刘儒等，2020）。同时，在城乡需求增长、价格双轨制和户籍制度等经济、制度因素综合作用的背景下，农村富余劳动力获得了在农村就地就近就业的契机。无数乡镇企业蓬勃发展，异军突起，为农村经济乃至整个国民经济的发展起到重要作用。据统计，1979～1988 年的 10 年间，农村居民人均纯收入年均增长突破 11%，远超改革之前的增长速度，而且"城乡居民收入差距在 1978～1989 年间出现了缩小的趋势"（吴敬琏，2018）。可以说，20 世纪 80 年代，农业农村几乎领跑了整个中国经济体制改革。农村改革的成功为经济体制改革全面推进提供了巨大的示范效应，极大消解了改革事业的阻力。

20 世纪 90 年代初邓小平南方谈话以后，伴随党的十四大召开，我国社会主义经济体制改革目标探索阶段完成，社会主义市场经济体制的基本框架逐步确立，国家经济发展进入加速期。在农业经营制度、产业结构和战略结构调整政策的推动下，农业农村获得持续发展。同时，随着改革开放和社会主义市场经济体制建设的持续推动，户籍制度和农民进城的限制出现松动，农民向外发展的空间大大拓宽。声势浩大的"民工潮"开始涌向城市和其他非农产业，农民收入水平获得极大提升，困扰多年的温饱问题基本得以解决。据统计，1988～1996 年，农村居民人均纯收入由 544.9 元升至近 2 000 元，年均增长超过 17%。但值得注意的是，城市作为国家经济建设的重心则取得更为快速的发展。城乡之间的差距在波动中逐步拉大，城乡居民收入比由 1989 年的 2.2 提升至 1999 年的 2.8 左右（刘儒等，2020）。此外，青壮年农民、农村精英向城市大规模地自由流动也造成农村空心化、老龄化现象。农业农村可持续发展面临一系列不可回避的问题，农业停滞、农村凋敝、农民贫困的"三农"问题进一步凸显。甚至有人认为，继 20 世纪 50 年代末农业农村的困境和危机之后，20 世纪 90 年代中后期农业农村发展再次陷入困境和危机（陆学艺，2001）。

（三）新时代以来乡村发展新成就

进入 21 世纪，伴随"中国奇迹"式的经济持续高速增长，我国综合国力显著提升，人民生活条件大幅改善，生活水平总体达到小康，农业农村也获得持续发展。但是，在工业化和城市化浪潮面前，农业农村的弱势并没有得到根本性扭转。加入 WTO 后，中国农业面临国内外市场的激烈竞争。由于历史和现实缘由，城乡差距趋于扩大，农村贫困人口规模依然庞大。据统计，2002 年我国城乡居民收入差距比率突破 3，且此后逐步升高；2012 年，农村贫困发生率仍超过 10%，贫困人口规模超过 9 800 万（刘儒等，2020）。除此之外，农业产业发展滞后，农产品供给不足；农民生活水平提升缓慢；乡村文化凋敝，一些地方农村群众思想观念、道德素养、精神风貌较为落后；农村建设规划滞后，村容环境破败，卫生水平低下；基层干群关系疏远，党组织涣散等问题日益凸显。基于这一现实，十六届五中全会不失时机地提出"建设社会主义新农村"的历史任务。要求按照"生产发展、生活宽裕、乡风文明、村容整洁、管理民主"的目标扎实推进，并强调"统筹城乡经济社会发展"（刘儒等，2020）。在党中央的统一部署下，国家持续加大对农业农村大量人力、物力、财力的投入，农村基础设施条件、公共服务、社会保障制度得到完善，农村人居环境整体改善。随着"工业反哺农业，城市支持农村"的体制机制逐步建立，城乡之间的差别和对立得到一定程度的缓解。延续几千年的农业税全面取消，进一步提高了农民收入。特别是党的十八大以来，以习近平同志为核心的党中央高度重视"三农"问题，坚持把解决好农业、农村、农民问题作为党和政府工作的重中之重。举全党之力实施精准扶贫和精准脱贫攻坚，不断推进农业供给侧结构性改革和农村体制改革，不断推动城乡发展一体化和融合发展。我国农业综合生产能力明显增强，农业结构不断优化，农村新产业、新业态、新模式蓬勃发展。农业生产经营方式发生重大变化，农村土地制度、农村集体产权制度改革取得一定突破。农民收入和生活水平明显改善，城乡居民收入差距比率缩小。

二、乡村振兴战略的理论脉络

党的十九大明确了实施乡村振兴战略的总体要求和主要任务。基于此，在 2017 年中央农村工作会议上习近平明确提出乡村振兴"七条道路"；2018 年全国"两会"上，习近平从五个方面系统阐释乡村振兴战略。从"七条道路"到"五个振兴"，乡村振兴战略的内涵外延一脉相承、与时俱进地丰富和完善。而其根本出发点和落脚点是从生产、生活、生态方方面面增强亿万农民群众的参与感、获得感和幸福感（陈光军，2019）。

（一）由"生产发展"改变为"产业兴旺"，农村经济需要从单一化转向产业化、规模化

生产发展和产业兴旺的区别在于，生产发展主要是指农业的发展；产业兴旺不仅涉及农业产业的发展，还包括农村各大产业的兴旺和发展，内涵和外延更加丰富、更加全面。新的总要求，将原先"生产发展"的提法替换成了"产业兴旺"。这一变化，背后反映出的是对农村整体期望值的改变。"生产发展"更多强调的是发展生产力，也就是通常所说的第一产业；而"产业兴旺"要求三产融合，打造农村自身的产业体系。这种转变意味着，未来农村经济将从单一化转向产业化、规模化。"产业兴旺"是乡村振兴的经济基础，促进农业由增产向提高质量转变，全面提高粮食综合生产能力和农业综合效益。当前，中国需要构建农业现代化生产和经营体系，提高农业创新力和竞争力，进一步提高农业综合生产力、科技支撑能力，着力提升农业竞争力和综合效益；突出产业发展的品牌化和特色化，注重农业生产能力和质量的提升；通过发展和延伸产业链，大力发展农产品加工业，增加农产品附加值，推动资源整合，实现效益最大化；发挥科技创新优势，促进农业结构调整；着力转变农业发展方式，对传统农业进行根本改造。积极推动发展多功能大循环农业，提高农业产业化和规模经营水平；推进农村一二三产业融合，挖掘乡村生态休闲、旅游观光、文化教育价值的融合方向，为农民自主就业和创业创造体制环境；建立和完善中国农产品贸易政策体系。同时增强中国农产品竞争力，增加出口，拓宽对外开放新格局。

（二）将"村容整洁"替换成"生态宜居"，建设人与自然和谐发展的现代农村势在必行

"村容整洁"就是农民的房前屋后要整理得干净些。而"生态宜居"不仅对村庄的生态环境有更高要求，而且也要求整个农业走绿色发展道路、整个农村的生态环境有明显改善，实现人与自然和谐共生的农业农村现代化。另外，就是发展乡村旅游、休闲农业、观光农业，让城里人有一个好的休闲去处。从这些角度来讲，对生态宜居的要求是很高的。要通过规划建设功能完备、环境优美、特色明显的美丽乡村，让乡村成为美丽宜居的幸福家园。

为了实现生态宜居，应着力在"宜"字上做文章、下功夫。遵循人与自然和谐发展规律，从生态环境建设入手，以优美环境带动乡村其他领域共同发展，实现农业农村现代化。一是着眼农业可持续发展。通过减少化肥、农药的施用量，减轻农业生产对环境的污染。积极推进重金属超标单元地下水污染综合防治工作，强化源头管理，减少农业面源污染，还自然以宁静、和谐、美丽，确保农业生产生态化和农产品供给安全。二是因地制宜开展农村人居环境整治。推进农村的排污管线、垃圾清理、污水处理等公共设施建设，加快农村"厕所革命"。"厕所革命"应遵循因地制宜的原则来推行无害化卫生改厕模式，实现粪便无害化处理和资源化利用（陈光军，2019）。完善农村生活设施，建设生态宜居的美丽乡村。三是创新农村生态环境保护体制机制。注重维护乡村生产生活场地和区域的环境质量和生态效益，在发展中倡导绿色、生态、低碳、循环的理念。坚持绿色生态导向，推动人与自然和谐共生。打造生态宜居环境，吸引各类资源要素下乡。四是建立促进农业发展与生态环境发展的物质循环和能量流动机制。摒弃传统的依靠资源消耗的单项型增长方式和污染末端治理方式，改善农业生产条件，促进传统农业技术向现代农业科技创新和应用的转化。

（三）围绕繁荣乡村文化，推进乡风文明建设

同社会主义新农村建设相比，乡村振兴，既要塑形，也要铸魂。乡风文明是保障。实现乡风文明的关键是重构乡村文化，强化社会主义核心价值观教育。推动乡村文化振兴，促进传统文化和现代文明有机融合，构建中国特色现代乡村文明体系。当前乡风文明建设的关键，一是提高农民的文化水平和综合素质。在乡村社会文明体系建设中扎根中国优秀的传统文化和现代文明，实现农业文明和现代文明的共存。加强农村思想道德建设，坚持物质文明和精神文明两手抓两手硬。引导农民树立现代价值观念和法治意识，提升农民精神风貌，促进农村社会风气良性转变，提高乡村社会文明程度。二是深入挖掘、保护、传承和发展中华传统农耕文化、民俗文化和乡土文化。探索以文化促旅游、以文化带市场的乡村文化产业化道路，以文化振兴促乡风文明。三是使农民养成文明健康的生活习惯。传承好家风、涵养新风气，必须持续大力开展移风易俗弘扬时代新风行动，革除农村陈规陋习；必须建立乡村德治体系，提升农民精神风貌。四是加强农村公共文化服务体系建设。

要充分利用现有的基层宣传文化阵地资源，鼓励农民利用各种节庆日，尤其是民族传统节日，开展各种民俗活动和传统文化活动；各乡镇充分利用党建文艺小舞台，通过歌舞展演等群众喜闻乐见的方式，引导广大群众参与健康向上的精神文化生活。使他们在耳濡目染、潜移默化中陶冶情操，受到教育，提高素质，倡导改革创新的时代精神。将大力弘扬独立自主、自力更生、与时俱进的改革创新精神，作为推动乡村文化振兴的重要内容。积极推动广大农民群众创新创业，为推动乡村振兴提供持久精神动力。

（四）由"管理民主"调整为"治理有效"，涵括的内容更为广泛，立意更加深远

党的十六届五中全会提出"管理民主"，更多的是要求村干部按照村民意愿办事、按照规章制度办事。着眼于适应农业经济社会发展新形势，2008 年，《中共中央　国务院关于切实加强农业基础建设》提出，探索乡村有效治理机制。党的十九大在总结多年农村基层治理实践的基础上，提出"治理有效"新目标。体现了我们党的新认识，也对农村基层社会治理提出了新要求。

一是农民群众更广泛的参与。加强以村党组织为核心的村级组织建设，拓展村民参与村级事务的渠道。建立健全村务监督委员会，推行村级事务阳光工程。依托村民会议、村民代表会议、村民议事会、村民理事会、村民监事会等，探索村民小组协商和管理的有效方式，形成民事民议、民事民办、民事民管的多层次基层协商格局。大力培育服务性、公益性、互助性农村社区社会组织，发挥其在扩大群众参与、反映群众诉求等方面的积极作用。

二是自治、法治、德治相结合。加大农村普法力度，提高农民法治素养。推进平安乡镇、平安村庄建设，引导广大农民自觉守法用法。加强和改进村规民约工作，弘扬优秀传统文化和文明风尚。建立道德激励约束机制，通过自律、他律、互律引导农民群众行为符合社会共同行为准则。注重现代治理理念、手段和传统治理资源相结合，以自治消化矛盾，以法治定纷止争，以德治春风化雨，让农民安居乐业、农村和谐稳定。

三是构建共建共治共享新格局。推进农村社区综合服务设施建设，丰富农村社区公共服务内容，满足农民群众多元化、差异化、个性化的服务需求。支持企业家、党政干部、专家学者、技能人才等，通过下乡担任志愿者、投资兴业、包村包项目、捐资捐物等方式，参与到乡村振兴的伟大事业中来。推动乡村治理重心下移，厘清乡镇政府和村委会权责边界，促进政府治理和

社会调节、居民自治良性互动。

四是落实民主集中制。适应农村经济社会结构深刻变化，探索创新党组织设置方式，在农民专业合作社、专业协会、产业链全面建立党组织。推动村党组织书记通过选举担任村委会主任，鼓励村里的党员担任社区社会组织负责人。坚持和落实"四议两公开"要求，保证村党组织对村里重大事务的主导权。既依靠群众，发扬民主，广泛听取意见，推动议事协商依法开展、有序进行，又要坚持教育和引导群众，防止议而不决、决而不行。

（五）"生活宽裕"调整为"生活富裕"，要求切实提高农民收入和生活水平

农村发展的根本立足点是提高农民收入和生活水平。在建设社会主义新农村期间，中国农村居民的生活水平一般，主要只解决了温饱问题。目前，随着农民增收渠道的拓宽和基本公共服务的普及，农民生活质量得到了提高。因此，从"生活宽裕"向"生活富裕"的转变，标志着中国农村经济在过去 10 年中发展迅速，农民的物质基础和生活条件也有了很大改善（朱永清，2019）。要真正实现"美好生活"的中心目标，一是坚决打赢脱贫攻坚战，消除乡村贫困，确保农村贫困人群实现全面小康。把保障和改善民生、促进广大人民群众共同富裕作为推进乡村振兴战略的奋斗目标。二是努力提高农民收入，努力走好新时代产业、城乡融合发展之路，解决农村剩余劳动力转移就业问题。通过释放农村土地、宅基地的增值收益活力，壮大集体经济，增加农民财产性收入。三是加快推进城乡基本公共服务均等化进程。抓住供给重点、补齐服务短板，切实解决好农民最关心最现实的利益问题。例如，优先发展农村教育事业，推进城乡义务教育一体化。促进农村劳动力转移就业，提高就业质量。强化农村公共卫生服务，解决好农民看病难、看病贵的问题。加强农村基础设施建设，推动城乡基础设施互联互通。提高农村社会保障水平，让农民老有所养、病有所医、住有所居。四是要积极为农民创造就业和创业机会，鼓励农民自主创业，实现自给自足，过上富裕生活。同时，在满足农民物质需求的同时，他们也应该实现自己的精神幸福，实现家庭和谐幸福的最终目标。

第二节　乡村振兴的理论体系

乡村振兴战略是习近平同志在党的十九大报告中提出的。十九大报告指

出，农业农村农民问题是关系国计民生的根本性问题，必须始终把解决好"三农"问题作为全党工作的重中之重，实施乡村振兴战略。农村是生态系统的重要一环，要加强农村生态文明建设，要坚持绿色发展。本节拟从构建乡村振兴战略等相关理论体系，剖析不同理论视域下的乡村振兴战略选择。

一、城镇化理论

目前我国农村表现出发展相对滞后的问题，这是长期实行传统的城镇化发展模式以及城市偏向政策带来的必然结果（沈忻昕，2020）。要想进一步缩小城乡差距，必须走新型城镇化之路，将乡村与农业置于优先发展的地位，补齐乡村发展短板。具体包括促进农业产业发展、改善乡村居住环境、提高村民科学文化素养、改革完善乡村社会治理体制、拓宽农民收入渠道以及加强乡村基础生活设施建设等方面。为进一步促进乡村地区的发展与振兴，乡村振兴战略提出了"产业兴旺、生态宜居、乡风文明、治理有效和生活富裕"的总要求。这正与新型城镇化建设的 5 个基础指标相适应。具体如图 2－1 所示。

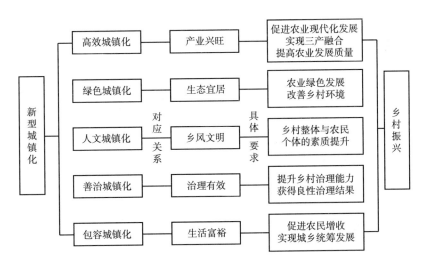

图 2－1　新型城镇化指标与乡村振兴战略的对应关系

资料来源：雷明，于莎莎，陆铭. 多维理论视域下的全面乡村振兴［J］. 广西社会科学，2022（02）：130－140.

乡村振兴战略中的"产业兴旺"发展要求，与新型城镇化理论中的"高效"指标具有一定的吻合性。乡村产业的发展是改善乡村发展面貌的基石，产业繁荣可以为乡村的发展提供全面、持久、系统的动力。因此，乡村振兴战略以产业兴旺作为首要任务，要求盘活乡村的产业发展要素。同时提升产业的劳动效率，保证产业的发展质量，以此促进乡村产业的振兴。具体包括以下三方面举措：第一，乡村的产业振兴要做到提高农业生产能力，以及提升与农业生产相关的基础设施建设水平，促进农业新业态与新模式的蓬勃发展。第二，乡村的产业振兴需要架起城市与乡村之间的要素流通平台，使城镇的人才、资金与信息能够畅通地流向乡村领域。同时促进农村第一二三产业之间更广范围与更深层次的融合，增加农民增收的途径。第三，要推动农业生产质量的稳步提升，使乡村的农作物产品及其复合产品更能满足消费者的需求，以此实现新型城镇化的高效发展。

乡村振兴战略中的"生态宜居"要求，体现了新型城镇化理论框架中的"绿色"城镇化指标。新型城镇化理论强调保护生态资源以及适应环境承载力的重要性，主张以良好的水土资源环境为乡村提供更加充足的发展空间，同时为村民提供更加完善的生活环境。在此基础上，乡村振兴战略提出"生态宜居"的要求。主要包括两方面的内容：第一，实现农业产业的绿色发展。第二，实现乡村生活舒适性与宜居性的提升。从绿色城镇化的角度出发，乡村生态宜居体现为农村生态环境问题的逐步改善，以及农村人居环境整治工作水平的提升。二者的共同推进能够最终实现乡村的生态振兴。

乡村振兴战略中的"乡风文明"要求与生态宜居紧密联系，顺应了新型城镇化理论中"人文"城镇化的发展指标。从新型城镇化理论视域出发，乡村的人文建设可以推动当地居民劳动素养、文化素养以及文明素质的提升。以"懂技术、爱劳动、有文化"为标准建设新型职业农民人才队伍，进而推动乡村的可持续发展。乡村振兴理论中的"乡风文明"要求十分明确：第一，乡村整体拥有良好的道德风尚和风气，营造良好的人文乡村环境。第二，使农民个体的品德状态和精神风貌焕然一新，涌现出一批新的乡村建设人才。从人文城镇化的要求来看，乡村振兴中的乡风文明就是要实现乡村良好氛围的建设，以此实现乡村精神文明层面的现代化发展。

乡村振兴战略中的"治理有效"要求与新型城镇化理论中的"善治"指标体现出共同的效益性与进步性。新型城镇化理论点明了实现城乡善治的重要性。城乡社会的统筹治理能够为乡村发展提供更多的空间与机会，而城乡的善治能够为乡村的进一步发展提供稳定的制度保障。乡村振兴战略中"治理有效"要求的提出也体现了这种善治精神：第一，乡村治理行为主体的多元化趋势。第二，决策质量和水平的提升。第三，决策的贯彻落实。第四，良性的治理结果。通过乡村振兴中其他几项目标的实现程度来检验乡村治理的有效性。实现以上四个方面的要求，就能达到乡村的有效治理，从而实现新型城镇化的"善治"要求。

乡村振兴战略中的"生活富裕"要求体现了新型城镇化理论中的"包容"城镇化指标。新型城镇化强调实现城镇包容性发展的重要性，要求提升城市承载能力，促进城乡居民共同富裕。其关键着力点在于完善乡村基础生活设施、交通设施以及文化娱乐设施，同时提升公共服务的供给能力与供给质量。乡村振兴战略在此基础上提出"生活富裕"发展要求，从而推动乡村基础设施建设水平的提升，保障医疗、交通、教育、信息以及卫生等各生活基本要素的供给。同时促进农民增收，实现农村基础设施建设水平的进一步提升，满足农民生活的切实需要，为进一步实现城乡共同富裕提供要素保障。

综上所述，新型城镇化理论的五项衡量指标为乡村振兴战略的设计奠定了理论基础。而乡村振兴战略的五个方面总要求也契合了新型城镇化理论的要求，有利于城镇化的稳步发展与质量提升，为我国乡村发展提供了进一步的努力方向。

二、城乡二元结构理论

城乡二元结构的破除不仅能够解决农村发展的繁荣稳定问题，实现城乡的融合与协调发展，而且能够使广大农民的利益得到根本的保护。从而使农民的生产创造性、积极性与效益性得以迸发，推动整个社会发展潜力的涌现。乡村振兴战略是旨在促进乡村地区发展的一项系统性、综合性的战略。其中的"生活富裕"要求的核心在于切实提升村民收益，使乡村居民真正富裕起来。实际上，城乡二元结构的相关理论可以为乡村振兴战略中"生活富裕"部分内容的制定，提供重要的理论参考。

具体来说，第一个方面就是拓宽农民收益渠道，通过公司化经营或股份化投入切实提升农民收入。促进农民增收是实现乡村生活富裕的基础，因为乡村振兴战略的核心在于农民。作为乡村主体的农民只有获得更稳健的收入，才能积极地投入到更多形式的产业生产当中，从而获得更多形式的收入。因此，《乡村振兴战略规划（2018～2022 年）》（以下简称《规划》）提出了构建"长效政策机制"的要求，意在通过发展农村经济、增加农民财产性收入及工资性收入等多种途径，不断缩小城乡居民收入差距。第一，要加快农业现代化的发展步伐。根据各地农业资源禀赋的特点，选择合适的农业现代化模式。第二，要提高农业用地的数量和质量。对此，《规划》明确指出要大规模推进高标准农田建设，提升耕地质量。第三，要提高农业机械化和信息化水平，大力推进农业机械化转型升级和数字农业发展，推广"互联网＋"现代农业行动。从以上三方面增加广大农民群体的经营性收入，使农民能够从一定程度上缩小与城市居民的收入差距，达到破解城乡二元经济结构的基础性要求。

第二个方面是增加对乡村以及农民的资金投入。即增加农民的工资性收入，提高农村基础设施及基本公共服务的建设水平。这也是破解城乡二元社会结构的核心着力点。《规划》提出了以下三方面的针对性策略：一是完善对"三农"领域的多元投入保障机制，加强对农村经济社会发展关键领域和薄弱环节的金融配置。二是加快农村基础设施提档升级。坚持把基础设施建设重点放在农村，加快农村公路、供水、供气、环保、电网、物流、信息、广播电视等方面的建设。开发适应新型农业的信息技术、产品应用和服务，为乡村新兴产业的发展提供科技基础。三是完善统一的城乡居民基本医疗保险制度和大病保险制度，建立城乡居民基本养老保险待遇和基础养老金标准正常调整机制，统筹城乡社会救助体系。同时着力提高农村医疗卫生服务质量，倡导推广全民健康生活方式。从以上三方面入手，乡村振兴战略能够在拓宽农民收入渠道的基础上，实现基础设施和公共服务的提档升级。这不仅能够满足破除城乡二元社会结构的需要，而且能够满足乡村生活的多元化需求，从而实现乡村的进一步发展。

三、产业分工与融合理论

乡村振兴战略提出了"产业兴旺、生态宜居、乡风文明、治理有效和生活富裕"五方面的要求。其中"产业兴旺"是乡村振兴战略的基础前提，也是解决我国乡村经济与社会问题的关键。产业的兴旺发展最明显的优势就体现为其对新动能的激发作用。促进特色农产品、信息资本、科学技术等层面的扩大化流通，在资源合理流通配置的基础上带动收入的增加，从而为其他四方面振兴奠定坚实的物质与资源基础。目前我国乡村产业发展面临第一产业发展水平低，及第一产业与第二三产业融合度不高的问题。这些难题都成为乡村经济进一步发展的阻碍。化解此障碍的核心在于促进乡镇企业的发展，这些都离不开产业分工与产业融合发挥的重要作用。

乡村的产业融合具体来说就是农村第一二三产业间的交叉融合。即在三层次产业发展之间进行资源的重组与配置，从而延伸出新的发展业态。这是更加贴合乡村实际发展状况的产业融合方式，能够使农民与本地产业有机结合，直接增加农民收入。为农民提供更多农业领域的创业机会，使新业态与新产业得到更大的发展空间。

正因农村三产融合有着突出的优势性，构建农村第一二三产业融合发展的现代农业产业体就成为实现乡村振兴的关键。因此，《规划》也将农村产业的分工与融合纳入乡村振兴战略体系，并突出强调农村三产融合的重要地位。第一，要发掘农业的新功能与新价值。实施农产品加工业提升行动，支持开展农产品生产加工、综合利用关键技术研究与示范，推动初加工、精深加工、综合利用加工和主食加工的协调发展，实现农产品多层次、多环节转化增值。第二，要培育农村的新产业与新业态。加强农商互联，密切产销衔接，发展农超、农社、农企、农校等产销对接的新型流通业态。实施休闲农业和乡村旅游精品工程，发展乡村共享经济等新业态。这种产业链之间的分工、延长与衔接是产业分工与产业融合的共同作用。第三，要打造农村发展的新载体与新模式。促进农业内部融合、延伸农业产业链、发展农业新型业态等多模式融合发展。第四，要强化农业科技支持，提高农业科技自主创新和成果转化水平，为农业发展拓展新空间、增添新动能。这是实现产业融合的动力所在。

乡村振兴战略中的一些重点做法体现了产业分工与产业融合理论中的核心思想。即通过产业链的分化、延长与融合，农业功能的拓展，以及科技的研发与进步为乡村产业的发展提供助力。而在实际发展过程中，三产融合也为农村发展作出了相当大的贡献。在进一步推动乡村产业融合过程中，还要在以下方面进行努力：第一，要不断促进乡村产业结构的升级，进一步深化乡村体制改革。第二，要优化乡村的行政管理环境与公共服务水平，为多种形式的产业融合实践提供相应的环境与政策支持。第三，要进一步夯实农业基础，稳定农业的地位。在农业发展拥有一定竞争力的基础上，再推行农业与其他产业的融合发展。避免出现发展其他产业而挤压农业发展空间与资金的问题，让农民真正实现增收。

四、可持续发展理论

可持续发展理论的提出，主要在于应对当前人们不断增长的需求与资源短缺之间的矛盾。在当前发展过程中，要重视对气候环境的保护，从而为满足日后更多需求做出合理安排，最终实现不同时期的和谐发展。而乡村的可持续发展也十分重要。无论是当前还是未来的乡村建设，必须既保留"金山银山"，也保护"绿水青山"，建立"以绿水青山带动金山银山"形成的农村发展模式。为实现这一目标，乡村振兴战略提出了"生态宜居"的总要求，为乡村的进一步建设指明了方向。《规划》指出，要牢固树立和践行绿水青山就是金山银山的理念，坚持尊重自然、顺应自然、保护自然，统筹山水林田湖草系统治理，加快转变生产生活方式。推动乡村生态振兴，建设生活环境整洁优美、生态系统稳定健康、人与自然和谐共生的生态宜居美丽乡村。对此，《规划》提出了具体要求，包括推进农业绿色发展、加强乡村生态保护与修复、构建宜居乡村等多方面举措。第一，要强化资源保护与节约利用。集中治理农业环境突出问题，加强农业面源污染的综合防治，以此实现乡村生态环境的可持续发展。第二，要实现投入品减量化、生产清洁化、废弃物资源化、产业模式生态化。以此提高农业可持续发展能力，满足乡村生产与经济可持续发展的要求。此外，乡村振兴战略也强调持续改善农村人居环境的重要性。以农村垃圾、污水治理和村容村貌提升为主攻方向，推进农村生活垃圾治理、加快推进入户道路建设、建立健全整治长效机制等多方面具体措施，以期实现宜居型乡村的建设。

在实际的乡村建设过程中，我们通过推进乡村环境建设与污染治理，以及可持续生态农业的发展，可以使乡村发展在提升经济效益的同时，走绿色发展的道路，提升环境与生态效益。乡村的可持续发展除了需要实现生态以及经济上的可持续发展，还需要实现农民以及农村社会的可持续发展。乡村振兴战略中的"乡风文明"部分正好顺应了以上要求。强调繁荣发展乡村文化的重要性，主张通过推进农村精神文明建设以及弘扬中华优秀传统文化来实现新农村的塑造。具体措施包括深入实施公民道德建设工程、保护利用乡村优秀传统文化、发展乡村特色文化产业、增加公共文化产品和服务供给等方面，力图通过多方面的教育和扶持机制来重塑乡村文化生态，真正实现乡村生态及文化层次的可持续发展。

五、乡村治理理论

从家庭联产承包责任制的产生到现在，乡村的发展条件已经发生了翻天覆地的变化，乡村的发展面貌也焕然一新。但目前的乡村治理过程中，仍然存在比较明显的矛盾与问题：一方面，我国乡村的基层民主建设滞后性比较明显。一些不合理决策的现象时有发生，且村民的主人翁意识与自治能力需要进一步增强；另一方面，乡村治理过程中依旧存在权责不分的问题，导致部门与部门、政府与村民之间出现管理矛盾。科学有效、统筹多方的治理方式是推动乡村建设发展的重要手段。乡村振兴战略中的"治理有效"要求，就是要提升乡村的社会治理水平，化解乡村发展过程中出现的问题，从而营造良好的乡村生活氛围。为此，需要发挥乡村治理主体的多元作用，将法治与德治相融合。在此基础上加强乡贤在治理过程中的重要作用，以此达到乡村的有效治理。

在多元化的乡村治理模式下，包括基层治理主体、社会组织、村民个体在内的多个主体共同参与，并保证参与的平等性。其中，基层治理主体为核心，发挥政策引导作用；而其他各类主体按照责任要求共享资源与公共权利，参与乡村事务的管理工作，从而实现乡村公共利益的最大化。需要强调的是，乡村村民的"主人翁"地位不容忽视。村民自身积极配合并且发挥主动性作用，是乡村实现自治的基础条件。在实现乡村自治的基础上，效益化的乡村治理模式还强调对乡村法治以及德治的建设。在乡村治理过程中，法治能够高效地解决村内大部分现实问题。而德治是法治的一种补充，能够通过温和的手段对村民进行约束。乡村振兴战略通过增强村民法治观念来强化乡村法治工作，同时加大德治教育宣传力度，重塑乡村文化认同来夯实乡村德治基础。

在不断推进法治与德治建设的同时，鼓励社会人才参与乡村治理的重要性不容忽视。《规划》指出，要鼓励社会人才投身乡村建设。以乡情乡愁为纽带，引导和支持企业家、党政干部、专家学者、医生教师、规划师、建筑师、律师、技能人才等，通过下乡担任志愿者、投资兴业、行医办学、捐资捐物、法律服务等方式服务乡村振兴事业，允许符合要求的公职人员回乡任职。由此可见，乡村振兴战略强调人才支撑计划的重要性，以此通过乡村自治、法治以及德治的综合治理来实现治理目标的公共利益最大化（黄涛，秦密密，2021）。

如前文所述，乡村治理的核心着力点在于发挥基层政府组织在乡村治理过程中的领导与引导作用。这是新型乡村治理模式的"一核"所在。因此，乡村振兴战略也着重强调加强乡村基层党组织对乡村振兴全面领导的重要性。包括健全以党组织为核心的组织体系、加强农村基层党组织带头人队伍建设、加强农村党员队伍建设、强化农村基层党组织建设责任与保障等具体措施。在此基础上形成多层次、立体性的现代乡村社会治理体制，使"党委领导"这个核心充分发挥"火车头"作用。同时，增强村民的主人翁意识、法治意识、自治意识也是实现乡村善治的重要举措。进一步完善农村民主选举、民主协商、民主决策、民主管理、民主监督制度；强化道德教化作用，建设平安乡村等具体措施，达到以德治滋养法治、涵养自治的乡村治理境界。由此可见，乡村振兴战略中"治理有效"部分的一些具体措施能够满足乡村治理的实际要求，为新时代乡村的建设与发展贡献力量。

六、生态经济理论

（一）发展生态经济要以增进民生福祉为出发点和落脚点

随着经济社会的发展，人民群众对良好生态环境的需求越来越高，生态环境在群众生活幸福指数中的地位不断凸显。新时代"我国社会主要矛盾转化为人民日益增长的美好生活需要和不平衡不充分的发展之间的矛盾，人民群众对优美生态环境的需要已经成为这一矛盾的重要方面"。中国共产党人牢记初心使命，把满足人民群众对美好生活的向往作为奋斗目标，着力解决好人民群众最关心最直接最现实的利益问题，不断把为人民造福的事业推向前进。习近平总书记明确指出发展生态经济是为人民谋福祉。他指出，"良好生态环境是最公平的公共产品，是最普惠的民生福祉""环境就是民生，青山就是美丽，蓝天也是幸福。发展经济是为了民生，保护生态环境同样也是为了民生"。[①] 发展生态经济可以为人民群众创造更多优质生态产品，提升人民群众的生态幸福感，是增进民生福祉的重要途径。从人民群众对生态产品的需求中可以创造新的增长点，形成推动经济发展的强大动力。生态经济建设的主体是人民，要"坚持生态惠民、生态利民、生态为民"，充分发挥

---

① 白暴力，程艳敏，白瑞雪. 新时代中国特色社会主义生态经济理论及其实践指引——绿色低碳发展助力我国"碳达峰、碳中和"战略实施 [J]. 河北经贸大学学报，2021，42（4）：26–36.

人民群众的实践主体地位和主观能动性作用。依靠群众形成推动生态经济发展的强大合力，把建设美丽中国转化为人民群众的自觉行动。顺应人民群众对良好生态环境的新期待、变人民群众的生态需求为经济发展动力，充分调动人民群众的积极性、主动性和创造性推进绿色发展，将是我国生态经济建设不断进步的根本力量。

（二）发展生态经济要以实现人与自然和谐共生为目标

马克思主义认为人与自然是对立统一的辩证关系，实践是连接人与自然关系的现实基础。人类在实践中要尊重自然、顺应自然、改善自然并把它传给子孙后代，努力实现与自然界的和谐永续发展。人是自然界的一部分，一方面作为"对象性的存在物"[1]，其生存和发展受自然界的制约；另一方面作为"能动的自然存在物"能够认识和改造自然。人类通过实践不断地改变自然界，现实的人与自然的关系表现为实践的关系。人类实践要以遵循自然规律为前提，否则就会受到大自然的惩罚。恩格斯对此有一段著名的"告诫"：人类虽然可以通过劳动"使自然界为自己的目的服务"，但是"我们不要过分陶醉于我们人类对自然界的胜利。对于每一次这样的胜利，自然界都对我们进行报复"[2]。能够认识和正确运用自然规律才是人类强大的真正所在。随着实践的发展，人类对自然界及其规律的认识会不断加深，人类将会越来越深刻地认识到自身与自然界的统一。恩格斯写道，"事实上，我们一天天地学会更正确地理解自然规律，学会认识我们对自然界习常过程的干预所造成的较近或较远的后果""而这种事情发生得越多，人们就越是不仅再次地感觉到，而且也认识到自身和自然界的一致性"。随着自然科学的不断进步，人类也将越来越有能力正确理解自然规律、学会认识进而控制人类活动对自然界产生的影响。

人与自然和谐共生理念是对马克思主义关于人与自然和谐发展思想的继承与发展，为我国生态经济发展确立了科学的价值目标。面对人类工业化进程导致生态环境危机全球蔓延的事实，以及我国经济发展过程中生态环境问题累积的压力与挑战，习近平总书记多次引用马克思、恩格斯的文字给我们以警示。他指出，"人类在同自然的互动中生产、生活、发展，人类善待自

---

① 马克思 . 1844 年经济学哲学手稿［M］. 北京：人民出版社，2018.
② 恩格斯 . 自然辩证法［M］. 北京：人民出版社，2018.

然，自然也会馈赠人类，但'如果说人靠科学和创造性天才征服了自然力，那么自然力也对人进行报复'。自然是生命之母，人与自然是生命共同体，人类必须敬畏自然、尊重自然、顺应自然、保护自然"。① 生态环境是人类生存和发展的根基，人类社会历史发展实践已经充分证明"生态兴则文明兴，生态衰则文明衰"的道理。我们要"像保护眼睛一样保护生态环境，像对待生命一样对待生态环境"。实现人与自然的和谐共生，是朝着自然生态和人类社会文明共生共荣的方向发展，是符合人类整体利益的。习近平总书记曾面向国际社会真诚呼吁"我们应该追求人与自然和谐""追求绿色发展繁荣""追求热爱自然情怀"②，倡导携手合作同走绿色发展之路。人与自然和谐共生理念是以人为本的价值理念，它符合人民群众对美好生活的向往。党的十九大报告明确提出"我们要建设的现代化是人与自然和谐共生的现代化，既要创造更多物质财富和精神财富以满足人民日益增长的美好生活需要，也要提供更多优质生态产品以满足人民日益增长的优美生态环境需要"。习近平总书记多次强调人与自然和谐共生是我国建设社会主义现代化的重要特征。并指出"十四五"时期，"我国生态文明建设进入了以降碳为重点战略方向、推动减污降碳协同增效、促进经济社会发展全面绿色转型、实现生态环境质量改善由量变到质变的关键时期。要完整、准确、全面贯彻新发展理念，保持战略定力，站在人与自然和谐共生的高度来谋划经济社会发展……努力建设人与自然和谐共生的现代化"。③

第三节　乡村振兴的目标与原则

一、实施乡村振兴战略的目标

乡村振兴战略的计划时间超过 30 年，涉及乡村政治、经济、文化及自然环境等诸多方面。该战略涉及范围广、时间跨度长、涉及领域全面。因此，科学精准的实施目标是乡村振兴战略实施的必要前提。按照"产业兴旺、生

---

① 习近平. 在纪念马克思诞辰 200 周年大会上的讲话［N］. 人民日报，2018 – 05 – 05.

② 习近平. 推动我国生态文明建设迈上新台阶［J］. 求是，2019（3）：4 – 19.

③ 习近平在中共中央政治局第四十一次集体学习时强调　推动形成绿色发展方式和生活方式为人民群众创造良好生产生活环境［N］. 人民日报，2017 – 05 – 28.

态宜居、乡风文明、治理有效、生活富裕"的总要求（张明湘，2019），乡村振兴战略的实施目标可以归纳为以下几项：

（一）打造兴旺发达的农村产业

新时期的经济建设仍然处于核心位置。产业结构调整是一项工农及服务业共同面对的课题。以农业科技发展与思维方式创新驱动传统农业改造升级，是打造乡村产业新结构，促进我国经济整体发展的必然方式。

（二）建设舒适宜居的生态环境

过去高能耗、高污染的发展模式下，落后产业迁移带来的乡村自然环境严重恶化，对乡村居住环境造成了负面影响。良好的乡村生态环境是改善居民居住条件、带动乡村经济发展，保护国家整体生态稳定的关键组成部分。

（三）培育文明多彩的文化氛围

伴随乡村经济的发展，居民的文化需求也在不断提升。以多彩的文化内容满足群众需要，建设文明的新型乡村文化同样具有重要意义。

（四）打造科学合理的治理机制

我国乡村治理的现状对持续优化"三农"问题形成阻碍。在资源开发利用、行政效率提升、法治社会建设等诸多方面，均需要合理的治理机制作为乡村战略实施的基本保障。

（五）创造富足的人民生活

全面建成小康社会是我党第一个"百年"的奋斗目标，需要不断提高人民生活水平，创造富足的社会生活环境。因此，在实施乡村振兴战略过程中，应当以满足人民对美好生活的诉求为出发点和落脚点，让发展成果惠及所有人民群众，打造富足的乡村生活。

二、实施乡村振兴战略的原则

（一）始终服务战略目标

实施乡村振兴战略应当始终坚持服务战略目标的原则，按照全国性的战略规划逐步、逐级实施。首先，作为幅员辽阔、乡村农业人口众多的发展中大国，在实施乡村振兴战略过程中必然面对行政管理组织庞大、参与人员众多的局面。这既是优势也是挑战。保障各级组织和人员思想观念统一在整体目标下，是乡村振兴战略成功实施的前提；其次，实施乡村振兴战略需要长期坚持不懈的努力。需要发扬矢志不渝的奋斗精神，发挥农村管理组织、基层广大群众的积极性和主动性。只有如此，才能高效推动乡村振兴。

（二）围绕要求构建思路

在实施乡村振兴战略过程中应当围绕建设总要求，积极构建科学合理的实施路径和思路办法，确保乡村振兴战略得以顺利推进。首先，不同行业领域之间应当通力协作。新时期下，经济建设活动中越来越多地呈现出产业融合趋势，乡村振兴同样面临跨领域、跨学科的合作需求。各类政府机构、事业单位及社会组织应当围绕顶层设计，构建相互协作、共同发展的战略思路；其次，各地区应当结合实际发挥特色优势，根据自身实际情况构建具体实施方案，从而达到战略的适配性。

（三）紧抓关键突破瓶颈

乡村振兴战略实施中，应当坚持从关键着手，以点带面突破发展瓶颈的原则。相关研究表明，人力资源、土地资源及建设资金是三大关键需求。首先，随着户籍制度改革和人口城镇化的不断推进，应当充分利用人才市场化流动；其次，现行制度下土地资源利用始终是一项重要问题。应当在改革开放取得良好实践成果的基础上，进一步推动经营制度革新；最后，应当对乡村建设所需的资金提供充分支持，以保障乡村振兴战略的顺利实施。

第四节　乡村振兴的中国道路

一、对农村改革下半场的前瞻性思考

要把实施乡村振兴战略作为农村改革发展的主抓手，把实现农民、农村共同富裕作为新目标。前半场让一部分地区、一部分人群先富起来，后半场把重点放到先富带后富，先富帮后富，实现共同富裕上来，这也就是中央要

求浙江建立共同富裕示范区、率先探索共同富裕之路的现实意义。努力实现广大农民群众普遍持续增收，加快缩小城乡、区域和人群收入差距，加快补上农村教育、医疗、养老、社会保障等公共服务短板，进一步激发和保护农民群众创业就业致富的积极性和创造性，形成全民创业全面创新的良好机制和氛围，进一步发展壮大集体经济，强化扶弱济困、山海协作，促进欠发达地区农村更快更好发展。

进一步完善农村基本经营制度，构建"统分结合，双层经营"体制。普遍推行家庭联产承包责任制，建立统分结合双层经营的农村基本经营制度，这是农村前半场改革最重要的成果。目前，在发展社会主义市场经济和农业现代化进程中如何提高农民组织化程度，如何把村经济合作社、农民专业合作社联合发展与农村供销合作社改革结合起来，培育出新型合作服务组织和服务体系，成为能为千家万户家庭经营提供社会化统一服务的新型合作经济，实现农业第二次飞跃，也是农村改革的下半场需要突破的任务。

要进一步完善以公有制经济为主体、多种所有制经济共同发展的基本经济制度，为民营经济发展创造更有利的发展环境。乡镇企业、个私经济、民营经济大发展是中国经济体制充满生机活力的最重要的因素之一。在改革的下半场，我们需要进一步解放思想，加强对民营经济的引导与支持，要以民营企业既是资本联合体又是劳动联合体的双重性质出发，引导民营企业树立"员工至上"理念和共同富裕的新理念。通过构建企业投资者、企业劳动者共创共富的利益共同体和命运共同体，建立员工收入与企业效益联动机制，形成企业发展紧紧依靠员工创造性劳动和员工共享企业发展成果的良性循环。

要大力推进新型农业现代化，实现农业高质高效。"中国要强，农业必须强"，农业是粮食安全、农民致富最重要的产业支撑和保障，大国小农的国情农情决定了中国农业现代化不能走美欧的路子，必须探索中国特色的农业现代化之路。在未来农业发展中必须十分关注农业生产产品的高质化和高效化，农业产业体系的多功能化和全产业链化，农业生产方式的绿色化和循环化，农业生产主体的规模化和新型化，农业生产技术的生物化和数智化，农业流通营销的物联化和品牌化。在现实中，最重要的举措是尽快改变农业老龄化的状况，促进农地向年轻化、知识化、职业化的新型农民集中，让有"三农"情怀，有职业技能，有匠人精神，有社会责任的新农人成为现代农业生产经营的主体力量。

要以新型城镇化战略与乡村振兴战略双轮驱动，加快推进城乡融合发展，构建新型工农城乡关系。在农村改革的下半场，城镇化工业化市场化还是推动三农发展强大动力，缩小城乡发展差距，使城乡成为地位平等、和谐共存的社会共同体，实现城市让生活更美好，乡村让城市更向往的优势互补、互惠互利的人民美好生活的共同体。要通过深化城乡综合配套改革，消除在户籍制度、公共服务制度、政府管理制度上城乡分割，让愿意进城的农民可以自由进城，实现转换。农民市民化，市民也可以自由上山下乡，让美丽繁华城市成为农村年轻人发展成长的新空间，让生态宜居的美丽乡村成为城里人休闲养生的世外桃源。

二、乡村治理的重要意义

乡村治理是国家治理的重要内容和基础保障。乡村治理水平的高低直接影响着国家治理现代化的实现，也影响着党执政根基的巩固和农民群众利益的维护。自中国共产党成立以来，我们党始终高度重视乡村治理工作，并积累了丰富的实践经验，为我们党获得农民支持，取得革命、建设和改革的一系列胜利奠定了重要基础。回顾我们党领导乡村治理的百年实践历程，总结学习党治理乡村的历史经验，对我们进一步推进乡村治理改革，提高乡村治理水平，实现国家治理现代化具有重要意义。

（一）多元共治：十八大以来党对乡村治理的创新与提升（2012 年至今）

中国特色社会主义进入新时代，中国农村发展出现了许多新情况新问题，对乡村治理也提出了很多新要求。面对城乡二元分治，农村脱贫攻坚任务繁重，乡村"空心化""老龄化"，生态环境恶化，基本公共服务供应不充分不均衡等问题，我们党从理论和实践上对乡村治理模式进行了许多改革和创新。总的来说，主要体现在三个方面：

一是强调党建对乡村治理的引领作用。习近平总书记提出，"农村工作千头万绪，抓好农村基层组织建设是关键"，要"重视农村基层党组织建设，加快完善乡村治理机制"。2014 年中共中央办公厅印发《关于加强基层服务型党组织建设的意见》，提出"农村党组织要围绕推动科学发展、带领农民致富、密切联系群众、维护农村稳定，引导农民进行合作经营、联户经营，开展逐户走访、包户帮扶，及时办理反馈群众诉求，帮助群众和困难党员解决生产生活、增收致富中的实际问题"。我们党先后开展了党的群众路线教育实践活动、"三严三实"专题教育，在深入推进反腐倡廉的同时，强化农村基层党员干部队伍建设，为农村基层党组织注入了新鲜活力，为提升乡村治理水平奠定了人力资源基础。

二是由单一治理向多元协同式治理转变。过去的乡村治理以政府自上而下的推动为主。党的十八大以来，随着"五位一体"总体布局、"四个全面"战略布局和新发展理念的提出，党的治理理念和治理方式也开始向多样、动态、多元化转变。首先，治理边界变得更为开放畅通。过去在村委会和党支部共同承担乡村治理主要任务的情况下，村委强调村民自治，党支部坚持党委领导，村两委关系不够协调。党的十八大之后，两者边界变得更加开放，沟通更为顺畅，关系更加协调，联动性更强。其次，治理主体更加多元化，由过去单一依靠政府，向政府、基层党组织、农民群众、其他社会组织和社会化服务机构协同治理转变。最后，治理方式更加多样化。由单一行政命令、运动式推进向多元平台互动、广泛协商民主转变。

三是乡村治理力求务实化具体化精细化。我们党始终强调一切工作要脚踏实地、务实求效。2014年"两会"期间，习近平总书记在参加安徽代表团审议时提出，"各级领导干部都要树立和发扬好的作风，既严以修身、严以用权、严以律己，又谋事要实、创业要实、做人要实。"这一要求放到乡村治理中，就是要将治理的重心由过去专注"大事"转向关注群众身边的"小事""常事"。过去，乡村治理比较重视脱贫致富、村务公开、村委会选举等大事，现在的乡村治理在抓好大事的同时，更加关注群众身边的"小事"，以群众满不满意为出发点和落脚点，通过治理单元下移、网格化精细化智能化治理等切实解决人民群众关心的问题。

（二）党的乡村治理基本治理经验

回顾中国共产党百年乡村治理的风雨历程，在不同的历史时期，我们党都成功化解了各种乡村治理难题，取得了乡村治理的一系列重大成就。总结来看，党的乡村治理基本经验主要有以下几点。

一是以实现稳定发展为乡村治理的总体目标。民主革命时期，为调动农民革命积极性、壮大革命根据地力量，中国共产党通过土地革命、政权建设和促进农业生产等措施重塑了乡村秩序，为新民主主义革命的胜利积蓄了力量、铸造了战略阵地。新中国成立以后，通过土地改革和农业社会主义改造，我们党把农业和农村纳入了国家计划经济的轨道，农业生产迅速恢复，农村劳动生产率也得到了提高。改革开放之后，面对农村生产力落后、农民生产积极性不高等问题，推行了家庭联产承包责任制，大大提高了农业生产力，增加了农民收入，同时通过村民自治等途径提高了农民参与乡村治理的积极性，形成了新的乡村治理秩序，实现了乡村的稳定发展。在城乡发展不均衡现象凸显、"三农"问题日益突出的背景下，党又提出了实施乡村振兴战略，促进城乡融合发展，不断优化乡村治理体系，提高乡村治理水平，努力实现乡村善治。历史表明，"三农"问题是中国革命、建设和改革的关键问题，只有解决好"三农"问题，其他问题才能迎刃而解。在不同的历史时期，我们党始终聚焦乡村治理中存在的突出问题，致力于实现乡村的稳定发展，为革命、建设和改革取得一系列成就打下了坚实基础。

二是以维护农民根本利益为乡村治理的基本理念。2020年12月，习近平总书记在中央农村工作会议上指出，"我们党成立以后，充分认识到中国革命的基本问题是农民问题，把为广大农民谋幸福作为重要使命。"回顾我们党百年乡村治理的历程，无论是在革命、建设还是改革时期，我们党始终重视维护农民的根本利益，注重发挥农民在乡村治理中的主体作用，以维护农民根本利益为乡村治理的基本理念。在经济上，从民主革命时期开始，我们党就致力于满足农民的土地诉求，在不同的历史时期，通过不同的土地政策，最大程度维护土地这一农民最根本的利益诉求。在政治上，通过政权建设、民主选举、村民自治等方式实现乡村治理组织和秩序的转变，保证农民当家作主的权利。为了使农民共享社会主义现代化建设成果，实现他们对美好生活的向往，我们党扎实开展脱贫攻坚，建设美丽乡村，实施乡村振兴战略，在很大程度上改善了农村面貌，提高了农民生活水平和质量。正是时时坚持以人民为中心的发展理念，坚持以维护农民的根本利益为导向，我国的乡村治理才能不断取得新的成就。

三是以坚持党的领导为乡村治理的关键核心。实现乡村善治，关键在于坚持党的领导。中国共产党不仅能为乡村治理提供方向引领，也能为乡村治理提供制度设计和政策保障。新民主主义革命时期，为了推进根据地建设，我们党就曾从军队中抽调党员干部帮助参与根据地党组织建设，为吸纳更多农民群众参与革命，保证根据地的红色性质发挥了重要作用。新中国成立以后，经过社会主义改造和人民公社化运动，我国建立了"政社合一"乡村治理体制，党的领导深入各级人民公社组织，保证了农村生产经营的社会主义性质。改革开放后，政社分开，但彼此间的关系更加协调，联动性更强，总体上党组织依然发挥着对乡村基层组织的领导作用。此外，党中央实行的一系列解决"三农"问题的政策，保证了农村经济体制改革的顺利进行，焕发了农村的生机和活力。进入新时代，为进一步提高乡村治理水平，促进城乡一体化发展，党中央又领导制定了一系列促进乡村建设和发展的政策措施，如美丽乡村建设、精准扶贫、乡村振兴等，农村生产、生态面貌得到了极大改观。

四是以改革创新为乡村治理的根本动力。中国共产党百年乡村治理实践大致经历了"政权下乡""政社合一""乡政村治"和"多元共治"四个发展阶段。每一阶段的演进更替都是根据时代变化和社会经济矛盾发展不断调整完善的结果。新民主主义革命时期，农村经济凋敝，传统乡村治理走向没落。为重构乡村治理秩序，中国共产党通过政权建设和党组织建设加强了对革命根据地的领导。新中国成立后，为巩固新生的人民政权，快速恢复国民经济，开展大规模工业化建设，我们党建立了"政社合一"的乡村治理模式，在短时间内把农业纳入国家计划经济的轨道，组织带领农民全力投入社会主义建设中。改革开放后，为了释放农村经济活力，调动农民生产积极性，我们党又形成了"乡政村治"的治理格局，大大推进了基层民主自治进程。面对新时代新任务，以实现"治理有效"为目标，我们党出台了多个中央"一号文件"，制定了一系列政策法规，推动乡村治理向现代化转变。可见，每一次乡村治理模式的变革都是面对新的时代要求不断改革创新的结果，改革创新是中国乡村治理现代化的根本动力。

三、乡村振兴研究展望

党的十九大报告提出实施乡村振兴战略，并就产业振兴、人才振兴、生态振兴、文化振兴、组织振兴等方面展开论述。新时代要深入贯彻"五大"振兴，必须了解 1949 年以来乡村振兴主题的演化过程。乡村振兴属于系统工程，相关振兴规划需以空间规划为指引，建立一套技术标准规范体系推动"五大"振兴全面深化，从不同学科理论与实践研究探索学科交叉融合发展，推动乡村振兴系统研究。随着信息网络技术发展，社会经济交融推进，城乡边界愈加模糊，"三生"空间、乡村一二三产业深度融合发展，乡村与乡村之间的协作更加密切，这些内容将会成为未来研究的热点。

（一）学科交叉融合的理论与实践研究

乡村振兴涉及产业振兴、人才振兴、生态振兴、文化振兴、组织振兴等，亟须地理学、经济学、管理学、社会学、农学、生态学等多学科交叉深度融合研究。从理论与实践层面探讨产业在村落空间布局、乡村主体培育与振兴、乡村治理与组织振兴、乡村人居环境整治、农业提质增效等系列系统问题，面向国家粮食安全、生态安全、城乡融合发展等重大战略需求。从五大振兴主题方面开展系列理论探索与实践研究，从理论层面阐释村落分类振兴、特色优势产业培育、产业链延伸发展、新型经营主体培育、主体与贫困群众利益联结机制建立、乡风文明建设与社会治理、美丽乡村与生态文明建设、农业资源高效利用、农产品安全生产供给、农业生产服务专业化体系建设、信息化与数字乡村建设等乡村振兴面临的重点问题。从人地关系地域系统理论、乡村地域系统理论出发，探讨乡村振兴的结构、功能、要素在时空上的演变及对区域发展的影响作用。

（二）城乡一体化与城乡融合发展研究

乡村振兴与新型城镇化推进了城乡间的人力、资金、资本等要素在空间上的重新配置，实现乡村产业、人才、生态、文化、组织等方面的振兴。一方面加快推动新型城镇化与乡村振兴有效衔接，促进农村土地经营达到规模化要求；另一方面，鼓励新型经营主体到农村发展，将城镇内的优势资源带到农村，推进农村快速发展，实现要素、功能、结构的重构，城乡人口、经济、要素取得新的平衡。新型城镇化与乡村振兴的目标就是实现城乡一体化，高级阶段就是实现城乡融合发展。城乡要素资源双向流动、城乡空间结构优化互补及全面融合、市场主导与政府引导的有效衔接、影响城乡一体化发展的主要因素和制度障碍、城乡融合发展的体制机制问题等将成为未来研究的热点。

（三）乡村产业融合发展与提质增效研究

产业兴旺是乡村振兴的基础和保障，利用城乡资源推进三次产业深度融合发展将成为乡村振兴研究的核心内容，产业结构合理化、高度化将成为产业结构调整的重要方向。如何发挥资源、要素、人力等乡村优势，通过技术创新、供给侧结构性改革、需求拉动、政策推动等实现乡村资源优化配置。推动一二三产业融合发展，提高农业产业价值，推动农业与精深加工业、现代流通业融合，支持农产品就地加工转化增值，延长农业产业链条；挖掘乡村资源禀赋优势，推动农业与旅游、教育、文化、康养等服务产业融合，发展休闲农业；培育智慧农业、创意农业、农村电子商务，推动农业与互联网、物联网、人工智能等信息技术融合，发展"互联网＋"现代农业；提升三次产业发展的结构弹性效应、成长效应、开放效应，从而推进产业持续快速发展，将成为乡村产业结构调整的重点内容。

（四）乡村"三生"空间融合发展研究

乡村振兴战略实施中，优化生产空间、生活空间、生态空间规模比例，统筹"三生"空间结构功能演变将成为重点。党的十八大报告提出的"促进生产空间集约高效、生活空间宜居适度、生态空间山清水秀"，对乡村"三生"空间的空间布局、功能结构、类型划分等在宏观、中观、微观层面进一步明确细化，为国土空间优化开发、生态文明建设提供了重要思路与实施途径。对"三生"空间的概念及内容阐释丰富，应深入进行"三生"空间相互关联、交叉融合、动态变化过程及其影响因素的研究。应探究乡村规模变化、土地整治、功能整合等对"三生"空间属性的影响。如农村居民点撤并和土地整治开发造成生活与生产空间的相互转化，退耕还林等生态保护措施造成生产、生活空间向生态空间转化。另外，随着乡村三产融合发展，"三生"空间的时空变化，如农家乐、特色民宿、民俗活动等系列乡村旅游产业发展推动农村生活空间向生产空间转换，同时，兼顾游客容量可以实现生产空间、生活空间、生态空间的融合发展。

（五）乡村跨区域协作与联动研究

乡村振兴并非单个村落的发展，而是兼顾城镇体系、村落体系的综合发展。因此，乡村跨区域协作与联动发展成为必然。探究区域村落间的分工与协作，按照资源要素优势互补、村落联动的原则整合新的生产力，取得整体大于部分之和的综合效益。研究领域涉及人力、资本、科技、交通、文化、信息等诸多方面。建立新时代乡村振兴长效机制，探索城乡要素资源优化配置、空间重构组合，从而获取最大的经济效益、社会效益和生态效益，从区域统筹协作发展，改变村落间公共服务、基础设施建设差距过大的现状，成为迫切需要进行研究和解决的问题。应研究乡村资源、资金、产业、技术及人力等在空间上的合理优化配置组合，充分发挥村落协作联动效应，从而实现区域协作、城乡互动、村村联动的新局面。

第三章　推进乡村产业兴旺

乡村振兴，产业兴旺是基础。自 2018 年《乡村振兴战略规划（2018 ~ 2022 年）》出台以来，产业兴旺就一直被置于乡村振兴的重点地位。乡村振兴总要求的落脚点是农民生活富裕，而生活富裕意味着农民需要依靠农村产业兴旺来实现增收。2019 年《国务院关于促进乡村产业振兴的指导意见》中提出，产业兴旺是解决农村一切问题的前提。乡村产业根植于县域，以农业农村资源为依托，以农民为主体，以农村一二三产业融合发展为路径，目的在于提升农业、繁荣农村、富裕农民。

第一节　乡村产业兴旺的外在表现

一、乡村产业兴旺的相关概念

（一）产业融合

产业融合是指在时间上先后产生、结构上处于不同层次的农业、工业、服务业、信息业、知识业，在同一个产业、产业链、产业网中相互渗透、相互包含、融合发展的产业形态与经济增长方式。对于产业融合发展的结果，就是让产业得到改变，由此产生新的产业形式。农旅融合是由当地的农业和旅游进行融合，产生的新的产业形态。这二者的融合，会给当地的农业产业带来新的变化，促进农业的升级，增强旅游产业的竞争力。

（二）农旅融合

农业和旅游产业的融合，就是将农业和旅游产业通过科技创新、产品创新、市场创新等进行融合发展。其中，互联网的介入使传统的农业和旅游产业得到新的突破。让这两个产业的资源能够得到整合，形成新的农业旅游业发展形式，并由此出现该产业的新产品、新服务、新市场等。

（三）乡村旅游

乡村旅游，是以旅游度假为宗旨，以村庄野外为空间，以人文无干扰、生态无破坏、以游居和野外行为特色的村野旅游形式。农村地区依托独特的乡村自然景观和人文景观，吸引游客到此开展旅游活动。

二、产业兴旺驱动乡村振兴

国家经济繁荣的核心驱动力是产业发展，乡村振兴也同样需要产业兴旺来驱动。第一，农业产业的健康发展是产业兴旺的基石。一方面，根据新古典主义经济学的观点，农业发展不仅是满足粮食需求的必要条件，而且还是经济增长的生产力来源。在一个农业和农业劳动力占主要地位的经济中，没有农业生产力的持续提高，实现非农产业迅速发展是极其困难的。柯林·克拉克等经济学家的研究结果进一步表明，农业保持连续增长可以通过释放劳动力给非农部门、以不变或更低价格提供食物、创造外汇以及将农业生产积累投资于非农活动来驱动经济增长；另一方面，舒尔茨阐明了农业迅速稳定增长对发展中国家经济增长的重要作用，并提出通过增加人力资本投入提高农业劳动生产率，传统农业可以转变为高生产率的现代农业。

第二，产业兴旺意味着多业态共存互动。随着经济增长和农业生产力的提高，由于农产品的收入需求弹性小于 1 且随收入上升而下降，不同部门间的劳动报酬差异会促使劳动力从农业部门向非农部门转移。农业劳动力借此实现兼业化和非农化转型，以寻求收入增加。诱导革新理论认为，技术变革是经济制度的内生变量，是对资源禀赋变化和需求增长的一种动态反映。如果由于农业技术变革引起的部门间收入转移能够导致对经济增长积累的贡献，那么由此建立的新部门也一定能生产维持农业发展过程所需的工业物质。并增加非农部门中的劳动力需求，将这种影响通过部门间的要素市场转移回农业部门，维持教育和公共设施方面的必要投资，从而形成良性循环。因此，农业产业的高质量发展及其与非农部门的良好互动，意味着乡村经济社会的繁荣发展。

第三，产业兴旺离不开城乡互动。从国际经验来看，城镇化是现代化的必由之路；乡村产业兴旺需要城市化的引领。空间经济学认为，在交易成本、产品市场规模和商品间替代弹性的共同作用下，资本报酬差异会主导资本和企业家行动，从而实现空间区位由非均衡达到均衡。随着城市化的发展，中国乡村产业的空间分布也从分散转向相对集聚，这为城乡产业融合、资源优化配置和功能优势互补提供了创新空间。

实施乡村振兴战略是实现农业农村现代化的需要，也是为了满足城乡居民对美好生活的需要。因此，产业兴旺并不局限于农业的发展，而是包含三产融合、功能多样、质量取胜的现代农业产业兴旺与发展。"十四五"时期是实现中国"三农"工作重心从脱贫攻坚全面转向推进乡村振兴的重要时期，也将是通过乡村振兴补"三农"短板，特别是补农业现代化短板的重要时期。此时从国家战略需求和政策实践的角度回顾和探讨中国乡村产业发展的历史演化和改进方向，从而为政府决策提供参考是非常必要的。

三、乡村振兴中产业发展的政策脉络与基本状况

（一）从发展生产到产业兴旺的政策脉络

改革开放以来，中国的乡村产业发展在不同历史时期面临着不同的核心问题。针对各个时期的核心问题，党的政策也进行了针对性的顶层设计。

1. 1978~1990年，实现家庭经营和"双轨制"流通改革初期。当时，农业生产力不足，农产品总量供不应求。党中央首先从改革生产经营制度入手，从根本上化解农业生产缺乏动力机制、激励不足的问题；随后改革农产品流通体制，促进农产品从产到销全方位发展。由于家庭经营的快速发展，1984年粮食实现大丰收，农产品流通陷入"购不起、销不动、调不出"的困境。因此在1985~1990年，传统的农产品统购统销制度逐步被市场调节机制取代。农产品流通领域开始实行合同定购与市场收购的"双轨制"，农产品流通体制的市场化改革进程大大加快。

2. 1991~2002年，建立市场经济雏形。随着商品经济的发展和农业生产力的进步，农业农村工作重点也转向进一步完善农村经营体制、建立贸工农一体化经营体制、改革农产品流通体制三个方面。1991年，家庭联产承包为主的责任制、统分结合的双层经营体制作为中国农村经济的一项基本制度被长期稳定下来，极大地调动了农民的生产积极性，农产品商品化程度大大增加，农产品生产者成为真正的市场主体。但是，市场主体分散、流通秩序混

乱导致农民进入农产品市场的交易成本过高。随着农产品数量大幅增长，农产品商品化程度不断提高。然而囿于流通体制不健全，农产品出售难、城乡分割的矛盾日益加剧，改革农产品流通体制成为当务之急。为此，中央提出围绕农村专业性的商品生产，推行和完善贸工农一体化、产供销一条龙的经营形式。顺应社会化生产的要求，将生产、加工、流通有机地结合起来，化解分散生产与统一市场、小规模经营与农业现代化的矛盾。1991～1993 年，农产品购销从"双轨制"逐步走向全面市场化。然而，在国家放开粮食购销体制的 1994～1997 年，市场化的农产品流通体制改革却并未顺利实施。粮食供需缺口扩大，粮价大幅上涨。为保持社会稳定，国家再度强化对市场的干预，农产品流通回归"双轨制"。直到 1998 年以后，除粮食之外各类农产品流通的市场化改革进程才得到持续推进，较为稳定的市场化流通秩序逐步形成。粮食流通体制改革成为农产品流通体制改革的主要内容，农产品流通体制进入全面改革时期。

3. 2003～2016 年，完善农产品流通市场。2004 年《粮食流通管理条例》的实施标志着中国彻底放开粮食购销。但是，在这一过程中，农产品价格调整没有与工业品价格上涨相适应。长期的工农业产品剪刀差，一方面促进了工业的发展；另一方面却导致了城乡二元结构问题日益加剧。增加农民收入、缩小城乡差距成为亟待解决的核心问题。2002 年，《中共中央国务院关于农业和农村工作的意见》明确指出，要坚持"多予、少取、放活"的方针，调整农业结构，扩大农民就业，深化农村改革，尽快扭转城乡居民收入差距不断扩大的趋势。2004 年十六届四中全会也明确了"工业反哺农业、城市支持农村"的方针。并陆续出台了取消农业税、主要农产品价格支持政策、以"四大补贴"为核心的农业补贴政策以及农业保险政策等。

4. 2017 年至今，实施乡村振兴战略。随着中国经济由高速增长阶段进入高质量发展阶段，农业农村高质量发展成为这一时期的核心主题。党的十九大报告提出实施乡村振兴战略的总要求，指出要"构建现代农业产业体系、生产体系、经营体系"，"促进农村一二三产业融合发展"。2018 年《关于实施乡村振兴战略的意见》指出，"产业兴旺是重点"。产业兴旺的五项基本要求为："夯实农业生产能力基础、实施质量兴农战略、构建农村一二三产业融合发展体系、构建农业对外开放新格局、促进小农户和现代农业发展有机衔接"。自乡村振兴战略实施以来，中央连续数年加大对"三农"的支持力度。2020 年全国一般公共预算农林水支出达 23 904 亿元，平均增长率达到

12.46%，高于同期一般公共预算支出增长率 1 个百分点；农林水支出占一般公共预算支出的比重由 2019 年的 9.5% 提高到 9.73%。"十四五"规划、2035 年远景目标纲要以及 2021 年《中共中央国务院关于全面推进乡村振兴　加快农业农村现代化》对农业农村现代化的任务进行了部署。提出粮食等主要农产品稳定供给、农业质量效益和竞争力整体提升、农村生产生活方式绿色转型、城乡居民收入差距持续缩小、乡村建设行动取得明显成效等具体发展任务，为乡村产业发展提出要求并指明了方向。

（二）乡村振兴中产业发展的基本状况

1. 农业现代化发展成效显著，但农业竞争力仍然偏弱。近年来，中国农业综合生产能力进一步增强，粮食连年丰产。2019 年粮食产量达到 13 277 亿斤，实现连续 5 年粮食产量在 1.3 万亿斤以上；肉蛋菜果鱼茶等产量稳居世界第一，粮食和重要农产品供给有保障。同时，农业现代化水平大幅提升，农业科技进步贡献率达到 59.2%。而与此同时，中国农业竞争力总体偏弱的情况却并未得到明显改善。

从国际市场来看，以大米、小麦和玉米三大主粮为例。近年来中国大米和小麦的生产者价格快速上升，不仅明显高于国际市场价格，还背离了国际市场价格走向；玉米虽然因国家临时收储政策的调整而价格有所回落，但依然高于国际市场价格。农产品尤其是粮食的国际竞争力弱，导致"洋粮入市、国粮入库"的尴尬局面。不仅如此，近年来猪肉、牛肉等农产品进口量大幅增加，也反映出国内重要农产品竞争力不足。2020 年中国肉类（含杂碎）累计进口 991 万吨，同比 2019 年增长 60.4%。其中，猪肉进口量 439 万吨，同比 2019 年增长 108.3%；牛肉进口量 212 万吨，比 2019 年增长 27.7%。2020 年，进口猪肉量占国内猪肉供应量的比重已达 10.7%。2018 年中国农产品贸易逆差已达 712.8 亿美元，是 2005 年的 48.8 倍。

从国内农业生产成本收益情况来看，由于人工成本和地租成本的快速上升，近年农业生产成本飞速上涨。自 2004 年以来，稻谷、小麦、玉米三大主粮作物生产成本持续快速增加。每亩平均总成本在 2003 年仅为 377.03 元，至 2013 年已突破 1 000 元，此后一直维持高位。至 2018 年，三种粮食每亩总平均成本已经达到 1 093.77 元，是 2003 年的 2.9 倍。与此同时，三种粮食每亩平均净利润在 2011 年达到 250.76 元的高点后，持续下滑。至 2016 年，每亩净利润已经为 −80.28 元。21 世纪以来首次出现"种地赔钱"的现象，且负利润一直持续至 2018 年。除三大主粮外，列入《全国农产品成本收益资料汇编》的 15 个主要农产品中，2016 年小麦、玉米、大豆、油菜籽、棉花、烤烟、桑蚕茧都是负利润。其中有的品种还是连续多年负利润（见表 3 - 1）。

表 3 - 1　　　　　**2003～2018 年中国三种粮食平均生产成本与净利润**　　　　　单位：元

指标	2003 年	2004 年	2005 年	2006 年	2007 年	2008 年	2009 年	2010 年	2011 年	2012 年	2013 年	2014 年	2015 年	2016 年	2017 年	2018 年
每亩总成本	377.03	395.45	425.02	444.9	481.06	562.42	600.41	672.6	791.16	936.42	1 026.19	1 068.57	1 090.04	1 093.62	1 081.59	1 093.77
每亩净利润	34.21	196.5	122.58	154.96	185.18	186.39	192.35	227.17	250.76	168.4	72.94	124.78	19.55	-80.28	-12.53	-85.59

从农业科技进步速度来看，1978～2018 年的 40 年间，中国农业全要素生产率指数（以下简称 TFPI）年均增长 3.26%。其中，2005 年以前年均增长率为 3.77%；而 2005 年后年均增长率仅为 2.20%。体现技术进步的技术变化指数（以下简称 ETI）40 年间年均增长 2.81%，对 TFPI 增长的贡献约为 78%；2005 年以前的年均增长率达 4.08%，而 2005 年之后仅为 0.23%。体现效率提升的技术、规模和混合效率指数（以下简称 TS - MEI）40 年间年均增长仅 0.43%；但 2005 年以来 TSMEI 是 TFPI 的主要驱动力，年均增长 1.97%。农业科技进步速度放缓，农业科技驱动力不强导致农业竞争力总体下滑。

2. 乡村产业发展迅速，但产业链延伸拓展不足、利益链不完善。产业兴旺必须依托农业农村现代化。农业农村现代化必然需要通过内涵丰富、类型多样的乡村产业融合来实现。近年来，三次产业融合带来农业产业链延伸拓展，使农民分享从农产品生产到消费各环节的利润，越来越成为增加农民收入的重要手段。2020 年中国农产品加工业营业收入超过 23.2 万亿元，较上年增加 1.2 万亿元。吸纳 3 000 余万人就业，农产品加工转化率达到 67.5%。特色产业明显发展，出现了一批产值超 10 亿元的特色产业镇（乡）和超 1 亿元的特色产业村，乡土特色品牌已达 10 万多个。各类涉农电商超过 3 万家，农村网络销售额 1.7 万亿元，农产品网络销售额 4 000 亿元。休闲农业接待游客 32 亿人次，营业收入超过 8 500 亿元。2019 年，农业产业化龙头企业达 9 万家，农民合作社 220 万家，家庭农场 87 万家。各类新型农业经营主体带动 1.25 亿农户发展，在乡创业人员超过 3 100 万人。

尽管如此，由于全球供应链的调整重构和国际产业分工深度演化，人、地、钱等要素向乡村产业流动仍存在诸多障碍。农业农村基础设施和公共服务仍较薄弱，中国乡村产业链条延伸仍不充分。乡村产业发展仍然主要围绕农业农产品生产功能，而围绕农业的生态、生活、文化和教育功能的产业开发远远不足。特别是在产业研发、品牌价值、消费体验、综合服务等环节仍未得到充分发展，形成"第一产业向后端延伸不够、第二产业向两端拓展不足、第三产业向高端开发滞后"的局面。乡村产业体系仍不健全，产业绿色化、优质化、特色化、品牌化发展较慢，产业增值空间有限。具体来说，在农产品加工产业领域，中国农产品加工业与农业总产值比为 2.3∶1，远低于发达国家 3.5∶1 的水平；农产品加工转化率为 67.5%，低于发达国家近 18 个百分点。根据农民日报社《2020 中国农业企业 500 强排行榜》的数据，500 强企业中生产加工型企业占比达到 82.4%，50% 的企业从事农产品加工行业。龙头企业市场规模"中间大两头小"的格局仍未改变。营业收入在 10 亿~50 亿元的企业为 244 家，占 44.8%；营业收入超 100 亿元的企业仅占 9.80%。在特色乡村产业领域，产值超百亿元、千亿元的优势特色产业集群数量极少；产值超十亿元的农业产业镇（乡）数量有限。同时，乡村休闲旅游业产业形态单一，同质性过强，服务水平普遍较低，农业多种功能和乡村多重价值缺乏深度发掘。返乡创业创新不足，创业人员从事业态过于集中，乡村就业结构相对单一。2019 年各类返乡入乡创新创业人员累计超过 850 万人，创办农村产业融合项目的占 80%；利用"互联网 +"创新创业的超过 50%。此外，乡村产业利益链仍不完善。尽管各地通过推进农村集体产权制度改革引导小农户横向联合，通过培育新型农业经营主体引导其与小农户纵向合作，推动各类主体与小农户紧密协作，但小农户的组织化程度仍较低。小农户所拥有的土地、劳动力等资源在市场中的可替代性较强，市场势力和谈判能力弱，难以分享到更高收益。

3. 农业农村服务业空前发展，但发展广度和深度仍远远不足。随着市场化浪潮从工业渗透到农业、从城镇蔓延到乡村，专业分工理念被广泛接受；同时，由于农村集体经济组织职能弱化，农民组织化程度低，农业副业化、农民老龄化和农村空心化严重，农村生产生活方式正在发生深刻变化。乡村新型服务业需求空前旺盛，农业农村服务业也空前发展。一方面，农业生产性服务业迅速发展，有力推动了农业生产服务的专业化、标准化、规模化和集约化。2019 年，全国农林牧渔专业及辅助性活动产值 6 500 亿元。截至 2020 年底，全国农业社会化服务组织数量超 90 万个，农业生产托管服务面积超 16 亿亩次。其中服务粮食作物面积超 9 亿亩次，服务带动小农户 7 000 多万户；另一方面，农村生活服务业日益繁荣，餐饮住宿、商超零售、再生资源回收等乡村生活服务业蓬勃发展，养老护幼、卫生保洁、文化演出、体育健身、信息中介、典礼司仪等乡村服务业逐渐开始普及。金融机构和各大企业依托农家店、农村综合服务社、村邮站等布局电商、物流、商贸、金融、供销、邮政、快递等服务网络，县、乡、村三级服务体系正在形成。特别是农村电商物流体系逐渐完善。2018 年，全国农村电商超过 980 万家；累计建设县级电子商务服务中心和县级物流配送中心 1 000 多个；乡村服务站 8 万多个；快递网点已覆盖乡镇超过 3 万个；全国快递末端网点备案数量已突破 10 万个；全国 25.1% 的村拥有电子商务配送站点；农村地区年收投快件量达到 120 亿件；电商带动农产品进城和工业品下乡总销售额超过 7 000 亿元。

　　虽然城镇化发展带动农业农村服务业空前发展，但发展广度和深度远远不足。一是快速发展的业态形式相对单一，且在区域间发展不平衡。生产性服务业率先发展的业态主要是面向大田作物生产规模化、标准化、机械化的农技推广、土地托管、代耕代种、烘干收储等产业。而面向更广产业领域的信息咨询、农资供应、农业废弃物资源化利用、农机作业及维修、农产品营销、信息网络、冷链物流等业态仍在起步阶段，从全国来看发展明显不足。针对优势特色产业的生产性服务业仅在部分地区有一定发展，远不能满足各类经营主体的多样化需求。在生活性服务业领域，电商物流业虽发展迅速，但在中国约 69 万个行政村、261 万个自然村中，仍有近 3/4 的行政村电商物流不可达。而电商物流不可达的自然村数量更多；二是农业农村服务业市场发育不足，总体服务水平较低，服务方式缺乏创新。当前大多数生产性服务主体的基层服务网点只到县或乡镇，未能延伸到乡村。农户与新型农业经营主体规范化生产经营和对接市场所需的大量中介服务虽然得到一定发展，但仅限于基础性服务且专业性较差、多元化不足。托管服务、专项服务、连锁服务、个性化服务等综合配套服务业尚未得到有效发展。生活性服务业发展主要集中在衣食住行、养老、婚丧嫁娶等传统领域。虽然这些服务的可得性得到改善，但服务内容和服务质量均未得到升级，康养、文化娱乐、教育、家政等生活性服务业发展仍在起步阶段。农村生活性服务业在各地的发展水平与当地政府的干预力度直接相关。市场发育严重不足，市场潜在需求有待激发。

四、乡村振兴中产业兴旺的重点难点

（一）激发要素流动活力，提升资源要素协同利用效率

产业兴旺的关键在于资源要素的协同利用。由于中国城乡二元结构长期存在，农村要素长期单向流入城市，农村要素市场化改革仍然滞后。如果不能激活要素市场化配置流动，使人、地、钱流入乡村产业领域，产业兴旺就不可能实现。当前在乡村产业领域，提升资源要素协同利用效率遭遇了一定的困难。

在人才方面，一方面，由于多年来农村最优秀的人才以升学、招工和外出务工经商等形式流向城镇，乡村产业现有从业劳动力普遍年龄较大，受教育程度较低；另一方面，外来人才回流乡村产业领域面临一系列障碍。当前各地对村集体成员身份权益的严格限制，导致外来人才到乡村发展产业面对制度壁垒，城乡人才评价体制机制存在巨大差距。再加上部分地区乡村产业吸纳非农就业的能力不足，城乡人才合理流动的体制机制欠缺。

在土地方面，由于农村土地制度安排具有兼顾土地生产要素功能、对农民的社会保障功能和增加财产性收入功能的多目标性，现有土地用途管制制度难以满足乡村产业用地需求。一方面，由于土地难以实现稳定规模化，产权权能不充分，这与现代农业发展对土地规模经营、长期投资、可用于抵押等需求相悖；另一方面，农产品加工、农旅结合等三产融合项目难以合法获得建设用地，产业发展受限严重。中央虽有政策出台支持相关产业发展，但在很多地方的实践中政策难以落地。此外，农村宅基地使用权无法入市流通，无法作为资本品进入产业领域。乡村建设用地和宅基地使用普遍缺乏规划，滞后于乡村产业发展需求。

在资金方面，乡村产业领域资金紧缺的情况一直未能得到有效解决。近年来财政收入中低速增长越来越难以维系支农支出增速，财政支农资金碎片化也难以形成规模效应，无法有效支撑产业发展。在农村金融服务体系中，政策性金融和商业性金融发展不协调，合作金融缺位。农村和县域缺少立足社区、特色鲜明的中小金融机构，农村金融投入的多样性不足。金融产品和服务供给存在结构性不足，不能有效匹配日益多样的农村金融需求。特别是随着现代农业供应链将现代工业标准理念和服务业人本理念引入农业农村，农业生产资料供应企业、农业生产经营主体、农产品加工企业以及提供仓储物流运输等服务的所有经营主体和社会化服务组织被联结起来。农业供、产、

运、加、销有效衔接，产业链条纵向延长、产业形态横向拓展，从而形成一套复杂的供应链生态系统。金融作为一种融合于该系统的不可分因素，也融合了农业供应链系统中的各类主体及其交易过程。包括支付、结算、信贷、保险、担保、基金、权益融资、期货期权等多种服务类型。金融生态系统作为一种生产性系统，应该能够为金融服务需求者高效地"生产"和提供各种金融服务。然而，当前的金融服务水平远远不能达到这个要求。此外，社会资本参与乡村产业投资的效率也较低。近年来大量社会资本进入乡村产业领域。但由于缺少合理规划引导，常常出现投资领域集中度过高和恶性竞争。加上农村产业风险分散机制尚不健全，一些社会资本缺乏应对风险能力，导致项目烂尾资本跑路时有发生，不仅未能有效拉动乡村产业发展，反而造成了土地、资金和其他公共资源的巨大浪费。

（二）优化产业组织体系，提升产业规模化专业化程度

组织本身就是经营主体，同时又代表着一种制度安排。在市场机制下，农户、家庭农场、合作社、合作社联合社、产业化联合体、社会化服务组织等各种组织形式的存在，都意味着特定资源要素约束下不同经营主体的禀赋和与之相匹配的制度安排的契合。良好的产业组织体系是要素高效协同利用的重要保障。理想的产业组织体系包括农户、家庭农场、合作社、企业等多种类型和规模的经营主体。这些主体之间的交易往来、要素组织利用和利益联结机制都应非常协调并且灵活，能对复杂多样的要素市场变化和产品市场需求迅速做出反应，并实现纵向专业化协作和横向联合化生产。这对激发创新活力、提升产业竞争力、增强产业带动能力、促进产业升级都至关重要。同时，乡村振兴战略的出发点和落脚点是推动农业全面升级、农村全面进步、农民全面发展。以产业兴旺促乡村振兴要求兼顾培育新型农业经营主体和扶持小农户，创新多元主体联合机制，促进小农户和新型农业经营主体共同发展，充分发挥他们在不同领域和环节的作用。同时促进各主体利益紧密联结，让农民更多分享产业增值的收益。这与促进全体人民共同富裕的要求紧密相关。

为推动农业产业规模化、专业化发展，家庭农场、合作社、合作社联合社、产业化联合体等农业经营组织形式发展得到政策的大力支持。截至 2019年，中国农业产业化龙头企业达 9 万家；全国依法登记的农民合作社达 220 万家；联合社超过 1 万家；家庭农场达 87 万家。但是，这些经营主体促进实现农业规模化专业化、引领产业发展的作用大多有限。第一，家庭农场的脆弱性较

强。2018 年底，全国农业农村部门家庭农场名录记录在案的有 60 万家，经营总面积为 1.6 亿亩。其中 71.7% 的耕地是通过土地流转而来，平均每个家庭农场的劳动力是 6.6 人，其中雇工 1.9 人。平均经营规模约为 260 亩。大多数家庭农场实际上是小农户的扩大版，在经营理念、管理水平、营销方式、技术创新方面与小农户都没有根本性差别。特别是由于经营土地的租赁面积占比较大，因而抗风险能力更差。第二，合作社尚未形成企业化经营机制。合作社领办人大多是村组干部、专业大户、农机手和村里能人。他们熟悉农业生产过程，但在加工、销售等领域的专业知识能力较差。大多只能发挥以略低价格批量购买农资产品和组织货源对接传统销售渠道的作用，组织和带动农户的作用有限。第三，合作社联合社通过产业链协作提高市场响应能力和盈利水平，经营规模更大，覆盖区域范围更广，理论上更具有规模经济优势。但是联合社大多刚刚起步，联合不稳定性较强，大多数运行机制不健全。农业产业化联合体以龙头企业为经营引擎，以农户为生产基础，以专业合作社为服务纽带，基于产业链的专业分工、生产要素的范围共享与紧密契约下的交易稳定。在内部形成多条产业链与供应链交叉融合的农业规模经营组织联盟，加深了联合的深度。但是，产业化联合体发展往往过度依赖龙头企业的带动作用，系统性风险较高。这两种组织创新形式发展时间尚短，普及程度有限。其带动产业发展的效果如何，会出现哪些问题，还有待时间的检验。

（三）推动乡村产业升级，提升产业持续发展力

改革开放以来，中国乡村产业快速发展。但是总体上仍停留在低水平均衡状态，农产品生产标准化程度普遍较低，农产品精深加工业工艺落后且缺乏创新，农业供应链要素聚集能力弱。且乡村产业发展还面临着日益严重的资源环境约束。随着城乡居民生活水平的提高和绿色发展理念的普及，市场需求偏好和资源环境约束条件的改变，使得质量兴农、绿色兴农和品牌强农成为乡村产业发展的必然选择。激发创新活力，促进产业升级，增强产业持续发展力是乡村产业发展的方向。

推动乡村产业升级、提升产业持续发展力是产业兴旺的重点，但也面临许多困难。一是当前中国仍未建成具有权威性且广受认可的绿色质量标准体系和农产品标准化生产体系。农业投入品质量安全、绿色优质农产品分级和市场准入、农产品加工、农村新业态等方面的国家和行业标准尚不健全，农业产业链监管体系不完善。导致农产品难以实现以质论价、优质优价，农业

经营主体对农业产业绿色化、品牌化升级投资的激励不足。二是乡村产业创新联动性较差，从技术创新到成果转化再到扩散推广的传导速度较慢。再加上乡村产业升级的建设、研发都需要大量投资，且回报周期长，生产经营风险较大。而当前风险管理体系仍不完善，导致创新激励不足。虽然近年来中央加大了财金协同支持乡村产业的力度，但是一些财政支持政策的可预期性和稳定性较差。对金融和民间资本利益考虑不足，农村产权制度改革和产权交易市场建设相对滞后。"三农"的融资担保机制不完善，农村金融产品服务高度同质、结构单一，农业保险难以充分发挥护航作用，从而导致乡村产业的创新投入不足。特别是绿色、节能、资源循环利用等新兴产业领域的技术创新仍不成熟，市场发育仍不充分，总体上乡村产业持续增长力有待增强。

（四）发展县域经济，优化乡村产业布局，增强产业聚合力

从发达国家的发展历程来看，只有通过人口和非农产业的空间集聚实现城镇化才能走向现代化，乡村的现代化和振兴也需要以城镇化的发展为前提。县域经济在中国城镇化发展和国民经济生活中一直发挥着重要作用。2019 年全国百强县（市）GDP 总和为 955 645 亿元，占全国的 9.6%。发展县域经济提高城镇化率，建立县镇村联动的乡村产业体系。一方面，将区位优势、要素优化配置和市场规模扩大效应充分有效结合起来，发展全产业链和建立产业集群。从而促进农业产业链转型升级，激发涉农经营主体和小微企业的发展活力，提高农业产业竞争力；另一方面，县域经济高质量发展能解决大城市的资源虹吸带来的区域发展不平衡、要素资源流动不顺畅等问题。有助于破除城乡分割，打通城乡要素平等交换、双向流动的制度性通道。优化县域产业布局，提高县镇村产业关联度，可以利用产业波及效应促进三产融合，增加非农就业机会，吸纳劳动力，从而提高县域城乡居民的收入。此外，以县域为中心布局乡村生产性和生活性服务业也有利于产生集群效应。通过发挥规模经济、交易成本、区域品牌和技术创新优势提高县镇村的综合服务能力，从而实现城乡功能的衔接互补，提高城乡居民的福祉和幸福感。因此，发展高质量的县域经济是实现城乡经济循环畅通、提高城乡融合发展和农业农村现代化水平的关键。2019 年《国务院关于促进乡村产业振兴的指导意见》明确指出，通过强化县域统筹、推进镇域产业聚集、促进镇村联动发展、支持贫困地区产业发展来优化乡村产业空间结构；通过培育多元主体、发展多元业态、打造融合载体、构建利益联结机制来增强乡村产业聚合力。

　　然而，在过去相当长一段时期内，县域经济主要是城市经济带的参与者和跟随者。县域产业布局服从或服务于城市发展布局，发展主动性不强。一些百强县的强劲发展得益于深度参与了全国甚至全球供应链，因而是区域经济产业布局的一部分。大多数县未能得到这种发展机会。县域产业结构相对单一，缺少产业领跑者，县镇村之间缺乏产业联动性和波及性，基础设施和基本公共服务水平较低，无法形成有效的分工和功能衔接。因而难以形成产业聚合力，吸纳非农就业、保障要素供给、提供生产生活性服务的能力有限。此外，很多地方产业布局政策是以政府的判断和选择来代替市场机制，以政府对市场供需状况的判断以及控制供给来代替市场的协调机制。并辅以较强的市场干预，优先保护和扶持在位的大中型企业。而事实上政府不可能在产业选择上比市场更有效率，政府代替市场机制来进行选择反而可能会阻碍市场自发调整过程，导致市场运行效率低下。从而产生产业布局不当和资源错配，出现产业园区空心化。政府斥巨资扶持的产业沦为形象工程或烂尾工程。

案例3-1　大美边疆吉林延边——桑黄产业助力乡村振兴

　　仲夏时节，在吉林省延边朝鲜族自治州和龙市八家子镇，道路两旁矗立的"桑黄小镇"展示牌格外醒目。一栋栋桑黄大棚里，整齐摆放的深棕色菌段上，长着形似人耳的金黄色桑黄。

　　桑黄，又称"森林黄金"，这种因寄生于腐烂桑树而得名的真菌，以其重要的药用价值自古以来备受追捧。近年来，延边地区的广大农民将桑黄从森林"请"进了大棚。温度、湿度、菌袋配方……经专家指导，在一次次试验之后，终于成功栽培出了"森林黄金"。

　　八家子镇党委副书记王世明介绍，八家子镇地处海兰江中游，平岗平原上段，区位优势较好，环境无污染，地形地貌复杂多样，具有发展农业特色产业得天独厚的条件，是桑黄繁育生长的黄金地带。

　　"像这样的新兴产业，后续产业链有巨大发展空间。如果把桑黄产业做大做强，会拉动全镇的经济发展。"王世明介绍，"但是，由于之前缺少发展资金，该项目一度被搁置。"

　　2018年，随着东西部扶贫协作的开展，浙江省宁波市鄞州区与和龙市结成帮扶对子，桑黄项目迎来了发展机遇。八家子镇获得宁波援建帮扶资金1 765万元，流转该镇南沟村、河南村35公顷土地，种植71.8万袋桑黄，桑黄产业正式启动。

据介绍，桑黄种植项目实行八家子镇出"土地＋劳力"、东西部扶贫协作出资金、当地科技公司出技术的开发模式，实现了资金、技术、种植、后期加工、市场营销的一条龙产业链条，保障项目全程无忧。

王世明告诉记者，贫困人口年龄大、体弱多病、没技术等问题，是当年挡在八家子镇致富路上的一座大山。如今有了桑黄种植基地，村民们有了劳动致富的新机遇。

"年纪大了也没啥活儿干，一年家里收入只有 3 000 多元，还不够我老伴吃药钱。"回忆起以前的日子，年近七旬的南沟村村民徐明福直摇头。

徐明福曾是八家子镇 1 368 名贫困人口中的一员。如今，他在桑黄基地负责大棚的通风、喷水工作。"工作不累，还能照顾家里，一年到手 1 万多元。年底还有分红，日子是越过越有盼头。"他说。

目前，桑黄基地产业收益已经扩容覆盖到 6 个行政村，通过向脱贫户流转租赁土地、参与运营就业、利润统筹分配三种方式，有效带动了当地农民就业增收。

近年来，和龙市先后投资 2.2 亿元，建设桑黄大棚 1 300 栋，年销售收入 2.6 亿元，使 6 700 多名脱贫户通过桑黄产业分红增加收入。并吸纳 500 多名脱贫户就业，走出了一条"育桑黄、木生金"的乡村振兴之路。

资料来源：中国乡村振兴在线，2022 - 10 - 18.

第二节　农旅融合推进乡村产业兴旺机理

一、问题的提出

乡村振兴是党的十九大提出的重大战略。旨在解决新时代我国的社会主要矛盾，助力实现"两个一百年"奋斗目标及中华民族伟大复兴的中国梦。党中央、国务院围绕乡村振兴战略总体目标进行了一系列顶层设计和战略布局，2018 年，出台了《中共中央国务院关于实施乡村振兴战略的意见》和《国家乡村振兴战略规划（2018～2022 年)》等具有纲领性的政策规划，进一步明确了"产业兴旺、生态宜居、乡风文明、治理有效、生活富裕"总体要求。其中"产业兴旺"作为五大要求之首，其重要地位不言而喻。产业兴旺是实现乡村振兴的基石。其核心在于激发农村产业活力，对推动乡村发展、维护乡村社会稳定起着极其关键的作用。纵观国内农村产业，由于受经济缺乏弹性、专业人才缺失等多方因素制约，农村产业发展迟缓、动力不足。为改变农村产业发展窘境，农村一二三产业融合是必经之路。因此，在乡村振兴背景下探索产业融合模式和路径优化是当前的重要问题。产业融合在一定程度上削减了行业之间的壁垒，为不同行业之间良性互动交融创造了条件。在乡村，三产融合也为当地农民提供了更大的农业创业创新空间，使农村整体经济业态得以发展。不仅如此，产业融合还能丰富农民收入方式，改变长久以来我国农民收入仅依靠农业种植的单一现状。然而，农村产业融合不是简单地将一二三产业相加，而是要以特色农业为依托，有效衔接融合二三产业，最终实现 $1 \times 2 \times 3 = 6$。

对于大部分乡村而言，农旅融合正成为其实现经济转型升级、产业兴旺的重要途径。农旅融合起源于 1850 年的德国，此后农旅融合开始被讨论。国内对于农旅融合的讨论则开始于 20 世纪 80 年代，当时将农旅融合定义为第一产业与第三产业的交叉。之后，学者们对农旅融合的影响因素进行了讨论。并以特定地区为例对农旅融合度进行了检测，同时也总结了农旅融合的时空地域分布情况。总体来看，农旅融合主要受政策制定者、参与者以及客体因素（如科学技术）的影响。随着乡村振兴战略的提出，农旅融合被视为解决"三农"问题的有效手段，成为农村地区实现三次产业融合的重要途径。然而，农旅融合在实践领域仍存在一些问题。因此，本书基于产业融合的视角分析农旅融合模式，探究存在的问题并提出优化路径。

本书以素有"中国茗茶之乡"美誉的贵州省遵义市湄潭县作为典型案例进行研究。近年来，湄潭县紧紧围绕"乡村振兴"战略，强化特色农产业 +旅游，创新利益联结机制。全县农业经济及旅游发展取得阶段性成效，先后荣获"全国旅游标准化示范县""国际生态休闲示范县""中国茶旅融合十强示范县"等国家级称号。依托其特色茶产业，湄潭县大力发展茶旅融合，开发了 2 个 4A 景区、2 个 3A 景区。2016～2019 年湄潭县旅游业带动就业共13 614 人。因此，将湄潭县作为农旅产业融合案例进行分析具有代表性。

二、作用机理：农旅整合发展的动因、过程、效益及目标要求

（一）农旅融合发展中的动因、过程及效益

1. 农旅融合发展的动因。产业融合需要产业之间存在一定的关联性。现

阶段基于供给和需求的双向驱动，农业和旅游业的融合成为一种必然趋势。农业单一发展结构已经不能满足乡村发展的需要，农业亟须升级、转型、扩展、创新农业生产经营模式；对旅游业而言，随着城市生活节奏不断加快，生活压力增加，人们开始向往返璞归真的生活，新的旅游产品势必应运而生。通过两者融合，农业升级了产业结构，农产品的附加值得以提升，产业链也得到了延伸；旅游业也可产出符合消费者需求的休闲旅游产品，夯实其休闲旅游基础，丰富其活动形式。同时，农旅融合也是新时代乡村振兴的必经之路。乡村振兴意在拓宽农民增收渠道，激发农村农业活力；而农旅融合能让传统农业在旅游业的带动下创新产品形式，丰富农业产业形式。使得农民收入形式不再单一，农业的多功能性得到发挥，乡村经济得以提振。

2. 农旅融合发展的过程。农旅融合不是简单的"农业 + 旅游"的"1 + 1 = 2"过程，而是以农产业为主导产业，形成农业、工业聚集。并围绕农产品打造旅游项目，将农业种植、加工、生产、销售与旅游相结合。进而实现带动乡村农业、工业、旅游业三产发展，形成以农产品为主导的一二三产业融合。对农业而言，其产品产业链包括原料生产、加工、销售环节。农旅融合就是在农业产业链的每个环节与旅游进行组合，让旅游的要素渗透农业产业链的每一环。从而将农产品种植场所打造为旅游目的地，将农产品种植环节发展为旅游体验活动，最终实现农产品向旅游商品的升级。旅游产业除了可以利用农业种植环节开发旅游场所和特色旅游体验项目外，还可以依托农耕文化、农业先进技术丰富旅游活动的文化、科技内涵，实现旅游活动从服务经济向体验经济转化。并且，在农旅融合过程中，第二产业工业的作用也不能忽视。农业规模化是农业旅游化的重要组成部分，农业规模化的基础是农业工业化。因而工业在农旅融合的过程中起着承上启下的作用，是发挥农旅融合 1 + 1 > 2 的关键环节。离开第二产业的农旅融合，融合过程将是不完整的。

3. 农旅融合发展的效益。从经济层面来看，农旅融合能带来直观的经济收入增长，实现乡村经济振兴。农旅融合拓展农业功能，实现了农业资源向旅游资源的转换，提升了农业附加值。据农业农村部公布的数据，2019 年我国休闲农业和乡村旅游营业收入超过 8 500 亿元，年均增速 9.8%。与此同时，农旅融合更是直接带动 1 200 万农村劳动力就业增收，切实增加了农民收入，实现了对农村劳动力的合理配置与利用。除此以外，农旅融合吸引创业者、创业企业投资乡村，改变了乡村单一经济结构，使乡村经济发展更多元化。除经济效益外，农旅融合更进一步促进了乡村地区文化、民俗的挖掘，使得乡土文化得以保护和传承。同时，旅游业的进入为乡村带来了人才与先进的技术，农业先进种植技术和服务业技能也在广大村民之间得到了普及和提升。农旅融合同样也带来了正面的环境效益。乡村环境得到了治理，乡村景观得到了保护，绿色的生活方式加速形成，环境保护的自觉性也得到了提升。

（二）农旅融合发展的目标要求

农旅融合是实现乡村振兴的重要途径，其发展要符合乡村振兴的目标要求。首先，农旅融合要带动乡村产业发展，实现产业兴旺。一直以来，乡村经济发展过于依靠农业产业带动，经济形式单一，农旅融合要改变农村产业的单一形式。在带动农业产业升级的同时，带动相关产业，丰富农村产业类别；其次，农旅融合要助力改善农村生活环境，促进乡村生态宜居。以往，人们对农旅融合多聚焦于经济效益而忽视了对其生态效应的要求。从本质上看，农村地区的生态环境是旅游发展的基础。农旅融合不能以牺牲环境为代价发展旅游，而要能促进农村生态环境改善，推动资源能源集约利用，实现人口、经济发展与生态资源良性互动；再次，农旅融合要挖掘乡土文化，助力乡风文明。中国乡村中蕴含着丰富的优秀农耕文化、乡土文化。农旅融合要深度挖掘、传播优秀乡土文化，积极传承、保护传统文化。使其不仅成为农旅发展的基石，并且让优秀的乡土文化影响、引领当地村民，从而推进乡村移风易俗、建设文明乡风。与此同时，农旅融合也要为乡村带来先进的管理机制模式，推进乡村治理有效。农旅产业不能仅考虑自身发展，而是要通过农旅在乡村的深耕，让专业人才留在乡村，让先进的管理模式进入乡村；要积极地为乡村培育生态农业，休闲旅游等产业人才，提升村民素质，增强其参与乡村治理的能力；最后，农旅融合要切实增加农民收入，实现共同富裕。农旅融合要能推动新型职业农民培育，帮助农民拓宽收入渠道，改善农民收入。农旅产业也要积极与村级集体经济合作，与其共享农旅发展红利，壮大集体经济，加快实现乡村共同富裕。

三、优势互补：农旅融合发展的典型模式

麻学锋等人提出了旅游产业融合的四条主要途径，即资源融合、功能融合、技术融合以及市场融合。就农旅融合而言，资源融合是指将农业资源转变为旅游产业发展的资源从而实现产业之间的融合；功能融合则强调基于农业和

旅游业类似、互补的社会功能，农业和旅游业以此为切入点实现融合；技术融合即通过技术或管理创新将农业融入旅游活动中；而市场融合则是指以旅游产业已经发展相对成熟的市场为依托，寻求农业发展机会，融入市场，拓宽市场。本书将以湄潭县茶产业和旅游产业融合为典型代表分析农旅融合模式。

（一）资源融合

资源融合的核心在于通过不同产业的渗透，将某一产业的内容进行创新转化，为其他产业发展提供基础。农旅资源融合的关键是将农业场所、农业生产过程以及农业文化等物质和非物质资源与旅游产业环节相互渗透，实现农旅融合。在此过程中，农业通过与旅游产业的融合，农产品附加值得以提升，价值链得到延伸；旅游业通过与农业非标准旅游资源的融合带来了大量的创新性旅游产品。湄潭县依托当地浓厚的茶历史文化和优美的茶园自然环境，努力打造形成茶旅聚集区与茶旅综合体两类农旅产品。一方面，湄潭县以历史遗址、茶文化博物馆等为旅游场所，重点打造7个以茶历史文化为主题的茶旅集聚区，实现了独具湄潭特色的茶历史文化与旅游融合的茶旅模式。形成了"一壶"（天下第一壶茶文化博览园）、"两馆"（贵州省茶文化生态博物馆中心馆、茶工业博物馆）、"一山"（象山茶文化博览园）、"一海"（中国茶海休闲度假旅游景区）、"一城"（中国茶城）、"一村"（核桃坝村）系列产品；另一方面，湄潭县充分利用位列全国第一的茶园规模化优势，以全县60万亩茶园种植面积自然风光为基础，打造"中国茶海·休闲湄潭"这一核心茶旅综合体。

通过配套完善相应旅游设施和项目，加快形成4条专线，提升和完善茶海景区的5大旅游项目功能，最大程度集中展示湄潭茶园风光。并将休闲、度假、养生、购物、节庆等多种旅游需求汇聚在一起，让乡村旅游更生活化、多样化、综合化，促使资源单体价值向资源组合价值转变，产业资源的整体效果、组合效果得以体现。然而，湄潭县茶旅资源融合模式仍以茶文化和茶园参观为主，总体还是局限于单一的"一产＋三产"的简单嫁接模式。而作为第二产业的茶工业较少参与到茶旅融合之中。

（二）功能融合

功能融合即某一产业的功能因为其他产业的融入而强化凸显。实现功能融合首先是明确某一市场需求，再根据需求找到相关其他产业。通过两产业之间匹配、互补的融合点实现产业渗透融合，达到经济效益与功能效应最大化。对于茶旅融合而言，休闲度假、养生旅游成为目前旅游的热门主题，是市场的主流需求。而这一需求与茶产业的养生功能相贴合，因而养生休闲的供需匹配成为茶旅产业的融合点。湄潭县结合当地不同茶资源及其他相关资源配置情况，将不同地区按茶养生度假区与休闲茶庄两个板块进行打造。以湄潭县永兴镇为核心，通过"政府＋企业＋村民"的模式，结合中国茶海重点打造以茶养生药用功能为主的养生度假区、养生小镇，形成养生茶旅模式的产业聚集。同时，以兴隆镇、高台镇为基地依托，发展一批休闲茶庄，以茶事活动体验为核心，打造休闲茶旅模式。值得一提的是，养生茶旅、休闲茶旅产品的打造，离不开政府、企业以及农民等多方主体的共同参与。如何充分调动各方积极性主动性，进一步发掘茶产业和旅游业间功能融合点，加快推进茶旅功能融合是值得思考的问题。

（三）技术融合

技术融合即产业通过引入其他产业先进技术，或通过先进技术与其他产业嫁接融合，延伸出产业新模式、新产品。湄潭县兰馨茶园根据游客对私人定制的需求，推出茶园订制"一亩茶园"产品服务。以承租茶园的方式将游客变为"茶园主"，在产茶周期内生产出具有个性标签的茶叶产品。"茶园主"可随时参与和体验茶园的日常养护和采摘工作。不仅如此，茶园还配套电子摄像头、智能传感器、语音系统等物联网体系，方便各"茶园主"实时"在线参观、在线互动、在线定制及产品的在线追溯"。打造出智慧茶园和在线可视化茶园，创新茶园旅游形式。虽然，通过先进科技创新了茶旅模式，但对于整个湄潭县而言，也只有以兰馨茶园为代表的寥寥几个茶园将科学技术融入茶园经营活动。技术融合这一模式对于湄潭县茶旅产业而言是缺乏的。

（四）市场融合

市场融合的关键在于两个产业之间存在市场关联。融合产业可以借助彼此的市场实现扩宽自身市场，提高竞争力的目的。在农旅市场融合的实践中，一方面，多以旅游推介为依托，同步开展农产品、农业活动推广，利用旅游平台、媒介拓宽农产品销售渠道；另一方面，依托农产品推广交易平台，丰富旅游服务类型，拓宽旅游市场范围。湄潭县充分发挥旅游业对农业发展的带动作用，通过扩大旅游商品消费占本地产品比例的方式，带动本土农产品销售。

在 2019 年湄潭的旅游商品消费构成中，茶叶及饮料类消费约占到旅游商品消费总数的 1/3 以上，仅低于酒类消费。同时，湄潭县充分利用中国最大的绿茶交易中心和贵州最大的茶叶集散中心的地位以及贵州茶产业博览会主会场的优势，大力发展商务旅游，推动全县旅游转型发展。

通过市场融合，湄潭农产业与旅游产业都从中获益良多。在农旅市场利好发展的前提下，势必越来越多的外来资本将涌入农旅市场。新进资本在激发市场活力的同时，也有可能使得原本属于当地农民收益的空间被压缩。如何让农旅项目惠及更多的农民群体，扩大民生覆盖范围，让更多的农民群体参与到农旅市场中是农旅融合需要思考的。

四、现状反思：农旅融合发展的现实困境

（一）融合程度较低，忽视二产作用

现阶段农旅融合成为部分乡村经济发展的新动力，然而农旅融合的程度却较低，对于部分乡村地区而言，农旅融合只是将农产业与旅游业进行简单的嫁接，忽视了其融合的根本在于第二产业的融入。对于农业而言，农业工业化不仅有利于提高农业的发展水平，加速农业现代化，而且能增加农业与旅游产业融合的价值。上文所分析的湄潭县茶旅融合大部分产品也是"茶园＋旅游""茶文化＋旅游"的简单拼接，茶工业融合水平低，茶旅融合形式单一。一二三产业融合就是要转变农业传统生产模式，实现价值端的整合。通过三产将经济效益扩大化，反向输入一二产业。而第二产业则是连接第一产业、联合第三产业的关键，是产业融合价值端衔接的必要环节。只有一二三产业相互作用最终才能形成融合闭环，带动产业兴旺。

（二）跨部门整合乏力，功能彰显不够

农业和旅游业分属不同产业，均有各自的产业管理制度与管理部门。而农旅融合发展要求各职能部门之间通力合作，合理规划利用各要素资源以助力农旅产业发展。目前，农旅经营一般采取"政府＋企业＋农民"的模式。这样的模式虽有利于调动各方积极性，但也存在不同主体偏重自身利益的弊端。在政府这一主体内部不同资源也归属于不同职能部门管理，农旅发展涉及农业、旅游、交通、林业等多个部分。当农旅融合面临用地、资金等问题时，政府部门或企业、村委会可能会因为条块分割，出现互相推诿的情况，

未能形成合力，导致农旅融合的功能融合较为单一，农业的生态、文化功能未能得到深入挖掘。

（三）技术融合形式单一，科技创新力不足

农旅产业的本质就是创新，没有创新思维就没有农旅的融合。现阶段不少地区竞相发展农旅项目，然而大部分农旅项目仅为茶园参观、果园参观、农产品销售等低水平旅游活动，农旅融合中科技的融入程度较低。只有部分茶园开展简单的智慧茶园模式，科技对于农旅产业只起到了部分辅助作用，未能参与到农旅产业各环节。对于农旅的旅游产业部分，大部分乡村的旅游未能实现科技化、数据化，科技的融入只是一个农旅产品的噱头。对于农业生产销售部分，科技也未能发挥其在辅助农业生产、销售市场预测等方面的作用。因而，如何在农旅产业中更加广泛深入地践行技术融合，是当前亟须破解的难题。

（四）挤压发展空间，村民参与市场程度深浅不一

农旅融合为当地村民提供了更多的就业机会，扩宽了收入来源。但随着农旅融合的发展，势必会有企业、资本进入乡村农旅市场。相关企业为乡村农旅产业发展注入活力，带来专业人才的同时，也可能会出现企业利用自身资本、人才、市场等优势挤压当地村民、村集体合作社收入空间。使村民本应获取的收益降低，产业融合的红利没法切实惠及当地乡村，甚至当地村民还可能面临因为旅游业发展所带来的物价、生活成本上涨的影响。同时，村民之间也可能由于融入农旅产业的程度不同而出现收入差距。从湄潭县目前的茶旅经营模式来看，其多为政府积极引导集体经营性建设用地、农民自家宅基地、承包地等，通过租赁、入股、合作、抵押等不同方式参与茶旅产业发展。对于有一定经济实力和经营意识的村民而言，其更能率先参与到茶旅产业中，从而获取可观的收入。与此相反，一部分村民由于自身资源缺乏或意识不足没能及时参与茶旅产业，或可能只是从事茶旅产业中机械化、低收入的活动，从而埋下村民间收入差异增大的隐患。不仅如此，村落之间也可能出现农旅产品形式类似、同质化竞争扰乱农旅市场的情况。

五、效益提升：农旅融合发展的路径优化

农旅融合是发生在乡村、发展在乡村的产业融合，其创造经济、社会、

生态、文化等综合效益的多元价值功能与乡村振兴战略的总体要求具有内在的一致性。根据前文对作用机理、融合模式现状及现实困境的分析，参照联合国可持续发展委员会（UNCSD）提出的"驱动力—状态—响应"（DSR）模型，提出优化乡村振兴背景下农旅融合的优化路径。

（一）三产资源合理融合，构建全链条产业体系

为进一步推进农旅融合，一二三产业联动发展必不可少。三次产业之间的内部联系需要进一步深化，以形成一二三产业相互促进的发展势头。对于农旅发展而言，农业是根本。农业的发展要形成产业化，如果没有形成一定的产业规模，旅游发展可能就没有了基础。以茶旅产业为例，茶产业的规模化种植使得茶山集中，易产生景观的视觉冲击。将茶山变为规模化、集中化田园景观更增强了游客吸引力。工业则要扮演好衔接的角色。工业要利用自身优势反哺农业、以工促农，切实提升农业产业化、集约化水平。不仅如此，工业也要积极对接旅游业，将工业生产场所开发为旅游场所；将工业技术、生产工艺打造为体验式旅游项目；将工业产品转变为旅游商品。通过与旅游的融合，最大限度地发挥工业产业边际效益。而旅游业则要发挥其产业综合带动功能，为农业、工业带来客源，促进农产品、工业制品就地销售。同时通过将农、工业产品向旅游体验项目、旅游商品化转化，提升其附加值。旅游业也要为乡村经济注入新的活力，带动乡村旅游附属产业的发展。总之，农旅融合不是一、三产业的简单嫁接。而是三产合理融合，各司其职，形成各产业之间积极、良性的互动，以丰富乡村经济业态，促进产业可持续发展。

（二）明确主体职责定位，形成融合发展合力

农旅融合发展需要各要素积极参与。首先对于土地的使用，在明确土地的所有权属于农村集体的前提下，政府要鼓励农民转让部分除必要耕地外的土地使用权给相关旅游企业。利用土地流转将松散零星农地统筹规划，实现区域规模化经营和机械化作业。用好农村三块地，增强农业的对外开放水平。政府也应当对农旅产业用地予以支持，划分专项优惠用地，探索实施点状供地的用地方案，提高土地资源利用率。不仅如此，政府还应积极推进"金融＋农旅"发展，建立农旅经营主体资源库，搭建融资平台。与金融机构合作建立融资担保体系，帮助解决农旅企业项目资金周转、融资抵押难题。村委会需要协调好村民这一重要的农旅产业人力资源，引导村民自主成立农旅合作社，鼓励村民积极、多方位地参与农旅产业。村委会还应利用好自身自治权，进一步调动村民参与度，组织村民参与农旅产业发展的讨论。对于外来企业而言，应当利用自身优势架起乡村与市场的桥梁，利用人才资源创新打造各类农旅产品，发掘潜在旅游资源，开发旅游相关项目。在实现自身经济利益的同时，促进城乡要素正向流动。总体而言，政府、村委会及企业三者要从乡村振兴、产业发展大局出发，合理利用自身优势资源，协调互补，互相促进，实现资源合理利用。不断推动农旅功能深度融合，打造具有地方特色的农业全产业链。

（三）创新农旅产品形式，科技引领智慧农旅

现阶段农旅产业需要创新农旅模式，在科学技术的辅助下实现游客从生产到消费的全环节深度参与。体验农产品从种植到生产加工最后成品的全过程，创造游客独一无二的记忆体验，使游客得到内层情感的满足。不仅如此，农域形象与品牌的联合打造也是必要的，举办相应的农业活动是将地域形象和农产品品牌有效衔接的手段。要善于借助互联网开展网上推介会，利用网络媒体直播扩大影响力与传播力。不仅如此，农旅产业也要积极借助先进科学技术，实现从农产品种植加工到旅游活动的转化，从旅游活动订票到旅游活动售后的全链条信息化、智能化。因此，政府要牵头推广现代化农业设备、智能化旅游系统，以科学为引领实现农旅融合；也要积极搭建数据平台，利用云计算、大数据及时掌握农产品种植生产情况，并根据所预测的市场需求提前制定方案。企业要发挥自身市场优势，落实农旅产品销售渠道。而村委会、村民也要积极主动学习先进技术，将先进技术运用到日常生产工作中，让科技能最大限度地助力农旅发展。

（四）协调开发管理，平衡村民收入差距

农旅融合必须惠及当地农民，这要求在做大蛋糕的同时也要分好蛋糕。首先，政府要做好农旅产业的规划。以各村为单位，结合当地村落特色统筹规划农旅发展项目，培育休闲、民宿、康养等多种业态。促进产村融合、村落合作，将农旅蛋糕做大，避免村落间的农旅"内卷化"。其次，政府应发挥自身职能，建立健全相关利益协调保障机制。在鼓励外来企业或外来资本进入农旅市场的同时进行约束管理，以防止其无序的扩张压缩当地村民利益。

最后，政府还需建立健全物价监测预警机制和价格稳定长效机制，避免因旅游业发展可能带来的当地物价上涨而影响居民日常生活。村委会也要最大限度地发挥自身优势，组织成立农旅产业合作社，加强对当地资源的整合。以家庭为单位，让村民结合自己的优势资源，如农产品种植技术、加工技艺、闲散劳动力、土地房屋等，入股参与农旅产业合作社，使村民融入农旅发展。当然，村民同样需要转变自身思维，主动融入农旅产业，以自己优势资源参与农旅产业。通过不断学习提高自身农旅产业参与能力，实现由旅游获益边缘地位向主体地位的转变。

案例3-2　陕西省柞水县朱家湾村——"落后村"成"网红村"

　　每到周末和节假日，陕西省商洛市柞水县营盘镇朱家湾村总是格外热闹，秦岭深处的牛背梁国家森林公园、终南山寨文旅小镇、佬林客栈民宿基地吸引了远近游客前来游玩。随着旅游收入的日渐增高，朱家湾村的村民脸上挂满了笑容。

　　从无人问津的"落后村"到远近闻名的"网红村"，村民从背井离乡当"打工人"到在家门口当"老板"，营盘镇朱家湾村在短短几年间破茧成蝶，发生了翻天覆地的变化，伴随着村集体经济收入突破40万元，村民的腰包也越来越鼓了。吃过苦、受过穷的村民们感叹：有了党的好政策，农民的日子是越来越好了。

　　多年以前，这里曾是一个垃圾遍地、污水横流、河沟臭气熏天、村民私搭乱建的落后村落。鲁同和作为土生土长的朱家湾人，经历了自己人生的巨大变化，也见证了朱家湾村的一路"逆袭"。

　　"以前我是村上的'老大难''光棍汉'，一年靠挖药伐木连自己都养活不了，媳妇也说不上。乘着村上大力发展生态旅游的东风，我光荣地成为一名护林员，从伐木到护林，不仅村里生态环境好了，自身收入也增加了，现在我都有'小棉袄'了呢。"看着依偎在怀里的小女儿，鲁同和感激地说，在党的好政策下，我相信我们的日子会越过越好。

　　近年来，柞水县锚定生态产业化、产业生态化的路子，围绕朱家湾村优质生态资源选产业、引企业、招项目，大力发展"生态+"经济模式。以"生态+"理念谋划发展，用"生态+"思路发展产业，荒山成了景点，滩涂变了乐园，旧貌换了新颜，实现了从"落后村"到"网红村"的华丽转身。朱家湾村先后获得"中国最美休闲乡村""全国美丽宜居村庄""国家级生态文明村"等称号。

"把房屋收拾出来为外地游客提供食宿，让家里闲置的'老旧房'变成脱贫致富的'民宿房'，旺季时一天能挣 2 000 多元哩。"作为全村第一个"吃螃蟹"的村民，郑传家眼看着住宿的游客络绎不绝，心里别提多高兴了，"现在来村里游玩的人越来越多，生意是越来越好做。我已经把二楼包间装修出来做'民宿小院'，为游客提供吃住一条龙服务，生意好得不得了。"

放在 6 年前，郑传家绝不敢想有一天能开起农家乐，还能靠农家乐脱贫过上新生活。"以前我是远近闻名的贫困户，一家老小老的生病、小的上学，靠种地打零工一年都挣不到什么钱。"郑传家生活的转变始于脱贫攻坚初期。帮扶干部了解到郑传家两口子心眼活、人勤快，且儿子以前在西安饭庄里帮过厨，就鼓励他动员全家开办农家乐。并积极协助落实技能培训、贴息贷款、奖励资金等一系列扶持政策。

在政策保障和帮扶干部的共同努力下，郑传家的"红庙河农家"在 2016年正式开业。这几年，牛背梁和朱家湾的名气越来越大，游客越来越多，郑传家的收入也越来越高。"农家乐办起来后，我们很快就脱贫了。现在不仅是脱贫了，而且农家乐一年 10 万多元的纯收入，让我们都可以在致富的路上阔步前行了呢！"郑传家高兴地说。

像郑传家这样在朱家湾当地创业就业、摆脱贫困的不在少数。"近年来，按照'政府指导、群众主导、市场运作、群众受益'的思路，朱家湾村大力发展旅游业，村上现有旅游酒店 2 家、农家乐 216 家、民宿 81 家，旅游服务从业人员 1 000 余人。"朱家湾村党支部书记毛家锋介绍，仅去年 1 年，村里就接待游客 156 万人，旅游综合收入 2.2 亿元，人均增收 1 万元。农家乐、民宿产业的发展，既乐了游客，也富了群众，已经成为推动村里经济发展的新引擎。下一步，我们将致力于推动农家乐的转型升级，实现村域经济发展的新突破。

資料来源：中国乡村振兴在线，2022 - 07 - 11.

第三节　农旅融合促进乡村振兴的实现机制

产业兴旺是乡村振兴的首要任务，农旅融合是农村产业融合发展的重要形式和路径。加快农旅融合有利于促进产业兴旺，推动乡村振兴战略的实施。本文以乡村振兴为背景，对当前农旅融合发展的现状、存在问题以及解决路径进行了分析。并以浙江省三堆村为个案，对该村存在的基础设施欠缺、开发推广滞后等问题有针对性地提出了完善基础设施、加大宣传力度等建议，以期为农旅融合提供发展路径参考，助推乡村振兴战略的实施。

一、农旅融合促进乡村振兴的必要性

2017 年，党的十九大报告首次提出乡村振兴战略。2018 年，《中共中央国务院关于实施乡村振兴战略的意见》进一步明确了战略实施的阶段划分、方针、路线等内容，再次突显了乡村振兴的重要性和迫切性。实施乡村振兴战略的五个总要求中，产业兴旺居于首位，最基础也最关键。紧抓乡村振兴战略机遇，让产业兴旺成为地方发展的重要抓手，是破解"三农"问题、带动地方振兴的重要手段和途径。此外，农业增长空间的收窄和新时代社会主要矛盾转化背景下，人们表现在消费领域的更高层次追求，对传统农业的转型升级提出了要求，也对养生保健、休闲旅游等领域饱含着期待。面对新时代新形势，研究乡村振兴背景下农旅融合发展的意义重大。具体可以概括为以下四点：一是推动产业兴旺。农旅产业融合发展，挖掘了农耕文化的旅游价值，拓宽了旅游业的发展路径。二是带动农民增收。传统产业的转型升级及新产业的出现成长，增加了就业岗位和社会福利，还激励着农民创新创业，创造新经济增长点。三是拉动消费需求。农业增长空间收窄需要富有弹性的产业来弥补不足。而农旅融合相辅相成，能够满足消费者对高品质农产品和高水平文化娱乐、休闲旅游等的需要。四是建设美丽乡村。现代技术的运用和生态农业等新业态的出现，降低了农业污染和资源消耗的程度，实现了农业排放物的循环利用。

（一）农业现代化进程较为缓慢

农业是农旅产业融合发展的一项基础产业。农业发展的形势越好，一定程度上意味着农旅产业的融合也就越好。当下，我国农业发展已进入加快推进时期。想要推进农业现代化的进程，就必须依靠科技的创新，实现农旅产业的融合发展。如，坚持科技兴农、强农和富农，在农业科技自主研发等方面多下功夫，为现代农业的发展安插上科技的翅膀。虽然农业在我国社会发展中占据着重要的地位，但是农业的发展和现代化进程比较缓慢，需要实现农旅产业的协同发展和有效融合。

（二）旅游发展有欠缺

旅游业是农旅产业融合发展的主要推力。但是由于一些农村地区的旅游产业规模比较小，发展不协调，影响到了农旅产业融合的效果。近年来，很多乡村大力实施"生态立乡、农林稳乡、旅游富乡"的发展战略，推进"旅游＋"行动计划。以打造精品旅游为主线，以山水田园风光为依托，推动旅游业发展。一些公共基础设施、旅游产品等虽有所改善，但在整体水平上，还是不能与当今的旅游产业需求相匹配。现在很多地区的旅游产业只是停留在以观光为主的表面上，旅游产业的开发并不是很全面。而且也面临着同质化严重的问题，没有相应的团队进行运营和策划，缺乏有效的管理方式。同时，绝大部分的旅游产业并不能很好地利用当地的文化资源，难以形成具有更大价值的旅游活动。这些问题的存在，说明旅游产业的核心竞争力不强。农旅产业融合发展涉及农业与旅游业两大产业。农业基础扎实，旅游业发展充分，是农旅产业融合发展具有可持续性、健康稳定性的关键所在。

（三）农旅融合有需求

制约农业现代化发展的诸多因素及旅游业同质化等不足真实存在，而农旅融合可以模糊两个产业的边界。以农业为基础去提升旅游的价值，又通过旅游产业的发展，提高农业的附加值。因此，可以利用农旅融合的模式，为产业发展注入新的血液，从而使其展现新的活力和动力。农业和旅游业的结合，并不是两种产业的简单相加。而是要融合相关产业的理念，突破传统产业的发展观念，实现新型产业形态的发展。产业融合是有一定难度的，需要在原有产业的基础上，选择有更大发展价值的部分进行优化。只有这样，才能给产业的发展带来更多的经济效益。在体验经济时代，旅游产业活动变得更加丰富。在乡村地区旅游产业的发展中，自然和人文资源占有很大的优势。在旅游产业链中，各个环节都可以体现出旅游的价值。而在农旅融合方面，产品设计和销售环节对旅游产业的价值链会产生深远的影响。因此，需要重点关注农业旅游资源，更好地对产品进行优化，满足游客精神层面的需求。旅游带来的经济效益可以促进农业种植技术的研究和产业结构的转型与升级，实现经济发展。农业也在一定程度上可以促进旅游业的发展。农业资源可以促进独特地区特色的形成，更好地吸引游客。当地旅行社和旅游机构可以设计独具特色的旅游方案，利用互联网做好对外宣传。并设计采摘当地特色农产品、体验川渝农耕用具等旅游活动，为旅游业的发展提供动力。

二、地方农旅融合问题分析

如前文所测度，地方农旅融合在以农业为基础的旅游产品开发，观光农业、体验农业、生态农业等农旅产业联动发展，带动文化、教育培训等关联产业形成产业集群上都有所建树。但以下仍是制约其进一步发展的因素。

（一）产品缺乏深度开发

地方目前的农旅融合并没有对当地现存的农业活动进行充分整合利用，也没有开发出更多适合游客参加的农业活动，大部分旅游产品局限在种植农作物方面。地方许多特色农产品，虽具有一定的知名度，但也很少与旅游相结合。造成农旅融合产品开发深度不够，缺乏科学合理的利用与规划。

（二）客源市场较为单一

中国统计年鉴数据显示，当前地方的农业化旅游基本是近郊旅游。除了一些附近城镇的游客，基本上没有其他地区的外来游客。而北京、上海和广州的旅游景区较多，也导致了大量游客对地方景区的忽略。这造成了地方旅游市场风险较高，发展受到一定程度的制约。入境旅游人数较少，说明地方的旅游产业未接触到国际层面，发展受到局限。

（三）缺乏资金与专业型人才

人才是发展的关键。地方人才流失严重，土地利用率不足，资金投入力度不够都会对地方农旅融合产生不同程度的影响。地方的人口虽多，但是人才被北京、上海和广州等地区分流，留在本地的少之又少，旅游业也受此影响缺少有关专业型人才。地方现如今有许多外地迁来的工厂，在工业方面投入的资金较多，在旅游与农业方面相对不足，因此更阻碍了旅游业的发展。农村地区的金融产品供给不够，创新不足，也对地方的农旅融合发展形成了制约。

三、推进我国农旅融合发展的实现机制

（一）提高农业与旅游业功能融合度

农业是国民经济的基础产业，农业生产制造的产品可以满足人们对饮食、医疗、居住等的需求。国内有远近闻名的干果基地、水果基地与中医药材基地等，不仅拥有满足当地居民需求的能力，还能够通过农业制造产品获得其他经济效益。除此之外，长久积累的农耕文明也是其农业资源的一种。而旅游业是极具发展潜力的新兴绿色产业，同时也是最具挑战性的产业之一。它要求产业不断进行创新，顺应时代潮流，功能多元化，体验丰富化。从而给游客带来更好的旅游体验，保持产业活力。将二者的功能融合度提高，在一定程度上可以达到"1+1>2"的效果，这也是农旅融合的意义所在。因此，应寻求办法加大农产品与旅游业的黏合度，将相关农业活动与旅游线路融合，将科学规划与融合发展相结合，充分结合地域优势，如山水资源、历史文化等，合理科学地规划乡村旅游产业的发展，做到资源互补、协调发展。

1. 生态保护旅游模式。在对资源开发的过程中，应注重保护生态环境和人文环境。坚持开发服从保护，做到促进保护原则，坚决避免因急功近利、盲目发展造成资源浪费和环境污染。可以山水田园风光为依托，将特色农产品作为旅游吸引物，打造农业游、林果游等主题旅游活动。建立以乡镇为中心的风情旅游小乡、野外穿越休闲体验基地等，以满足游客体验农业、回归自然的心理需求。还可以打造生态园林式的小村落，开发园林观光游、农事体验游等旅游活动。

2. 民俗风情旅游模式。具有较强民族特色的乡村，一般民风淳朴，民间传统文化底蕴浓厚。比如重庆市城口县岚天乡依托自身乡村特色，着重发展民族舞蹈及节目，如"钱棍舞""狮子舞""车车灯""薅草锣鼓""五句子山歌"等市级非物质文化遗产，将民间刺绣、"岚天十大碗"等民俗手工艺广泛融入群众的生产生活。钱棍舞以川东地区民族风俗为依托，以身体配合钱棍击打出声，极具美感和地域风情。因此，可以上述风土人情、民俗文化为旅游吸引物，在景区内开展农耕展示、民间技艺展示、时令民俗活动、节庆活动及特有的钱棍舞表演等。充分突出农耕文化、乡土文化和民俗文化特色，增加乡村旅游的文化内涵。

3. 休闲度假旅游模式。依托于自然优美的乡野风景，舒适怡人的清新气候等，结合周围现有的资源，如田园景观、民俗文化等，在景区内增添休闲、娱乐等服务，以提升游客的体验感、舒适感。

4. 研学旅游模式。研学旅游可以两种形式展开。一种是以农业为主题的农旅研学。以农业示范基地、农庄、田园综合体为体验型载体，将生态农业和休闲观光相结合。这样做的目的就是让青少年能够参与此项活动，并在实践中学习、体验、游玩。在这样的愉悦环境中，学生能够学到一些有关农业的科普知识；另一种则是以户外体验学习为主的营地研学。就是让青少年通过户外体验对该旅游知识进行学习，如室外拓展训练等活动。以此达到对青少年的教育，让他们增强自信、完善人格、磨炼意识。一般对于青少年来说，在拓展基地中，是以建立野外营地等为主。因为一些乡村自然环境很好，地势平缓，场地宽阔，满足建造营地的基本条件。另外，不单单是建造营地，还要在营地中配备基本的生活设施，如餐厅、宿舍、竞技场等，以提高营地的服务水准及安全性能。

（二）运用"互联网＋"模式加大农旅融合产品营销力度

21 世纪是大数据时代，互联网的普及为产品营销提供了一个很好的思路。网络营销是将互联网技术与产品销售进行结合，利用网络突破空间与时间限制，拓展产品市场。因此，可利用淘宝电商平台、微信公众平台及微博平台或者其他网络媒体平台进行推广营销，如抖音、快手等，为特色农产品的线上营销与特色旅游路线的信息共享提供多种营销渠道。在营销过程中，注重与客户的互动交流，增强乡村旅游品牌与客户的情感沟通，从而赢得客户的喜爱。买家利用网络支付购买产品，卖家通过物流为买家供应商品。这是一种线上线下相结合的产品销售模式，也是推动农村经济发展的手段。现阶段，相关部门可以帮助乡村构建网络平台、电商平台，为农旅融合产业建立信息库和共享平台。实现农旅融合产业与电子商户互通，顺应"互联网＋"的趋势。

（三）塑造农旅融合相关品牌形象

品牌形象的建立与塑造，可以加大对游客的吸引力，加深农旅融合的深度。可通过举办赏花节、农耕节、采摘节、彩叶节等各种活动，举办摄影、绘画、农艺、园艺等系列比赛和优秀作品展览活动，或者周期性举办以特定民俗文化为主题的研讨活动，使旅游与竞技、旅游与知识、旅游与农业相结合，达到扩大景区知名度、树立景区名牌、提高到访率和重游率、缩小旅游淡旺季差别等多重目的。比如，针对一些具有特色的乡村旅游资源，可以将"避暑胜地""生态采摘节"等打造成为品牌形象，使之成为乡村休闲、农旅融合、乡村振兴的新引擎。具体的品牌形象塑造需要结合当地的实际情况进行。加大宣传力度，拓展宣传渠道；加强品牌建设，提升品牌品质；完善配套基础设施。引进相关专业人才，以电视、报纸等传统宣传方式为基础，增加抖音、快手等新的信息传播形式。充分挖掘林果、畜牧等特色产业，实现农业与旅游产业的融合。并促进相互的交叉互动，以此实现对特色项目的开发。加强农业、文化产业等的深度融合，加强基础设施建设，解决道路窄、照明设施不完善等问题。

（四）农旅与文化资源相结合

我国作为文化强国，具有悠久的历史文化与多处名胜古迹，并且我国正在推进各种文化小镇的建设。如能将文化小镇与农业旅游业相融合，使特色的城镇化建设更具特点，则既能让游客了解地方的文化内涵，也能体验到农业活动带来的乐趣，满足游客的特色出行需求。因此，将农业资源、文化资源与旅游活动深度融合，用创新产品和服务吸引各方游客，充分突出地方产业融合特色，这不失为一条正确的发展路径。

（五）吸引和留住人才

吸引和留住人才是乡村振兴和农旅融合要解决的重要问题。鼓励高等学校、职业院校根据现代农业和旅游业发展需要，调整优化学科专业结构，加强新农科、新商科人才培养。创新定向培养的方式方法，探索其与龙头企业之间联合办学、定向就业。

（六）强化政策，创新制度

在农旅融合发展方面，政府要发挥积极的推动作用，因地制宜制定发展规划，出台相关帮扶措施。其中包括创新农业和旅游业的管理体系与制度，对较为分散的农业、旅游业进行整合并出台相应的整合政策。为农村农业的发展提供充足的基础设施以及各方面的优惠政策，为农民谋取更多的福利，带动农民发展的自主性等。

四、结语

农旅融合是在尊重农业产业功能的基础上，合理开发利用农业旅游资源，将农业农村发展与旅游产业的推广相结合，形成"以农促旅、以旅兴农"的发展之路。本书展示了农业与旅游融合所呈现的多层次创意模式。通过"农旅结合、以农促旅、以旅强农"的创新业态，将旅游产业打造成为乡村战略性支柱产业。大力推进乡村特色旅游基地、生态涵养发展特色创新基地建设，实现农旅融合提速经济发展。如今，在新冠肺炎疫情影响下，做好农旅融合的创新发展，对于发展农业及本地旅游产业具有一定的意义。农业资源可以构成独特的地区特色，帮助吸引游客。当地旅行社和旅游机构可以设计独具特色的旅游方案、旅游活动，为旅游业的发展提供助力，增加旅游收入，增加就业岗位，活跃其市场经济。结合我国的基本国情，未来中国基本实现城镇化后，仍会有 4 亿左右人口生活在农村。没有乡村振兴和乡村现代化，就不会有国家的现代化。农业农村农民问题的解决，是关系到国民生计的大事。而农业与旅游业的深度融合发展，是乡村振兴、建设美丽中国的重要路径。

案例3-3　河南宝丰县肖旗乡韩店村——一声唢呐越百年，文旅融合觅新机

韩店村的民俗唢呐园位于村口，是一栋 2 层小楼。一层西边是展演厅，前有舞台，后有八张八仙桌，墙壁上安装有隔音板，避免过于高亢的唢呐声扰民；东边是一个民俗超市，有生活用品和土布等民间手工艺品。

二层西边是唢呐史馆。包括传统唢呐实物展示，历代唢呐状元图文介绍，唢呐艺人拜师、学艺等老照片展示；东边是肖旗乡非遗展厅，有提线木偶、铜器屋等乡里所有非遗项目的展示。

肖旗乡乡长周晓鹏告诉记者，唢呐园于 2019 年投资 200 万元建成，"这里天天可热闹了，每天都有人练习。"以前村民们喜欢聚在村里的一个小树林练习。但冬冷夏热，有个刮风下雨，也练不成。现在改成这里了，环境更舒服。

为了给唢呐演出寻觅新的发展机遇，周晓鹏说，肖旗乡正在推进农文旅融合发展。2019 年，河南康龙公司在肖旗乡投资 1.6 亿元，建设了以生态循环农业和青少年科普教育为主题，融科普教育、生态养殖、有机种植、精深

加工、农业观光、休闲采摘、文化体验、田园度假、康体养生等功能于一体的休闲观光园区。目前已被认定为"河南省科普教育基地"。

"研学旅游现在是一个热点。我们计划把韩店村作为这个线路上的点，为韩店带来人流。韩店村历史悠久，老街上历经数代的老油坊、老醋坊依旧在经营，村里唢呐文化积淀深厚。我们打算先推出为每拨游客演出一场唢呐的活动，帮唢呐艺人增加收入。"周晓鹏说。

资料来源：中国乡村振兴在线，2022-07-06.

案例3-4　湖北远安——农旅融合赋能乡村振兴

日前，在湖北远安县旧县镇鹿苑村举办的"品味黄茶"主题活动中，旧县镇种茶大户张祥成说："我就是守着这20多亩茶园才奔上了增收致富路。"

在远安黄茶核心产区鹿苑村，游客既能在各家茶室品尝、选购工艺独特的远安黄茶，也能到乡间广场、烧烤基地感受美丽乡村的悠闲安适。

如今，鹿苑村已成为集乡村旅游、茶事体验、户外娱乐等功能于一体的旅游村，是湖北省休闲农业示范点和乡村旅游目的地，每年接待游客超10万人次。2021年，鹿苑村集体经济收入超过30万元，村民年人均可支配收入2.58万元。

"以农促旅、以旅兴农的模式，让旧县镇居民鼓起了'钱袋子'，更让远安黄茶的名气越来越响。"旧县镇党委书记王龙说，2021年镇里干茶产量1463吨，其中黄茶284吨。每亩平均收益达到3000元，其中高产茶园亩均效益更是突破万元，带动全镇近1万户茶农户均增收2000元以上。

旧县镇是远安县着力打造农旅融合、赋能乡村振兴的一个缩影。远安风景秀丽，是国家生态文明建设示范区，农业基础好、旅游资源丰富。近年来，远安坚持以市场需求为导向，按"一片区一主业一特色"的思路谋划产业布局，因地制宜打造特色优势，构建交叉融合的产业发展体系，为乡村振兴提供更多动能，推动产业壮大、农民增收和乡村繁荣。

远安洋坪镇三板桥村是"湖北十大名米"瓦仓大米的生产基地之一。如何让名米提高附加值，洋坪镇依托产业优势，通过种植多彩景观水稻、铺设"稻田画"、绘制农耕文化墙、打造特色民宿以及举办"一粒米的成长"主题农事研学活动等方式，将三板桥村农田打造成"网红"景点，实现了特色产业与自然风光的有效衔接。

"新冠肺炎疫情让很多城里人在周末选择短途游、郊区游。不少游客就是看中了我们村的'五彩农田',带着孩子来田里认识农作物。去年,村里增建了环村景观带,村容村景更有看头了,游客更多了。"近两年来,三板桥村村民谭昌圣经营的农家乐生意持续红火。一到周末,他家的8张餐桌就被预订一空。

作为全国水美乡村建设"以水兴农"试点,三板桥村通过沿河生态景观段与周边三大景区相连,形成了"景区环村"的特色乡村旅游景观带。环村景观带建成后,吸引带动了附近5 000余户农户实现综合性经营收入1 800余万元,群众乐享产业融合发展增值收益。

近年来,围绕"产业强、村庄美、百姓富"的目标,远安在农业产业持续高质量发展的基础上,大力推进产业、旅游路网建设,并对70公里的沮河流域实施综合治理。目前,全县21万亩优质稻田、品质茶园、精品果园及特色花卉、苗木种植观赏基地和3个4A级、3个3A级景区已串联成片,建成20公里生态绿道和水岸河湖景观,形成了沿沮河乡村振兴示范带。一幅"宜居、宜业、宜游"的美丽乡村画卷正徐徐展开。

"近年来,远安农业产值持续增长,链条不断延伸。同时旅游产业占比逐年递增,全县1.9万户农民依山傍水吃上了稳定的'生态饭''产业饭'。"远安县乡村振兴局局长陈华靖表示,2021年远安所有村均实现了集体收入超10万元。其中13个村超30万元;农村居民人均纯收入达到2.4万元,增速达12.3%,居湖北省山区县前列。农旅融合实效日益凸显。

资料来源:中国乡村振兴在线,2022 - 06 - 15.

案例3 - 5　安徽六安大别山革命老区——红旅融合,山乡旧貌换新颜

"斑竹满园,制来数杆长枪,维持共产;红花遍地,训练三军大队,保障民权。"这是镌刻在红11军第32师成立旧址、安徽六安金寨县斑竹园镇朱氏祠大门两侧的一副楹联。初夏时节,鸟语花香,朱氏祠堂前的斑竹在风中轻轻摇曳。5月11日,记者踏上了安徽大别山革命老区这片"英雄地",切身体验"红旅融合"如何让老区的过去与现在血肉相连,对老区的生活与精神风貌又产生了何等深刻的影响。

作为豫东南地区第一支红军部队的诞生地,金寨斑竹园镇曾在中国革命史上留下浓墨重彩的一笔。在这里,7位开国将军、2 000多名革命烈士载入史册。现存的30多处红色遗址成了不可复制的宝贵精神财富。

"老区要变样,乡村要振兴,离不开产业发展。"斑竹园镇文化站站长李

大维告诉记者。近年来，为了将红色资源优势转化为乡村发展动能，斑竹园找到了"红旅融合"这条新路。

在斑竹园红色教育基地，记者见到了负责人阮怀军。2021年底，他从合肥来到斑竹园，接手了红色教育基地的运营工作。为闲置的校舍涂上迷彩，将既有的教室改造成"营房"，架子床上的被褥叠成"豆腐块"，报告厅里的桌椅摆得整整齐齐。如今，斑竹园红色教育基地正静静迎候下一批驻训者。

"常态化疫情防控背景下，红旅融合的路子到底应该怎么走？"

面对记者的提问，阮怀军的回答信心满满："虽然基地暂时受到了疫情影响，但红色研学培训作为未来文旅发展的大趋势从未改变。"阮怀军的信心源自既往的数据——自投入运营以来，斑竹园红色教育基地的军事夏令营、红色研学、国防教育等培训项目已累计吸引了200余批共5万余人。

"今年，我们计划再改造一批'营房'，以满足不同培训人群的需求。"隔着操场，阮怀军指着远处的一栋闲置校舍向记者表示。

除了红色教育基地，在斑竹园，2.5公里的"红军栈道"和75米的"红军吊桥"，贯穿于立夏节起义烈士纪念园、红11军第32师成立旧址，共同构成了一条红色精品旅游线；"先锋馆"内，7位开国将军的先进事迹引领着游人走进那段远去的革命岁月；新建的"红印·斑竹园"小镇客厅，则成了集中展示斑竹园红色历史的窗口……

以"红旅融合"提升基础设施建设，进而改变老区山乡面貌——发生在金寨斑竹园镇的故事，是大别山革命老区乡村振兴发展的一帧剪影。而在六安市裕安区独山镇，以党建引领"红旅融合"则成了当地发展的秘诀。

在独山，1.7公里的长街上坐落着全国罕见的苏维埃时期集党、政、军、文、教、司法于一体的县级机构旧址——这里便是全国闻名的独山革命旧址群所在。

"以前走在这条街上，抡一棍子下去，你都砸不到一个人。现在，我们已经有了160多家商铺了！"安徽将之星旅游发展有限公司办公室主任符凯向记者介绍，"这多亏了党员商户的示范带动作用。"

2019年起，裕安区政府和社会资本共同打造了这条党建示范文旅特色街，其中就有5家党员经营店和10家党群共建店。"凭借'党建引领''党员承诺'等方式，党员经营户把街区诚信经营、餐饮安全、放心消费的品牌打出去了，来的客人也渐渐多起来。"符凯说。据统计，2021年，独山镇年接待游客突破100万人次，实现旅游收入1.5亿元。

　　红旅融合，为老区群众带来了更多工作机会，让老区面貌发生了翻天覆地的变化。可那些生活在老区的老人、孩子又由谁来管，过得怎么样呢？

　　在金寨斑竹园镇新时代文明实践所，记者见到了工作人员柯静。她同时也是一名斑竹园志愿服务工作者，经常利用业余时间在朱氏祠、立夏节起义纪念园等革命旧址为游客提供义务讲解服务。2020 年 4 月初的一天，一名叫肖桂梅的妇女找到了柯静："柯同志，我会做鞋，能缝补，不知道能不能为镇里的老人们帮些忙。"

　　"太能啦！"在柯静的组织策划下，一个名为"温馨小布坊"的特色志愿服务项目出现了。每周五下午，都会有志愿者在新时代文明实践所为镇上的老人缝缝补补。两年过去，经过柯静不断招募，"温馨小布坊"志愿者也从 1 个人增加到了 13 个。

　　"温馨小布坊""花甲理发""爱心早餐""夕阳红艺术团"……志愿服务群体的一份份善意，化解了老区特殊群体的一个个困难。如今的斑竹园，已经拥有了助学支教、医疗健身、法律服务等 10 支志愿服务队伍，覆盖全镇 10 个村，参与成员过千人。而柯静本人也入选全国"阳光工程"优秀志愿者。

　　"在大别山革命老区，红色基因是当地土生土长的，奉献精神是老区群众与生俱来的！"柯静说。

　　资料来源：中国乡村振兴在线，2022 - 05 - 19.

第四章　打造生态宜居美丽乡村

第一节　生态宜居美丽乡村建设的内涵及意义

一、新时代生态宜居美丽乡村建设提出的背景

改革开放以来，我国经济和社会建设取得举世瞩目的成就。与此同时，伴随经济发展带来的是生态环境破坏等问题，空气、水、土地、生活垃圾等污染成为我国发展之殇。当社会发展不断满足人民群众物质需求的同时，却渐渐无法提供良好的生态环境。这样粗放的发展模式引起了国家社会强烈的反思。的确，环境作为人民群众最基本的公共产品，蓝天绿水青山是人民群众最基础的需求。古人在对待人与自然的关系上采取的是尊重自然为前提并和谐相处的模式，甚至敬畏自然，将自然摆在极其重要的程度上。古人发展和改造社会经济的前提是认清自然规律，然后遵循其进行改造。比如儒家思想中"天人合一"的观点和道家学说中"道法自然"的生态认知。这些都是古人对人与自然关系的简单朴素认知。党的十八大以来，把"生态文明建设"上升到"五位一体"总体布局，体现了生态文明建设的重要和国家对生态文明建设的重视。农村，作为我国地域最广、分布最多的地区，生态环境的好坏与否是"美丽中国"建设的重要指标。新时代生态宜居美丽乡村正是在这种环境背景下提出的，符合当前以及今后一段时期农村地区的经济发展模式，并对农民生产生活的改变进行合理导向。

党的十八大提出了"美丽中国"的建设目标。"美丽乡村"建设是"美丽中国"建设的重要组成部分。党的十九大提出要加快乡村振兴战略的实施步伐，积极推动农村经济的发展，确保各类产业实现快速发展。同时，要营造良好的宜居环境，提高治理水平，形成美丽乡村，提高农村居民的生活水

平，使城乡实现统筹发展，使农业实现现代化发展。

中央首次提出建设生态宜居美丽乡村的说法，是习近平总书记在 2018 年 4 月作出"结合实施农村人居环境整治三年行动计划和乡村振兴战略，进一步推广浙江好的经验做法，建设好生态宜居的美丽乡村"的重要指示。

二、国内外研究现状

（一）国外研究现状

国外学者对日本、美国、欧洲乡村建设进行了大量的研究。指出国外乡村建设的成功具有一定的前提条件，包括现代化农业的逐步进步、对农民予以充分尊重和重视本土乡村发展能力的培养。根据不断变化的形势有序调整乡村建设政策。

早在 20 世纪，生态村就出现在美国、欧洲、亚洲等地区，其空间分布非常广泛。这证明了生态村是一种范围广泛的自发性、同一性的生态运动。从空间分析上发现生态村遍布于世界各地，已建 878 处。20 世纪下半叶，西方完成了工业化，"生态村运动是在经济衰退的背景下应运而生"。"生态村不仅是一个人性化的尺度，而且是一个功能齐全的居住区"。国外发达国家对于生态村建设的关注比较早，人们对于优质环保生活的追求推进了全球各地的生态运动。国内外学者都对生态村的建设进行了相关研究。

从实践角度这一方面出发，陈润羊副教授指出，虽然美国是移民国家，但是美国建立了完备的法律法规。乡村建设离不开农业发展作为经济支撑，而农业发展需要相关农业政策和法律来保障。徐爱清根据美国、法国等国家自第二次世界大战以来的经验，讨论了科学研究、农业现代化可以提高农业生产和劳动的效率。乡村振兴是一个长期的过程，不可能快速实现。通过对日本、韩国和法国农村建设的研究，学者们发现农村现代化的实现需要一个循环的过程，这个过程可能会曲折。因此，正确认识欠发达地区乡村振兴过程中出现的新问题、新情况，具有十分重要的意义。合理引导和局部调整，避免盲目追求速度和大规模建设造成资源浪费。

德诺克·库尼亚什指出大多数国外村庄建设都遇到了预算问题。村里要有一个好的预算体系，这样才能核算村里社区的资金使用情况。通过建立一个基于社区基本服务需求的公共预算模型，可以给当地政府和村政府提供相关的投入，以提高村级预算的质量，确保乡村有序建设。国外科技促委会认为乡村旅游业已发展成为世界上增长最快的优势产业。以村庄简介簿、村庄日记、纪录片、村庄素描、开放式街道地图和信息图表的形式包装，通过网站和社交媒体广泛发布，尝试开发以文化和地方特色为基础的绿色旅游村。由此可以看出，国外生态村落研究时间久，发展体系成熟，具有一定研究参考性。

总体来说，学者对各地的实践和探索缺乏理论上的概括和总结，对理论问题和理论成果关注较少。国外学者总结了乡村建设的实践经验和教训，对我国乡村建设具有启示和借鉴价值。世界各地生态宜居美丽乡村建设有着相似之处。发达国家对于生态村的研究，为我国新时代背景下生态宜居美丽乡村建设提供了相关经验支持。

（二）国内研究现状

国内目前涉及美丽生态宜居乡村的文献不多，大多是关于党的十八大以前的一些旧提法。现阶段需要从生态文明建设研究和结合各地实际的乡村振兴战略研究这两个层面来分析探讨。

第一，要从生态文明建设的具体思路中分析。原环境保护部部长周生贤在《建设美丽中国走向社会主义生态文明新时代》一文中提出，生态文明建设是我们党坚持以人为本、执政为民，维护最广大人民群众根本利益特别是环境权益的集中体现。我们的执政党在生态文明建设方面最终的受众群体是人民群众，良好的生态环境是最普惠的民生福祉。政府必须将生态文明建设上升到人民群众切身利益的高度来关注。刘晓光等认为，中国权威部门对生态文明建设政策关注度不断提高，但农村地区的生态文明建设却缺乏制度约束。农村生态文明建设政策存在不少法律空白，如节能评估审查、节水、应对气候变化、生态补偿、湿地保护、生物多样性保护、土壤环境保护等方面的法律法规匮乏。部分法律制定的时间久远，已不能满足当前生态文明建设的要求；生态文明建设的体制、职能和部分管理政策在环境法律中并没有得到明确和细化。这是当前从立法层面分析生态文明建设中的盲点和空白，希望能早日匹配现行国家所需的法律法规。陈伟认为，就地方政府层面而言，这就要求各地方政府以生态文明标准为核心，结合本地区生态文明建设需要、标准化体系建设发展规划和资源禀赋等，加快构建科学适用、结构合理和功能协调的生态文明标准体系，进而为强化标准化顶层设计、明确标准化工作重点与发展方向、理顺标准关系和编制修订计划等提供有效的引领与指导。

第二，要从党的十九大报告中"实施乡村振兴战略"分析。黄祖辉在

《准确把握中国乡村振兴战略》中认为，"乡村振兴战略要以党的十九大精神为统领。而在具体的实施中，则要从区域新型城镇化战略和乡村差异化发展的实际出发。乡村振兴战略'二十字'方针所体现的五大具体目标任务具有相互联系性。因此，既要准确把握'二十字'方针的科学内涵，又要把握好这'二十字'方针中五大目标任务的相互关系。"

综上所述，现今国内外关于建设生态宜居美丽乡村的研究，国内相关的官员、研究者和智库在不同的学科视角和层面都有大量的分析研究，主要针对如何建设美丽乡村、社会主义新农村以及生态文明视域下的乡村振兴战略等方面。但对于应当如何建设生态宜居美丽乡村的探索路径还很少。本书试图在新时代中如何更好地建设生态宜居美丽乡村的重大战略方面，提供一些整体性参考和合理化建议，为我国建设成为富强民主文明和谐美丽的社会主义现代化强国做出积极贡献。

从当前理论层面来看，党的十八大以来中央提出把"生态文明建设"上升到"五位一体"建设后，以及党的十九大报告中"实施乡村振兴"战略。习近平新时代生态文明理论体系愈发完善，"三农"理论工作也上升到新的水平。近年来，关于新时代农村和"美丽乡村"建设的有关学术理论研究很多。但研究所涉及的方面还比较单一，多是从存在的问题和提出建议与措施等单一方面着手，对当前党中央要建设生态宜居美丽乡村宏观建设以及存在问题的根源剖析不够深入。党的十九大报告中宣布，中国特色社会主义进入了新时代。研究新时代生态宜居美丽乡村有助于推动农村理论的基础研究发展，丰富生态文明理论在农村领域的广泛传播发展，影响未来30年农村建设总体进程和加快城乡协同发展，为美丽中国乃至建设富强、民主、文明、和谐、美丽的社会主义现代化强国提供有益的参考和理论依据。

从现实层面来看，随着我国整体经济发展，城市现代化进程愈加完善。大多数政府在规划建设的过程中，还普遍存在重城市轻农村的发展意识。这更是严重阻碍了广大农村地区经济发展。长期以来，除了一些特色地区以外，我国的农村经济建设并没有取得显著成效，甚至远远落后于其他同等水平的发达国家。

三、新时代生态宜居美丽乡村建设的内涵

（一）新时代的内涵

中国特色社会主义进入新时代，是我们党坚持不懈建设社会主义的结果，

是我国全新的历史方位。对新时代的判断，主要是立足于党和国家取得的历史性成就，在经济、政治、文化、社会以及生态建设横纵向对比发生的重大变化以及我国社会主要矛盾的变化而做出的。

党的十九大报告中指出，我们进入的新时代具有丰富的内涵。是承前启后、继往开来、在新的历史条件下继续夺取中国特色社会主义伟大胜利的时代，是决胜全面建成小康社会，进而全面建设社会主义现代化强国的时代，是全国各族人民团结奋斗、不断创造美好生活、逐步实现全体人民共同富裕的时代，是全体中华儿女勤力同心、奋力实现中华民族伟大复兴中国梦的时代，是我国日益走近世界舞台中央、不断为人类作出更大贡献的时代。

在新时代，就有新要求。这个要求的集中体现就是人民对美好生活的需要。人民群众的需要指向增多，单纯的物质文化生活已经不能满足人民群众的需要。我们在提高物质文化供给水平的同时，也应当关注并满足乡村群众，诸如公平、环境等其他方面的需要。同样，新时代对美丽乡村建设也提出了更高的要求。从党的十八大召开至今，中国共产党提出的美丽乡村建设的政策主张，都体现了新时代与以往不同。把握住时代要求，满足时代和人民的需要，具有重要意义。

当工业文明到了发展的瓶颈期，生态文明便以其完全不同于工业文明的面貌进入人们的视野，为人类解决工业文明带来的问题提供一个全新的思路。我们进入的新时代是生态文明的时代，是对以往粗放式发展进行反思的时代。而美丽乡村建设与新时代的要求具有高度契合性。一方面，新时代对乡村提出了诸如绿色发展、高质量发展等时代要求。美丽乡村建设恰恰迎合了时代发展的需要，将生态文明理念纳入乡村发展的方方面面。此外，传统的中国乡村本身就是生产、生态、生活"三生合一"的社会，是高度生态化的。面对日益增多的社会问题，乡村社会本身就有对以往人与人、人与自然和谐关系的向往。美丽乡村建设恰恰迎合了乡村群众的呼声，是外部力量对乡村进行生态文明建设与乡村内部生态文明复苏的里应外合的双向促进过程；另一方面，美丽乡村建设的成功实践，对于新时代，特别是在脱贫攻坚取得决定性胜利的当今时代具有重要的作用。面对风云变幻的国际形势以及新冠肺炎疫情的双重考验，美丽乡村建设极大地扩充了乡村的基础设施建设，乡村人居环境不断改善，农民收入水平提高。乡村发挥了"压舱石"的重要作用，对于中国新时代发展具有重要的支撑作用。

（二）生态宜居的内涵

2017 年 10 月，党的第十九次全国代表大会汇报明确提出执行乡村振兴发展战略。2018 年，《中共中央 国务院关于实施乡村振兴战略的意见》还强调，乡村振兴的关键是生态宜居。

生态宜居，是指"农村基础设施建设完备，人居环境改善，生态环境好转，村民素质提高，乡风文明有序的宜居、宜业、宜游的新乡村"。建设生态宜居新农村是实施乡村振兴的重要内容，要转变发展观念、方式和模式。

乡村地区在生态资源中占有很大的优势。为了实现乡村振兴，必须充分发挥乡村优势资源，充分发挥乡村的优势。只有通过保护乡村的生态资源才能将其转化为经济来源。处理解决乡村生态环境问题，修复和维护乡村生态体系，切实解决乡村环境污染问题，开发设计绿色生态产品，依据本地情况明确绿色生态管理方法和耕种方式。树立正确的资源观和发展观，有利于确保乡村资源的合理利用。

中共中央、国务院高度重视建设生态文明，发布了一系列重大决定和安排，取得了重大进展和积极成果。建设生态文明是中华民族伟大复兴的根本保证，是发展中国特色社会主义的战略选择。

生态文明建设是社会主义现代化关键的构成部分，关乎老百姓的福利；关乎中华民族的将来；关乎百年总体目标的实现；关乎乡村振兴理想的落实。农村自然环境好，直接关系到农民生活质量的提升。党的十八大以来，中共中央重视改进田园生活自然环境。改进乡村生活自然环境，是执行农村转型发展战略，建设和谐社会的关键构成部分。因此，生态宜居性的建设不仅是改变乡村生活环境的需要，也是为农民创造幸福生活的需要。应继续以问题为导向，关心人民群众的疾苦，满足他们的愿望，加强建设生态宜居的群众基础，加快乡村发展。

（三）美丽乡村的内涵

2005 年 10 月，第十六届五中全会提出建设社会主义新农村的重大历史任务时，提出建设美丽乡村的具体要求。2007 年 10 月，党的十七大进一步提出"要统筹城乡发展，推进社会主义新农村建设"。2012 年 11 月，党的十八大报告更是明确提出，要努力建设美丽中国，实现中华民族永续发展。2017 年 10 月，党的十九大明确提出乡村振兴战略，有力推动美丽乡村建设发展。依据党的第十九届全国人民代表大会的汇报，维持人与环境和睦相处，建设生态文明是中华民族几千年可持续发展的宏伟计划。必须坚持绿水青山就是金山银山的发展理念，坚持资源保护和环境保护的基本国策。推崇绿色发展道路和生活方式，改良生产和发展。遵从健康生活方式，发展绿色生态文明之路，建设美丽中国，为老百姓造就优良的生产生活自然环境。

美丽中国并不是经济落后的世外桃源，也不是污染严重的富裕社会。美丽中国是在发展实践和理念上的创新，它是将习近平新时代中国特色社会主义思想作为指导的战略选择。要想实现美丽中国目标，必须实现美丽乡村目标。建设美丽乡村是建设美丽中国的一个重要构成。美丽中国重视自然生态，强调人与自然的和谐发展。只有重视绿色发展、和谐发展，才能建成美丽中国。我国在提出美丽乡村概念时，对环境保护、生态治理、生态建设提出了重要要求。在我国人口总数中，农村人口所占比重约为50%。为了建成美丽中国，必须重视美丽乡村建设。

2015年，农业部发布《美丽乡村建设指南》。明确美丽乡村的国家标准，将"美丽乡村"界定为"经济、政治、文化、社会和生态文明相互协调发展，做到规划科学、生产发展、生活宽裕、乡风文明、村容整洁、管理民主，符合宜居、宜业的可持续发展的乡村（包括建制村和自然村）"。

美丽乡村是以新农村为基础提出的一个新概念。在分析美丽乡村建设问题时，必须明确美丽乡村概念。研究人员在界定美丽乡村时提出了多个观点，大部分学者主要从人文、社会、自然等方面界定这一概念。美丽乡村指的是人文环境较好、自然环境优美、社会环境稳定的乡村；美丽乡村指的是文化、政治、经济等协调发展，有着科学的发展规划、形成良好的乡村文明、建立完善的民主管理体系、农民生活质量得到显著改善的可持续发展农村。美丽乡村是一种美学阐述，代表了一种人与自然和谐共处、经济与生态良性互动的境界。主要包含两个层次：一方面是生态环境良好；另一方面是农民富裕、乡风文明。因此，美丽乡村是一个综合性的概念，是"富裕、文明、宜居的美丽乡村"。

"富裕"指向的是乡村的经济之美。"仓廪实而知礼节，衣食足而知荣辱"，这是美丽乡村首先而且必须达成的美丽指向；"文明"指向的是乡村政治、社会美丽。也就是乡村社会和谐所呈现的人文之美、秩序之美；"宜居"指向的是乡村的生态环境之美、人居环境之美。体现的是人与自然的和谐。美丽乡村建设与乡村振兴战略各有侧重，但也有一定的重合。美丽乡村的三重指向与乡村振兴的"二十字"要求是相通的。将二者进行微观分析可以发现，美丽乡村的"富裕"内涵与乡村振兴战略中的"产业兴旺""生活富裕"要求、美丽乡村中的"文明"内涵与乡村振兴战略中的"乡风文明""治理有效"要求、美丽乡村中"宜居"内涵与乡村振兴战略中的"生态宜居"要求高度一致。美丽乡村是一个充满人文色彩的表达，体现着乡村群众对美好生活的向往和追求，体现了乡村发展的美好境界，是无法通过量化表达进行定量分析的。乡村振兴战略的"二十字"要求则恰恰弥补了美丽乡村概念表达方面的不足，用量化的语言解释了美丽乡村的定性表达。因此，"美丽乡村"中的"美丽"二字对应乡村振兴"二十字"要求的表达应当是五个美丽，分别是产业美丽、生态美丽、乡风美丽、治理美丽、生活美丽；对应的具体内涵是产业兴旺、生态宜居、乡风文明、治理有效、生活富裕。

（四）美丽乡村建设的内涵

美丽乡村建设起源于社会主义新农村建设。经过 10 多年的发展，特别是在党的十八大将"生态文明建设"纳入"五位一体"总体布局、党的十九大提出乡村振兴战略、"十四五"规划提出实施乡村建设行动以后，美丽乡村建设的内涵更加深邃。

建设美丽乡村是建设美丽中国的基本要素。传统乡村建筑、乡村景观元素、乡土特色和风俗习惯、非物质文化遗产都完全保留在原位中。经过现代观念的创新，它们被赋予了持久的生命力，并代代相传。

许多乡村地区都比较贫困和落后。这是在美丽乡村建设中亟待解决的主要矛盾，也是关键环节。要从现实出发，大力发展具有乡村特色的产业，彻底解决空壳村的问题。为建设美丽乡村打下良好的物质基础，同时提高农民的有效收入。

习近平总书记在十八届三中全会上强调，中国必须强大，农业必须强大。如果中国想要美丽，乡村必须是美丽的；如果中国想要富有，农民就必须富有。在这个伟大的时代，美丽乡村建设是广大人民的愿景。坚持不懈共享发展，采用科学现行政策，以民为本，凸显特色，把生态环境保护放到第一位。改进乡村生活自然环境，丰富农民的日常生活，塑造地区风俗文化艺术，使村民享受到良好的环境，并培养其良好的行为举止，过上幸福的生活。

美丽乡村建设是新农村建设的升级版。在建设美丽乡村时，应当重视居住环境的改善、农村经济的发展、农村文化的传承等。建设美丽乡村能够提高农村资源的使用效率，加快农村产业发展步伐；增加农民经济收入，提高农民生活质量；提供多项公共服务，配备完善的基础设施；维护农民的各项权益，提高农村民主管理水平；继承和发扬农村文化；加快农村精神文明建设步伐，改善农民素质。帮助农民掌握生产技能，促使其实现全面发展。

1. 美丽乡村建设的目标。美丽乡村是"产业、生态、乡风、治理、生活"五美齐全的乡村。美丽乡村建设的首要目标应当是满足"五美"的发展要求，从产业兴旺、生态宜居、乡风文明、治理有效、生活富裕 5 个方面着手长期推进。产业兴旺更多的是强调乡村的经济建设。应加快构建符合乡村实际的产业体系，推动乡村在经济方面的振兴，为美丽乡村建设提供长久的经济保障。生态宜居的目标就是要求美丽乡村建设不仅仅要环境优美，还应当建设人与自然和谐共生的生态。中国想要在五彩斑斓的世界文明中占有一席之地，就必须保护乡村，留住乡愁。正如习近平同志在 2013 年的中央农村工作会议中所讲，农村不能成为荒芜的农村、留守的农村、记忆中的故园。乡风文明就是要求在美丽乡村建设中涵养、传承乡土文化，发扬优秀乡土文化的道德教化作用。基础不牢，地动山摇，治理有效也是美丽乡村建设的目标。应当通过推进乡村治理能力现代化，加快构建符合时代发展的乡村治理体系。这是治理美丽乡村的目标要求。乡村社会中的人是美丽乡村建设的参与者，也是最终受益者。因此，美丽乡村建设落实到人身上最直接的体现是乡村居民收入水平、生活水平的提高。这就是生活富裕的要求。

乡村是我国传统文明的发源地，乡村兴则国家兴。就美丽乡村建设本身而言，美丽乡村建设的目标是要将乡村建设成一个五美乡村，促进乡村群众生活水平的提高。若是将美丽乡村建设纳入国家发展大局中来考察，美丽乡村建设目标更为宏大。这个视角中的美丽乡村建设，是通过乡村建设的各项措施，补足乡村发展的短板，缓和、解决我国当前社会主要矛盾在乡村中的体现。夯实我国的社会基础，以牢固的基础保障我国的社会主义现代化强国建设。

2. 美丽乡村建设的原则。美丽乡村建设的原则是以人民为中心。以人民为中心的发展思想贯穿了美丽乡村建设实践的始终，是美丽乡村建设的原则所在。美丽乡村的建设是为了人民。习近平同志指出，解决好人的问题是"三农"问题的核心。针对农村环境整治，不管是发达地区还是欠发达地区都要搞，但标准可以有高有低。建设美丽乡村的目的就是要给人民造福，让乡村居民共享建设成果。良好生态环境是最普惠的民生福祉，要把解决突出生态环境问题作为民生优先领域。习近平同志的一系列重要论述，始终从乡村群众出发，保障了乡村群众平等参与、发展的权利。这正是美丽乡村建设的原则。

3. 美丽乡村建设的方法。美丽乡村建设的方法是统筹兼顾。生态本身就是经济，保护生态就是发展生产力。美丽乡村建设统一于社会主义现代化建设中。一方面要不断地缩小城乡差距。在推进新型城镇化的同时进行美丽乡村建设，实现城乡一体化；另一方面要将现代农业发展、生态文明建设统一起来，将生态环境保护、农民增收与地方政绩发展统一起来。

四、新时代生态宜居美丽乡村建设的重要意义

建设新时代生态宜居美丽乡村是在党的十九大报告的精神指引下，也是实施乡村振兴战略中的一项重要任务。是缓解城乡发展差距、地区之间发展不平衡不充分的有效方法，也是满足亿万农民对美好生活的向往，完成全面建成小康社会这个重大的时代进步，体现了我国社会主义制度的优越性。农业是我国的国之根基、根本大计。有效解决"三农"长期存在的突出问题，为中华民族的复兴，农业必须现代化，必须强起来，才能充分解决粮食安全问题，满足农村人口的美好生活，才能支撑中华民族永续发展。目前，生态宜居美丽乡村建设的理论研究仍处于初级阶段。深入研究和总结规律，对于丰富我国生态宜居美丽乡村建设理论，补充中国特色乡村建设理论、研究总结归纳乡村振兴理论具有深远意义，从而丰富马克思主义中国化理论宝库。

（一）加快推进农业农村现代化建设进程

要想实现"农业强、农村美、农民富"这个首要目标，达到乡村振兴战略的"二十字"要求，实现农村宜居宜业，就必须加快推进农业农村整体的现代化程度。参照现代农业生产模式要求，实现生产方式、生产关系、生产资料等全面提升，有效提升农业现代化发展，从而提升农村社会经济的全面进步。

1. 改变农村资源利用模式，加快构建现代农业产业体系。农村经济发展需要以绿色发展、生态产业为未来引领，在发展中要始终坚持"绿水青山就是金山银山"的发展理念，不能再以牺牲农村的生态环境为发展代价。把经济发展和生态文明建设融合起来，实现美丽乡村与经济高质量发展相互促进。

从可持续发展的维度来说，转变农村资源利用模式，重新布局农业生产体系，实现经济收益、社会发展和生态保护的同步发展。农村有效资源无非就是土地、水和生物粪便。一是要打造产生废物循环利用的肥料再利用模式。将种植业产生的秸秆、养殖业产生的有机粪肥等有机废物进行充分回收并搭配其他物质、饲料等，结合科技模式重新加工再造循环利用。这样通过农牧业的协调搭配进行结合，对牲畜家禽中产生的粪便进行提取再造。结合种植业的秸秆等有机肥料，建立起多样性的肥料提取方法。既减少对环境的污染，又将农牧产业产生的废物进行综合利用。二是尊重和合理利用自然生物的生态链系统，架立起多样分层次的农田。使农田不再只有一种作物，而是还有其他生物的立体层次。利用"以虫治虫""以菌治虫"等自然本体消化的模式，形成生态有机循环的高产高质体系。三是利用科技含量高、资源成本消耗低和环境污染少的技术来逐渐实现农业现代化。要提升农业科技含量，充分构建绿色农业技术、生态循环技术、现代大型综合种植收割技术和畜牧业污染治理、农业污水处理技术，把各类别技术串联成整个农牧产业的整体供应链，打造农业生态现代化科技体系。

2. 提高农村整体收入水平，满足农民对美好生活的向往。实现乡村振兴的关键主体在于农民，激发农村发展的内生动力，才是农村社会持续发展的前提。那么如何提高农民收入水平，进而刺激农村市场增加消费，促进农村地区经济提升。第一，按照农村产业升级的要求，提高农民适应现代农业能力水平。培训一批懂农村、懂农业的青年农民，鼓励其入股合作社，成为乡村致富带头人。第二，加快农村土地流转工作。将土地集中到合作社或农牧业公司手中，扩大农牧业规模，有效增加农牧产品产销量。通过承包土地分红的形式增加农民收入。农民可以在当地企业进行二次就业或者通过劳务派遣公司外出务工，进一步增加收入。第三，提高农民财产性收入，引导农民通过承包土地等方式入股乡镇企业合作社。充分调动外出打工者利用闲置农房实现租赁收入。鼓励农民将存款投入正规的金融理财产品中，获得持续收益，逐步提升农村养老保险标准。通过提高农民收入水平，加之基础设施和农村生活条件持续改善，满足其对美好生活的追求。

3. 打赢脱贫攻坚战，助力全面建成小康社会。2019 年是习近平总书记提出精准扶贫的第 6 年，也是打赢全国脱贫攻坚战的关键之年。从 2012 年末到 2018 年末，我国农村贫困人口减少 8 239 万人，贫困发生率从 10% 下降至 1.7%，减贫人数超过整个欧盟国家的人口。笔者有幸作为扶贫工作的参与者，为了这场波澜壮阔的艰巨而又伟大任务感到无上荣光。脱贫攻坚在于精准。只有做到对建档立卡户的精准扶贫，才能真扶贫、扶真贫。

一是国家对贫困地区的政策支撑。开展精准扶贫这 6 年，中央对贫困地区的政策支持逐年上升。通过财政补贴、税收减免和人才支持等手段，取得了一系列实效。如今贫困地区已经实现"两不愁三保障"（吃穿不愁、住房、教育、医疗保障）。通过协调财政资金，全国已经 95% 以上的村落实现路路通，乡村基础设施尤其是贫困地区有了很大改善。全国有 260 多万名扶贫干部奋战在脱贫攻坚第一线。除"两不愁三保障"基础政策以外，为实现农村饮用水安全，对不适宜居住的地区开展搬迁脱贫等目标。他们用自己的青春热血做了大量的工作。

二是在脱贫攻坚的关键阶段，加强产业扶贫的力度。通过对贫困村因地制宜地引进产业项目，变"输血"为"造血"，从而持续增加村集体经济和贫困户的收益。这使得很多农村人口的生活条件得到了巨大改善，而产业也能确保贫困户在脱贫的同时不返贫。各行业部门作为包保单位主体，开源节流行政经费，通过对贫困村进行投资或购买一些农机具等，为贫困户产生分红。促进扶贫与扶志、扶智的有机结合，培训有劳动能力的贫困户学手工技能，定期进行产业宣讲、拓展眼界，使其用勤劳的双手脱贫致富。对有条件的农户打造"庭院经济"，在自家宅基地中实施种植蔬菜和养殖家禽等，帮助困难人群持续增加收入。

三是实现医疗、义务教育全覆盖。统计数据显示，全国有 1/3 的贫困户是因病致贫。因为农村地区的生活条件艰苦，易引发慢性病重病。而农村无论在医疗服务和保障上都无法做到与城市均等，导致一病穷一生。通过实现新农合医保全覆盖，对重点疾病大额报销或免费医疗手术等，减轻贫困群众因病致贫的负担。提升贫困地区教学质量，普及义务教育，使乡村孩子增加考上大学或学习技能的机会，阻断贫困代际传递。还有一部分社会贫困人口需要社会国家保障兜底。当然这部分越少越好，减轻国家财政支出，把钱花在更需要的地方。

四是扶贫需动员社会全面广泛参与。在互联网时代下，各大电商平台充分利用网络资源和自身优势，把大部分贫困地区的优质产品通过直播等推介方式进行宣传。国企和大型民营企业承担起社会责任，利用企业自身优势，投资或入股贫困地区，极大限度地实现贫困地区资源利用最大化。既成就企业发展，也造福社会。

（二）极大创新我国农村生态环境发展新理念

自习近平总书记提出加强生态文明建设以来，我国生态环境保护工作为之一新，逐渐形成了系统的习近平新时代生态文明建设思想体系。而生态宜居美丽乡村的提出，更是在生态文明建设的基础上，以实践丰富了生态思想体系。在改善民生、实现农业农村优先发展方面，具有很强的实践性和可操作性。是习近平新时代生态文明体系在乡村振兴方面的创新举措，为全球解决农村地区发展提供行之有效的"中国方案"。

1. 顺应中国特色乡村生态治理新趋势。随着时代的逐步推进，政府治理体系和治理能力也将随着发展而亟待改变提升。如何提高和完善政府的治理体系和治理能力，是摆在我党面前的一个重要课题。同样，在政府治理体系下的生态治理，在生态文明建设领域中显得尤为重要。农村地区的生态问题，在改革开放以来矛盾也显得更加突出。农村地区为了支持国家的经济快速发展，牺牲了很多，也付出了很多。那么建设生态宜居美丽乡村的构想，就需要以加强和提升乡村生态治理能力为首要前提。

当前农村生态治理面临的问题是，自然资源浪费严重、人居环境存在短板、生态破坏严重等问题。通过行之有效的生态治理，改善乡村存在的种种问题，顺应我国生态文明发展的新趋势。一是要加强政府对乡村生态保护和管理的主导地位，通过完善政府治理体系的方式来改变原有生态治理的方案。通过行政手段、投入资金、人力保障和广泛宣传等措施，提高政府对当地生态的管制，落实生态保护领导责任制等。二是要尊重自然恢复和社会发展的客观规律。任何事物都有其发展的客观规律。在规律的基础上，进行资源平衡利用和生态有效恢复，是农村实现生态目标的基本原则。在这个原则基础上，通过生态绿色科技等手段来合理开发，实现乡村全面振兴。三是强化法治理念在生态保护中的地位。一直以来，农村地区在生态保护领域中对比城市都存在极大差距。但农村的自然环境优势依旧明显，地广人稀，可开发性利用性强。需要政府加大保护力度和对生态破坏的惩治措施，提高农村破坏生态行为的违法成本。尤其是在对待企业的态度方面，不能为了招商引资而付出巨大的生态代价。同时要使法治理念深入村民内心。四是以农民利益为基准，开展好农村生态教育工作。我们的工作重心就是要以人民群众的利益为中心，不断满足其对美好生活的向往。在农村地区不断增加农民收入，提高生活条件，建设生态美丽的和谐家园就是农民的美好生活诉求。既能使生态越来越好，也能增加农村经济发展是新时代乡村振兴的题中之义。这就需要我们拓宽思路、破解难题，按照"绿水青山就是金山银山"的科学论断，来满足经济和生态的同频发展。另外，普及农村地区的生态教育。在义务教育中加上生态保护、垃圾分类、低碳环保等生活概念，定期对农民进行集中宣传和宣讲生态知识以及破坏生态的后果等，形成生态保护思维等良好的社会氛围。

2. 形成生态和谐绿色文明的乡村生活方式。良好的生活方式无论是于个人还是社会都有莫大裨益。作为国家层面，倡导绿色的生活方式，培育公民良好行为习惯，提升个人素养则是社会文明发展的进步。这里所说的生活方式，指的是公民的生活习惯、日常行为和消费观念等。习近平总书记在中共中央政治局学习时强调，推动形成绿色发展方式和生活方式是发展观的一场深刻变革，要充分认识形成绿色生活方式的重要性、紧迫性、艰巨性，把推动形成绿色生活方式摆在更加突出的位置。在党的十九大报告中也提到，要倡导健康文明、简约适度、绿色低碳的生活方式。这样看来，生活方式的正确与否已经上升到国家长久发展的地位。那么在广阔的农村当中，形成与生态相和谐的绿色文明乡村生活方式，在建设生态宜居美丽乡村的目标中，是不可或缺的得当措施之一。

第一，形成绿色适度的消费观念。消费属于我们生活当中的重要环节，消费方式处于生活方式的核心位置，占据我们每个人的生活中主要部分。可以说人的行为的大部分都是消费。那么引领消费领域的变革，形成勤俭节约绿色的消费方式，摒弃奢靡浪费的不良行为，在市场经济的前提下，社会消费欲望会不断增长，甚至出现一些超前消费和透支行为等。当前无论是城市还是农村，对物质的极度追求导致不良金融市场的大幅增长。而高额利息不仅让大部分人群增加负担，也增加了甲乙双方不同程度违法的风险。那么形成简约合理的消费，形成与自身收入水平相符的消费模式至关重要。

第二，形成公平循环的消费方式。我国在构建公平合理的消费，社会保障需要政策兜底，利用低保、中央财政专项经费等保障低收入人群的基本生活，通过各项扶贫政策与帮扶计划等消除绝对贫困。同时通过产业项目等，增加农村居民的资本再造循环。生态绿色经济的最佳体现就是循环经济，即低碳环保，可回收，可重复利用。

第三，坚持绿色生活方式的政策导向。通过政府主导形成符合我国国情的绿色生活体系，逐渐推进绿色生活体系深入群众生活，逐步替代原有不良生活方式。设置绿色行业标准。机关和企事业单位率先改变办公方式，引导全社会都对标看齐，形成独特自主的绿色文化。同时，要为绿色体系设置法律体系，通过法律制度的确立来护航绿色生活体系的建立，从而进一步保护生态系统。对于远离核心的农村地区，更好精准及时地宣传政策法律。通过政策补贴提高配套设施，使农民生产生活更加绿色环保。

3. 培育新时代乡村生态文化价值观。农村的孱弱，不仅仅在经济层面的基础设施、产业基础、企业形态和生活配套等方面，更体现在文化方式、精神需求层面的不足。农民长期精神世界的贫瘠导致了农民看待事物发展的短视，以及无法企及城市的文化满足感、精神层面的缺失感，导致农民与时代文明接轨缓慢，更导致了农村道德伦理观的薄弱。这些问题如不解决最终会制约乡村振兴战略的实施效果，甚至掣肘城乡发展的平衡。

那么如何能在新时代中提升乡村文化精神，形成独特的乡村文化方式，这将在生态宜居美丽乡村建设中起到灵魂作用。首先，要保护好乡村物质文化。虽然传统农耕文化已经渐行渐远，逐渐由大型机械设备所替代，但从某些角度来讲，要保留一定的传统农耕方式。很多具有地域特色的物质文化要通过政府出面主导，并加强文化遗产等方式进行保存。不能千篇一律搞大拆大建，从而无法再复制属于当地群众的"根"与"魂"。传承属于本地特色的乡土古建筑，以保护修缮为主。按照这个原则进行合理布局规划，完善基础设施等，既能培育村民文化归属感，也能提高乡村整体形象。其次，对具有传统民俗、民族风情、红色基因等乡镇村落加以挖掘并适度创新，合理培育文化品牌。通过广泛宣传以促进民俗文化的衍生，逐步提升村民的文化满足感。具有非物质文化遗产的地区要注重培养接班人，保留特色的历史非遗。政府要给予政策，传承历史悠久、内涵丰富的乡土文化，以此促进当地乡村旅游的有效发展。再次，通过政府主导、社会参与等方式，逐渐复兴乡村传统生活方式，定期开展赶集、文化下乡等方式。基层组织要通过党建引领，宣传党和国家优农厚农的政策。通过定期为村民集中放映电影、体育休闲等活动方式，组织村民集体自行开展文娱方式，丰富业余生活，筑强精神家园。

（三）增强人民群众的幸福感、获得感、安全感

无论是实施"乡村振兴战略"，还是坚持农业农村优先发展，中国共产党的初心和使命是为了保障人民群众的根本利益。从主要矛盾出发，解决不平衡不充分的问题，尤其是农村相对落后的问题。建设生态宜居美丽乡村的

初衷便是结合农村地区发展实际，不断恢复生态环境，改善当地人民群众生活，让绿水青山变成金山银山，从而增加农村的发展活力。

1. 全面改善农村生产关系，以提升人民群众的获得感。通过全面有效地改善农村的生产生活方式，改善生产劳动关系，提高农产品和食品加工的生产效率，促进农业现代化的发展；通过改变原有发展思维，促进绿色的循环生态经济来替代因粗放加工而产生极大污染的生产模式。切实将绿色改革发展成效覆盖到每户每人，用村民看得见、摸得着的新技术为农村带来新变化，实实在在采摘发展的成果。改善农村的生产关系、淘汰落后生产方式，并不是一味地去通过花钱买技术、买机器、买服务来完成的。更多的是去增加农民内生动力，有效提升广大农民生产技能水平，改变原有耕作养殖思维。政府要牵头开展新技术的普及应用。通过农村带头人的先期实验推广，让广大农民看到因为新技术、新的劳动生产关系等原因，造就了新型农产品污染小、产量大、品质高等绝对优势。在农民心中深植改善技术而带来的莫大好处，使得技术推广变得更加容易简单。引导广大企业参与到投资宜居乡村建设中来，全面形成生态现代农业良好发展的新局面。同时，生产方式的改善能大幅提高农民生产技能水平，令农民与新时代发展进行有效接轨，增加耕种土地和养殖畜类的兴趣。从而提高收入水平，改变原来的生活环境，过上更加富裕的生活。通过建设生态宜居的美丽乡村，来让更多的农村参与到现代化农业农村的改变和改造中来，增添荣誉感与家乡自豪感，为广大农村地区的人民群众增加更多获得感。

2. 培育丰富乡村文化，以增强人民群众的幸福感。生态宜居美丽乡村的建设发展，是坚持农业农村优先发展的良好体现，是未来农村发展的时代趋势。这样的农村山清水秀，经济结构合理，宜业也宜居，更能丰富农民的精神世界。一直以来，我们总想着如何改变农村面貌，提升粮食产量，鼓足农民腰包。可为什么还有那么多青壮劳动力走出农村后，就不愿意再回来。因为看似简单的城乡差距，背后是文化精神世界的巨大落差。笔者的驻村生活也是枯燥乏味的。那么在增加农村地区人民群众的获得感之上，令精神文化需求得到必要的满足，不再用简单的生活方式和单一低级的娱乐来消磨业余生活，不断满足农民的幸福感也是党和国家需要进一步考虑的。这是呼应党中央为实现全面共同富裕而对人民的庄严承诺，也是实现中国"四个自信"的必要条件。人民群众对美好生活的向往就是我们的奋斗目标。这美好的生活包含了看得见的青山、望得见的绿水、记得住的乡愁，同样也包含着丰富的文化生活、多彩的生活方式，以满足不同年龄层面的人民群众需要。通过物质与文化产品来逐渐提升生活品质，为广大农村地区的人民群众增强更多幸福感。

3. 保障农村的生态安全，以满足人民群众的安全感。我国正处于发展中国家的阶段，城乡发展差距较大。一直以来，城市优先的发展理念导致了农村的停滞不前，加之东部沿海区位优势明显，发展的不平衡不充分体现得十分明显。而落后的农村又成为转移污染、掠夺资源的新地带。这就造成了当前农村生态遭到严重破坏的后果，从而变相地改变了人口主动转移的分布趋势。这不符合社会主义发展的本质，也不符合生态宜居美丽乡村的建设要求。改善落后地区的生态条件，从而提高经济发展要素，因地制宜地发展当地经济。我们的党来源于工农阶级，发展壮大于农村，但部分农村、老区的人民依旧过着苦日子。要逐步缩小贫富差距，消除落后地区农民的失落感，这也是建设生态宜居美丽乡村的重要目标。用绿色有机的蔬菜、鲜嫩肥美的肉质、清澈健康的水源、清新自然的空气为广大农村地区提升人民群众的安全感。

案例4-1　瞰中国最美休闲乡村——西吉龙王坝村

宁夏西吉县龙王坝村坐落于六盘山脚下，位于火石寨国家地质森林公园、党家岔震湖及将台堡红军长征胜利会师地三大景点之间。距离宁夏西吉县城8公里，北接309国道，南连西三公路。便利的交通为龙王坝发展休闲旅游业奠定了良好基础。

在返乡大学生焦建鹏的带领下，龙王坝村依托当地丰富的自然景观资源，以"生态休闲活村，休闲农业富村"为发展思路，大力发展休闲农业与乡村旅游，走出了一条一二三产业融合发展之路。2021年龙王坝村接待游客近20万人次，收入近2 000万元，全村人均纯收入达1.2万元。2014年至今分别获评"中国最美休闲乡村""全国生态文化村""中国最美乡村游模范村""全国科普惠农兴村先进单位""中国乡村旅游创客示范基地""国家级星创天地""中国第四批美丽宜居乡村""宁夏十大特色产业示范村""中国美丽乡村百佳范例"等荣誉称号。2017年被选为央视全国农民春晚和乡村大世界栏目的拍摄地。在吸引成千上万游客前来休闲度假的同时，也让村里12 000亩土地焕发出了勃勃生机。

资料来源：中国乡村振兴在线，2022-05-13.

第二节　生态宜居美丽乡村建设国内外的经验与启示

我国美丽乡村建设是在新农村建设的基础上发展而来的，提出时间不长。关于生态宜居与美丽乡村建设，国内外有较多理论和实践的探索，并取得了一定的成效。如法国模式、瑞士模式、荷兰模式、德国的"村庄更新"战略、美国的"生态村"建设、日本的"一村一品"、韩国的"新村运动"以及我国浙江省的"千村示范、万村整治"行动等。这些案例结合自身实际情况，采取不同途径和方法，逐步实现生态宜居美丽乡村的目标，为我国生态宜居乡村振兴建设提供了经验和启示。

一、国外发达国家生态宜居乡村建设的经验

（一）依托乡村自然风光推进乡村建设

美国乡村旅游典型发展模式见表4-1。

表4-1　　　　　　　　　美国乡村旅游典型发展模式

国家或地区	典型模式类型	主要内容描述
美国	农场观光型	观光旅游和农业知识科普。游客既可欣赏乡村农业景观，也可参观农产品的生产过程，同时了解农作物种类及其耕种方式，游客在体验观景的同时，接受相应的农业科普教育
	产品购物型	以新鲜的瓜果、蔬菜和自制的农副产品作为主要旅游产品。同时也推出季节性特色活动，如农产品展览、垂钓比赛等。为健康和安全的农产品提供了销路，带动农村经济可持续发展

美国的乡村旅游受益于联邦政府的法律和财政援助，以及各行各业的参与。此外，为了提高应对风险的能力，美国各级政府部门增加贷款和补贴给农民、休闲农业和其他运营商，充分利用农村地区和季节的优势资源，创造出独特的乡村旅游品牌。美国北部的北达科他州，借助优良的乡村地理环境和人文景观，开展农业主题活动。以乡村园林景观、乡村文化艺术特色，开发当地民族习俗等景点；以公共体验和休闲娱乐为主要手段，大力发展乡村

旅游和建筑特色示范村。推进旅游业的转型，加快旅游城市的实现，促进乡村建设。美国大农场分布广泛，按照绿色、循环、低碳发展的要求，减少农业污染，改善乡村污水处理和垃圾处理等基础设施。努力改善生态环境、基础设施、特色民居、乡村工业和乡村风俗习惯。村庄的绿化和照明，乡村的安全饮用水，乡村道路的建设，农民的住房工程，古民居和古建筑的保护，工业的建设和村级服务功能的建设，使村庄的基本条件和面貌得到了很大的改善。美国大力开展绿化活动，重点是沿运输路线，前后房屋的绿化美化。乡村生产生活垃圾和污水集中收集处理，推进沼气开发、有机肥生产，实现无害回收。严格执行生态保护法律、法规，加强重点地区乡村水域的保护和生态恢复，建设绿色乡村，形成农产观光等一系列生态产业，来提高农民生活质量。

（二）依托乡村传统文化推进乡村建设

欧洲乡村旅游典型发展模式见表4-2。

表4-2　　　　　　　　欧洲乡村旅游典型发展模式

国家或地区	典型模式类型	主要内容描述
欧洲	科学教育型	欧洲各国的科学技术推动农业迅速发展，通过高科技农业和农业科普措施，将乡村旅游转变为集教育、科学知识普及、文化和经济等多功能于一体的旅游产业形态，与日本和美国的教育型乡村旅游发展目的、内容和手段大致相同
	休闲度假型	欧洲休闲度假型乡村旅游多借助森林、湖泊、农场、雪山和牧场及其周边景观而建立的休闲度假区。同时，欧洲各国旅游协会还定期组织一些具有地域或民族旅游特色的节日活动，如啤酒节、葡萄酒节或狩猎节等，以吸引和招揽各地乡村旅游者

欧洲的风情小镇，是其特色文化底蕴的外化表现，在体验乡村风情的同时感受人文文化。欧洲文明影响了乡村文化观念的积淀，并形成了完整的人文体系。这一传统文化引导着欧洲乡村建设，并树立了独特的风格标签。20世纪50年代，乡村旅游业为欧洲等发达国家发展带来了史无前例的影响和有益冲击。基于此，国外开始针对乡村旅游模式进行研究并形成一定的规模，重视乡村旅游在推动经济发展中的特殊效用。特色乡村文化建设是保持村落

经济发展的有效途径，文化建设是乡村基本建设的生命。推动乡村建设与文化艺术的结合，应清醒认识到文化建设在农村经济发展中的关键功效。欧洲公园联盟制定了可持续旅游的欧洲宪章，群众应了解到文化建设与本身息息相关。公共性文化艺术是基础。在欠缺充足硬件配置设备的状况下，不太可能开展全方位的文化建设。当地政府应坚持提高惠及老百姓的文化设施标准。欧洲乡村建设在各方面的成果都不容忽视。很多出色的传统式民俗文化在当代生活习惯的影响下不断升级发展，保持本身特色的同时也迎合了大众消费的喜好。既保持了休闲娱乐的旅游本质，又开发了寓教于乐的科普旅游产业形态，拓展了人们文化生活的内容和空间，满足居民的需求，积极传播现代生态村落建设信息。

（三）依托观光农业体验推进乡村建设

日本乡村旅游典型发展模式见表 4-3。

表 4-3　　　　　　　　　　日本乡村旅游典型发展模式

国家或地区	典型模式类型	主要内容描述
日本	乡村民宿型	民宿产业最早起源于日本白马山麓与伊豆地区，在冲绳和北海道地区发展较迅速。日本农家民宿多以海滨、乡村风光、文化为特色，重视宾至如归式旅游文化建设，附加特色休闲娱乐项目，特别是将温泉纳入民宿经营中，为顾客带来不同于酒店服务的乡村餐宿感受
	儿童教育型	日本学校注重培养儿童学习农业知识，并主张将学习与课后的农业体验相结合。据统计，日本每年有 400 多万的中小学生参与农村修学旅行。乡村旅游不仅为儿童提供农耕知识和生态环境保护教育，并且通过儿童的食宿费用和特色农产品销售，促进了农业经济发展

日本的"一村一品"生态乡村建设始于 20 世纪 60 年代。通过乡村区域规划，保护了乡村原有元素和特色；通过发展特色产品、培育优势产业、注重人才和品牌效益，促进了乡村旅游业的发展，逐渐在日本形成了以地方特色产品为基础形式的区域经济发展模式。几十年以来日本人渐渐总结出一套地方活化的方法。即：充分发掘本地区的一两项特色资源，面向都市高品质、

休闲化和多样性需求进行开发，引入文化、体育活动进行乡村资源综合开发。创意农业"一村一品"运动推行到日本全域，打造出许多全国性的知名农产品品牌。继续深入开展的"一村一文化""一村一体育"运动，也在乡村地区培育了一系列电影节、大地艺术节、冰雪祭等持续性的特色文化、体育活动，有力带动了日本的"绿色休闲"产业。

近年来，日本利用农业发展，有效整合旅游资源，促进农业与旅游的转型发展。采取工业反哺农业、城市支持农村的方法，发挥乡村旅游对经济的带动作用，取得了良好的效果。日本主要有生态旅游体验、农村观光旅游、乡村传统文化体验等模式，为亚洲国家提供了良好的经验借鉴。"乡村旅游各类发展模式中，日本是政府主导的乡村旅游发展模式的代表"。其目的是以促进农村和农业发展，并以地方法规和补贴为主要辅助手段。日本依靠自然的乡村风光、当地的风俗习惯和周边的旅游景点，生产农业旅游食品，开发农业旅游，引导游览观光，享受农业旅游，充分体现了乡村自然、朴素、宁静的特点。农舍消费相对较低并且能满足人们舒缓精神的需要，受到城市居民的欢迎和喜爱。体验式乡村旅游是提升农民收入的又一发展模式，对推动乡村生产发展、产业布局的调节、乡村园林景观的开发利用具有重要的现实意义。日本政府推动乡村产业的全面发展，扩大乡村收益。在旅游服务业，引导农民发展农业旅游，建设旅游、观光、度假相结合的生态乡村。日本还鼓励儿童积极参加各类实践活动，生态环境保护教育成果显著。与此同时，发展民宿产业，进一步完善乡村住宅建设和硬化、绿化、美化、净化、亮化等基础设施，绿色、清新、宁静的自然环境和优美的乡村面貌逐渐呈现，吸引了越来越多的游客体验不同的日本乡村风情，逐步将农业农村地区改造为风景名胜区。

（四）依托多方协同治理推进乡村建设

1970 年，韩国开始实施以改善农村环境为重点的新村运动。包括住宅、道路、自来水、改厕、大会堂、敬老院以及农村的各项公共设施等。发展过程主要分为三个阶段：第一阶段做好农民生活生产条件和基础硬件设施建设；第二阶段调整农业结构增加农民收入，缩小城乡差距；第三阶段为自我完善的稳定发展阶段，由民间主导加政府支持到完全由民间主导的过渡。1980 年逐步完成由政府主导向民间自治的过渡。韩国的"新村运动"重视培育村民"勤勉、自助、协同"的新村运动基本精神，并引入奖优罚劣的竞争机制，把全国 3.5 万个村划分成自立、自助、基础三级进行差异化补助。后期还将新村运动的精神引入城市，逐步向城市、公司、工厂、学校扩散，成为提高国民道德水准、文明程度和社会凝聚力的良好载体。新村运动建立在政府低财政投入和农民自主建设的基础上，经过 30 多年的发展取得了巨大成功，创造了低成本推行农村跨越式发展的成功典范。

各级政府积极倡导。韩国的新村运动由当时的总统朴正熙倡导。所以，新村运动开始时，从总统到各级公务员、从中央到各级政府都非常重视。从中央到各个市、道、郡的地方政府都设有专门部门，在人力、教育、资金方面均予以保障，行政推动力量比较大。当时政府在每个村都安排一名公务员，帮助村里制订实施计划，每周、每月对各项事业进行评价；通过新村运动中央研修院、迦南农军学校等机构，对新村运动的指导者进行培训；在政府财政实力不强的情况下，挤出资金购买水泥、钢筋等物资补助新村建设。

广大村民自发参与。在新村运动的推进中，村民自治覆盖了几乎所有的村内事务。村庄建设项目由村民自行商讨决定实施的具体项目内容、规模、实施范围、预期目标等；各项事业的建设资金、劳动力、土地等绝大部分都由村民提供和捐助；建设工程村民自行监督，财力物资自己决定如何处置，工程实施过程自己管理，政府物资的发放情况和联村公务员的工作接受村民监督。特别是韩国在刚开始实施新村运动时，政府的财力非常有限，村民自发地投工投劳、无偿地捐资捐地的热情参与，才使得新村运动在政府投入很少的情况下，短时间内取得明显成效。

建立良性竞争。新村运动伊始，韩国政府以水泥、钢筋等实物物资的方式支持各村投入建设。由于韩国各地区发展较为平均，因此最初每个村的支持物资数量基本相等。但在实施建设以后，政府要根据建设成效进行奖优罚劣。具体划分了自立、自助、基础三个等级。自立村是公共事业发展得最好的村庄，可以从政府方面得到最多的支持物资；自助村的评价居中，也可以获得部分物资；成效最差的划为基础村，不再提供物资支持。经过几年的建设，积极参与的农村发生了明显的变化，带动其他村庄奋起直追。到 1978年，全国绝大分村都成为自立村。

重视产业培育。新村运动一个重要目的是增加村民收入，缩小城市与农村的差距。在推进过程中，政府非常重视农业产业培育。传统农业产业方面，推广新品种、区域特色农产品，如有机蔬菜、人参、有机大米等；上下游产业上，鼓励发展畜牧业、农产品加工业；在新技术、新产品方面也加强探索，从而推进观光农业产业发展。其中在水稻田中放养鸭子，利用鸭子除虫肥田的"鸭农发"种养模式，在新村运动中颇为亮眼。

二、国内南方地区生态宜居美丽乡村建设的经验与启示

（一）以点带面，推进生态宜居美丽乡村建设

农业部于 2013 年启动了"美丽乡村"创建活动。2014 年 2 月，正式发布 10 种"美丽乡村"建设模式，供全国乡村建设模式参考。

用江浙等南方地区生态宜居美丽乡村建设的成功经验，来带动更多省份或成片地区的乡村建设工作。总体上还要遵循因地制宜，分类指导，突出重点，逐步完善联动、立体化、优质化的推广策略，推进美丽乡村建设、中心村建设和自然环境改造，广泛改善自然村环境，积极探索生态宜居美丽乡村建设。

浙江省科学制定美丽乡村建设规划，加快发展乡镇政府居民改造建设。把乡镇政府居民改造和建设放在首位，作为当前工作的重点。把握时间表，全面推进自然村环境整治，加大加快完善长效管理和保护机制，保持长治久安。大力提高乡村产业发展水平。要培育和发展农村集体经济，努力走出一条可持续发展之路，建设生态宜居美丽乡村。加强乡村文化道德建设，着力培育乡村文化新趋势，积极弘扬优良传统文化，扎实推进社区民主管理。浙江安吉强化责任，注重履行自己的工作职责。坚持典型分类指导、综合协调，以创新思维和科学方法推进生态宜居美丽乡村建设。加强监督调度，严格奖惩制度。把建设美好乡村的各项任务落实到更严格、更实际的工作中去，取得实效。

江苏省农村地区依托绿色资源优势，对重点领域进行全面规划，在建设美丽的乡村地区做扎实的工作。为提高其优美的乡村规划水平，更加注重乡村的合理布局；更加注重整体计划的生产与生活的生态功能；更加注重地方特色和文化特色的设计，突出改善规划体系，促进更多的规则。注重改善乡村职能，重点加强薄弱领域，更加注重美丽乡镇的质量、效率、可移动性和产业。加快乡政府场地的改善，具有鲜明的特点。促进综合产业发展，不断增强美丽乡村建设的功能。

千村示范、万村整治的绿色浙江工程，集中力量建设生态宜居美丽乡村。

加大农业资金整合力度，研究和制定农业基金项目清单。巩固县级政府农业资金整合的主要职责，把重点放在紧急事项上。确保政策落实，进一步加强建设用地保障，努力培养一大批行政执法和专业技术人才，努力克服生态宜居美丽乡村发展的障碍。形成梯级推进的建设模式，将江浙地区的成功经验推广普及，以充分发挥其生态效益。

（二）以人为本，多方协作建设生态美丽乡村

我国幅员辽阔，由于地域的差异，形成了具有建设特色的典型村落。"重视不同地区的人文特色，结合各省实际为更多地区的发展提供参考"。目前，一个充满田园风光、活力和诗意的宜居环境是广大农民的热切期望。必须把人放在第一位，这样我们才能建设一个青山碧水的美丽乡村。美丽乡村建设逐步落实完成将有力推动美丽中国建设。

以福建、广东、广西、海南为代表的我国华南地区，充分利用本地优渥的植被环境优势，建成了一批生态宜居"美丽乡村"。武汉市在"三乡工程"（能人回乡、市民下乡、企业兴乡）样板的基础上，通过典型事例，实现有效的区域推进，打造生态宜居美丽乡村的"武汉样板"。四川省依托蜀南竹海这一特色区位优势和资源优势，着力落实"竹乡美丽庭院"建设，生态宜居美丽乡村面貌基本形成。

建设美丽乡村，采取准确的措施，美化和改造村庄的面貌。在治理过程中，要改善乡村环境，就要重视群众的主体地位，重视农耕生活的特点。美丽家园建设离不开广大农民积极广泛参与。要充分重视农民的意见，集中智慧，建设一个以人为本的生态宜居美丽乡村。造就一个环境优美的生态乡村，使农民群众的生活更幸福。

（三）生态文化保护，全民行动助推乡村发展

生态文化是指以崇尚自然、保护环境、促进资源永续利用为基本特征，能使人与自然协调发展、和谐共进，促进实现可持续发展的文化。文化搭台、环保唱戏，是做好生态环境宣传工作的重要抓手。

2018 年，全国生态环境保护大会提出，要把生态文明建设作为重中之重，加快生态文明体系建设。同年，浙江省出台《加强和改进生态环保新闻宣传工作的意见》，对全省宣传生态文明工作做出部署，要求全省各地在污染防治攻坚工作实践中，探索和宣传生态文明的先进典型特色实践。

乡村振兴是多维的、深层次的，不仅限于经济发展，而且要考虑到文化和生态环境。把建设生态文明作为一项具有当代效益和长远效益的重大任务。

三、生态宜居美丽乡村建设国内外的经验与启示

不管是国外，还是国内，美丽乡村建设能够取得成功，少不了政府、企业、群众等主体的作用，无一不是主观能动性的发挥成果。总而言之，政府主导、社会融合、群众参与是主要发展脉络，环境打造、产业发展、人才建设、文化传承是抓手。哪项作为重点内容来抓，就要因地制宜、因时制宜。

（一）政府重视规划先行

生态宜居美丽乡村建设周期长，涵盖项目多。作为规划设计来说，这是众多项目中的首要关键步骤。生态宜居美丽乡村建设，需要兼顾产业发展和功能定位。在利用好原生态自然资源和丰富物产资源的基础上，进行有效整合、合理配置。

按照"合理布局、突出重点、集约经营、科学发展"的原则，制定区域统一发展规划和土地利用规划，有序推进总体发展规划、产业发展规划、空间发展规划。如浙江安吉，依据"城乡建设一盘棋、城乡规划一张图"的原则，将整个县作为一个大乡村、每个乡村作为一个景点、村民的每幢住宅作为一个小品来进行统一规划。并且以"村村优美、家家创业、处处和谐、人人幸福"为目标，出台了《建设"美丽乡村"行动纲要》。

完善生态环境专项规划，合理规划布局区域生态框架。重点划定生态用地，充分利用山水园林条件，提升绿化覆盖率；加强整治现有污染源，持续开展专项整治行动，打好蓝天保卫战。生态宜居美丽乡村建设，需以农村垃圾生态化处理为重点。实行生活垃圾日清制，严格遵守"组保洁、村收集、镇转运"的垃圾清理流程，建立健全垃圾清运体系；科学合理设置农村生活污水处理设施，注重村民生活污水的统一处理机制。合理布局区域供水管网，促进水环境干净卫生。

完善农村产业发展规划。结合当地农业生产特色，促进土地生产要素的正常流转，建立农业龙头企业，发展高效设施农业、智慧农业和数字农业，促进农民增收致富、农村环境美化和农业产业发展。在保护生态资源的前提下，促进林下经济和特色产业发展，有效开展中草药的种植与初加工。整合

自然和历史旅游景点，与旅游、交通等部门协调发展，合理规划乡村旅游线路。在农业产业优势较明显的地区，创建乡村旅游示范点，打造乡村旅游品牌，营造旅游带动经济发展的氛围。

（二）注重发挥群众的参与作用

"小康不小康，关键看老乡"。我国大部分乡村是一个农业发展的集聚区。但是随着城镇化进程的不断推进，生态环境也出现了问题，引发了一系列影响身体健康、威胁生命安全的问题。经济发展与环境保护的两难矛盾，群众满意与政府作为的危机也在一定程度上存在着。建设生态宜居美丽乡村，促进农村环境提升和农村农业产业发展，必须要依靠群众。一方面，要综合提升农民整体素质。通过文化下乡、科技下乡、服务下乡等培训形式，培育懂农业、爱农村、爱农业的新型职业农民；另一方面，提升农民群众的思想意识水平，包括生态环境保护、生态责任意识等方面。宣传引导农民群众建立科学合理的生产方式和生活习惯，适应和培育开放、共享、文明的消费环境，尊重农民群众的主人翁地位，让其充分发挥主观能动性。

政府层面要进行宣传引导，营造"绿色青山就是金山银山"的氛围。积极推动农民学习生态文明的科学知识，提升自我素质水平。这就要求美丽乡村的建设工作，重视宣传推广效应。综合运用网络、纸媒、新闻等形式，录制生态文明建设电视专题片。同时，对于污染环境的反面案例也要适当公开，引入责任追究机制。有效利用传统节日，如植树节等，进行多方位的宣传推广，推进美丽乡村建设。

建立和完善群众参与机制。农民群众是农村建设的主体，是美丽乡村建设的受益群体。要认真践行党的群众路线，从群众中来，到群众中去，构建农民参与建设机制。坚持以人民为中心，发挥农民群众的主人翁地位，尊重农民群众的意见建议。切实以农民群众的实际需要为出发点，促进农民群众自发参与到美丽乡村建设。

促进农民群众生活方式的转变。在农村，还有一定数量的农民，是通过打牌、闲聊等方式来消磨时光。这给政府部门的启示是，应积极建设农村文化活动室和文化活动广场，加大书籍、影像设备、体育健身器材等硬件配套的输送。定期开展公益宣传活动，引导农民群众加入到公益活动中来。不定期地举办志愿者活动，让农民群众走进城市，走进其他社区。提高思想意识水平，自觉养成健康的生活方式。

（三）促进产业优化升级

大力推进农业产业集聚区建设。坚持培育农业产业集群优势，出台特色产业项目入园的优惠政策，吸引主导产业入园。我国大多数县区为农业大区，但是龙头农业企业以及农业项目并不多。依托重点企业的产业链效应，吸引项目进驻集聚区"修补断链"，形成更加完善的产业链条。带动加工业、旅游产业等其他产业的发展，发展循环经济。

建成农业产业园区后，提升产业园区的科技实力。以农业大项目和龙头企业为牵动，延伸产业链条，带动产业集聚集群发展。借助于本地产学研基地，建立完整配套的研发—评价—推介—转化服务体系，推动转化产业科技成果。推进农业信息化。现在大数据时代催生了"互联网＋"模式，农业可以与大数据相结合，形成大数据农业、"互联网＋农业"等智慧农业，延伸到生产、流通、经营、消费等各个环节，成为现代农业跨越发展的新动能。

发展乡村旅游，建设旅游度假区。充分挖掘农村特有的自然资源、景观资源，打造以生态、绿色、美丽为特色的新农村，形成层次分明、功能互补的农村生态新格局。推进智慧旅游，建立旅游信息服务平台，将互联网运用于各个环节，实现"互联网＋"模式。引导建立乡村电商，为乡村的剩余劳动力提供电商知识培训，形成农产品销售电子商务，促进农民增收、农村致富。

（四）注重人才培养和队伍建设

实施乡村人才振兴战略。在农业合作社、家庭农场主中培育新型职业农民，加强科技进农村、技术进农业，培养建立一支懂农业、爱农村、爱农民的"三农"工作队伍。吸引和支持高素质的年轻人才，如返乡大学生、退役军人等回乡务农创业，努力让他们成为农业生产经营的主体，构建现代农业经营体系，从而为现代农业发展提供重要人才和技术保障。壮大基层干部队伍，积极吸收优秀青年进入村两委班子培养。当地政府可以做好以下几方面：一是建立农业农村人才信息平台，适时更新市场人才需求。二是提供政策优惠，充分发挥地方政府人才发现、认定和配置上的信息优势。可以提供优秀人才购房补贴、子女教育补贴等措施。三是打破人才流动障碍，充分发挥市场的配置作用，让优秀人才打破户籍、地域、身份的制约。

（五）强化文化引领作用

乡风文明是社会主义新农村建设的重要内容，也是美丽乡村建设的重点。对于政府来说，强化文化引领作用，促进乡风文明，是美丽乡村建设的应有之义。

加强农村精神文明建设资金投入。一方面要加大文化设施的投入，建立文化活动中心、健身广场、农家书屋，建设青少年活动的篮球场、乒乓球场等体育活动场地；另一方面也要对古建筑、文化遗址等进行保护与管理，避免文化遗产的流失和损毁。对农村传统的手工技艺、传统戏剧和民俗活动等，进行科学合理的保护和适当开发。

制定农村风尚提升发展计划。必须持之以恒进行社会主义核心价值观的学习与宣传，大力开展文化下乡活动，建设农村精神文明，培育尊老爱幼、邻里互助、家家和睦相处的良好精神风尚。开展文明素质提升工程，挖掘本地孝敬老人、爱岗敬业、诚信友善的道德模范，营造农村精神文明新风尚。以"文明户""最美家庭"等评选活动为抓手，推动农村移风易俗，改变不良的生活习惯，宣传引导群众形成遵纪守法、尊老爱幼、邻里和谐的新风尚。

重视文化人才和队伍建设。农民群众是农村的主人，必须要发挥农民群众的积极性和创造性，将农民群众纳入文化队伍当中来。积极开展群众喜闻乐见的农村文化活动，充实农村文化队伍力量。将思想觉悟高、参与意识强的农民群众纳入文明志愿者队伍中来，在农村婚丧嫁娶、孝顺老人等方面发挥他们的监督作用。

案例4-2　高原产业兴，新村风貌新（重走天路看变迁）

离开成都，驶上蓉昌高速，视线随着丘陵高山绵延及远，便看见龙门山脉——青藏高原板块向东南推覆形成这条天然分界线。一侧，川西高原绮丽雄伟；另一侧，四川盆地物产丰富。

行至四川省阿坝藏族羌族自治州壤塘县尕多乡瑟谷村，高山峡谷间徐徐铺展开千亩平地。蓝天白云下，一座座白色大棚镶嵌其间，菜苗破土而出，村民们正忙着农活。

瑟谷村海拔约3 400米。高原严寒，能不能增加种植蔬菜的种类？依托东西部扶贫协作和省内对口帮扶力量，村里流转土地兴建高原蔬菜基地；技术人员手把手教种植技术，引导农牧民在自家院子里种上香菜、莴苣、萝卜……短短几年，瑟谷村依托日照时间长、昼夜温差大等优势，大力发展高原蔬菜种植，产品错峰上市，卖到成渝等地，成为当地农牧民稳定增收的致富产业。

"以前种菜，靠天吃饭，收入不高。现在把土地流转给蔬菜基地，每亩土地年流转费 450 元。我还在基地里打工学技术，每天都有收入。"村民夺尔基特的日子一天比一天红火。

壤塘县推行"合作社＋基地＋农户"等模式以来，已培育蔬菜基地和种植大户 11 个，引导农牧民房前屋后种菜，县里年均实施牧区"小菜园"1 500 余户。农牧民群众的内生动力有效激发，一批种植、养殖户发展壮大，"落后村"成为"小康村"。

继续西行，来到甘孜藏族自治州色达县，平均海拔超 4 000 米。走进离县城不远的安康社区，映入眼帘的是一栋栋错落有致的漂亮房屋、一条条平坦干净的硬化道路、一盏盏独具特色的沿街路灯……房前屋后，几名村民忙着栽花植绿；社区广场上，一群孩子正在打篮球。这里是甘孜州规模最大的易地扶贫搬迁移民集中安置点。

社区居民巴德站在自家小院门口，招呼大家进屋。客厅的电茶桌上，酥油茶已经烧好，墙壁上贴满了孩子们的奖状。"2017 年底，我们家从 200 公里外的牧区搬来，那里没有信号也没有公路，娃娃读书不方便。"巴德告诉记者，如今上学条件明显改善。

巴德的新家大约 90 平方米，除了三室一厅外，小院中还建起了一间阳光工作室。巴德是色达县非物质文化遗产——藏族格萨尔彩绘石刻的代表性传承人，如今订单业务越来越多。

党的十八大以来，四川省连续 8 年实施"六项民生工程计划"，持续推进粤川、浙川协作和省内对口支援，加快发展全域旅游、高原农牧业等特色产业。32 个涉藏县（市）在 2019 年全部实现脱贫摘帽，交通、电力、水利、通信等基础设施建设取得明显成效。

资料来源：中国乡村振兴在线，2021 - 07 - 23.

第三节　生态宜居美丽乡村示范带动与发展转型

一、建设生态宜居美丽乡村的五大要素

生态宜居美丽乡村建设有五大基本要素：美在环境，用以推进村容村貌

整洁，治理农村内外环境；美在生活，用以促进农村创业增收发展绿色经济；美在文化，用以营造舆论氛围弘扬自然生态文化；美在布局，用以实现农村合理布局并制定绿色生态规划；美在机制，用以健全保障机制完善绿色生态制度。

建设生态宜居美丽乡村应注重"五生"，实现"五美"。注重生产能力提升，实现产业美；注重生态环境改善，实现环境美；注重生活方便舒适，实现生活美；注重生命美丽精彩，实现人文美；注重生产关系变革，实现和谐美；注重科学规划引导，实现建设美。

以习近平同志为核心的党中央作出的重大决策部署之一就是要实施乡村振兴战略。这既是全面建成小康社会、全面建设社会主义现代化国家的重大历史任务，也是解决人民日益增长的美好生活需求和不平衡、不充分发展之间矛盾的必然要求。建设生态宜居的美丽乡村对农村居住环境的改善、构建有特色的乡村文化、缩小城乡之间的差距和发展城乡一体化都具有重要的现实意义。

二、生态宜居美丽乡村建设的构建模式

构建模式是理论层面生态宜居美丽乡村建设的核心问题，而模式研究成为生态宜居美丽乡村建设研究的焦点。因此，这方面的研究成果相对较多。2014 年原农业部推出了中国生态宜居美丽乡村的 10 种创建模式：社会综治型、产业发展型、城郊集约型、生态保护型、文化传承型、草原牧场型、渔业开发型、环境整治型、休闲旅游型、高效农业型。针对这些模式进行学习分析，并参考了几个国内有特点的城市美丽乡村的运行模式。关于生态宜居美丽乡村建设的模式，学界的认识既有共同之处，也有不同之处。

三、生态宜居美丽乡村典型模式示范带动

党中央立足于农村的长远发展，重视保障农民的各项权益，提出了改善人居环境的要求。2003 年，浙江省启动实施"千村示范、万村整治"工程，并致力于打造一批示范性强的特色村庄。2020 年，浙江在全省范围内建立了垃圾、污水处理点，改建新建 98.6% 的厕所。保持环境整洁的同时，提高粪污利用率，使乡村更美、更亮、更绿、更宜居，成为乡村振兴的先行示范点，

为其他地区改善乡村人居环境提供参考借鉴。2018 年 9 月，浙江省的"千万工程"荣获联合国"地球卫士奖"。

（一）安吉模式

安吉县位于浙江西北部，隶属浙江湖州市。改革开放以来，安吉县工业发展给生态环境造成负面影响，其中对太湖水造成的污染尤为严重，成为国家重点督促整改的地区。借助乡村环境改善的大背景，安吉启动了全县环境整治提升计划。结合县域内不同村庄产业发展类型，因村制宜地确定环境整治目标，如观光旅游村、工业发展村等。获得村庄建设和维护的长期发展资金，实现了村庄的长效管理，获取经济效益。

1. 坚持产业优先发展战略。实现农业产业化发展，提高产品加工的深度和精细化程度。这是安吉县农业产业发展的目标之一。美丽乡村的建设目标就是提高农产品的规范化、规模化生产，降低生产成本，提高综合效益。为此，安吉从专业角度调研分析了当地农产品特色，决定重点发展"竹子、白茶、蚕桑"，将其打造成为覆盖全产业链、质量可靠的品牌产品。整合当地产业发展相关的优势要素，形成农业发展的竞争性优势。以绝对的市场份额和品牌影响力获得市场定价权，从而实现了农业生产的跨越式发展。

2. 保持生态优美发展战略。由于早期的粗放型发展被及时遏止，现在安吉区域内植被覆盖率高，拥有优质的水土资源，具有发展高品质农产品的天然优势，也为打造生态环境优美乡村提供了得天独厚的条件。安吉县致力于解决影响生态保护的各类问题，确保生态建设达标，为当地的农民建设居住体验良好、满意度高的环境。同时，借助优质的生态资源，发展医疗康养、休闲娱乐产业，提高当地经济收入。

3. 坚持乡村人文美发展战略。凭借几代村民和基层工作者的努力，安吉已经成为拥有书画村等特色乡村的示范县。在营造浓郁文化氛围的同时，也有效地促进了当地服务业和旅游业的发展。

（二）桐庐模式

桐庐县属于浙江，丘陵地貌，经济较发达。桐庐县坚持本着全县统一发展规划、惠及全部居民的原则，建立县域特色品牌。结合不同乡村经济发展水平、发展特色，区分不同类别，确定不同发展方向和发展目标，建设美丽和谐农村。桐庐县正在成为省级乡村振兴模范区、示范区、先行区。

1. 立足打造"全域景区"统筹全县规划。桐庐县立足全县旅游资源，谋划制订全域景区的建设方案。将县域所有的生态资源和文化资源整合起来，统一进行规划建设，将县域建设成为一个大景区，并将整体的建设规划要求落实落细到每个乡村。

2. 将环境整治和第三产业发展有机融合。桐庐县积极增强农村集体经济造血功能，将美丽乡村建设与带动就业能力强的第三产业进行融合。一是确定不同农村地区适宜发展的产业类型进行分类，以科技提高农业发展效率，稳定农业发展质量，发展精细化深加工农业。二是在生态环境优美、文化特色明显的地区重点发展旅游业。

3. 从细节做好农村环境的治理工作。桐庐县打造了一批环境整治、房屋改扩建、污水治理的环保项目，涌现出了清莲环溪、画中芦茨等一批"美丽乡村"特色景区。此外，桐庐县统筹城乡资源，建立"村收集、镇中转、县处置"的垃圾处理方案，提高垃圾处理效率。

4. 多举措激发村民发展的内生动力。桐庐县注重提高村民的文化素养和文明程度，在村内开办老年大学。根据村民的知识需求、文化需求开发适应程度高、针对性强的课程，面向所有农民无偿开放。为了发挥榜样力量，村民自发组织评选影响力大、示范效应强的人物或组织，在农村营造爱学习、守规矩的良好风气。

四、建设生态宜居美丽乡村的实现路径

在开展生态宜居美丽乡村建设工作时，必须重视各项工作的协调发展。美丽乡村建设属于系统工程。该项工程具有一定的复杂性，各项政策覆盖多项内容，涉及多个利益主体，对建设标准有着较高的要求。生态宜居美丽乡村建设就是将"创新、协调、绿色、开放、共享"发展理念贯穿在新农村建设之中，实现农村经济发展和生态建设的同步发展、不同产业类型的协同发展。

（一）积极推进规划先行

建设美丽乡村是一个缺乏经验示范、时间跨度长、耗费资源多的工程。前期需要进行调研，规划项目实施方案，才能为乡村建设奠定扎实的基础。

尤其在项目建设实施的初始阶段，要花费大量的精力统筹各项资源，进行系统谋划。只有制定科学的发展规划，才能有效推进美丽乡村建设工作。只有立足本区域，结合实际乡情，做深特色规划，才能将美丽乡村建设落到实处，使村民真正地受益。在宜居乡村规划与建设过程中，要注重对自然与人文资源的保护和利用，避免出现"千村一面"的情况。一是要确保城乡一体发展。根据农村地区的资源禀赋、发展条件、民俗民风等，在城乡一体的发展框架内，确定发展规划。二是要保留乡村生态、文化、习俗等方面的原始特色，建设乡土特色明显、辨识度高的乡村；三是要确保方案的可行性，取得预期建设效果。

（二）强化组织领导

在"党政主导、农民主体、社会参与、机制创新"的机制下，由各级政府主要领导牵头负责，对全区资源进行统筹谋划，提高资源的整合力度，建立系统的管理体制。一是在各级政府成立领导小组，成员包括党政领导、相关部门负责人。构建贯穿不同层级，各机构高度协作、密切配合，各成员职责分工明确的工作体系，确保各项政策举措按预期要求落实到位。二是要形成奖惩分明、严格执行的考核体系。结合乡村自身的优势资源、发展现状、目标设定，对乡村建设成效进行合理规划，将其建设成生态型、发展型、旅游型等特色产业。并根据不同产业发展的特点确定农村发展的考核标准，由上级部门、第三方定期对考核结果进行评价。以考核结果为依据，确定奖惩。

（三）发挥村民主体作用

建设美丽乡村，政府的主要职责是组织和引导，真正的主体应是农民。假如过度依赖政府，只借助几个小项目开展建设活动，不重视农民的参与，必然会影响到美丽乡村的建设效果。在开展此项建设活动时应当重视农民的参与，将主动权还给农民，维护农民的监督权、知情权，引导各地建立民主决策机制。通过召开村民代表大会商议各项决策，制定科学的发展规划，调动全员的参与积极性，提高农村的自我管理水平。一是建立民主参与机制。开展美丽乡村建设活动是为了营造良好的居住环境，提高农民的生活质量，增加农民收入，为其提供多项公共服务，满足农民的发展需求。在制定规划时应当重视农民的参与，确保各项发展规划得到农民的认可和支持。各地应当建立村务公开机制、民主参与机制，利用宣传栏、村广播发布各类信息，确保农民能够对美丽乡村的建设有更深入的认识。维护农民的知情权和监督权，调动他们参与的积极性，使农民的主体地位得到有效维持。结合各地情况制定奖励制度，评选文明户，开展美丽家庭评比活动。这能有效激发农民的参与热情，进而推动美丽乡村的建设与发展。二是建立村民自治机制。美丽乡村的建设发展离不开农村居民的参与。可以利用一些村规民约和农村居民签订责任书，对违反相关规定的家庭进行惩处。同时评选文明户，发挥示范带动作用。采用多种监督和管理手段，引导农民转变思想观念。一些地区可以建立村民督察队，利用群众的力量解决农村存在的问题，提高村民自治水平。

（四）扎实推进农村产业发展

众所周知，产业发展和农民增收是建设美丽乡村的根本基础。当农民的经济收入增多后，他们的生活质量才能够得到改善，才能积极参与美丽乡村建设活动。因此，推动产业发展、促进农民增收是保证建设活动顺利开展的基础。各地应当结合当地特色发展现代农业，推动农村经济实现快速发展。将各个乡村作为一个个景点建设的同时，注重产业发展和特色培育，注重结合休闲观光旅游。把"景点"变为"卖点"，把美丽乡村转化为美丽经济，增强村庄"造血功能"。一是从差异化竞争的角度确定发展的产业。找准本地区的优势资源，避免提供单一重复的产品和服务。同时，推进土地流转，降低用地成本，提高土地利用效率。二是立足农村生态优势、农业特色发展第三产业。挖掘当地的资源禀赋和浓郁的人文风情，发展能提供大量就业岗位的第三产业。三是凝聚农民合力，整合劳动力、资本等各项要素，促进农业发展现代化、规模化。四是吸引乡贤返乡创业。出台各项吸引力强的优惠政策，面向在外就业的乡贤广泛宣传，动员其回乡创业。五是将信息技术应用在农业发展中，并在政策、资金等要素上予以倾斜。

（五）注重人才队伍建设

在开展美丽乡村建设工作时还应当重视人才的培养，为各项活动的开展提供人才支持。建立一支专业的人才队伍，推进乡村管理、环境治理、特色产业等工作。只有从根源上解决农村建设中存在的各类问题，才能真正将美丽乡村实现效益最大化。一是注重美丽乡村建设人才培养，增强管理服务水平。人才培养和管理水平的提升，当务之急是要做到美丽乡村建设"培引"结合。应注重结合各自乡镇街道的发展实际，根据培育引进相结合的原则，以"培养专业化人才为主，引进特色人才为辅"的方式，提高美丽乡村建设从业者理论和实际相结合的经营管理水平。加强对各自乡镇街道美丽乡村建设从业者的培养和管理：以定向精准的业务培训为抓手，组织从业人员专业化学习美丽乡村建设新政、环境保护等必备知识。与上级有效联动，开办美丽乡村建设中上层管理人员培训班，开办美丽乡村建设基层服务人员定向培训班。借鉴其他省市县，学习先进的管理经验和运营模式，引进专业化人才。二是强化专业人才队伍建设，招贤纳士。建立各自乡镇街道美丽乡村建设与市区高校、中专职高和旅游培训中心的定向培养和长期合作机制。给旅游专业的学生提供实习及课外锻炼机会，到美丽乡村建设景区来提升自己各方面的专业素养。这既能为美丽乡村建设景区带来一些年轻的、前卫的、科学的管理理念，又能为高校学生提供专业技能提升和综合素质升华的机会，可谓双赢。如果有机会的话，还可以与一些中高职院校实行定向委托培养。这些定向培养的专业人才毕业后，经过专业的考试，成绩合格者可以直接从事美丽乡村建设管理的工作。这能为乡村建设工作的开展提供人才支持。各地区还应当制定相关制度。例如，目标考核责任制、考勤制度、优秀员工评比等。这些制度将极大地促进员工培训工作的开展和经营管理水平的提高。

（六）拓宽资金融资渠道

美丽乡村建设离不开资金的支持。各阶段建设活动都要以资金作为保障，后期的维护和管理也需要资金作为保障。因此，只有保障财政投入，拓宽资金融资渠道，才能真正将美丽乡村建设落到实处，真正为人民服务。推进美丽乡村建设，当地政府应当为各项建设活动提供资金支持，合理分配财政资源，为一些重点项目提供帮助。一是加强各部门的协作融合。把财政奖补"一事一议"项目、山区经济扶持项目、农房改造、农家乐特色村建设、森林村庄建设、人畜分离、水利项目建设、历史文化礼堂建设、环境综合整治等各类项目资金充分整合，投入到美丽乡村建设工作中来。通过项目包装，推动美丽乡村建设工作的开展。二是对涉农资金进行整合，提高各类资金的使用效率。按照各类项目的发展规划分配资金，编写资金预算，确保各项建设活动能够获得资金支持。对存量进行调整，采取科学的财政管理方式，使资金的分配达到合理要求。三是建立财政奖补机制，重视农民在美丽乡村建设中发挥的主体作用。政府为一些项目的发展提供支持，充分利用民间资金开展各项活动，对一些重点项目、优秀项目进行奖补。调动农民的参与积极性，鼓励他们参与各类建设活动。利用一事一议机制发挥激励作用，转变村集体的管理思维，提高农村管理水平。一方面，对各项政策资源进行整合，开辟多元化融资渠道。在加大财政投入的同时，积极与中国人民银行、农村信用联社等金融机构衔接。由金融机构向各"美丽乡村"精品村创建项目村发放贷款，拓宽美丽乡村精品村建设的资金支持渠道；另一方面，对民间资源进行整合，为美丽乡村建设活动提供资金支持。重视群众的参与积极性。通过召开村干部、村民代表大会等形式，鼓励引导群众想办法、找对策，并对行之有效的做法进行推广。同时，积极引进外来资金，采取土地流转、项目外包等形式，吸引其他县（市、区）的商人来乡村投资，借外来资金推动生态宜居美丽乡村建设。

（七）全域推进农村人居环境整治

建设生态宜居美丽乡村的首要目标是保障乡村环境整洁。在创建过程中，要坚持把全面优化农村人居环境作为美丽乡村建设的重点和突破口。通过村庄道路建设硬化、安装照明设施实现亮化、清理淤泥净化水源等多项措施，全面提升村庄环境，使生活在其中的村民住得安心和舒心。通过科学合理的美丽乡村规划引领，以"一户多宅"及历史遗留非法住宅综合整治专项行动和"三改一拆""四边三化""五水共治"等工作为抓手，多措并举深入推进农村人居环境提升三年行动。因地制宜合理安排人居环境整治任务，继续全面拆除危旧房、露天粪坑和违法建筑，彻底消除农村脏乱差的源头。重点关注房前屋后杂物整理、环境卫生整治、房屋立面改造、河塘清淤疏浚等，增植多样化珍贵树种，提升村庄绿化面积。全面深化农村生活垃圾分类处理，积极发挥广大妇女"半边天"的作用，实行网格化管理，可开展交叉检查和评比等。因地制宜开展美丽庭院创建工作。美丽庭院建设一方面要注重经济实用功能，突出个性，培养村民的"主人翁"意识。鼓励就地取材、个性化建设美丽庭院，使村民直接参与美丽乡村建设并实实在在受益。让"庭院美"力促"乡村美"成为全民自觉行为，充分提升村民参与美丽庭院建设的自觉性、积极性、主动性。深入挖掘乡愁文化，还原最美的村容村貌；另一方面要用好"美丽庭院"创建这个载体。结合"三绿"乡村治理模式，同时开展"五美乡村""星级文明户"等创建活动。树立清洁、环保、节能的生活理念，推行绿色健康的生活方式，激发群众的爱美、向善意识。在无形中提升农村群众的文明素质，促进乡风文明。

（八）提升农村生态文化建设

在开展美丽乡村建设活动时，要加快精神文明建设步伐，建立良好的村风文明。要重视村民继续教育，使生态观念入心。乡村振兴应具有浓郁的乡土特色，要凸显乡村与城市的真正区别。建设乡村文化不是完全照搬城市建设，要具有自己浓郁的乡村特色与文化特点，这才是它的价值所在。思想引导人们向前，意识支配着人们的行为。进行环境保护宣传，提升人民对环境保护的了解，积极开展环境保护。灵活运用主流媒体的传播功效，宣传环境保护政策、法规、进度和环境保护工作成果，力争使公众真正了解和理解环境保护。在参与环境保护工作中发挥积极作用，为环境保护事业的发展发挥有效的促进作用。持续探索，开发公众积极参与环境保护的内容和方式。广泛的宣传现已演变为鼓励民众支持优化环境首要路径，但仍有一些方式方法不能与时俱进。不仅需要创新和改变，还需要创新的方法和手段，更需要做好科普工作。政府事务要更加公开，缩小与公众的距离，密切与公众的关系，使群众切实感受到生态环保带来的益处。只有坚持不懈努力，才能在公众心目中树立环境保护的责任感。引导全社会在环保意识不断提高的同时，为环境保护做出贡献。逐步建立管理体系，确保公众有效行使环境保护监督的权利。建立政府规划与市场监管，公众广泛参与环境保护的机制，最大程度形成环境保护的力量。建立和完善环境污染损害补偿机制，加强环境宣传教育，使环境保护的生态理念深入人心。

案例4-3 福建明溪——观鸟特色旅游助力乡村振兴

近年来，拥有着81.97%森林覆盖率的福建省三明市明溪县在全域旅游发展战略中大力发展观鸟特色旅游，建成紫云、旦上等16个观鸟旅游点，带动10家观鸟民宿发展，逐步走出一条以"观鸟＋森林康养"为主体的特色乡村振兴之路。

资料来源：中国乡村振兴在线，2022-04-20.

第五章　实现脱贫攻坚与乡村振兴有效衔接

第一节　脱贫攻坚的目标任务

一、脱贫攻坚的背景

翻开中国共产党党史，就可以看到 19 世纪后中华民族同贫困作斗争的曲折坎坷之路。中国共产党自成立之日起就特别关注贫困治理问题，带领人民持续进行贫困治理活动，努力让国家强盛，人民富裕，为创造美好生活进行了长期的艰苦奋斗。经过多年奋斗，在减贫脱贫方面成就辉煌。但是，在新时代背景下仍然有许多地区处于贫困状态，绝对贫困现象依然较为普遍。因此，2013 年习近平总书记到湖南湘西考察时首次提出精准扶贫的理念，创新扶贫工作机制。2015 年党中央召开扶贫开发工作会议，发布《中共中央　国务院关于打赢脱贫攻坚战的决定》。正式提出脱贫攻坚目标的总要求，向脱贫攻坚发起进攻。2020 年，为有力应对新冠肺炎疫情和特大洪涝灾情带来的影响，党中央要求全党全国以更大的决心、更强的力度，做好"加试题"、打好收官战，信心百倍向着脱贫攻坚的最后胜利进军。经过我国乡村多年的脱贫实践和习近平总书记对脱贫攻坚理论展开的一系列重要论述，形成了我国新时期脱贫攻坚理论。这对我国当前和今后农村脱贫做出理论指导，是动员全国全党全社会力量的号角。

二、脱贫攻坚的内涵

党的十八大以来，党中央逐步深入开展精准脱贫攻坚。脱贫攻坚对标绝对贫困，是党中央以人民为中心的宗旨和实现"两个一百年"奋斗目标的要求。2015 年党中央召开扶贫工作会议，正式提出脱贫攻坚目标的总体要求。改变以往粗放的扶贫思路和方式，围绕"两不愁三保障"的可执行目标，以精准脱贫为总方略，提出实施"六个精准""五个一批"的扶贫对象和扶贫措施。脱贫攻坚的特点最准确的形容就是精准，解决了"扶持谁"的问题，扶贫对象精准、项目安排精准、资金使用精准、措施到户精准、因村派人精准、脱贫成效精准。扶贫具体措施解决"怎么扶"的问题。"减贫与发展高层论坛"会议提出，要实施"五个一批"工程，发展生产脱贫一批、易地扶贫搬迁脱贫一批、生态补偿脱贫一批、发展教育脱贫一批、社会保障兜底脱贫一批。在中央的督导下，乡村脱贫治理制度由上而下，短时间内迅速落实推进。在特惠政策保驾护航下，脱贫攻坚成绩斐然。脱贫攻坚的科学决策有效改变了农村贫困现状，对我国农村扶贫开发有巨大影响，必须驰而不息，扎实推进。

三、脱贫攻坚的目标任务

2015 年中共中央、国务院《关于打赢脱贫攻坚战的决定》中提出，到 2020 年稳定实现农村贫困人口不愁吃、不愁穿，义务教育、基本医疗和住房安全有保障。确保我国现行标准下农村贫困人口实现脱贫，贫困县全部摘帽，解决区域性整体贫困。不愁吃、不愁穿，以及义务教育、基本医疗、住房安全有保障的"两不愁三保障"，就是中央明确的脱贫目标。

党的十八大以来，党中央提出全面建成小康社会的艰巨任务。经过 8 年坚持不懈的脱贫攻坚工作，我国精准扶贫事业取得了辉煌且耀眼的成就。即便精准脱贫取得了巨大成功，我们仍然要坚守扶贫初心，继续深入开展农村脱贫振兴工作。在扶贫过程中，不难发现脱贫工作仍然存在着薄弱环节，面临着一系列致使部分已脱贫人口重新返贫的现实挑战。这会在一定程度上挫败基层扶贫官员的工作热情，影响贫困群众的脱贫信心和热情。因此，面对脱贫攻坚进程中出现的问题和阻碍，2017 年党的十九大提出了乡村振兴战略。就进一步解决农村问题提出新思路，为巩固脱贫攻坚成果和全面振兴乡村做出长远规划。2021 年，《中共中央　国务院关于全面推进乡村振兴加快农业农村现代化的意见》发布，这是进入 21 世纪的第 18 个关于"三农"的中央"一号文件"。着重提出巩固扩展脱贫攻坚成果同乡村振兴有效衔接，为下一阶段的农村工作指明方向。2021 年 2 月 25 日，脱贫攻坚总结表彰大会上正式宣布脱贫攻坚取得全面胜利，完成了消除绝对贫困的艰巨任务。同日，国家乡村振兴局正式挂牌。"三农"工作重心出现了历史性转移，标志着正式在农村实施乡村振兴战略。

四、巩固拓展脱贫攻坚成果的目标导向

从全力脱贫攻坚转向全面推进乡村振兴，这并不等于扶贫就成为无关紧要的工作，而是要在全面推进乡村振兴战略过程中继续将巩固拓展脱贫攻坚成果作为一项重要内容。2020 年 12 月国务院扶贫办明确将"十四五"作为巩固拓展脱贫攻坚成果的 5 年。由于受新冠肺炎疫情的影响，脱贫攻坚成果巩固工作又增加了新的挑战，因此，系统谋划新阶段的工作，明确巩固拓展脱贫攻坚成果的重心，才能够抓住该项工作的主要矛盾，进而为战略接续与转型提供坚实的基础。

（一）巩固脱贫攻坚成果的重心

目前我国已取得了脱贫攻坚战的全面胜利。但脱贫人口的可持续发展能力如何，如何做到脱贫人口不返贫并且不产生新的贫困户，这是一个从中央到地方都十分关心的问题。简而言之，巩固脱贫攻坚成果的重心在于防止已脱贫人口的返贫。也包括防止贫困边缘群体陷入贫困状态。

（二）拓展脱贫攻坚成果的重心

精准扶贫战略实施以来，我国在脱贫攻坚实践中形成了一系列的好做法、好经验与好机制。其很多都来源于实践，不仅为打赢脱贫攻坚战提供了重要的支撑，同时也将会为新阶段全面推进乡村振兴战略贡献智慧和力量。因此，拓展脱贫攻坚成果的重心在于将脱贫攻坚阶段形成的经验、做法和机制等进行拓展应用。与此同时，还要将脱贫攻坚过程中形成的大量扶贫资产、基础设施和产业项目等，在乡村振兴阶段发挥新的功能并持续溢出其减贫价值。

五、巩固拓展脱贫攻坚成果的重点内容

（一）巩固脱贫攻坚成果的重点内容

巩固脱贫攻坚成果首先要明确在脱贫攻坚阶段都形成了哪些成果，明晰

这些成果才能谈得上针对哪些内容开展脱贫攻坚成果的巩固。总体上看，巩固脱贫攻坚成果主要分为两个层面：一是巩固实现脱贫成效的政策机制；二是稳定已实现"两不愁三保障"的脱贫人口。

1. 巩固脱贫攻坚政策机制。从政策持续角度看，应进一步巩固、完善和弘扬脱贫攻坚阶段的制度、体制和经验。如帮扶开发体制、帮扶产业项目及其载体、扶志扶智与激发内生动力的主要举措和经验、精准瞄准与靶向施策、社会力量广泛参与的社会大帮扶格局等。另外，脱贫攻坚阶段在产业扶贫、公益性岗位扶贫、搬迁帮扶和兜底帮扶等方面存在薄弱环节，在乡村振兴阶段要尽快补齐。实现脱贫人口家庭收入的稳定，需要改变当前既有收入结构当中转移性收入占比过高的情况。优化收入结构的着力点在于增加其劳动工资性收入和资产性收入。教育帮扶是阻断贫困代际传递的重要手段，但是教育扶贫的成效在更长的时间和周期才能展现。因此，巩固脱贫攻坚成果需要进一步巩固既有的教育帮扶工作，让教育帮扶在更长的时段内持续推进。从产业发展看，基于地区的产业发展很容易出现产业同质化和内部竞争的问题，持续推进产业发展的任务仍很艰巨。统筹各地产业发展的宏观机制还未能建立，多元化的帮扶产业结构亟须完善。从激发内生动力角度看，要改变脱贫人口的政策与福利依赖，改变其发展信心不足的问题，调动并激发脱贫人口追求美好生活的积极性和主动性。从财政资金投入情况看，不仅需要做好经济社会发展成果的分配，更需要做大可用来分配的"蛋糕"，加快脱贫地区经济社会发展，加强村级集体经济发展。通过脱贫攻坚，脱贫地区和脱贫村形成了大量由公共财政投资形成的扶贫资产，这些资产为打赢脱贫攻坚战发挥了巨大作用。因此，做好帮扶资产的维护与管理，也是巩固脱贫攻坚成果的重要内容。从帮扶移民工作来看，如何在保障搬迁人口不降低生活质量的情况下实现其稳定增收，同时做好搬迁移民社区的管理与服务工作，也是巩固脱贫攻坚成果的重要课题和任务。从监督考核看，做好帮扶工作的监督督促也是巩固脱贫攻坚成果的重要抓手和应有任务。

2. 稳定脱贫人口，提升治理能力。巩固脱贫攻坚成果的基本任务是稳定已脱贫人口，防止并减少返贫现象。因此建立返贫预警监测机制十分必要。除了帮扶本身取得的成果外，通过脱贫攻坚还构建了更加紧密的干群关系。大量干部在帮扶过程中提升了工作能力和业务素质，新型地方政府也在脱贫攻坚过程中塑造了良好形象。因此，巩固脱贫攻坚成果也意味着要持续改善干群关系，使人民群众更加支持和拥护地方政府。地方政府也能够在治理能力提升的过程中不断增强回应人民美好生活需求的能力，实现共建共治共享的贫困治理格局。巩固脱贫攻坚成果的最前沿最基础环节在乡村，巩固提升村级组织的治理能力也是巩固脱贫攻坚成果的应有内容。

（二）拓展脱贫攻坚成果的重点内容

拓展脱贫攻坚成果的核心在于将其形成的经验、资产、产业和组织等在新的阶段进行拓展并延伸应用，同时将脱贫攻坚阶段已经推动实施的扶贫工程在新阶段、新战略框架下进行承接应用并升级发展。具体而言，主要包含以下几个方面：

1. 拓展脱贫攻坚成果的受益范围。从脱贫攻坚成果的既有受益范围看，其主要覆盖了贫困群体和贫困村庄。但贫困边缘群体、非贫困村则相对受益不足，因而出现了贫困人口与非贫困人口、贫困村与非贫困村帮扶政策受益中的悬崖效应。拓展脱贫攻坚成果在客观上要与乡村振兴战略进行衔接。因此，拓展脱贫攻坚成果必然要使更多的人受益。此外，之前脱贫攻坚工作及其成果主要展现在乡村领域，而对于广大城市的贫困人口则关注不足。因此，脱贫攻坚成果的拓展也意味着实现城镇贫困人口对脱贫攻坚成果的分享和受益。从更大的范围看，拓展脱贫攻坚成果的受益范围，也意味着中国脱贫攻坚成果为世界反贫困工作提供经验和借鉴，为全球反贫困事业贡献力量，为推进全球 2030 年可持续发展目标作出贡献。拓展脱贫攻坚成果的受益范围也体现了习近平总书记提出的共建共治共享社会治理理论的内在要求，更是对实现共同富裕目标的接续落实。

2. 拓展脱贫攻坚成果的应用场景。在脱贫攻坚工作中形成了诸多的工作经验和机制。这些经验和机制为脱贫攻坚战的胜利提供了重要支撑。在乡村振兴阶段，这些基于实践的优秀经验和机制仍将继续发挥作用。五级书记紧抓脱贫攻坚的格局，在乡村振兴工作中仍然适用；派出驻村扶贫工作队的形式在全面推进乡村振兴阶段依然需要；东西扶贫协作的工作机制，在乡村振兴阶段仍需推进。这是构建形成区域关系、城乡关系与工农关系的重要载体，更是实现城乡要素资源平等自由流动的引导力量。脱贫攻坚过程中，我们还十分注重对致贫的结构性与行动性障碍的超越。脱贫攻坚能够取得全面胜利也源于我们构建了社会大扶贫的格局，这使得脱贫工作成为凝聚社会各方面力量的黏合剂。在广泛动员与参与的情况下，脱贫攻坚取得了举世瞩目的成就。在乡村振兴阶段继续建构社会各方参与的大格局仍然必要。当然，正如大量研究所言，在乡村振兴与相对贫困治理阶段，运动式治理方式将会被常规式治理方式取代。因此，脱贫攻坚阶段所形成的一些工作机制与经验类成果还需要进行转化和调整。

（1）拓展脱贫攻坚成果的价值使命。通过脱贫攻坚实现建成全面小康社会，但是新时代中国社会的主要矛盾仍未消除。拓展脱贫攻坚成果的价值使命在客观上要求我们接续开展相对贫困的治理。通过持续的贫困治理让脱贫攻坚阶段的绝对贫困治理成果，发挥推动共同富裕和更高水平社会福祉目标实现的功能。相对贫困需要致力于解决社会不平等、分配不合理、发展不均衡不充分的问题，而脱贫攻坚阶段的成果在一定程度上已经缓解了这些方面的问题。但要做好相对贫困的治理工作，仍需要在已有脱贫攻坚成果的基础上持续改善公共服务、基础设施、社会保障、经济社会发展等方面的城乡差异、区域差异。从这个意义上讲，脱贫攻坚的成果不能局限于现有发展水平，而是要实现动态持续推进和发展，实现乡村的全面振兴。

（2）拓展脱贫攻坚成果的保障水平。尽管我们已如期实现脱贫攻坚的既定目标，但是贫困人口退出的标准比较低，脱贫家庭以及贫困边缘家庭的生计脆弱性问题较为突出，未来需要建设高水平的全面小康社会。另外，拓展保障水平也意味着从现阶段以关注收入为主，拓展到关注贫困人口、家庭和地区的多维度发展情况，教育、医疗、社会保障、生活生态环境等都将是拓展脱贫攻坚成果保障水平的重要方向。从社会兜底保障情况看，多地的社会保障兜底水平与贫困线在一个水平，这不能满足人们日益增长的消费与发展需求。因此，社会兜底扶贫工作成果仍需向更高水平拓展，实现扶贫开发与社会保障的互嵌格局。

（3）拓展脱贫攻坚成果的治理机制。脱贫攻坚形成了一整套成体系的脱贫攻坚机制和办法，这构成了脱贫攻坚成果的重要内核。而在全面推进乡村振兴和统筹相对贫困治理的新阶段，要对脱贫攻坚形成的成果进行拓展和优化，以形成上下结合的政策制定思路。更高水平地落实城乡融合发展机制，形成与时俱进的政策框架。脱贫攻坚形成了大量的有形资产，管理好这些资产并实现高效利用也是拓展脱贫攻坚成果的重要内容。对此各地已有探索，比如实现扶贫资产的四权分立，资产所有权归国家，经营权、使用权和收益权归村集体和村民，同时也将扶贫资产的管护交给村集体。在当前仍有公益性岗位的情况下，这些扶贫资产的维护与运行是良性的。但建立更常态化可持续的扶贫资产管护机制仍需探索。拓展脱贫攻坚成果的治理机制，仍需要在政府主导的贫困治理机制方面进行拓展升级。尤其是要弥合不同层级政府间贫困治理主导逻辑差异所带来的治理张力及内在分歧，为社会多元主体主导的贫困治理机制健全发展提供空间，引导形成社会力量参与乡村振兴的常态长效机制。

案例5-1　黄陂探索"红+绿"乡村致富路

"今天，客满！"看着满屋的顾客，姚家山村"姚记老屋"老板娘任秋平满脸笑意。"'姚记老屋'能提供吃喝住游全链条服务，同时容纳200人就餐住宿，今天又是丰收的一天。"

7月23日，适逢周末，位于武汉最北端的黄陂区蔡店街姚家山村，再度"爆棚"。不少团队专程来此进行红色研学，村内餐饮、住宿生意一片红火。

5分钟车程之外的香溪谷，也是一片欢声笑语。景区内有山有水有树荫，溯溪、露营、吊桥、烧烤……游客们玩得不亦乐乎。

姚家山村，曾是新四军豫鄂挺进纵队司令部、政治部和中共豫鄂边区党委机关所在地，有大量红色遗址。但因地处偏远、交通不便，村民靠山吃山，以种田、外出打工为生。

2012年，在广东发展的黄陂籍企业家彭远海，响应政府招商号召，回到家乡，投资开发红色旅游和生态旅游，探索"红+绿"致富之路：依托红色文化打造"武汉抗战第一村"姚家山村，依托绿色资源重点打造"武汉湿地风情第一谷"香溪谷。

姚家山村内，村湾环境进行全面整治。新建红色文化广场和听党课、学党史的红色大讲堂，建成包含红色影像体验馆、红色歌谣体验馆等数个场景在内的"红色经典体验街"，成立由革命后代、党员志愿者等20余人组成的"红色宣讲团"。如今的姚家山村，已成为重要的革命传统教育基地，日接待游客最多时超过万人。

景区日渐红火，老乡们也做起配套生意。如今，步入姚家山村，一半的村民房子，都用来经营副食、餐饮、民宿等，家家门前几乎都停有小车。2012~2021年，村民平均收入从7 869元增长至26 300元。

村民姚木军、刘爱珍原先在武汉做电器维修生意，见姚家山旅游发展红火，7年前回乡发展。两口子在村内经营起民宿，成立"姚家山红色文化传播有限公司"，承接企事业单位研学、景区导游等业务，收入远超从前。

2021年，黄陂区姚家山村成为本年度武汉唯一纳入中组部"红色美丽村庄"建设的试点村。围绕试点建设要求，黄陂区将姚家山村打造成为"党建强村、红色名村、产业兴村、活力乡村、美丽新村"。

黄陂区相关负责人介绍，蔡店街辖区有锦里沟、清凉寨及姚家山，是全国唯一拥有3个4A级景区的街道，整个蔡店街年接待游客量超过100万人次，全域旅游格局已经形成。接下来，姚家山村将对标井冈山打造红色旅游教育基地，同时进一步提升锦里沟、清凉寨、香溪谷等景区配套，以"红＋绿"打造乡村致富之路。

资料来源：中国乡村振兴在线，2022 – 07 – 26.

第二节 巩固拓展脱贫攻坚成果与乡村振兴战略有效衔接

我国在顺利完成脱贫攻坚和全面建成小康社会之后，整个国家的贫困状况和发展条件都将发生根本性变化。站在向第二个百年奋斗目标迈进的历史关口，进一步巩固和拓展脱贫攻坚成果，全面推进乡村振兴，加快农业农村现代化，是一个着眼未来关系全局的重大问题。

当前及未来一段时期，我国正处于和将会处于脱贫攻坚与乡村振兴两大战略交汇的关键期。乡村振兴战略是新时代"三农"工作的总抓手，也是推动持续减贫与巩固脱贫攻坚成果的制度性保障。2021年《中共中央国务院关于全面推进乡村振兴加快农业农村现代化的意见》指出，要巩固拓展脱贫攻坚成果同乡村振兴的有效衔接，逐步实现从集中资源支持脱贫攻坚到全面推进乡村振兴的平稳过渡，从而推动"三农"工作重心的历史性转移。2021年3月22日，中共中央、国务院发布《关于实现巩固拓展脱贫攻坚成果同乡村振兴有效衔接的意见》，对衔接工作的重要意义、总体要求和重点内容等作出全面部署，为新阶段脱贫攻坚与乡村振兴的有效衔接夯基垒台。但是由于城乡二元体制的障碍无法在短期内根本消除，建设社会主义现代化强国，最艰巨最繁重的任务依然在农村，最广泛最深厚的基础也依然在农村。

当前学界对二者有效衔接的研究内容主要集中在政策安排与逻辑关系（高强，2019）、实现机制（豆书龙等，2019）、保障措施（廖彩荣等，2019）等宏观层面的研究；也有重点对产业发展（李冬慧等，2019）、治理有效（王俊程等，2021）等方面的专题性探讨。但缺乏对二者理论逻辑、政策操作层面衔接具体路径的深入探讨。站在全面建成小康社会与"两个一百年"奋斗目标的历史交汇期，科学研究并统筹谋划两大战略的衔接问题，既是当前的时代命题，也对促进脱贫减贫治理与推进农业农村现代化深度融合，促进农业农村优先发展，开启社会主义现代化国家新征程具有重要意义。

一、脱贫攻坚与乡村振兴有效衔接的必要性

在党的十九届五中全会的重要表述中，巩固拓展脱贫攻坚成果与全面推进乡村振兴战略是一并提出的。这也就意味着讨论脱贫攻坚成果的巩固与拓展，不能脱离脱贫攻坚与乡村振兴的有效衔接与顺利转型问题。就巩固拓展脱贫攻坚成果而言，乡村振兴既能够提供手段和载体，同时也构成了巩固拓展脱贫攻坚成果的目标和场域。巩固拓展脱贫攻坚成果需要找准其与乡村振兴战略的契合点。脱贫攻坚与乡村振兴的衔接，不仅要实现政策与目标层面的衔接，还要实现理论方法与治理体系方面的衔接。依托乡村振兴实现脱贫攻坚成果的巩固，需要重点关注贫困的新形态以及新生贫困，让战略的转型与衔接可以平稳顺利过渡。"十四五"时期已被明确为脱贫攻坚政策的过渡期。在全面推进乡村振兴战略的同时，实施新一轮的相对贫困治理改革试验。巩固脱贫攻坚成果在客观上对乡村振兴战略的阶段性工作提出了明确要求；而拓展脱贫攻坚成果则为乡村振兴战略的全面推进打下了物质基础、积累了工作经验。两者的结合也就构成了脱贫攻坚与乡村振兴有效衔接的重要内容。

就巩固拓展脱贫攻坚成果而言，"十四五"期间有两项重点工作：一是巩固脱贫攻坚成果；二是建立解决相对贫困的政策体系与长效机制。而其中相对贫困的治理就需要脱贫攻坚成果的巩固与拓展。因为一旦出现显著的返贫或是新生贫困，那么中国全面打赢脱贫攻坚战的成绩就会受到质疑，相对贫困的治理工作就会缺乏现实基础。因此，按照相关规划，乡村振兴可以分阶段有序推进。"十四五"阶段最紧迫的工作是脱贫攻坚成果的巩固拓展。从政策指向看，深化"两不愁、三保障"工作的基础，做好返贫与边缘人口致贫的预警监测机制设计，分类做好政策延续与调整是重点。因此，在全面推进乡村振兴战略的新阶段，针对低水平脱贫人口和贫困边缘人口，乡村振兴的重点工作仍是确保其收益的稳定增长。将工作的重心放在产业和就业两

方面，可持续地提供教育、医疗和住房的保障工作。从村庄发展规律看，乡村振兴不一定在各个村庄都是同等化推进的。可优先选择地理空间、产业、教育等方面的中心村，以中心村统领周边的村庄，避免乡村振兴无序投资与建设所带来的资源浪费和生态损伤。

就乡村振兴而言，"十四五"期间的重点工作有两项。一是通过农业农村优先发展，夯实脱贫攻坚的成果和质量；二是以乡村振兴战略统筹脱贫攻坚成果巩固拓展与相对贫困治理，建立长短结合、标本兼治的体制机制，有重点地开展乡村振兴试点县的工作。尤其是针对深度贫困地区的脱贫县，以乡村振兴接续脱贫攻坚。在脱贫攻坚阶段形成的经验成果要在乡村振兴阶段继续充分使用。如乡村振兴需强化精准战略、需上下各级政府和部门高度重视、需针对难点重点进行合力攻坚、需构建全民参与的格局、需强化各项投入并加大监督指导作用。乡村振兴战略着眼长远目标，而脱贫攻坚则注重短期内既定任务的完成。因此，乡村振兴与脱贫攻坚的衔接和结合需要强化脱贫攻坚的质量与稳定性。这本身就对巩固与拓展脱贫攻坚成果提出了新的要求。根据十九届五中全会精神，乡村振兴的主要着力点是提高农业质量效益与竞争力、乡村建设行动与农村深化改革，而这些内容都可以服务于巩固拓展脱贫攻坚成果。在产业发展领域，借鉴马克思的产业理论，发挥政府与市场的统合作用，建立农村生态产业发展的新图景，进而构建以产业为基础的乡村振兴与脱贫攻坚的衔接发展路径。

（一）理论需要

1. 深入贯彻习近平总书记"三农"工作论述的要求。"三农"问题作为乡村振兴战略的重要议题，是目前农村发展需要解决的重中之重。在此过程中，必须贯穿好脱贫攻坚工作思想及内容。通过脱贫攻坚与乡村振兴的更好融合，从而为两者的更好衔接和持续发展保驾护航。这也是学习和贯彻习近平新时代中国特色社会主义思想、落实和吸收习近平总书记关于"三农"发展重要论述的积极行动。农业农村农民问题的更好解决，意味着我们离新时期美丽乡村建设目标又走近一步。我国乡村建设的终极目标是要实现好发展好维护好农业强、农村美、农民富的美好愿景，让农民获得幸福感，从而促使我们更好地实现两个一百年奋斗目标。自十九届五中全会以来，随着"十四五"规划的逐步展开，以农业农村农民为主体的"三农"工作在我国社会发展中处于更深刻的基础性地位，发挥更广泛的全局影响以及具有更长远的战略作用。在乡村振兴这样一个大的战略背景下，脱贫攻坚、小康社会的全面建成、"三农"问题都是亟待完成的任务，而同时这一战略也贯穿在我国实现社会主义现代化的总体过程中。因此，在乡村发展建设中推进脱贫攻坚与乡村振兴二者进行衔接，也就是对我国"三农"问题整体工作推进的关键一环，是基于我国"两个一百年奋斗目标"在乡村发展中新旧目标交替以及经济动能转化的必然要求，是在顺利完成脱贫攻坚任务基础上更进一步、实现农业现代化发展格局构建并以此推进乡村建设的振兴发展。

2. 实现脱贫攻坚与乡村振兴衔接的政策要求。目前脱贫攻坚与乡村振兴有效衔接，在现实基层工作中出现了脱贫攻坚与乡村振兴脱节的现象。在各省发布的各个政策文件中，都有具体明确的理论要求。但这其中有一个重要的问题需要警醒，就是如何做到理论与实践的有机结合。即将我们在脱贫攻坚过程中所取得的一些好的实践经验，包括一些典型示范村值得借鉴的方法，如何更好地应用和使其发挥作用。进而让乡村发展的成果能更好延续，以促进更好地实现脱贫攻坚与乡村振兴的衔接问题。文件中对于这一问题的解决方案的研究较为欠缺。在基层实践中，由于地方资源禀赋不同，出现脱贫攻坚与乡村振兴工作脱节发展。例如贫困基础广、贫困程度深的地区重点还是放在脱贫攻坚工作；而乡村发展基础较好的地区则大刀阔斧进行乡村振兴战略。各县村未针对地方特色，借助本村的有利条件去发展适宜于本村的相关产业。在这方面的思考较为贫乏。

（二）实践需要

1. 探索中国特色社会主义乡村振兴发展道路的具体要求。在实现中国特色社会主义乡村振兴发展的长远道路上，做好脱贫攻坚与乡村振兴二者的有效衔接，巩固好乡村既有发展成果，共同为乡村振兴这样的美好愿景输送力量，这是社会不断发展提出的挑战和必须完成的要求。从 20 世纪 20 年代，毛泽东同志凭借对中国农村社会的深刻认识，通过"农村包围城市"的路线取得了革命的胜利。继而通过农村土地改革促使中国农村迅速发展；到 20 世纪 80 年代，在我国安徽省的小岗村，首先提出和实践的家庭联产承包责任制，取得较好的效果和影响。也由此拉开了中国经济改革的序幕；进入 21 世纪后，我国在乡村建设的逐步探索之下，2015 年脱贫攻坚战役正式打响；2018 年乡村振兴战略正式发布实施。这些政策的提出和实施，是我国多年的理论研究和实践探索的成果，是促进具有中国特色社会主义乡村发展道路的必然选择。与此同时，为了建设好农业农村现代化，在乡村工作的重心中必定要求落实好脱贫攻坚与乡村振兴的有效衔接。

2. 推进建立脱贫攻坚长效机制的要求。通过消除贫困最终实现全体人民的共同富裕，完成好全面建成小康社会奋斗目标，是国家对人民的承诺。打赢这场脱贫攻坚战、实现乡村振兴的最终目标，是全体共产党人和广大人民群众的殷切期盼，是社会主义的本质要求。2020 年是脱贫攻坚战役的收官之年，也是我国第 14 个五年规划的启程之年。从 2022 年起，在脱贫过程中所面临的绝对贫困这样艰难的问题也将取得进一步的推进和解决。如何建立稳定脱贫和防止返贫的长效机制来应对乡村振兴中可能存在的相对贫困问题，保障乡村振兴中的基本民生，是在实践中进行脱贫攻坚与乡村振兴衔接需要思考和迫切处理的内容。

3. 破解乡村振兴发展难题的要求。虽然我国在脱贫上已经取得了一定进展和成效，但是由于部分地域贫困程度较深，目前已经完成脱贫的小部分地区和人口还存有返贫的风险。这种状况的发生也会直接影响到整个省乡村振兴的总体水平。各地区在发展中易返贫的原因也是造成乡村振兴发展难题的主要原因。首先，各省各县村产业基础亟待发展巩固。在脱贫攻坚进行的过程中，县村更多地重视产业的近期效益，对当地产业的长远发展未作出明确规划。所以就存在一些已经脱贫的产业在继续发展的过程中，面临再次出现问题这样的困境。其次，在贫困村与非贫困村的发展中，受资源禀赋差异影响，政策偏重性存在一定差异。在脱贫攻坚中更多重视贫困户及贫困村的发展，对一些基础较差的非贫困村的发展未得到足够的重视。最后，基础设施及公共服务与城市相比还是具有较大差距。在脱贫攻坚进行的过程中，乡村基础设施虽然已得到了极大的改进，但仍然存在很大的城乡差距。如何破除城乡二元对立的局面，也成为乡村振兴需破解的难题之一。

二、脱贫攻坚与乡村振兴有效衔接的内在联系

脱贫攻坚与乡村振兴是我国驰而不息、重农强农的战略决策。两个战略既体现出各自明显的阶段性特征，同时也包含着内在严密的逻辑关系。探索二者有效衔接的逻辑关系，稳步推进二者有序实施和有效衔接。

（一）马克思主义反贫困理论的必然要求

贫困是一个历史范畴，从古代到现当代都一直存在；贫困也是一个全球性问题，不论是发展中国家还是发达国家都一直深受其扰。恩格斯在《英国工人阶级状况》中指出，工人阶级处境悲惨的原因不应当到这些小的弊端中去寻找，而应当到资本主义制度本身中去寻找。他揭示了在资本主义制度下无产阶级贫困的资本主义制度根源。因此，在他看来要想摆脱贫困、消除贫困，唯有推翻资本主义制度。要解决贫困，就必须发展生产力。而发展生产力、消除贫困的重要动力就是改革，改革归根结底就是要破除社会生产力发展的障碍。

"中国共产党坚持执政为民，人民对美好生活的向往就是我们的奋斗目标。"消除贫困使人民生活水平与质量不断提升进而实现共同富裕，是全国各族人民的共同愿望与美好向往，也是我国作为社会主义国家的内在要求，更是我们党的重要使命。党的十八大以来，以习近平同志为核心的党中央不忘初心使命，心系贫困人民，聚焦"三农"难题。在马克思主义经典作家与历届领导集体贫困治理理论与实践的基础上，坚持以人民为中心，将扶贫、脱贫精准化，改大水漫灌为精准滴灌。我国之所以能在脱贫事业中取得举世瞩目的成就，关键在于坚持与发展了马克思主义反贫困理论。那么，在决胜脱贫攻坚、解决绝对贫困之后，如何让乡村振兴战略落地生根，进而实现农业农村现代化与全体人民共同富裕，这是当前我国必须面对也是必须解决好的难题。要解决这一难题首先必须在巩固拓展脱贫攻坚成果的基础上，实现其同乡村振兴的有效衔接。

（二）脱贫攻坚是实现乡村振兴战略的前提基础

党的十八大以来，党中央加大扶贫工作力度和强度，带领人民群众展开了轰轰烈烈的脱贫战争。在华夏大地书写了上下一心、披荆斩棘、栉风沐雨的宏伟诗篇，弘扬了新时代艰苦奋斗的精神，在贫困地区攻克了一个又一个贫中之贫、坚中之坚。2021年全国脱贫攻坚总结表彰大会的召开宣告着脱贫攻坚取得全面胜利，在绝对贫困问题上向前迈进一大步。目前，已实现现行标准下9 899万农村贫困人口全部脱贫；832个贫困县全部摘帽；12.8万个贫困村全部出列，区域性整体贫困得到解决。根据党中央决策部署可知，2020年完成脱贫攻坚后赓续推动乡村振兴，乡村振兴战略的制度框架和政策体系构建于同年基本完成。所以，脱贫攻坚是确保乡村振兴顺利开展的首场硬仗，必须先完成脱贫攻坚。2020年，决战脱贫攻坚取得决定性胜利，贫困地区和贫困群众同全国一道进入全面小康社会，为实施乡村振兴战略打好基础。经过脱贫攻坚，贫困地区经济社会发展大踏步赶上来，农村居民收入水平稳步增长，衣食住行水平都更上一层楼，脱贫成果经得起人民群众的检验。同时，塑造出一批乡村干部和农业人才；农村的扶贫机制体制更加完善；教育、医疗、住房等民生难题得到历史性解决；饮水、用电、住房等都得到保障。由此带来，脱贫群众精神面貌发生巨大改变，农村群众自立自强的信心猛涨。从而促进党群关系明显改善，乡村群众更加拥护中国共产党的领导。因此，脱贫攻坚是实现乡村振兴战略的前提基础，在很大程度上减轻推进乡村振兴的压力，为确保乡村振兴顺利推进创造了有利条件，为贫困地区提供了产业、生态环境、教育、医疗等各方面保障。

提高农业生产效率是脱贫攻坚的目的和作用。因此，脱贫攻坚是前曲。在完成脱贫攻坚任务的过程中，大家已经在实践中总结了一些非常有实操性的工作方法，积累了产业扶贫、教育扶贫、医疗扶贫以及工作机制、干部队伍等方面的良好经验，对于未来实现乡村振兴战略具有重要而深远的意义。其中，就产业方面来说，脱贫攻坚是为了"用产业来实现脱贫"，而乡村振兴是为了"用产业来实现兴旺"。前者是后者的基础，后者是前者的继续，一脉相承。

（三）脱贫攻坚和乡村振兴在目标上循序渐进

就目标任务来说，脱贫攻坚和乡村振兴都是为了让人民过上幸福美好的生活。从当下看，脱贫攻坚和乡村振兴共同聚焦于全面建成小康社会；从长远看，脱贫攻坚是实现农村不贫困的短期目标，乡村振兴是实现农村富裕的长期目标。二者共同推动中华民族的伟大复兴，在目标上是由低至高、由近至远、循序渐进、逐步推进的。

（四）脱贫攻坚和乡村振兴存在时间上的交汇性和衔接性

从短期来看，脱贫攻坚战已全面胜利，即将全面转向乡村振兴；从长期战略角度看，完成"第一个一百年"是脱贫攻坚的奋斗目标，完成"第二个一百年"是乡村振兴的奋斗目标。在"两个一百年目标"中，脱贫和振兴循序渐进，并制定了 2020～2050 年的阶段性目标和计划。2020 年，我国脱贫工作全面完成；到 2035 年，要实现乡村振兴的决定性胜利，推动农村发展，推动农业产业结构调整；2050 年，要实现共同富裕，建设生态美好、文明健康发展的现代化农村。

（五）乡村振兴战略是巩固脱贫攻坚成果的保障

脱贫攻坚取得历史性成就。但是，脱贫人口返贫的隐患依然存在，需要采取必要的措施巩固脱贫攻坚的胜利成果。由脱贫攻坚的经验可以看出，部分贫困地区因为政府、企业和社会参与等大量资源的投入，可以快速实现脱贫。但是，内生动力不足和内部造血机能不强的地区返贫率较高。根据脱贫地区实际情况，现阶段脱贫是整体水平比较低的脱贫，农户的可持续性脱贫能力还需提高。医疗、教育、住房、供水供电、交通、通讯网络等配套基础设施建设水平相较城市依然亟须提高，基本公共服务体系不够完善。乡村产业虽然得到一定发展，但是产业基础仍然薄弱、体系不够完整，缺乏地域特色。乡村振兴是从乡风、生态、组织、产业等各个方面继续纵深开展，吸收更多人才到乡村进行现代化建设，推动产业升级、整治乡村环境、塑造积极向上的文明乡风等。在脱贫攻坚表彰大会上总书记指出，"我们要切实做好巩固拓展脱贫攻坚成果同乡村振兴有效衔接各项工作，让脱贫基础更加稳固、成效更可持续"。因此，推动乡村振兴和巩固脱贫攻坚成果是当前农村工作的重点。持续完善扶贫机制，推动基础设施建设和基本公共服务，推动乡村产业发展。在现有产业基础上挖掘农业的多功能性和一二三产业融合延伸产业链，推动乡村产业优化升级，探索多种增收模式，为脱贫提供长效内生动力。所以，乡村振兴是巩固脱贫攻坚成果的保障，走向共同富裕是未来乡村振兴实践努力奋斗的工作方向。面对接下来乡村工作的严峻考验，提升基层扶贫工作水平，实施乡村振兴战略从全方位为减贫振兴保驾护航。

乡村振兴为脱贫攻坚长效机制提供动力、释放空间，提供更多机遇。中央提出，为稳定脱贫攻坚成果设置 5 年过渡期，与乡村振兴统筹推进。这既是国家政策的导向性要求，又能巩固脱贫攻坚成果，保持现有政策不变，提升农村农业发展水平。还能防止工作开展的半途而废，把"以人民为中心"的发展思想和"一张蓝图绘到底"的安排部署进行到底。

三、脱贫攻坚与乡村振兴有效衔接的重要意义

（一）为世界贫困问题的解决提供中国方案

贫困问题一直以来都困扰着世界各族人民，是每个民族都要面临的现实问题。改革开放以来，有许多国际组织和机构以多种形式参与中国扶贫开发，

为中国带来许多资金、物资和项目帮扶及课题研究等多种形式的帮助，带来了先进的技术、管理方法、治贫理念，推动了我国扶贫开发的进程。随着我国的综合实力逐年攀升，从国际视角看，中国道路、中国方案、中国智慧以及力量正在成为其他国家考察和学习的范例，在整个世界的影响力日益突出，为世界各国解决乡村问题贡献了中国方案。在乡村脱贫过程中，处理好市场与政府的关系，以产业扶贫的方式发挥企业在扶贫中的作用。同时，针对不同贫困主体的不同贫困情况采取不同的扶贫方案，实施精准扶贫策略，在极大程度上助力了贫困治理。自党的十八大以来，这些方案的实行促使贫困治理每年都超额完成扶贫任务。这不仅是我国贫困治理的宝贵经验，也为世界减贫事业做出重大贡献，提供了人口大国治理贫困的有效经验。要想让国际社会以公正的态度审视中国贫困治理，必须让他们了解中国的扶贫故事。其中，习近平总书记关于扶贫的论述不仅会给其他国家在贫困治理方面带来启发和灵感，也将作为中华文明的一部分对全球减贫事业产生积极影响。党中央提出脱贫攻坚和乡村振兴战略，不仅为中国解决乡村发展建设作出指示，也对世界其他国家解决乡村发展问题上也起到启发和借鉴的作用。

（二）有利于实现"两个一百年"奋斗目标

目前，脱贫攻坚全面胜利，农村贫困人口脱离清贫窘迫的生活状态，生活比以往更加体面和幸福。乡村振兴战略巩固脱贫成果的同时深入推动减贫振兴，为国家发展提供可持续发展的动力。不仅有效破解当前国家面临的主要矛盾，还为国家健康有序发展提供持续的发展动力。其一，脱贫攻坚给农村带来巨大的改变。贫困地区人口综合素质得到提高，产业取得初步发展，环境治理有序推进，农村基层组织得到发展和完善，贫困群众精神面貌焕然一新等。八年扶贫奋斗实现第一个百年奋斗目标，顺利迈出向第二个百年目标，为乡村振兴工作的后续开展节省了政策传达和执行的直接成本，全方面为乡村振兴战略的执行提供基础支撑。其二，乡村振兴为社会新矛盾的解决提供新思维新方法。改变了以往城市优先发展的局面，推动城乡、工农协调发展，推动农村经济实现繁荣发展，减小城市居民收入差距。其三，乡村振兴战略在乡村持续发力，为全面建成小康社会补齐短板。改善乡村生态环境，培育乡风文明，回归乡土中国，彰显乡村文化底蕴。其四，二者的衔接推动农村基础设施的建设更加完善，为贫困群众提供更全面的社会保障制度和更优质的公共服务。其五，二者的衔接推动为乡村发展提供内生动力。一方面，促进农民的主体地位不断强化和提高，贫困群众内生发展动力的逐步积累。另一方面，壮大乡村集体经济，加快村民资本的不断积累。脱贫攻坚与乡村振兴的有效衔接是当前解决扶贫问题的重要手段，也是乡村振兴战略向纵深方向拓展的内在需要，更是扶贫重心转移和方式改变的客观要求，关系着实现"两个一百年"的奋斗目标。

（三）推动中国特色反贫困理论创新和发展

首先，实践是理论的来源。中国多年来的反贫实践不断升级更迭，新时代实施脱贫攻坚和乡村振兴战略，推动中国特色反贫理论的创新和发展。新中国成立以来，党中央高度重视农村工作，历届领导人都对贫困治理进行了探索。新民主主义革命时期，党团结带领广大农民进行土地革命，实行耕者有其田，为摆脱贫困创造了条件。1949 年后，党团结人民进行社会主义建设，实施小规模的救济式扶贫，为摆脱贫困打下了基础。1978 年以来，党带领人民进行大规模的扶贫开发，取得了空前绝后的成绩。如今，从耕者有其田到农业现代化水平的提高；从家庭联产承包责任制的推行到"三权分置"的改革；从社会主义新农村建设到乡村振兴战略的提出。无论是新民主主义革命时期还是社会主义建设时期，党一以贯之地致力于贫困治理问题，帮助贫困群体脱贫致富。习近平总书记的扶贫开发战略思想是以人民为中心，基于党中央的初心和使命，并结合中国各阶段脱贫实践而锤炼出的理论成果。进入新时代，经过多年的脱贫攻坚和乡村振兴实践，中国扶贫理论得到创新和发展，形成了中国特色反贫困理论。

其次，实施脱贫攻坚和乡村振兴，促进二者有效衔接，丰富和发展了马克思主义反贫困和城乡关系理论。我国贫困治理理论在经过世界上最大规模扶贫实践的检验后，充分证明了其内涵丰富、思想深远、逻辑严谨，具有鲜明的科学性、实践性和指导性。既创新发展了中国特色扶贫开发道路，又丰富了马克思主义反贫困理论。脱贫取得胜利后，接续推进乡村振兴被提上农村工作的日程。这是党和政府在继承马克思主义城乡关系理论的基础上，结合中国城乡关系发展做出实施乡村振兴战略的重大战略选择。乡村振兴战略的提出正是基于对多年来我国城乡关系变化和发展规律的把握而做出的战略新选择，也是对马克思主义城乡关系的进一步丰富和发展。

案例5-2 青海班玛——高原养菌"土生金"助力乡村振兴

高原仲夏，青海省果洛藏族自治州班玛县江日堂乡高原特色菌种种植基地大棚内，土壤中的羊肚菌菌种正贪婪地汲取着养分，静待发芽生长。

银宝在大棚内半蹲着，一边察看营养包放置情况，一边用铁锹将泥土堆在塑料薄膜两端压实，保证土壤周边温度恒定。按照生长规律，再过几天，白色的菇蕾将冒头出现，黝黑的土地上将撒满"星星"。

6月10日，青海省果洛藏族自治州班玛县江日堂乡高原特色菌种种植基地大棚内，当地牧民银宝正半蹲着察看羊肚菌营养包的放置情况。

银宝是江日堂乡更达村村民，从小在班玛县长大的他对羊肚菌既熟悉又陌生：熟悉是因为每到夏季，野生的羊肚菌在县域内的玛可河林场频频"出没"，牧民时不时会摘取一些卖钱；陌生是因为他怎么也想不到，这些售卖每斤价格上百元的羊肚菌竟能在土地里种植。"土里面也能种出'金子'？"银宝心里满是疑问。

班玛县平均海拔3 500米以上，年降水天数超过170天，气候冷凉、昼夜温差小、土壤微量元素含量高，是羊肚菌的天然培育场。

"上海援青干部想为当地引入高附加值的经济作物。经过调研，喜凉的羊肚菌进入视野。"上海市农业科学院食用菌研究所副研究员陈辉介绍，上海农科专家先后多次来到班玛县，研究人工规模化种植羊肚菌的可行性，最早一批羊肚菌在2020年6月中旬顺利出菇。

改造蔬菜温棚为菌种凉棚、布设双层遮阳网减少紫外线、铺设双层薄膜控制温度……经过两年试种，大棚内羊肚菌出菇率达20%～30%，每亩地产量约400斤。"羊肚菌鲜品价格稳定在每斤150元左右，制成的干品价格更是达到每斤600元，是目前人工栽培价格最高的食用菌类。"陈辉说，相较于其他地区每年2～3月羊肚菌成熟，7月"反季节"收获的羊肚菌正好补充市场空缺，卖上一个好价钱。

羊肚菌试种培育成功后，上海援青指挥部投资1 200万元，扩大羊肚菌种植规模。"造血式"帮扶，推进乡村振兴。"通过土地流转的方式得到15余亩土地，在土地平坦处修建了42座菌菇大棚及设施，用于羊肚菌的培育、加工。"银宝告诉记者。

"一年下来，羊肚菌种植收入在50万元左右。除了每年向土地所属村落的26户村民提供30万元分红外，基地还为周边村落提供10余个劳动岗位，负责羊肚菌种植收获工作。"种植基地负责人刘辉说，"招工告示张贴出来的第一天，银宝就报名了"。

从牧民到羊肚菌培育工人，银宝现在一天的打工收入有200元，每年大约可以干半年时间。加上在基地打零工的妻子和儿子，仅靠种植羊肚菌，银宝一家年收入能达四五万元。

再过3周，一簇簇新鲜的羊肚菌将破土而出，运往全国各地。而银宝有关羊肚菌"土生金"的疑问也会在一架架装载羊肚菌的飞机起落间得到答案。

资料来源：中国乡村振兴在线，2022 – 06 – 12.

第三节　脱贫攻坚与乡村振兴有效衔接的现实困境

当前，我国正处于脱贫攻坚与乡村振兴统筹衔接的历史交汇期。打赢脱贫攻坚战为乡村振兴战略奠定了良好基础；乡村振兴是脱贫攻坚基础上的巩固、提升和拓展。两大战略的衔接工作是战略目标有序推进的保障。它关系到我国"三农"工作重点的稳步承接和调整，更能体现中央造福人民和实现共同富裕的不懈追求，彰显人民接续奋斗、久久为功的境界。然而，二者在衔接过程中也面临着一系列风险和挑战。

一、农村土地制度改革是全面推进乡村振兴的重要保障

土地政策对我国的"三农"发展具有不可替代的影响和作用。它既是脱贫攻坚的有力推手，又是乡村振兴的制动器。脱贫攻坚针对的是特定区域的特定人群，帮扶对象具有特惠性和针对性。而乡村振兴的政策取向则适用于所有农村地区的所有人，更加注重普惠性与整体性。精准扶贫时期，各级政府出台了多项应急性、针对性强的减贫政策来推进脱贫攻坚进程。例如，城乡建设用地增减挂钩向贫困地区倾斜；高标准农田建设等新增耕地指标跨省域调剂；深度贫困地区建设用地涉及农用地转用和土地征收加快审批等。值得深思的是，当前已步入相对贫困治理阶段，原先具有特殊性的土地优惠政策，例如对贫困人口在地价、供地方式等方面的土地支持政策，是否应当继续运用到乡村振兴战略中。两大战略在土地政策的衔接方面亟待统筹协调。

农村土地流转市场化有助于实现土地的规模经营，促进传统农业转向现

代农业，解决因农村大量劳动力的转移而出现的荒地和空地等问题。相对于成熟的城市土地流转市场来说，农村土地流转市场化仍然存在一些问题。一是土地流转市场机制不健全（郑雄飞等，2021）。虽然北京、天津、山东、江苏等省份建立了省级农村产权交易市场，但在全国范围内尚未形成一个完善的市场体系。因土地供求双方权利和责任不明确、信息不对称现象引发的土地流转纠纷数量也较多。通过检索中国裁判文书网发现，2019~2021年，有关土地流转的纠纷数量分别为15 563例、13 964例和7 534例。整体呈下降趋势，但总量仍较多。二是集体土地流转不规范。目前各地尚未形成完整规范的流转程序，土地流转普遍存在口头化、随意化的问题，缺乏关于流转程序、流转方式、流转管理等方面的统一规范。三是社会保障体系不完善。虽然各地政府对农村土地流转给予了资金和政策上的支持，但现有的社会保障制度无法全面保障失地农民的基本利益。

二、农村集体经济薄弱，产业发展升级困难

发展壮大农村集体经济是实现乡村全面振兴的必由之路。农村集体经济的壮大不仅可以提高农村产业规模化和科学化经营的步伐，还能加快实现农村资源的优化配置，从多维度全面推进乡村振兴。据了解，全国67%的脱贫人口主要靠产业帮扶"摘穷帽"（乔金亮，2019）。2020年中央财政安排资金75亿元，扶持2.1万个村发展集体经济。但是现阶段我国大部分农村集体经济具有无可持续发展的集体经济项目、财政依赖性较强、村集体资产和资源较少等特点。据调查，在经济相对落后的东北和西部地区，有接近30%的村没有任何集体资产（黄季焜等，2019）。即使是在同一地区，由于区位、交通、人口、产业等因素的差异，村集体资产也不均衡。总体来说，村集体经济相当薄弱，新形势下农村集体经济薄弱与其彰显的重要地位成为当前突出矛盾。

产业发展是壮大集体经济的内在驱动力，也是农民实现脱贫致富的根本动力。通过脱贫攻坚，各地的乡村产业得到一定发展。但是由于产业基础较为薄弱，在全面推进乡村振兴的阶段乡村产业升级发展较为困难。一是产业同质化严重。乡土特色源于特色农业和特有的文化面貌，部分乡村忽视本身的农业特色和自身的文化资源，盲目生搬硬套其他地区的产业模式。导致产业的地域特色不明显，市场竞争力不足，产业发展效果较差。在农产品项目层面，大部分地区选择的产品都集中在茶叶、苹果、猕猴桃、大棚蔬菜等，

各地的产业项目相似度较高。在旅游项目层面，未能充分挖掘各地乡村的特色旅游资源，大多地方开发的旅游项目呈现出严重同质化现象，导致旅游发展千篇一律。二是产业融合度较低。农村一二三产业融合是以农业为依托，将生产要素在产业之间与产业内部进行合理配置，进而使三次产业的内涵与外延实现有机整合的过程（钟真等，2020）。当前产业融合发展尚处在初级阶段，农业产业链较短，旅游产业融合度不高。当前家庭仍然是农业生产经营的主要主体，其他经营主体想要进入农村进行产业经营较为困难。因而农业产业链仍停留在提供初级农产品的供应链底端，对产品进行深加工与销售的地区少，并未形成"生产、加工、物流、销售"为一体的产业融合式发展。旅游业也主要集中在民俗村、农家乐、古镇古寨、生态观光等项目，形式单一且新元素、新产品和新业态引入不足。在文化传承、生态科普及健康养老层面的价值功能开发不足，尚未形成"生活、生态、文化"一体的体验型旅游模式。

三、易地搬迁治理低效，城镇化辐射力不强

城乡协同发展是实现乡村全面振兴的紧迫任务。2020年底，我国累计建成易地扶贫搬迁集中安置区3.5万个；安置住房266万余套；960多万贫困人口搬进新家（马矿，2020）。至此，易地扶贫"搬得出"的目标任务已完成，易地搬迁工作顺利转入新阶段。通过将生活在偏远山区、条件较差的贫困户搬迁安置到自然条件好的地区，农民的住房条件、生活环境、社会资源等方面都得到了改善。但其后续支持能否产生实效，在很大程度上取决于搬迁新社区治理机制的构建（黄祖辉，2020）。搬迁社区具有人口规模大、迁出地来源广、安置速度快等特征，社区内部不同民族间的文化冲突、多村落管理混乱、流动人口、失地农民再就业等问题日渐暴露。现有的社区治理体系和治理模式已无法满足搬迁社区的多元化需求，亟须构建共建共治共享的社会治理新格局，从而提高安置社区的社会治理水平。

实施新型城镇化的初衷是缩小城乡之间的差距。城镇化建设在一定程度上能够打通城乡循环的堵点，促进生产、资源、人才、金融等要素的流动。乡村虽搭上了城镇化建设的快车，但是整体水平较低，对周边的经济影响力和辐射带动力较弱（赵俊亚，2021）。具体表现如下：一是公共服务供给与需求不匹配。相对优质的公共服务是人口聚集和增长的动力，新型城镇化要

求公共服务均等化。当前服务设施呈现供给不足和结构性失衡的问题，部分地区出现县城公共服务设施不足、镇村公共服务设施闲置的现象。二是基础设施建设水平滞后。农村基础建设可分为"生产、生活、生态"三类。与以农田水利设施代表的"生产"基础设施相比，"生活和生态"类基础设施建设相对滞后。其表现为交通、电力、网络、生活配套等设施不够完善，污染治理以及生态保护普遍乏力。目前村庄通硬化路比例仅为40%，互联网普及率为55.9%；城市污水、生活垃圾无害化处理率均超过95%，而农村分别仅为22%、60%，且30%以上的农户没有使用卫生厕所。原因在于农村基础设施建设缺乏科学规划，财政资金投入存在较大缺口。三是组织管理不健全。新型城镇化要求管理更加科学、有序、高效，相关法律法规更加健全。当前新型城镇管理规范化、信息化和智能化程度有待全面提升。

四、自主脱贫意识淡薄，内生发展动力匮乏

内生发展动力是全面推进乡村振兴的重要依托。人民群众是社会实践的主体，实现乡村全面振兴的伟大实践离不开广大农民的参与和推动。当前在脱贫攻坚和乡村振兴战略部署中政府多居于主导地位，实施的是由政府主导、行政推动的自上而下的脱贫和振兴工作，政府与农民之间的沟通交流相对较少。在农村的各项变革中，农民的主体地位、积极性和主动性无法彰显，形成政府主导与农民主体性难以协调的局面（王卓等，2021）。

在激发脱贫攻坚与乡村振兴有效衔接的内生发展动力层面尚存在以下问题。一是思想观念明显滞后。"主人翁"意识缺乏是影响当前乡村振兴的最大障碍。贫困地区的农民与将乡村产业作为重点发展产业或者支柱产业的发达地区农民相比，二者的差距源于农民主动脱贫意愿不足，缺乏依靠乡村产业发家致富的思想意识。在脱贫攻坚阶段，政府对贫困人口采取的各项政策和物资等特惠性帮扶措施，带动了贫困村和贫困人口的脱贫需求，改善了贫困人口的生活条件，增加了农民的发展机会。却也使部分农民脱贫致富的主动性降低、政策依赖性增强。农民缺乏自力更生、艰苦奋斗的精神，等、靠、要的依赖思想严重。二是行为参与度不高。主要表现为"干部干，农民看"现象。部分农民甚至认为脱贫致富是政府的事情，与自己无关，妄想坐享其成，混淆了脱贫主体和扶贫主体。贫困山区的群众信息闭塞，观念尤为落后，自身求发展盼富裕的愿望不强烈。谈到扶贫，主要看能给自己拨多少钱，不

想如何利用资金和政策去摆脱现在的贫困现状。小富即安，不富也安。三是农民自我发展能力不足。在脱贫攻坚和乡村振兴有效衔接过程中，增强脱贫地区自我发展能力是重要因素。自我发展能力要求农民要善于运用各种内在和外在有利条件，发挥主体作用推动农业农村的可持续发展。目前，农民普遍存在受教育程度和专业技能较差的问题，导致农民对乡村全面振兴和乡村产业发展认识模糊，在发展经济、增加收入等方面思路不宽，办法不多，收入难以提高，对改革的质量和推进进程产生影响。

五、生态环境破坏严重，人居环境遭受忽视

绿色可持续发展是全面推进乡村振兴的内在要求，生态环境和人居环境事关广大人民群众的根本利益。长久以来，农村生态环境治理和人居环境受到传统城乡二元结构的影响，未得到与城镇的同等对待。城乡之间在生态环境和人居环境治理的投资力度、设施水平、环境质量等方面均存在很大的差距。近年来，通过实施新农村和美丽乡村等一系列建设行动，农村的生态环境和人居环境得到了改善，但是长期积累的生态环境和人居环境问题在短期内难以得到根本解决。

现阶段农村面临的生态环境和人居环境形势依然严峻。一是生态环境遭到破坏。一些地区没有处理好经济发展同生态环境保护的关系，以无节制消耗自然资源、破坏生态环境为代价换取经济发展。例如，自然资源的开发未严格落实执行总体规划或目标责任书要求的具体指标数值，采取过度、盲目及掠夺式的开发方式，导致能源资源、生态环境问题越来越突出。石油等重要资源的对外依存度快速上升，耕地减少、水土流失、土地沙化、草原退化情况严重。二是人地矛盾加剧（赵国党等，2021）。农民的环保意识比较薄弱，滥施农药、化肥，垦荒围湖造田，乱挖滥采，不仅使农产品受到严重污染，也污染了土壤、空气、水源，对农业生态系统造成极大威胁。2019 年农业农村部全国耕地质量等级情况公报显示，我国 14.5% 的耕地已严重酸化。近 30 多年来，湖南、江西等省份作物减产 20% 以上，盐碱耕地约有 1.14 亿亩。土地退化、沙化、碱化现象严重，生态严重失衡，人地矛盾进一步加剧。三是发展管控不到位。当前很多农村地区都在发展旅游项目，但是有些地区的发展规划未充分考虑当地的环境承载力，使得已经接近或超过资源环境承载能力的极限。部分旅游项目也与生态保护的要求不符，甚至存在违规审批

旅游规划或者没有依法报批旅游发展规划的状况，旅游发展处于无序状态。四是人居环境长效治理难。顺应广大农民的现实需求，我国统筹推进了对农村人居环境投入力度。截至 2020 年底，中央累计安排资金 258 亿元，支持 15 万个行政村完成环境整治，农村生活垃圾收集转运体系覆盖 90% 以上的行政村（苏克敬，2021）。人居环境得到不断优化，但依然存在长效管护难的问题。例如东部、中部、西部地区生活污水治理水平存在较大差异。生活垃圾处理在转运过程中可能造成二次污染，处理不当甚至可能会对地下水体造成污染，农村厕所改造科技化、无害化、清洁化程度低等现象依然存在。

六、利益联结要素缺乏，利益分配难以平衡

利益联结是全面实现乡村振兴的关键秘诀。2021 年《中共中央 国务院关于全面推进乡村振兴加快农村现代化的意见》提出要建立农业生产全产业链，完善利益联结机制，让农民共享乡村产业增值收益。2021 年 4 月 29 日通过的《乡村振兴促进法》第 21 条提出，国家支持涉农企业以多种方式与农民建立紧密型利益联结机制，让农民共享全产业链增值收益。利益联结是集体经济组织与龙头企业、村民之间利益均沾、合作共享的纽带。所谓利益联结，即构建一个属于"企业、村集体经济组织和农民"的利益共同体。通过整合生产要素，充分发挥各自优势，使农业向规模、品牌、市场要效益，实现产业链利益最大化，促进农业发展，达到合作共赢的目的。既让龙头企业有赚头，村级集体经济组织有收获，又让村民收益实现最大化。

目前，全国培育 7 000 多个农业产业化联合体，涉农企业与农民的利益联结机制探索取得一定成效。但利益联结的稳定性和利益分配的合理性仍然存在不少问题，利益联结机制仍有许多瓶颈需要突破。一是利益联结不稳定（张宏伟等，2021）。利益联结中不仅存在生产、市场、财务、产业链等内部风险和外部环境风险，影响企业与农民之间交易契约的稳定性，阻碍农企产业链的形成以及共同利益的实现；还存在合同不规范、监管不到位等问题。合同的不完整性及不同的利益诉求会引发机会主义行为，产生履约困难、违约率高的局面。二是要素联结不完善。利益联结的要素包括土地要素和劳动力要素。在土地要素方面，农户对土地价值的评估有很大差异。当企业需要大规模地流转土地时，其提供的流转价格若难以使所有主体都接受，会在一定程度上影响利益联结的扩大。在劳动力要素方面，缺乏懂管理、会技术的

高素质职业农民。工资分配也比较单一，无法对农民形成有效激励。三是利益分配不合理。多数农民只是获得固定收入，尚未建立起股份制合作，也未建立起利益共享、责任共担、发展共赢的有效合作机制。四是保障措施不健全。地方政府在引导龙头企业与农民建立利益分配机制时，往往忽视了利益保障机制的建立。特别是对违约方缺乏有效的制衡机制，惩罚措施或惩罚力度尚不能发挥制约作用。

案例5–3 "绿起来"带动"富起来"——大别山区"两山"实践创新基地观察

守"绿"换"金"：生态颜值渐显经济价值

平均海拔1 000米、负氧离子含量每立方厘米最高可达2万个。初夏时节，大别山深处的岳西县鹞落坪国家级自然保护区内，茂林修竹、青山滴翠。这里植被覆盖率超过95%，大别山几乎所有的生物种群和植被类型都能在保护区里找到，素有"植物基因库""濒危动植物避难所"等美誉。

保护区内的岳西县石佛村，曾是"萝卜山芋当干粮，有女不嫁石佛郎"的贫困村。如今不仅实现"绿色脱贫"，而且成了远近闻名的"美丽茶村"。

刚刚过去的采茶季，村里3 300亩有机茶园的绿茶被抢购一空。鲜叶最高卖到了500元一斤，是普通鲜叶价格的两三倍。

"茶产业是我们村的脱贫产业，更是我们的致富'金叶'。"石佛村党支部书记、村委会主任王军说。

得益于保护区得天独厚的生态环境，石佛村的茶叶获得了绿色有机和地理标志双认证。仅2021年，石佛村户均茶叶增收超3万元，村集体经济收入近50万元。

村里还通过发展茶旅融合，每年吸引数以万计的游客，秀丽风景、生态颜值成为村民们增收的"美丽经济"。

从土里刨"金"到守"绿"换"金"，石佛村是大别山区"两山"实践创新基地绿色发展的缩影。

大别山区由于交通不便、发展滞后，这里的绿水青山一度被看成"穷山恶水"。得益于脱贫攻坚，如今，大别山区旧貌换新颜。但致富路上，如何跳出传统的工业化老路，发挥生态优势、用好这个"最大本钱"，成为这一地区当前发展的必答题。

资料来源：中国乡村振兴在线，2022–07–11.

第四节 脱贫攻坚在乡村振兴中的实践
——以浙江德清经验为例

2022 年 2 月 22 日，中共中央、国务院发布《关于做好 2022 年全面推进乡村振兴重点工作的意见》。要求"抓点带面推进乡村振兴全面展开"，开展"百县千乡万村"乡村振兴示范创建。脱贫攻坚与乡村振兴的有效衔接是我国实现"两个一百年"奋斗目标下，农村社会发展的崭新课题。巩固脱贫攻坚成果，全面实现乡村振兴过程中，势必会遇到各种问题。难题的解决依托于科学观念指引和实践经验成果，成功的经验会让地区乡村振兴的实践事半功倍。在我国脱贫攻坚以及脱贫攻坚和乡村振兴有效衔接上，浙江省在全国处于领跑位置。2021 年，《浙江省乡村振兴促进条例》明确提出，要"统筹解决地区差距、城乡差距、收入差距，推动高质量发展建设共同富裕示范区""推动高质量创建乡村振兴示范省"（姜长云，2021）。而在浙江的脱贫攻坚和乡村振兴实践中，浙江德清独特的发展模式具有较强的借鉴意义和参考价值。

一、浙江德清的发展定位

德清县是位于浙江北部的半山区县，地理结构为"五山四水一分田"。全县地势西高东低，西部为山区，中部为丘陵，东部为水乡。德清的基本地理结构和自然资源与我国众多的农村贫困地区相比并非得天独厚，不具有先天发展优势。这个面积仅 935 平方公里，人口约 49 万人的山区县，在发展过程中依靠独特的发展模式创造出非凡的农业农村发展成果。早在 2016 年就成为全面小康标杆县，连续 20 余年被评为"全国综合实力百强县市"，真正实现了"一方水土养一方人"。纵观德清农业农村成功发展历程，改革创新是一条鲜明的发展主线。该县十分善用改革点燃创新驱动引擎，在各领域全面发力。靠着停不下来的改革，德清人以"无中生有抢抓机遇打造发展先行区、富于创造先人一步敢闯无人区、主动求变勇于突破自我舒适区、实干为民全域建设民生普惠区"的改革创新精神，走出越来越宽的融合发展道路。2010~2018 年，该县共承担省级以上改革试点 63 项。其中"多规合一"等国家部委层面试点 21 项；农村综合改革集成区等省级层面试点 42 项。统筹推进 30 多项国家级和省级农业农村改革试点（德清县委改革办，2018），创立了乡村振兴的"融合发展模式"。在巩固脱贫攻坚有效成果基础上，形成了一批"可复制、能推广、利修法"的乡村振兴实践经验。

二、浙江德清的实践经验

（一）集成推进农村综合改革

持续深化农村改革，激发乡村活力。一是积极探索农村土地改革。自承担国家农村土地制度改革试点工作以来，德清县统筹推进农村集体经营性建设用地入市改革、土地征收制度改革和宅基地改革。"农地入市"创下全国第一宗、登记第一证、抵押第一单等多个纪录，集体土地入市抵押贷款、征收范围认定等多条创新举措被新修正的《土地管理法》等法律法规吸收，"标准地""农业供给侧结构性改革""新型城镇化综合试点"等改革经验在全省全国复制推广。二是整合城乡一体保障制度。通过户改消除了原有城乡户籍的不公平待遇，实现基本公共服务城乡均等全覆盖。制定了关于社会救助、住房、基本医疗保险、义务教育等一系列社会保障的"城乡并轨"政策，推动城乡互促共进，实现"城乡融合"。三是注重改革的系统性集成性。集成推进农村承包地制度、集体经营性建设用地入市制度、宅基地制度改革、农村金融改革、农村社会保障改革等内容，在突出改革的系统性和整体性的要求下，逐渐走出一条"土地增效、农民增收、产业升级、集体壮大"的改革之路。

（二）大力发展特色优势产业

依据自身优势条件，通过强化特色产业链、数字化提升，实现"产业融合"。一是突出旅游经济新发展。依托本地名山、湿地、古镇等自然资源，充分发挥自然风光、民俗风情、农业产业、地理位置等优势，结合美丽乡村建设，大力推进村庄景区化建设。发展现代高效生态休闲观光农业、休闲旅游、民宿等乡村旅游项目。成功培育了以"洋家乐"为代表的高端民宿新业态，实现了"猪棚变金棚""叶子变票子"。二是探索产村融合新方式。通过以产兴村、以村促产，破解产业升级和村庄经营难题，实现"产村融合"。洛舍镇东衡村作为洛舍钢琴的发源地，以钢琴产业作为农村产业融合的突破口，拓展农业功能模式，打造了一条完整的钢琴生产链，实现足不出村即可完成生产一台钢琴需要的 8 000 多个零部件、300 多个环节。同时，成功培育出克拉维克钢琴、乐韵钢琴等知名钢琴品牌，有效帮助农业转移人口就近就业（吴金和等，2019），实现以产兴村、产村融合。三是发挥数字经济新优势。通过挖掘数字经济的潜力，打造县域数字农业农村建设，将数字技术与农村实体经济深度融合。电商直供和直播带货缩短了供应链，降低了产品价格。数字经济产业通过对接市场需求，培育了新的经济增长点，催生新业态、新动能，构建了"数字乡村一张图"。

（三）全面提升乡村善治水平

德清通过创新乡村治理模式，构建了新型乡村治理共同体。一是首创"乡贤参事会"治理模式。乡贤参事会是德清培育的新型社区社会组织。通过充分调动"德高望重的本土精英"关心公益事业、"功成名就的外出精英"关注家乡发展、"投资创业的外来精英"扎根第二故乡的积极性，发挥乡村精英在社会治理、公共服务中的作用，从而增强基层多元参与、协商共治能力。在深化"建立、运行、保障"三大机制的基础上，出台了国内首个《乡贤参事会运行地方标准》，推进乡贤参事会参与社会治理的制度化、规范化和精细化水平。二是打造乡村治理"数字化"平台。以省市县一体化公共数据为支撑，运用地理信息空间数据，打造"数字乡村一张图"。以"一图全面感知"乡村智治新模式实现了乡村经营、乡村服务、乡村治理等全方位数字化，使村民足不出户享受公共服务。村委会也能通过平台对各类数据进行及时反馈，形成全流程数字化管理闭环。实施全国首个《"数字乡村一张图"数字化平台建设规范》《乡村数字化治理指南》规范平台建设，赋能乡村振兴，并取得了显著成效。

（四）积极探索绿色发展道路

德清践行绿水青山就是金山银山的发展理念，积极探索绿色发展之路。一是打造绿色产业链条。德清将绿色作为产业高质量发展的底色，将建设绿色低碳的循环产业体系作为目标。采取设立企业服务专业、制定绿色工厂考评体系、出台专项扶持政策、加快淘汰落后产能等一系列措施，构建绿色制造体系，建设起绿色高质量的产业链，推动乡村产业高质量发展。二是提升人居环境质量。德清着力进行乡村人居环境建设，从农村垃圾处理、污水治理、厕所革命等前置性工程入手，将农村的生产、生活及生态环境的改善作为环境整治重点，农村生态环境得到改善，居民的生活质量得以提高。目前垃圾分类、污水治理实现行政村全覆盖，无害化卫生厕所的普及率高达100%。并研发出浙江省首个农村环境卫生智能监管"德清·居"系统，利用无人机对全县行政村的环境卫生点位进行航空摄影，实现行政村环境卫生智能监管。三是实施生态补偿机制。为保护对河口水库、东苕溪水源等地生态，在全省率先建立了生态补偿机制，并对跨行政区域生态保护补偿机制进行探索。村组织也相继将水源保护写入村规民约，并设立"水源保护奖"奖励积极治水、护水的村民。生态保护补偿机制的建立使当地生态环境得到了有效保护。

三、浙江德清经验的借鉴

从德清乡村振兴实践改革全局来看，德清经验可以概括为，将基点落在乡村，待乡村的价值重新被发现和活化后，使乡村走向乡村城市一体化，而将乡村的土地、文化、生态等作为一种资源来利用的新型城镇化（仝志辉，2018）。"德清模式"的精髓是如何看待新生事物，特别是在有纷争的新生事物面前采取什么样的态度。德清经验是理念和实践的范本，其他地区在脱贫攻坚与乡村振兴有效衔接过程中可以有效汲取德清经验。一方面是理念借鉴，对于发展条件与德清相异的地区，在分析本地区农业农村发展实际现状的基础上，结合德清的融合改革理念，从而构筑出一条行之有效、经得起实践考验的衔接和发展振兴路径。另一方面是举措借鉴。对客观条件与德清相同或相近的地区，可以直接借鉴德清具体举措，从而提升本地区乡村振兴效率。

第五节　脱贫攻坚与乡村振兴有效衔接的关键举措

胜非其难也，持之者其难也，欲上层楼尤难也。脱贫摘帽不是终点，而是新生活、新奋斗的起点。从脱贫攻坚全面胜利转向全面推进乡村振兴，是"三农"工作重心的历史性转移。统筹做好二者的平稳过渡工作，不仅要合理掌握好衔接的节奏、力度和时限，更要把握好六个关键举措。

一、整合政策力量与深化农村改革有效衔接

新形势下全面深化农村改革，仍然是以处理好农民和土地的关系为主线，以政策力量为基础，通过深化产权制度改革来突破当前面临的深层次体制机制障碍，释放改革红利。一是有序推进政策接续。对脱贫攻坚时期的特惠性政策实行分类处置，分阶段、分梯次有序完成向常规性、普惠性、长期性政策的转变。在时间上将其划分为过渡期和过渡期后两个阶段，过渡期内应将各项兜底措施进行调整后纳入常规性政策，取消临时性或者已经完成使命的政策。过渡期后，将较为成熟的政策创新尽快上升为国家政策或法规，运用到乡村振兴领域，实现政策平稳转型。同时，建议地方政府根据实际情况和各地特色，深化巩固脱贫攻坚和乡村振兴的制度供给，形成二者衔接的实施细则和具体方案，完善衔接的区域性政策。二是健全土地流转体系。首先，建立农村产权流转交易市场体系和信息互通平台，确定平台的运营模式，构建统一的运行规章。完善出租、互换、转让、转包、股份合作、委托流转等流转方式，推广使用统一的流转合同文本规范流转行为。其次，规范土地流转的程序。严格按照"申请—审核—登记—签订合同—归档"的要求程序化操作。最后，健全土地流转的市场指导定价制度和土地价格浮动调整机制，稳定农村土地流转双方主体的收益预期等方法来提高土地流转管理服务能力。三是强化风险防范机制。通过探索建立工商资本市场准入制度，对工商企业租赁农户土地的行为进行事前审查。推行农村土地流转履约保证保险制度，依据不同区位，按年流转租金的合理比例要求缴纳风险保障金。建构土地流转监控体系，严格农用土地性质的用途管制。通过建立农村土地流转纠纷仲裁机构等措施来防范农村土地流转风险，切实维护农民利益。

二、产业融合发展与农村集体经济有效衔接

产业兴旺是解决农村一切问题的前提，产业兴旺才能有效保障乡村振兴。通过发展产业，增加农民收入，推动共同富裕。2020 年四川省农民人均可支配收入 15 929 元，其中约 40% 来源于经营性产业，在农户收入中占比最高。这说明产业发展是"有效衔接"的关键所在。当前的核心工作是建立基于市场的产业发展体系，确保乡村产业项目能够持久运营并可以获取长期收益，

切实解决好农村集体经济的收益增加问题。一是多渠道发展农村集体经济。支持有条件的农村集体经济组织适应发展需要，创办有限责任公司、有限合伙等各类生产经营实体。鼓励集体经济组织加强与其他企业或其他经济组织的经济合作，引导集体经济组织成功参股稳健的股份制企业或农民合作社。大力发展绿色化、高品质、休闲农业、康养产业等以实现产业升级，共享经营红利，实现互利共赢，从根本上夯实乡村经济基础。二是生态保护与产业协同发展。增强生态经济价值，做好生态从输血功能到造血功能的衔接。发挥生态优势、拓展农业功能，加快发展休闲农业和乡村旅游，以绿色理念打造传统产业。依托当地生态环境和自然资源，按照"一村一品"的发展思路，引导各村发展具有地域特色和竞争力的乡村产业，寻优推进，错位发展。从而在市场占据重要地位，逐步提高集体经济的增收水平（史卫民等，2021）。乡村的产业项目不仅要因地制宜，还要实现多元化发展。在旅游资源丰富的地区，依托旅游业的强辐射力，构建乡村一二三产业融合发展体系，延长产业链。将乡村特色文化与旅游产业和农业紧密结合，打造出集生活、生态、文化和服务于一体的产业发展体系（江泽林，2021）。三是多方面探索全产业链建设。简单地扩大生产规模是导致乡村产业波动性强和短期化突出的重要原因。产业振兴不仅指传统农业，还涉及加工制造和服务等行业。迅速转变过去单一的农业产业结构，构建不同业态之间的统合发展，形成生产、经营和产业三大体系是产业振兴的重点内容。在以市场导向为主的基础资源供应链上，注重全产业链的建设，有效拓展产业链的深度和广度。例如，利用生态链形成可持续发展的农业经营方式，产业内部进行关联经营，实现产业内部融合。依托农业种植业发展农产品精细化深加工、供销一体化，纵向延伸单一的农业种植，实现产业链的延伸融合。相比于传统农业，从事现代农业会显著提高农户的收入（齐文浩等，2021）。将传统农业与旅游业、文创产业等第三产业融合，形成新型产业形态和新型消费业态，实现功能拓展融合。借助互联网平台，运用"互联网＋"理念和方式推动消费和生产之间的对接，实现科技渗透融合，促进农业结构优化，有效破解产业升级难题。

三、易地搬迁脱贫与城乡融合发展有效衔接

易地搬迁既不是简单的地域变动，也不是简单的人群拼凑，而是身份的重塑，情感的融入。推进以人为核心的新型城镇化，实现城和乡的融合发展

是共同富裕目标下切实增进民生福祉的内在要求。一是加强公共服务供给力度。调整传统的偏向城市型公共服务供给制度。通过增加新型城镇在养老、医疗、教育、就业等公共服务的供给力度，让搬迁群众均等地享受当下现代化的建设成果和国家的公共资源，逐渐打破公共服务供给重城市轻农村的局面。在优化城乡供给结构的前提下，稳定政府对新型城镇公共服务的资金投入，促进资金投入力度向农村地区倾斜。通过明确市场、政府和社会主体各自的职责范围与权限，建立多元供给的公共服务模式，实现公共服务的普惠共享。二是补齐基础设施建设短板。根据各地基础设施的落后情况，坚持先规划后建设，以改善本地生产生活条件为建设重点，筹措资金加大对交通、水利、公厕、通信网络和宽带覆盖等重大项目的改造力度，补齐基础设施和公共服务短板，提高乡村生活质量，为乡村的持续发展奠定良好基础。三是提高乡村治理能力水平。农村富不富，关键看支部。加强基层组织建设，健全社区的自治性组织，有效发挥基层党组织在乡村治理中的引领作用。建议选拔或选派退出领导岗位的科级以上干部（含退休干部）到村或社区担任党组织书记或第一书记，让这些"退二线或退休"干部到乡村一线发挥"余热"，充分利用自己的能力、人脉、资源、经验提升基层治理水平。加强农村干部培训工作，推进农村基层组织廉政建设。针对不同工作岗位对村干部进行精细化培训，提高服务意识和服务能力。发挥科技支撑作用，加快推进乡村治理体系和治理能力现代化，以适应城乡公共服务均等化的要求。

四、智志双扶解困与基层治理体系有效衔接

贫有百样，困有千种。思想的转变是一切行动的先导，思想脱贫和思想振兴的协同发展是全面推进乡村振兴的关键。推进思想层面的有效衔接，在于积极培育农民的主体意识，激发内生动力。一是转变农民思想认识。扶贫先扶志，通过树立正确价值观，提高农民思想认识，强化农民自身主体性地位，培育贫困群众的主体意识。加强"治愚"和"扶志"，树立自立自强、勤勉致富的思想观念。通过树立乡村振兴模范典型人物，创造自主振兴致富的氛围。并通过村民代表大会、夜校等方式，开展关于社会主义核心价值观、乡村振兴政策法规及传统文化等内容的知识培训。引导农民树立积极的价值观，转变"等靠要""我穷我光荣"等错误、消极的思想观念。二是发挥农民主体地位。在乡村振兴过程中，要准确把握政府和农民之间的关系。政府

是组织者，农民是主要参与者和受益者。正确认识政府主导和农民主体地位之间的关系。政府既要发挥好工作中的组织、协调、服务作用，不越俎代庖，又要调动农民的积极性，尊重农民的话语权，共同推进农村社会经济的发展。树立农民的主人翁意识，广泛参与到脱贫和振兴的实践中。在享有权利的同时履行义务，增强获得感和成就感。三是凝聚乡贤治村力量。乡贤治村是新时代乡村治理体系中"三治融合"的重要组成部分。通过激活乡贤资源，发挥乡贤在社会治理、公共服务中的作用，形成村党组织、村民和社会力量共同参与村庄治理的工作格局，增强多元参与、协商共治的能力。实现"政府主导、社会参与、市场协同"的脱贫攻坚格局，向"市场主导、农民主体、社会参与、政府协同"的乡村振兴格局转变，实现乡村治理能力和乡村治理体系现代化。四是提高农民综合能力。农民群众是推进乡村振兴的主角，也是决定性力量。加强新型职业农民的培育，已是社会共识（赵邦宏，2022）。要做好扶知识、扶技术、扶方法的部署安排。通过职业教育、传帮带农业技术培训等方式提升农民的科技素养和职业技能水平，提高农民发展产业脱贫致富的综合能力。构建新型职业农民培育机制，培养一批先进的乡村人才队伍推进乡村产业发展，为乡村长期繁荣发展培育人才。

五、生态环境保护与人居环境改善有效衔接

树牢绿色发展理念是乡村振兴的应有之义。当前应以绿水青山为底色，以生态宜居为本色，构建农业农村的环境污染防治制度，健全农村环境监测管理机制，形成农业环保的生态补偿机制，推动生产、生活、生态协调发展。一是牢固树立绿色发展理念（祁迎夏等，2020）。自然资源作为农村经济社会发展的核心要素之一，承担着保障民生发展的重要职能。生态振兴是乡村全面振兴的短板和弱项，应将谋求生态与经济和谐共生发展作为振兴思想。在谋求乡村振兴的同时要兼顾生态环境，贯彻绿色发展理念。树立节约集约循环利用的资源观，避免竭泽而渔的做法，加快资源节约型、环境友好型社会的步伐。二是做好易地搬迁生态工作。做好易地搬迁迁出地的生态恢复与涵养工作，加强迁入地的生态环境建设，坚持完善旧宅基地的复垦复绿等政策。三是探索绿色发展方式。探索绿色低碳循环发展模式，优化产业结构。对不同地区的生态资源差异化问题要采取差别对待的方式。在生态资源较好的乡村探索开发生态产业，例如开发乡村生态旅游等，努力将本地的生态优

势转化为发展优势。反之，在资源缺乏或是生态脆弱的地区，要采取封山育林、禁伐禁牧等措施，长久坚持生态修复和生态保护（温暖，2021）。四是构建生态监管体系。构建"源头严防、过程严管、后果严惩"的全过程监管制度体系，提升监管成效。首先，建立生态保护防控制度。通过加强规划和审批等管理工作，从源头监督生态保护的合法性和合规性。其次，健全生态监管预警制度。生态环境部门和相关部门依据各自职责对相关环境要素开展监测，全面系统掌握生态系统结构及生态变化情况，预测生态风险。最后，强化生态保护监督制度。采取强化监督和个案督查等形式对突出生态问题及生态保护状况进行监督管理。同时，完善社会监督机制，接受社会公众及各方利益相关者提供的生态问题举报线索。五是补齐人居环境短板。突出抓好改厕后长效运行管护、实现粪污无害化处理和资源化利用，健全农村生活垃圾收运处置体系、实现分类减量和资源化利用，以及加快黑臭水体综合整治等重点工作。加强财政资金投入和科技支撑，加快农村人居环境整治法治化、科技化、无害化建设的步伐。

六、利益联结建构与提高农民收益有效衔接

全面推进乡村振兴，仅靠农民自身的力量难以实现。完善的利益分配机制是产业链中实现互利共赢的重要条件。利益联结机制的创新是当前乡村振兴中最迫切的课题，是农民从土地和农村产业发展中获得持续稳定收益的"金腰带"。一是培育利益联结主体。一方面引入龙头企业。龙头企业是引领全面振兴乡村的生力军，打造农业全产业链的中坚力量（池泽新等，2022）。引入产业链长、产品附加值高、带动性强的龙头企业，推广"公司＋村集体＋农户""龙头企业＋基地＋合作社＋农户"的成功模式，形成"龙头围着市场走、农户跟着龙头干"的产业链。通过股份合作、保底分红、就业带动等方式让农户共享产业发展收益，实现企业与农民合作社、农户等主体的深度融合。也可以将经济合作社与当地产业结合，促进产业发展和合作社融资的双赢。另一方面提高农民综合能力。通过培训培养出一批懂技术、善经营、会管理的高素质新型职业农民，引导农户开展标准化生产，发展适度规模经营。帮助农户发展农民合作社，拓展附加值相对较高的产业链中下游环节（吴天龙等，2020）。二是建立利益协调机制。首先，搭建利益联结平台。搭建利益相关主体信息平台，定期发布信息，化解利益主体在土地流转、合作等过

程中存在的信息不对称问题。同时职能部门对当地的龙头企业社会责任、经营期限以及村民的股权红利分配等内容进行制约，以维持产业的稳定性。其次，建立惩戒惩罚机制。通过限制进入、不良信息公开、进入负面清单等方式严厉惩罚违反合同契约的合作主体。最后，健全纠纷仲裁机制，化解重大矛盾冲突，保护各方合法利益。三是健全配套制度支持。首先，加大金融支持。给予龙头企业和合作社等新型经营主体贷款优惠，引导各金融机构在贷款利率等方面的政策倾斜。创新新型抵押担保方式，鼓励以房屋、大型农具、牲畜等资产贷款。其次，强化保险服务。鼓励设立政策性农业保险公司，扩大保险范围。采取以村民和企业购买、政府财政资金予以保费补贴的方式，提高产业培育过程的抗风险能力。最后，建设信用体系。通过健全农村居民信用体系、企业诚信管理制度、建立诚信档案等方法，优化信用环境。

　　脱贫攻坚与乡村振兴两者之间相辅相成。全面实施乡村振兴战略的深度、广度、难度也丝毫不亚于脱贫攻坚。征途漫漫，唯有奋斗。新形势下必须乘势而上，深入推进脱贫攻坚与乡村振兴的有效衔接，做好土地制度、产业发展、城乡融合、内生动力、绿色发展、利益联结等方面的接续文章。进一步巩固脱贫攻坚的成果，缓解城乡差距和贫富差距，保证乡村全面振兴的顺利实现。为建设社会主义现代化国家持续发力，为建成社会主义现代化强国努力奋进。

第六章　创新乡村体制机制

实施乡村振兴战略，必须把制度建设贯穿其中。要以完善产权制度和要素市场化配置为重点，激活主体、激活要素、激活市场，着力增强乡村振兴体制机制改革的系统性、整体性、协同性。

第一节　乡村振兴制度创新与政策创新概述

实施乡村振兴战略是我国未来现代化进程中解决好"三农"问题的必然选择。顺利实施这一战略，需要驾驭好制度变量，准确识别和消除那些导致乡村衰退的制度安排，适时完善和创设那些促进乡村振兴的制度安排（叶兴庆，2020）。党的十九大报告提出，要坚持农业农村优先发展，按照产业兴旺、生态宜居、乡风文明、治理有效、生活富裕的总要求，建立健全城乡融合发展体制机制和政策体系，加快推进农业农村现代化。围绕党的十九大报告对乡村振兴战略的总要求，其制度和政策创新应以"产业兴""农民富""生态美"为目标线索，构建实现乡村振兴战略的制度政策体系（雷明等，2022）。

一、"产业兴"制度政策体系

产业兴旺是解决农村长远发展和许多现实问题的重要前提。农村产业兴旺蓬勃，能够充分发展农村生产力，为农业农村现代化提供有力支撑，也是乡村振兴的重要体现。为实现乡村振兴目标，在完善农业基本经营制度的同时，创新农业经营体制机制，重构有利于提高竞争力和可持续发展水平的新型农业支持保护制度。并通过激活市场、主体和要素等推动农村一二三产业融合发展，进一步促进乡村经济多元化。即同步推进农村土地制度改革和农村金融制度改革，为农村产业发展提供土地、资本等必不可少的资源要素（如图6-1所示）。在乡村振兴中，农业支持保护制度、农村基本经营制度、农村金融制度为乡村产业链发展提供了全方位支持，为实现"产业兴"提供了坚实制度保障。

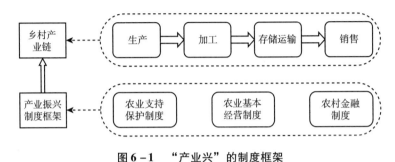

图6-1 "产业兴"的制度框架

资料来源：雷明，于莎莎，陆铭. 多维理论视域下的全面乡村振兴［J］. 广西社会科学，2022（02）：130-140.

（一）农村基本经营制度

农村基本经营制度是我国社会主义经济制度的基础，在农村经济中处于基础性地位，与农民基本权益、乡村稳定和发展直接相关，是实现乡村振兴战略目标的重要制度安排。农村基本经营制度分为农村土地产权制度、农业经营主体以及农业经营方式三部分核心内容。其中农村土地产权制度是关键前提；农业经营主体和农业经营方式分别是该制度的运行主体与具体执行方式（蒋永穆、王运钊，2019）。在乡村振兴新的时代要求下，我国农村基本经营制度发生了一系列变化。第一，在农村土地制度上深化所有权、承包权、经营权三权分置的改革。坚持农民集体对农村土地的所有权不动摇，确保农民家庭的土地承包权，分离土地经营权，推动其市场化流转。例如，2019年11月，中共中央、国务院提出第二轮承包到期后再延长30年。此举措能够更好地稳定农村土地承包关系，稳定农民预期，鼓励农民增加投入，改善生产条件，保障农业的可持续发展。第二，在农业经营制度上，坚持家庭经营基础性地位，同时赋予双层经营体制新内涵。通过构建起立体式复合型现代农业经营体系，落实扶持小农户和现代农业发展有机衔接的政策，发展多种形式并存的适度规模经营等方式实现农村经济高质量发展。第三，农村产业经营也出现了一些新业态。重点发展本地特色产业、新兴产业，并通过一二三产业融合发展来提升产业质量、延长产品产业链、增加产品附加值，从而切实保障乡村振兴"产业兴"（雷明等，2022）。

（二）农业支持保护制度

农业支持保护制度具有维护农业稳定发展的重要作用，也是实现乡村振兴的重要制度安排。农业支持保护制度主要涉及三类。第一类是以"发展生产"和"绿色生态"为导向的农业补贴制度。自 2002 年起我国先后推出"四项补贴"政策以保障粮食安全、稳定农业生产，具体包括良种补贴、种粮农民直接补贴、农资综合补贴和农机置购补贴。补贴规模和范围不断扩大对于调动农民种粮积极性、提升粮食产量发挥了重要作用。第二类是以"规避风险"为导向的政策性农业保险制度。我国每年遭受农业自然灾害情况比较严重。政策性农业保险制度正是政府为防范农业风险而制定的，以保费补贴等扶持方式进行，通过保险公司市场化运作对因自然灾害或意外事故而遭受经济损失的种植业、养殖业进行赔偿（胡冰川，2019）。近年来，该类政策主要向着扩大农业保险覆盖面、提高受灾补偿标准的方向完善。例如，2019 年《中共中央　国务院关于坚持农业农村优先发展做好"三农"工作的若干意见》要求，"推进稻谷、小麦、玉米完全成本保险和收入保险试点，扩大农业大灾保险试点和'保险＋期货'试点，探索对地方优势特色农产品保险实施以奖代补试点"。第三类是以"价补分离"为导向的农产品价格保护制度。主要采取最低价收购等措施稳定农民基本收益，从而保障农业发展。

（三）农村金融制度

农村金融制度居于农村市场经济制度的核心地位。以金融资金为纽带将农村其他生产要素联系起来，从而促进农村经济的持续发展，联结资源要素、融通配置农村资金、积累剩余资本等是其主要功能（冉光和，2013）。自实施乡村振兴战略以来，我国高度重视农村金融及其制度改革，不断健全适合农业农村特点的农村金融体系，逐步提高服务"三农"和乡村振兴的水平。并强调要运用多种政策工具、开发专属金融产品支持新型农业经营主体和农村新产业新业态等。

二、"农民富" 制度政策体系

农民富裕是乡村振兴的根本目的与最终落脚点。其实现途径包括以发展当地产业为依托"家家入股、人人劳动、户户分红"的产业收益；通过经常性生产经营活动而取得的经营性收入；以拥有的动产和不动产出租、出让或自然增值的财产性收入以及农民受雇于单位与个人所获得的工资性收入等。因此，实现农民富裕目标需要农村集体产权制度、新型职业农民制度、农村社会保障制度以及户籍制度的支持（如图6-2所示）。具体地，完善农村集体产权制度有利于增加农民的经营性收入与财产性收入；建立新型职业农民制度有利于提高农民的职业素养以提高工资性收入；而农村社会保障制度与户籍制度均能够从分配的角度上缩小城乡收入差距，以减少支出的方式推动"农民富"目标的实现。

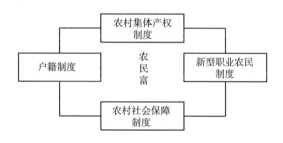

图6-2　"农民富"的制度框架

资料来源：雷明，于莎莎，陆铭. 多维理论视域下的全面乡村振兴［J］. 广西社会科学，2022（02）：130-140.

（一）农村集体产权制度

农村集体产权主要包含集体产权制度形式和组织形式这两方面内容，二者相互依存。长期以来，我国农村集体产权制度存在着权责不清、归属不定、缺乏对集体产权严格保护的问题，进而导致产权流转不畅、资源闲置，不能有效转化成为生产力和经济效益。在乡村振兴背景下，党和国家提出进一步深化农村集体产权制度改革，并将改革的重心放在土地承包经营权以及宅基地改革工作上。通过放活土地经营权和探索宅基地"三权分置"盘活农村地区资源，不断推进农村集体经济持续稳健发展。

（二）新型职业农民制度

新型职业农民制度是以农业人才培育为主要目标与内容的人才制度。乡村振兴离不开农业，而农业离不开农民。一批有知识、有能力的农业从业者将是乡村振兴的强大内部推动力。《乡村振兴战略规划（2018～2022年）》提出"要让农民成为有吸引力的职业"，要"培养新一代爱农业、懂技术、善经营的新型职业农民"。职业农民成为乡村振兴的主力军与重点依托对象，新型职业农民制度也由顶层战略部署转化为具体的制度设计。自2018年乡村振兴战略实施以来，国家不断加大新型农民职业技能培训力度，提高农民自主就业创业能力。统筹推进农村劳动力转移就业和就地创业就业，增加农民的工资性收入。2019年，农业农村部继续落实农村创业创新激励扶持政策，大力培养创新创业人才。组织开展"百县千乡万名带头人"培育行动，为乡村产业振兴培育人才。各省市自治区纷纷响应政策号召，与各大高校科研机构合作，深入推进农村青年创业致富的"领头雁"培养计划。同时，各地方政府也增强对新型职业农民政策扶持力度，加快研制与新型职业农民制度配套的制度体系，以全方面实现农民富裕、农业发展与乡村振兴。

（三）农村社会保障制度

社会保障制度具有公共福利性质，是一国政府通过国民收入再分配的方式给予低收入者、无收入者等无法维持基本生活的社会成员提供资金或物资援助的制度，目的在于维持社会公平和稳定（龙健，2014）。农村社会保障制度既强调农村地区的广覆盖，也关注农村社会弱势群体，能够平衡地区利益，为实现乡村振兴创造稳定局面。目前我国的农村社会保障制度主要分为三类。第一类是新型农村社会养老保险制度，即"新农保"。2018年农村养老服务能力被纳入农村社会保障体系建设中，农村居民养老保障制度也从国家层面的"新农保"扩展到社会、市场层面。第二类是新型农村合作医疗制度，即"新农合"。自2013年起，国家开始整合城镇居民医保和"新农合"制度，逐步建立统一的城乡居民医保制度，实现城乡居民公平享有基本医疗保险权利。第三类是农村社会救助制度。包括"五保户"供养制度、农村最低生活保障制度以及农村扶贫制度等。在中央和地方政府大力支持与共同努力下，我国目前已经基本建立以农村居民最低生活保障制度和农村"五保"供养为基础，以教育、住房、医疗、司法等专项和临时救助为重要内容的新型社会救助制度体系。

（四）户籍制度

户籍制度作为一项基本社会制度，在中国长期具有社会管理和资源分配等多重功能。为促进城乡人口合理流动、调整城乡二元结构，中央自 2014 年就积极鼓励推进"城乡统一"的户籍制度改革。各地在改革实践中形成了取向不同的三种模式：一是名义上将农业户口转变为非农户口，实际上户口利益差别仍然存在。仅有限或有条件地为原农业户口持有者提供部分保障或待遇。二是取消农业和非农业的二元户口登记制度，消除农业户口与非农户口的差别。三是剥离户口黏附利益。以广东、上海等地的"积分制"户籍管理制度为代表，将积分而非户籍作为分配城市公共福利和公共产品的基础。这轮户籍改革虽然在一定程度上推动了农业转移人口市民化、城乡一体化发展，但未来仍需与社会保障制度、公共服务体制以及农村土地制度等联合推进，才能有效缩小城乡收入差距、实现城乡均衡一体化发展。

三、"生态美"制度政策体系

"村庄美"是乡村振兴战略的三大政策目标之一。而乡村振兴战略的总要求之一为生态宜居，使美丽乡村建设更加具体、更具操作性。当前，我国已经建成了包括农村环境保护制度、生态系统保护制度、农村生态补偿制度以及农村生态环境监管制度在内的制度体系（如图 6 - 3 所示），从防范、治理和监管等方面改善农村生产生活环境，维护生态稳定，实现产业振兴、农民富裕和村庄美丽的有机统一。

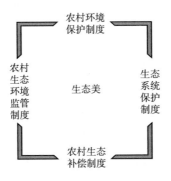

图 6 - 3 "生态美"的制度框架

资料来源：雷明，于莎莎，陆铭. 多维理论视域下的全面乡村振兴 [J]. 广西社会科学, 2022 (02)：130 - 140.

（一）农村环境保护制度

农村环境保护制度涉及乡村居民的农业生产和生活这两个方面。即在绿色原则指引下发展绿色农业产业并进行农村人居环境治理。因此，建立农村环境保护制度是助力乡村振兴、提升农村生态文明和绿色发展水平的重要手段。一方面，针对农业生产带来的环境污染问题，建立以绿色生态为导向的农业补贴制度鼓励发展绿色农业，并构建绿色农业发展制度形成绿色农业发展环境；另一方面，针对农村人居环境问题健全农村污染防治制度。例如，2018 年 2 月出台的《农村人居环境整治三年行动方案》以农村垃圾治理、生活污水治理和村容村貌提升以及厕所粪污治理为主攻方向，开展农村人居环境整治行动，全面提升农村人居环境质量。

（二）生态系统保护制度

生态系统保护制度旨在加强农村生态系统的保护和恢复治理工作。从而打造生态宜居的乡村环境，建设美丽乡村。《乡村振兴战略规划（2018 ~ 2022 年）》对此进行了详细安排，具体包括实施重要生态系统保护和修复重大工程、健全重要生态系统保护制度和发挥自然资源多重效益等措施。针对在生态保护和治理过程中可能会对农民经济造成影响或损害的情况，我国进一步建立了生态补偿制度。该制度有利于提高乡村居民保护生态的积极性，避免其出现追逐短期利益而破坏生态的行为。自乡村振兴战略实施以来，国家不断完善生态补偿制度。具体包括加大对生态修复和建设重点区域的补偿力度，增强补偿的针对性；构建跨地区的生态效益补偿制度；推动市场化多元化生态补偿方式等。

（三）农村生态环境监管制度

农村生态环境监管制度旨在解决生态环境监管队伍建设不到位、责任落实不到位，缺乏科学合理的监管方案、监管实际效果不能达到设计标准和水平等问题。目前，我国生态环境监管制度体系包括政府监管、企业治理、公众监督三大责任主体，贯彻落实中央对地方、上级对下级的监督约束机制。通过鼓励群众举报、建立环境听证和信访制度等方式畅通公众参与渠道，释放社会力量。从而充分发挥生态环境监管制度对推进生态文明建设的重要保障作用。

案例 6-1　全面推进乡村振兴落地，多地陆续公布政策细节

各地近期陆续出台全面推进乡村振兴的实施方案和各项政策，加速推进乡村振兴在地方落地。其中，数字农业、生物种业、高校设施农业、特色产业等成为各地发展的重点。

河南省近日印发全面推进乡村振兴的实施意见，具体出台 30 条措施。2021 年，河南省计划确保全年粮食总产量稳定在 1 300 亿斤以上，生猪生产平稳发展，重要农产品保障供给能力进一步增强。乡村建设行动全面启动，农村基础设施和基本公共服务不断改善，农村人居环境整治提升。到 2025 年，河南省乡村产业、人才、文化、生态、组织振兴深入推进。

作为重要的粮食产区，粮食安全一直是河南省的重中之重。2021 年，河南省计划新建高标准农田 750 万亩，粮食种植面积稳定在 1.6 亿亩以上，确保粮食产能稳步提升。到 2025 年建成高标准农田 8 000 万亩，农作物良种覆盖率达 97% 以上。

北京市也印发了全面推进乡村振兴实施方案。除了 2021 年保障粮食、蔬菜、生猪等产量达到一定数量外，推动乡村建设行动全面启动，一批农业关键科技项目立项攻坚，农业从数量回升向量质同升转型发展。到 2025 年，科技创新成为农业鲜明特征，农业科技进步贡献率达到 77%，设施农业机械化率达到 55% 以上，高效设施农业技术、装备、品种自主创新率明显提升。

数字农业成为各地推进乡村振兴过程中的一个重要内容。广西壮族自治区加大力度推动数字农业发展，加快推进农村地区智慧水利、智慧交通、智慧电网、智慧农业、智慧物流等方面建设。发挥数字乡村建设对完善乡村产业体系、乡村治理的重要作用，培育农村新产业、新业态，并因地制宜打造各具特色的数字乡村样板。福建省也出台措施加快推动数字产业化，赋能乡村建设，弥合城乡数字鸿沟。发挥网络、数据、技术和知识等新要素的作用，不断催生乡村发展内生动力。

甘肃省首个基于地理信息系统的"数字乡村"示范项目近日建成落地。"数字乡村"示范项目基于地理信息系统，融合云计算、互联网、物联网等技术，设置"乡村振兴""脱贫巩固""智慧农业""社会管理"等功能模块，涵盖农产品可追溯体系、生态监测、生态保护和生态修复等内容。

中国农业大学农民问题研究所所长朱启臻表示，各地针对全面推进乡村振兴实施方案的陆续出台，推进了乡村振兴措施的进一步细化。近日，乡村

振兴促进法正式通过，为乡村振兴提供了长期的政策保障。与此同时，在推进全面乡村振兴过程中，各地的发展程度、标准体系等情况各不相同，也需要结合本身的具体情况分别施策。

资料来源：中国乡村振兴在线，2021 - 05 - 08。

第二节　实行提高效率的土地制度

土地是财富之母，是农业最重要的生产资料，是农民最根本的生存资源，也是农村存在和发展的基础。土地问题始终与江山社稷和民生福祉息息相关。在革命、建设和改革各个历史时期，我们党都非常重视解决土地问题。进入新时代，我国社会主要矛盾包含了城乡之间的不平衡和乡村发展的不充分。如何处理好农民和土地的关系仍是乡村振兴的关键（何朝银，2020）。

一、中国农村土地制度改革演进态势

中国农村土地制度安排内嵌于国家的整体社会经济运行中，是对国家发展战略、国际外部环境、社会经济发展阶段、政策体系等多种因素的综合响应。杜润生先生强调：中国最大的问题是农民问题，农民最大的问题是土地问题。土地制度是农村发展的基础安排，也是最重要的发展动力。农村土地制度与乡村发展耦合联动、互促互馈。农村土地制度作为调节生产关系的重要工具，是否适应乡村发展需求决定了二者互馈发展成效。1949 年以来，中国农村土地制度经过多次调整，总体适应了农村生产力的发展，在个别特殊历史时期也对农村发展起到了一定的阻碍作用。

中华人民共和国成立初期，土地改革废除了封建土地所有制。实现了耕者有其田，促进了土地资源的优化配置，激发了农民的生产积极性，促进了农村生产力的发展。随后，国家推行重工业发展战略，需要进行大量资本积累。为实现规模经济，以 1953 年《中国共产党中央委员会关于发展农业生产合作社的决议》为标志，国家大力推行农业生产合作社。1958 年《关于在农村建立人民公社问题的决议》发布，更高形式的人民公社制度施行，土地农民私有变为集体所有。同时，配套以统购统销制度与禁止农村人口向城市流动的户籍管理制度，剥夺农业剩余价值，补贴重工业以及城市发展。直接造

成了农村发展凋敝,对 1959～1961 年的农业危机与大饥荒也产生了一定的影
响(见图 6－4)。

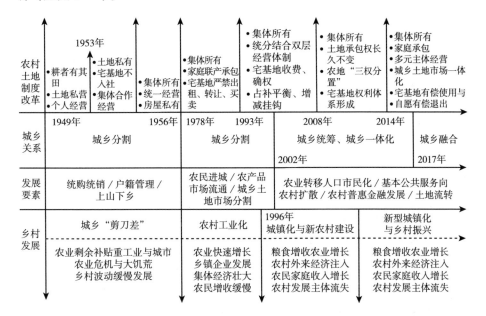

图 6－4 中国农村土地制度改革和乡村发展演进

资料来源:陈坤秋,龙花楼,马历,张英男. 农村土地制度改革与乡村振兴 [J]. 地理科学进展,2019,38(09):1424－1434.

1978 年凤阳小岗村揭开了包产到户的序幕。从 1979 年《关于加快农业发展若干问题的决定》到 1988 年《土地管理法》,以及从 1982 年 1 月 1 日,中共中央转批 1981 年 12 月的《全国农村工作会议纪要》,逐步确立家庭联产承包责任制,农村土地实行集体所有、家庭承包的统分结合双层经营体制。农产品开始通过市场流通,按照市场价格出售,农民进城也逐渐拉开大幕。与此同时,农村宅基地依法取得、确权使用、集体所有等宅基地权利体系逐渐形成。1998年住房分配货币化开始实行(吴宇哲等,2018)。加之城镇化的快速发展,城市建设用地渐趋紧张,占补平衡、增减挂钩等土地管理制度相继施行。2002 年《土地承包法》颁布,提出鼓励土地流转。2008 年中共中央十七届三中全会上确立农村土地承包权长久不变的基调,农地"三权分置"趋势加强。2014 年《关于农村土地征收、集体经营性建设用地入市、宅基地制度改革试点工作的意见》发布,掀开新一轮农村土地制度改革的序幕。2019 年全国人大常委会表决通过《土地管理法》修正案,自 2020 年 1 月 1 日起施行(陈坤秋等,2019)。

二、党的十八大以来农村土地制度改革

党的十八大以来，我国农村土地制度改革不断推进，取得了具有里程碑意义的三大重要成果：为适应农村生产力发展客观规律而设计的农村承包地"三权分置"改革；为保障农民权益不受损而推行的农村土地征收、集体经营性建设用地入市、宅基地制度改革试点；为增强改革协同性而同步推进的《土地管理法》修订（杜伟、黄敏，2018）。

（一）农村承包地"三权分置"改革

2013 年底，中央农村工作会议明确把农民土地承包经营权分为承包权和经营权，实现承包权和经营权分置并行。其后，中央多次发布文件，强调在稳定农村集体所有权的基础上，严格保护农户承包权，加快放活土地经营权。农村承包地"三权分置"改革的目的在于实现公平与效率的统一（陈锡文、韩俊，2014）。将家庭联产承包责任制中农村土地由集体拥有所有权和农户拥有承包经营权的"两权分离"模式变为集体有所有权、农户有承包权和经营者有经营权的"三权分置"模式，使不可市场化的土地所有权和承包权与可市场化的经营权相结合（张守夫、张少停，2017）。有利于盘活农村闲置抛荒土地，推进适度规模经营。同时确保了包括流动在外的广大农民土地权益不受损。

（二）农村土地征收、集体经营性建设用地入市、宅基地制度改革试点

2014 年 4 月 30 日，国务院批转国家发改委《关于 2014 年深化经济体制改革重点任务的意见》，同意有序推进农村集体经营性建设用地、农村宅基地、征地制度等改革试点。2014 年 12 月 31 日，中共中央办公厅、国务院办公厅联合印发《关于农村土地征收、集体经营性建设用地入市、宅基地制度改革试点工作的意见》，决定在全国选取 33 个试点市县，分别开展农村土地征收、集体经营性建设用地入市、宅基地制度改革试点。2016 年 9 月，国土资源部提出"联动试点"方式，最大限度释放改革潜能。截至 2017 年 4 月底，全国 33 个试点地区累计出台约 500 项制度措施；按新办法实施征地 59 宗；集体经营性建设用地入市 278 宗；宅基地改革试点地区退出宅基地 7 万余户、面积约 3.2 万亩（车娜，2017）。第十二届全国人大常委会第三十次会议通过决议，将"三块地"改革试点延期至 2018 年底结束，同时规定对

改革进行通盘考虑和顶层设计（蔡继明，2017）。未来应在分类试点的基础上，坚持市场化和农民权益不受损为大方向，确保农民的土地权益，盘活农村土地资产（孔祥智，2016）。

（三）《土地管理法》修订

党的十八大以来，国家关于《土地管理法》的修订也稳步推进。2017 年 7 月 27 日，《土地管理法》（修正案）上报国务院审批。在农村集体建设用地方面，删除了现行土地管理法第 43 条；将第 44 条改为第 43 条，并在第 2 款中将建设占用农地审批权上升至由"国务院批准"；在第 63 条规定中增加了国家建立城乡统一的建设用地市场的具体法律细则。在农村宅基地方面，强化了对宅基地农民居住权益的保障。新增第 49 条，强调征收宅基地和地上房屋应当按照先补偿后搬迁、居住条件有所改善的原则；并在第 64 条中新增第 6 款。体现国家集约用地方针，鼓励进城居住的农村居民依法自愿有偿退出宅基地。在农村土地征收制度方面，新增第 44 条，细化了征收农民集体土地的具体条件；对第 46 条进行修订，对征收土地的程序作了具体规定，保证被征地人的知情权和监督权；对第 47 条进行了修订，强调保证被征地人原有生活水平不降低、长远生计有保障作为确定征地补偿费用的基本原则；新增第 48 条，要求以片区综合地价为参考，制定农地征收的补偿费和安置补助费标准。此次《土地管理法》修订对我国土地制度改革实践的许多新问题、新情况进行了明确规定，特别是对征地制度的修订较为完善。但在农村集体建设用地、宅基地方面的法律修订还存在一定争议（魏利华，2017）。

三、农村土地制度助推乡村振兴的路径

新时期农村土地制度改革围绕产权关系明晰化、产权保护平等化、农地权能完整化、农地管理法制化、流转交易市场化（韩长赋，2017）、收益分配公平化的改革方向，通过多方位改革，以土地要素为突破口，整合农村人口、土地、产业发展要素，实现要素结构、治理结构、地域结构的重组。在要素流的驱动下，实现乡村生产、生活、生态、文化功能的优化，实现乡村重构与转型发展。

农村土地制度改革助推乡村振兴发展，总体沿着要素—结构—功能的作用路径实现（见图 6 - 5）。但是实现路径呈现递进演化、多维交叉、分类推

进的特征。《乡村振兴战略规划（2018～2022年)》提出要顺应村庄发展规律和演变趋势，按集聚提升、融入城镇、特色保护、搬迁撤并的思路，分类推进乡村振兴。并将乡村振兴类型划分为集聚提升型、城郊融合型、特色保护型和搬迁撤并型4个主要类别。农村土地制度改革通过"六化并举"（见图6-5），针对不同乡村地域类型，对乡村发展要素、发展结构与发展功能分别发力的同时，也会对其中二者甚至三者共同起作用。畅通三者的联动作用路径，形成网状作用结构，多渠道、多路径实现乡村产业、人才、生态、

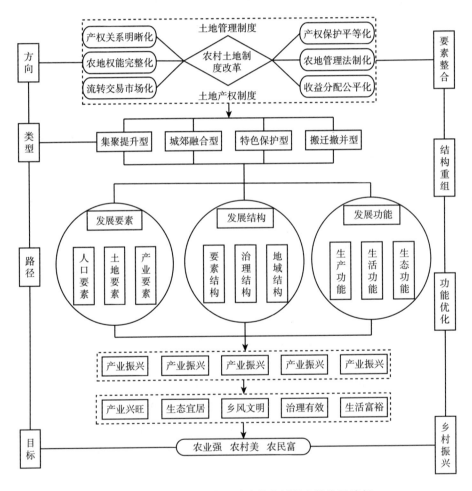

图6-5 农村土地制度改革助推乡村振兴的发展路径

资料来源：陈坤秋，龙花楼，马历，张英男. 农村土地制度改革与乡村振兴［J］. 地理科学进展，2019，38（09）：1424-1434.

文化、组织的多维振兴。因而，提升农村土地制度改革助推乡村振兴的效能，需要立足乡村发展实际与乡村转型发展类型（杨忍等，2015），基于比较优势调整人口、土地、产业要素的演进方向（陈秧分等，2019），重组发展要素、治理秩序、地域空间多维结构，实现乡村多功能发展与全方位振兴。

案例6-2　余江宅改，改出乡村活力

农村宅基地制度改革，关系农民福祉。按照中央统一部署，2015年以来，我国开展了农村宅基地改革试点，试点目标是完善农村宅基地权益保障和取得方式、完善宅基地管理制度，探索宅基地有偿使用制度和自愿有偿退出机制。

公平为先，统筹为要，效能为重。作为全国农村宅改试点县区，江西省鹰潭市余江区围绕宅改目标，以农村宅改推进乡村振兴，以乡村振兴促进农村宅改，为厚植乡村治理优势积累了有益经验。

高大的樟树，笼罩着村民蔡秋荣整葺一新的宅院。这里，是江西省鹰潭市余江区平定乡宅改后的宋家自然村。说到宅改，老蔡话匣子关不住："脏乱差不见了，房前屋后干净了，村庄道路宽了，生产条件改善了，腰包鼓了……"

农村宅基地改革犹如透彻的雨，滋泽余江全域7镇5乡113个行政村。5年来，余江宅改确立的949个试点村宅改完成率达到98%。坚持公平导向、统筹导向和效能导向，余江宅改试点探索了新办法、新机制，带来了新效能。

一把尺子量宅改——一户一宅，公平为先

宅改，公平为先。中国人民大学农业农村发展学院教授孔祥智说："公平的尺子，就是一户一宅。"

鸡鸣树丛，宅映花间，旧貌换新颜的宋家村，是余江宅改公平的一面镜子。

——村民宅基地资格权平等。

宋家村宅改理事会理事长宋志强说："必须是村民，才享有宅基地资格权，具备建房资格。"

村里人、村中事、大家商量着办。你一言我一语，大伙儿为资格权讨论得热火朝天，村两委和宅改理事会集思广益。

讨论的结果最终形成决议，张贴在村部的公开墙上：宅基地资格权可因集体经济组织初设而取得；可因出生取得，可因婚姻或收养关系迁入取得；可因集体经济组织协商取得。宅基地资格权确认，需要通过村民会议或村民代表大会通过。

——村民宅基地分配权益平等。

"一户一宅，每个家庭权益一样。"村宅改理事会专门负责宅基地丈量的村民宋国华说。

老宋的职责是勘察宅基地，勘察结果接受全体村民监督。因为村民宅基地分配权益平等，大家觉得顺气。

咋个顺气呢？一户一宅，按照每人 25 平方米的标准，不足额可增补，超额就腾退或向村集体交有偿使用费。一户多宅，需要腾退或流转。多户一宅，就得分开来，按照标准分配宅基地面积。不管是哪种情况，都必须实现一户一宅，面积达标。

——宅基地有偿退出和有偿占有权责平等。

"经村两委同意并由全体村民讨论，宋家村根据村民申请，采取无偿、有偿和享受政府相关优惠政策三种方式退出宅基地。"宋志强介绍。

余江区自然资源分局局长聂荣华多次来宋家村调研，他说："按照国家宅基地试点改革原则，充分发挥村民创造性，宋家村在宅基地有偿退出和有偿占有的条件上取得了一致。"

废弃闲置的厕所、畜禽舍和倒塌的住房等建筑物或构筑物，实行无偿退出。一户多宅的多出部分，符合规划的，鼓励在本村集体经济组织内部符合建房条件的家庭中流转。对无法流转又有退出愿望的家庭实行有偿退出。对有使用价值或文物价值的老房，村集体有偿收回，用作村史馆、村民活动中心等村公益用房。一户一宅家庭和一户多宅家庭全部退出的，补偿标准上浮 20%。

"这三项公平，在余江宅改制度设计中，都是一把尺子量下来。"余江区委书记苏建军说。

一把尺子量宅改，就是公平。在余江，村民宅基地资格权、宅基地分配权益、宅基地有偿退出和有偿占有权责，三项公平落地，改革试点顺利推进。

"多规合一"统筹宅改——分类施策，统筹推进

以统筹改革为抓手，分类实施为手段，抓好宅改内部统筹与外部统筹的结合，各项改革措施审慎推进，各项规定统筹使用。"推行农村宅改'多规合一'，是余江宅改的经验。"聂荣华说。

——统筹政策框架，用好政策体系。

杨溪乡土桥张家村村民事务理事会理事长张国水说："村里把农村土地三项改革试点统筹起来，推进宅改。"

根据中央关于农村宅改试点的部署，余江确定农村土地改革三项试点统筹开展，三项改革试点全打通。

余江区农业农村局副局长许华说："按照国家授权试点地区的要求，余江暂时调整实施土地管理法、城市房地产管理法关于农村土地征收、集体经营性建设用地入市、宅基地管理制度的有关规定，进行农村土地制度改革试点。"

自 2015 年 7 月开始，余江的宅改试点分 5 批进行，第一批 41 个自然村先行先试；第二批 172 个自然村；第三批 425 个自然村；第四批 270 个自然村；第五批是城镇规划区内 41 个自然村，分批逐次，有条不紊……

——统筹体制机制，做好制度设计。

上面千条线，下面一根针。把各项政策捆绑起来用，形成简便、实用、有效的制度。锦江镇范家村村民范建兵说："政策捆绑起来用，农民就是实惠多。"

大力推进制度创新。余江按照"就地入市促融合，异地入市享红利，统筹布局细安排，整治环境惠群众"的原则，建立了协同推进机制。统筹"三农"政策、项目、资金，加强了与土地整治、增减挂钩、地灾防治、精准扶贫、农业产业化发展、古村落（古建筑）保护、新农村建设等重点工作和农村集体产权、户籍、金融等改革相衔接，释放统筹改革综合效应。

聂荣华介绍，5 年来，余江宅改共出台 23 项制度；乡镇制定 11 项运行制度；村组制定 9 项实施办法，初步构建了区、乡、村的宅基地制度体系。

——统筹改革方案，一张蓝图干到底。

"把宅基地改革办好，分类施策，政策落地就有了保障。"苏建军掰开了指头：余江压实宅基地日常使用管理责任，出台工作具体实施方案；实施农村宅基地"三权分置"，探索宅基地资格权和使用权的多种实现形式，出台《余江区以进城农民"户有所居"多种保障方式推进宅基地"三权分置"实施方案》……

许华说："统筹政策框架，统筹体制机制，统筹改革方案，'多规合一'统宅改，余江干出了名堂。"

宅改以来，余江按照城乡一体化建设总要求，通过统筹改革推行"多规合一"，先后出资 2 000 多万元，为全区 113 个行政村编制了行政村总体规划，并编制了自然村规划，实现规划村村全覆盖。规划的编制，给了村民美丽且可实现的愿景。

宅改促"六化"——环境改善，效能提升

宋家村村民议事堂宽敞明亮，许华说："余江宅改效能正在化为乡村振兴的重要动力。"

——公共服务在村庄延伸，村民获得感更加殷实。

议事堂，村民建，村民有，村民享。宋家村宅改理事会副理事长宋教有说："没有宅改，哪来这个议事堂？宅改后腾出的空地翻修扩建，村民有了自己谈事说事的好地方。"

村里大事小事，大家都在这里议。村级财务公开栏、政务公开栏，应有尽有。村民代表大会、宅改理事会，都在这里举行。宋教有说："扭秧歌，唱赣戏，也都在这里了。"

苏建军说，以宅改试点为抓手，推进乡村公共服务均等化，余江开了一个好局。

——村庄外在美，内在也美，村民环境获得感丰满。

来到锦江镇范家村贫困户范金山的家，眼前的房子干干净净，新装饰过的厨房和堂屋很亮堂，老范脸上喜滋滋的。

村委会副主任范伟胜说："村庄美起来了，乡亲们居住条件都改善了。"

聂荣华介绍，宅改以来，余江宅改试点村新修村内道路 526 公里，沟渠 539 公里；清运建筑垃圾 108.9 万吨；绿化村内面积 946 亩；687 个试点村绿化率达到 20% 以上，村庄人居环境、卫生环境明显改善。

——宅基地权益盘活流转，增加了农民收入。

通过有偿使用、有偿退出、流转、出租、增减挂钩、农房抵押贷款，宅基地资产得到盘活利用，乡村沉睡资产要素得到激活，农民收入有所增加。

在邓埠镇西坂村，村民王水菊说："宅改集约利用了村里的土地，村民用房子抵押贷款发展产业，日子越来越好。"在马荃镇岩前倪家村，村民倪和平说："村民使用闲置农房和闲置宅基地改造成民宿，不少人都吃上了旅游饭。"

来到锦江镇铁山村上陈村民小组经济合作社，董事长陈细水说："集体将村民的超标宅基地收回，再出让给本村水产养殖企业，保障了小微企业用地，增加了集体收入。"

截至目前，余江区退出宅基地共 41 180 宗、面积 4 946 亩。村集体收回的宅基地可满足未来 10～15 年村民建房需求。在保障村民宅基地使用的前提下，通过"增减挂钩"复垦 1 258 亩，流转宅基地 1 132 宗，面积 14.72 公顷。另外，收取有偿使用费 1 144 万元，发放农民住房财产权抵押贷款 5 251 万元。

苏建军说："宅改给农业农村发展带来了活力，一村一品庭院经济、休闲农业、观光旅游业态在培育，农村一二三产业融合发展，农民就业创业成为新潮流，农民实际收入不断增长。"

清华大学中国农村研究院副院长张红宇表示，余江通过宅改，一改促

"六化"，推进了农业发展现代化、基础设施标准化、公共服务均等化、村庄面貌亮丽化、转移人口市民化、村庄治理规范化，农村宅改成为推进乡村振兴的重要推动力。

资料来源：中国乡村振兴在线，2020-08-20.

第三节　建立融合与共享的经营制度

进入 21 世纪以来，随着中国城市化进程加速，乡村人财物急剧流失，城乡差距逐渐扩大。党的十九大提出了乡村振兴的重要战略任务。巩固和完善农村基本经营制度，发展和壮大集体经济是助推乡村振兴战略的有效途径（耿羽，2019）。乡村振兴战略回应了转型期乡村社会发展的现实需要。走中国特色社会主义乡村振兴道路，一方面必须积极培育新型农业经营主体，健全农业社会化服务体系，促进小农户和现代农业发展有机衔接；另一方面需要巩固和完善农村双层经营体制中的集体经营层次，充分利用各种资金、人才资源和自然资源发展农村集体经济，采取多种经营方式，提高农村集体经济发展成效（孙晓军，2022）。

一、我国农村基本经营制度的形成与发展

农村基本经营制度是党的农村政策的基石。坚持党的农村政策，首要的就是坚持农村基本经营制度（中共中央党史和文献研究院，2014）。改革开放以来，我国的农业农村发展取得了突出成就，这些成功政策的推动和实施需要坚实的制度基础，农村基本经营制度在其中起到了重要的支撑作用。农村基本经营制度的形成和发展经过了长时间的探索和尝试。1978 年，党的十一届三中全会通过的《中共中央关于加快农业发展若干问题的决定（草案）》规定，人民公社各级组织依照"各尽所能、按劳分配、多劳多得、少劳少得、男女同工同酬"的原则，可以包工到作业组，联系产量计算劳动报酬。之后的实践过程中，广大干部群众不断探索总结，发展农民承包经营的方式和方法，经历了联产到组、联产到劳、联产到户，最后发展为包干到户的方式，在广大农民中取得了很好的效果，调动起了农民的生产积极性，这在之后的中央文件统一表述为"家庭联产承包责任制"。1982 年，中共中央颁布

《全国农村工作会议纪要》，这是改革开放后的第一个中央"一号文件"，明确指出包产到户、到组，包干到户、到组都是社会主义集体经济的生产责任制。1980 年，实行家庭联产承包责任制的农村基本核算单位仅占总数的5.0%，1982 年达到 80.9%，1984 年这一数字更是达到 99.1%。1991 年，《中共中央关于进一步加强农业和农村工作的决定》由党的十三届八中全会审议通过。该决定指出，要继续稳定以家庭联产承包为主的责任制，不断完善统分结合的双层经营体制，其中"统"的含义是指农村土地由村集体所有。坚持土地社会主义公有制，农户从集体承包土地进行生产经营活动，农村的一些大型农业机具和农田水利设施也由集体提供建造；"分"是指农业生产以家庭承包经营为主，土地的生产经营权下放到农户手中。1993 年 3 月的《宪法》修正案将"农村中的家庭联产承包为主的责任制"写入宪法。当年 7 月通过的《农业法》也强调，国家长期稳定农村以家庭承包经营为基础、统分结合的双层经营体制。农村基本经营制度在法律层面被认可。接下来的多项改革旨在进一步稳定承包关系。2002 年出台的《农村土地承包法》指出，"国家依法保护农村土地承包关系的长期稳定"。土地承包经营权作为一种独立的权利也在法律中得到体现，2007 年出台的《物权法》把土地承包经营权界定为用益物权，使得与土地承包经营权相关的利益纠纷处置有法可依，保障了农民在承包经营土地时的财产权利，进一步维护了农村基本经营制度的稳定。2008 年，《中共中央关于推进农村改革发展若干重大问题的决定》由党的十七届三中全会审议通过，较为系统地阐述了完善农村基本经营制度的思路。

党的十九大提出实施乡村振兴战略，这是我们党深刻把握现代化建设规律和城乡关系变化特征，对"三农"工作作出的战略性安排，是建设社会主义现代化强国的必然要求，也是做好"三农"工作的基本遵循。乡村振兴是全面振兴，总要求包括产业兴旺、生态宜居、乡风文明、治理有效、生活富裕等五个方面。其中既涉及经济发展方面的任务，也涉及上层建筑层面的任务。我国改革开放以来的实践充分证明，农村基本经营制度能够极大地促进农业生产力的发展，以及调动农民生产积极性。农村土地所有权和承包经营权相分离，使得农民能够以家庭为单位承包经营土地，可以有效避免经济学上的"公地悲剧"问题，促使农民在土地上持续投入，有效提高土地利用效率，提高农业生产率。我国农业长期健康发展和农民生活水平持续提高，与农业生产力水平不断提升有着直接的关系，继续完善农村基本经营制度，促进生产力发展，将会为产业兴旺和生活富裕提供重要的制度保障。对于生态宜居、乡风文明、治理有效等方面的要求，单纯依靠提升农业生产力水平是难以解决的，需要调动社会各方面力量，从文化、机制、理念等方面着手推进，涉及上层建筑层面的问题。理想的上层建筑需要由合理的经济基础进行支撑。农村基本经营制度以制度形式规定了经济基础的主要内容，对形成生态宜居、乡风文明、治理有效的农村社会环境具有重要作用。从生态宜居来看，农村生活环境问题是一个系统工程，需要统筹管理农村生产生活，主动开展环境治理工作，建立相应的鼓励绿色发展的机制。如果仅从家庭生产的角度来考虑，很少家庭有能力和意愿主动开展生态环境治理保护工作，必须发挥"统"的作用，由政府统一负责安排相关工作；乡风文明是文化建设的重要载体，也需要政府统筹协调，才能完成乡村振兴战略的目标要求；治理有效是社会主义政治建设的重要内容，而政治建设是以经济基础为出发点的，必须在农村坚持社会主义的经济基础，才能够达到社会主义治理有效的要求。农村基本经营制度保证了基层生产经营方式的社会主义性质，通过发展统分结合的"双层经营"体制，既在"分"的过程中激发了农业生产的活力，又在"统"的过程中壮大了农村基层组织的领导力量和组织能力，从而实现政治、文化、理念等多方面的同步发展。

　　如何协调"统"和"分"的关系，完善农村基本经营制度，是进一步推动乡村振兴战略着重解决的基本问题。2013年3月，在十二届全国人大一次会议的江苏团会议上，习近平总书记在听取相关汇报后指出："改革开放从农村破题，大包干是改革开放的先声。当时中央文件提出要建立统分结合的家庭承包责任制。实践的结果是，'分'的积极性充分体现了，但'统'怎么适应市场经济、规模经济，始终没有得到很好的解决"（王立胜、张弛，2020）。我们应正确认识"统"和"分"的辩证关系，在生产力水平还不高的条件下，"分田到户"适应了广大农民的生产需要，能够调动农民的生产积极性。不过，随着农业生产力的不断发展，农业生产对规模化、机械化、组织化的要求也逐渐增加，"统"的方面应该受到重视。通过发展农村新型集体经济，将农村的人力、物力、财力重新组合起来，能够有效促进农业及附加产业的分工，实现技术化和专业化，并显著增强农民在市场经济中的抗风险能力和议价能力。许多情况下，这种"统"也是建立在家庭承包经营基础之上的，家庭在获得土地承包权之后，将土地流转出来再进行统一生产经营，可以说是建立在"分"之上的"统"。因此，在进一步完善农村基本经营制度的过程中，要把握好"统"和"分"的辩证关系，在"统"和"分"的辩证运动中不断推动乡村振兴战略的实施（王立胜、张弛，2020）。

二、构建适合乡村振兴的农村经营体制

构建新的农村经营体制，必须以服务和服从于发展现代农业为出发点，以提升农业效率和农产品品质为目标，依照我国社会主义的本质特征和生产力发展的现状，以农地制度的深化改革为突破和主线。最为关键的是要构建起小农户与现代农业有机衔接的体制和机制，形成权责明确、经营有效的规模化企业经营格局（汪发元、叶云，2018）。

（一）坚持小农户与现代农业相衔接，发展土地股份合作化

我国农业具有几千年以家庭为单位开展生产经营的传统，而且以家庭为单位承包经营确实调动了农民的积极性，显示出责权利明确的特点。改革农村经营体制，必须充分尊重这一现实，在维持家庭承包经营权的基础上，找到一条与现代农业相衔接的办法。分析我国农村农业生产力的现状，农村劳动力已经大量转移，成为离土难离乡的产业工人。这些人既难以成为职业农民，但也不能完全脱离农业收入。因此，必须兼顾他们的切身利益。让小农户与现代农业相衔接，需要新的经营体制为依托，既能支持农村人口向城镇转移，也能维护转移者的利益，体现出一种全新的集体经济形式。土地股份合作是一种既能维护传统家庭承包经营体制，又能实现现代农业发展的崭新的经营体制。土地股份合作可以探索实施"确权确股不确地，参与分红不干预管理"的形式。在充分尊重农村土地家庭分散承包的前提下，由村委会牵头组建农村土地股份合作社，农民以承包土地入股。从而打乱原有农户承包的具体地块，扩大土地经营规模，实行土地集中成片规模化经营。农民既可以依据承包土地的面积分红，又可以在合作社打工获得劳动收益。村委会作为组织领导者，可以自己经营土地股份合作社；也可以与市场主体实现对接，由市场主体负责生产经营。在保证社员收入不减的前提下，通过公益金、公积金等形式实行村级公共积累，为城乡一体化提供资金保障。

（二）坚持规范生产和经济联合发展，实现农业生产标准化

规范化生产是提高农产品品质的重要手段。但规范化生产的前提是实现

规模化经营的形态。传统的家庭分散经营体现的是千家万户的意志，不可能实现规范化生产。只有以企业为农业主体的经营，才便于制定统一的生产流程，实施统一的产品标准。为此，必须坚持经济联合的原则，通过家庭经营发展到合作社经营、联合社经营或农业产业化龙头企业引领的公司化经营，改变分散经营的现状，探索规模化经营和规范化生产的新路。经济联合的具体运作可以通过两种模式来达成：一是农民专业合作社和联合社模式。该模式以家庭农场为基本经营单位，由合作社、联合社与土地股份合作社合作实行统一生产管理，产品营销由合作社、联合社统一策划和经营。山区不适合连片经营的也可以家庭农场、家庭林场为单位，独立开展经营活动。二是有限责任公司模式。原则上以村、村民小组为单位，按照自然连片的土地，组建一家或多家农业有限责任公司。农民以自己的土地承包经营权入股，组建土地股份合作社，由公司集中统一经营。这样，既可以装备现代农业生产工具，解决农村劳动力不足的问题，又可以解决规模化经营中流转土地地租居高不下的难题。实现公司化经营后，由公司统筹运作，发展农产品规范化和标准化生产，减少农产品质量监管的难度。

（三）坚持城乡统筹和全社会协调，推进城乡发展一体化

改革必须兼顾全体人民的利益。因此，农村的任何一项改革都必须坚持城乡统筹。在推动农村农业经营体制改革的过程中，既要坚持推动农村人员向城镇转移，但也要充分考虑新转移人员，从农村人员转变成具有稳定职业和固定收入的城市人员所必须经过的过程。为此，必须坚持城乡统筹和全社会协调发展的原则。具体而言，就是要尊重农民向城镇转移过程中职业和收入不稳定的客观现实。在实行农村经营体制改革的过程中，既要支持农民向城镇转移，又要充分考虑城镇接纳转移农民的能力，维护好转移人员的利益，不至于让转移人员丧失在农村承包土地上的利益，使全社会能够协调发展，农村经营体制改革稳步推进。在农村经营体制的具体构建过程中，必须做好城乡统筹协调发展的设计规划。农民以土地承包经营权入股，组建新型农业经营有限公司或土地股份合作社后，应当允许农民自由转让自己的股权，鼓励农民自己就地城镇化。鼓励乡镇集体在符合城乡规划的前提下，每个乡镇按照居住相对集中的原则，结合美丽乡村建设，做好集中居住点，集农村社区、农民居住、义务教育、农民养老于一个居住点。这个居住点就是一个功能齐全的小集镇。这个小集镇仍然属于集体土地，可以不经过国家土地征用，

由乡镇统筹安排，在集体土地上推进城市化和美丽乡村建设。并实现农民生活方式和生产经营模式的转变，从而实现真正的城乡联动。

案例 6－3　带动小农户发展的现代农业经营体系初步形成

国务院关于加快构建新型农业经营体系推动小农户和现代农业发展有机衔接情况的报告，于 2021 年 12 月 21 日提请十三届全国人大常委会第三十二次会议审议。报告显示，带动小农户发展的现代农业经营体系初步形成。

"大国小农"是我国的基本国情农情。报告指出，近年来，各地区、各部门认真贯彻落实党中央、国务院决策部署，采取有力举措，强化政策支持和责任落实，加快构建新型农业经营体系。通过主体联农、服务带农、政策强农，逐步将小农户引入现代农业发展轨道。

报告显示，在坚持农村基本经营制度和家庭经营基础性地位的前提下，初步形成了以家庭农场为基础、农民合作社为中坚、农业产业化龙头企业为骨干、农业社会化服务组织为支撑，引领带动小农户发展的立体式复合型现代农业经营体系。

报告显示，截至 2021 年 9 月底，全国家庭农场超过 380 万个，平均经营规模 134.3 亩。目前，全国依法登记的农民合作社 223 万家，带动全国近一半农户。全国市级以上农业产业化龙头企业共吸纳近 1 400 万农民稳定就业，各类农业产业化组织辐射带动 1.27 亿农户，户均年增收超过 3 500 元。农业专业服务公司等各类农业社会化服务组织已超过 95 万个，服务小农户 7 800 万户。

报告指出，促进小农户与现代农业发展有机衔接是一个艰巨的历史过程，当前仍面临一些突出困难和问题。对于下一步工作安排，报告提出，加快发展农业社会化服务，突出抓好家庭农场和农民合作社，强化政策支持保障，强化基础条件保障，强化体制机制保障。

资料来源：中国乡村振兴在线，2021－12－22.

第四节　融合工匠精神的人才制度

劳动力从边际生产率低的乡村向边际生产率高的城市流动是现代化进程中的客观规律。因向往都市文明、渴望时尚生活而向城市流动，是年轻人的本性。为给子女创造更好受教育条件、寻求纵向流动机会，向城市迁移成为乡村精英的普遍选择。受这些因素支配，乡村人口老龄化快于全社会平均水平，乡村劳动力受教育年限低于全社会平均水平，缺乏优质人才成为乡村发展的瓶颈。破解这个瓶颈，需要营造促进本土人才成长和外来人才入乡的制度环境（叶兴庆，2020）。

一、人才振兴与乡村振兴之间的内在逻辑

有效阐明人才振兴与乡村振兴之间的内在逻辑是促进人才振兴的基础性工作，将对制定人才振兴的政策制度发挥有效的支撑（李博，2020）。乡村人才队伍的建设既是实现乡村全面振兴的关键（廖彩荣等，2019），又是实现农村农业现代化总目标的重要保障。因此，以人才振兴为抓手，在产业发展、生态建设、文明建设、社会治理、生活富裕等方面对乡村人才提出新要求（蒲实、孙文营，2018），建设一支"懂农业、爱农村、爱农民"的乡村人才队伍，有利于全面推进乡村振兴，实现农村农业现代化。乡村振兴对乡村人才的内在逻辑要求如图6-6所示。

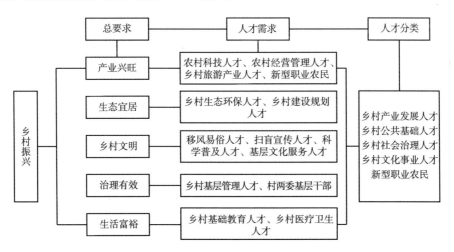

图6-6　人才振兴与乡村振兴的逻辑关系

资料来源：王武林，包滢晖，毕婷. 乡村振兴的人才供给机制研究 [J]. 贵州民族研究，2021，42（04）：61-68.

（一）产业兴旺对乡村人才的要求

产业兴旺是推进乡村振兴的重难点。乡村要发展，必须有相关产业做

强力支撑。大部分脱贫摘帽地区都建立起相应的"特色农产业"，但普遍面临产业活力不足、缺人缺技术、农产品同质化、经销难等现实困境，产业兴旺缺乏人才有力支撑。要实现产业兴旺，需要农村科技人才、农村经营管理人才、乡村旅游产业人才、新型职业农民（王武林等，2021）。产业要兴旺，需要农村科技人才做支撑。如果没有一批懂农业的专业技术人才指导，依托当地优势发展起来的特色产业就难以转型升级、提质增效；产业要兴旺，需要农村经营管理人才做支撑。要推进农业供给侧改革，就需要一批知识型、技能型、创新型的农村经营管理人才协调推动，提高农产品附加值，拓宽农产品销售渠道，增加农民收入；产业要兴旺，需要乡村旅游产业人才做支撑。比如在我国的贵州省黔南州、安顺市等地区，借助乡村旅游实现脱贫增收。要继续扩大乡村旅游优势助力乡村振兴，需要一批懂旅游、善规划的专业旅游人才；产业要兴旺，需要新型职业农民做支撑。要培养一批从事农业生产经营，以农业为主要收入来源，懂技术、爱农业的新型职业农民。

（二）生态宜居对乡村人才的要求

生态宜居是人民群众对美好生活的向往，是实现乡村振兴的关键。一方面，推进乡村振兴要坚持生态发展理念，在保护中谋发展；另一方面，全面推进乡村人居环境治理，为人才提供良好的生活环境。生态要达到宜居，需要乡村生态环保人才和乡村建设规划人才。建设生态宜居乡村，首先要治理农村环境，改造村容村貌，改善农村生活环境。这需要一批懂环境治理、善沟通，能有效解决农村垃圾处理、污水排放、空气污染等问题的专业人才。实现乡村生态振兴，离不开科学合理的乡村规划。因此，培养一批坚持绿色发展理念、具有创新意识、懂规划的专业人才是乡村振兴的前提。

（三）乡风文明对乡村人才的要求

脱贫攻坚取得全面胜利，小康社会全面建成，农村人民生活水平不断提升，但精神文化需要仍难以满足。乡风文明建设是实现乡村振兴的软件基础，是提高农民自身素质、增强幸福感、获得感、安全感的需要。实现乡风文明，需要移风易俗人才、扫盲宣传人才、科学普及人才、基层文化服务人才；实现乡风文明，要坚持以农民为主体，转变农民传统思想观念、消除陈规陋习。

这需要一批懂农民、会教育的移风易俗人才，一批会引领、讲方法的宣传人才，一批具有科技文化知识、懂法知法的科学普及人才；实现乡风文明，传承优秀传统文化，不仅要做好乡村文化发展规划，在乡村振兴中留下乡韵、记住乡愁，还要做好公共文化服务，组织开展民俗文化，规范村规民约。因此，培养一批擅长开展文化活动、重视文化发展的文化服务人才是乡村振兴的保障。

（四）治理有效对乡村人才的要求

乡村振兴重在乡村治理有效。乡村兴则国家兴。建设社会主义现代化国家必须实现乡村现代化，实现乡村治理体系与治理能力现代化。乡村原有治理体系已经难以适应乡村经济社会高质量发展的需要。乡村实现有效治理，需要乡村基层管理人才、村两委基层干部、乡贤达士，以此来加强乡村基层组织自治。这需要一批以村两委基层干部为核心的基层管理人才。《中共中央　国务院关于实施乡村振兴战略的意见》中明确提出，要建立健全党委领导、政府负责、社会协同、公众参与、法治保障的现代化乡村治理体制。因此，不仅需要政府基层骨干，也离不开具有威望、学识的乡贤达士。充分整合各方力量，共同实现对乡村的有效治理。

（五）生活富裕对乡村人才的要求

生活富裕既是乡村振兴五项标准之一，也是乡村发展的总目标。乡村振兴内涵不仅是农村农业的振兴，也是农民的振兴。进入新时代，中国社会主要矛盾转变为人民日益增长的美好生活需要与不平衡不充分的发展之间的矛盾，而乡村发展仍是当前最大的不平衡与不充分的现实问题。实现生活富裕不仅有利于解决社会主要矛盾，还有助于实现第二个百年奋斗目标。农民生活富裕不仅需要"产业发展、乡风文明、生态宜居、治理有效"方面的专业人才支撑，还急需缩小城乡差距的乡村基础教育人才、乡村医疗卫生人才等。一方面，需要一批具备心理学、教育学等知识的专业人才投身乡村。通过教育、培训、再学习等，提高农村人口综合素质，增强农村发展的内生动力；另一方面，需要引进专业知识技能强、实操经验丰富的医疗卫生人才，配备相应的医疗卫生资源，满足农村居民就医需要。此外，还需要配备养老、民生、社保等人才，从物质、精神两方面让农村居民实现生活富裕。

二、构建乡村振兴人才建设的体制机制

（一）就地取材，构建培养造就乡村本土人才的体制机制

农民是农业农村发展的主体，也是实施乡村振兴战略的主体。大力开发乡土人才是加强农村人才建设，缓解农村人才总量不足的根本途径。

要坚持农民主体地位。充分调动广大农民的积极性、主动性和创造性，必须保障农民平等参与、平等发展、平等受益的权利，让农民成为实施乡村振兴战略的主要依靠者和受益者（王亚华、苏毅清，2017）。要将提升农民素质和精神风貌、增加农民发展机会和促进农民致富有机结合起来，致力于促进农民全面发展。

要实施农民素质优先提升工程。把优先提升农民素质作为坚持农民主体地位的本质要求，既要注重发现人才，挖掘身上有本事、手中有绝活的"土专家""田秀才"，也要注重培育一批高端农业科技人才，形成职业经理人、科技带头人、现代青年农场主、农村青年创业致富"领头雁"效应。要加快建立职业农民制度，畅通乡土人才成长通道，建立乡土人才与专业技术人才职业发展贯通办法。要遵循乡土人才成长规律，分层分类制定体现不同乡土人才职业特点的人才评价标准，加大乡土人才表彰激励力度。

要健全乡土人才培养机制。建立"政府主导＋高校＋社会力量"培育模式，由政府主导新型职业农民培育，采取政府补贴的方式，整合社会力量开展培训。鼓励涉农高校搭建学历型农村专业型人才培育平台，鼓励职业院校、技工学院开设传统技艺技能相关专业和课程，切实培养出更接地气的乡村专业型人才。通过政府购买培训服务的方式，引导社会专业培训机构参与乡村人才培养。发挥乡土人才行业协会等社会组织作用，组织开展乡土人才对外交流、研修培训、创作研讨等活动，拓宽乡土人才视野。建立乡土人才梯次培养机制，针对村干部、农民企业家、普通农民等不同培养对象确定各自的培养目标。

（二）多方聚才，构建鼓励引导各界人才投身乡村的体制机制

《中共中央　国务院关于实施乡村振兴战略的意见》明确提出，要鼓励社会各界投身乡村建设，要通过各种方式吸引支持企业家、党政干部、专家学者、医生教师、规划师、建筑师、律师、技能人才等下乡。

要大力营造吸引人才回归乡村创业创新的良好环境。不仅要以乡情乡愁为纽带，用感情留人、用乡情动人，更要以事业聚人、以发展成人。各地要因地制宜，从本地资源和区位特点出发，打造适合回乡人员投资和建设的项目，为他们提供干事创业的舞台。鼓励他们领办创办家庭农场、农民专业合作社和农业龙头企业，发展优势特色农业和农村新产业新业态（仲红岩，2017）。有条件的地区可推动乡镇农业示范园和工业园区建设，吸引返乡人员进入园区投资兴业，调动他们创业的热情，激发他们的创新活力。

要通过完善农村公共服务吸引人才。回乡人才不仅需要事业，也需要生活。因此，应推动城乡义务教育一体化发展，让生活在农村的孩子公平享受高质量教育，让有意愿的农村孩子接受高中教育、更多接受高等教育。完善城乡居民基本养老保险、医疗保险和大病统筹制度，统筹城乡社会救助体系、完善最低生活保障制度，让回乡创业就业人才无后顾之忧。

（三）实践育才，构建培养造就实干型乡村人才体制机制

人才的成长离不开一定的发展环境、实践环境。乡村振兴所需要的各类人才，都必须在乡村经济发展、文明建设和社会治理的历史进程中逐步成长、成才。

要在市场竞争中磨炼人才。培育新型农业经营主体是实施乡村振兴战略、实现乡村产业兴旺的重要举措。李克强总理在 2017 年 12 月 13 日的国务院常务会议上强调，培育新型农业经营主体，尽量少靠行政支持示范基地等"戴帽子"的办法，而应更多依靠改革并动用市场力量，实现公平竞争和优胜劣汰。可见，培育新型农业经营主体，关键还是要构建公平竞争和优胜劣汰的新型农业经营主体成长体制机制，让其在市场中磨炼成才。

要在乡风文明建设中养育人才。家庭是社会的基本细胞，是人生的第一所学校。不论时代发生多大变化，不论生活格局发生多大变化，我们都要重视家庭建设，注重家庭、注重家教、注重家风。要切实发挥家庭文明建设的带动作用，讲好家风故事，传播治家格言，以良好家风带动乡风民风。还要注重传承传统健康的孝悌文化、节庆文化、民俗风情等传统乡村文化。在传承传统乡村文化的过程中，要坚持以社会主义核心价值观为引领，树立现代新乡贤典型，挖掘好乡贤文化背后所隐含的精神价值和时代意义。

要在健全自治、法治、德治相结合的乡村治理体系中锻炼人才。乡村自治、法治和德治的成效好坏归根到底是人的素质的高低决定的。健全自治、

法治、德治相结合的乡村治理体系，对乡村发展带路人和每一个人的全面发展提出更高的要求。"深化村民自治实践"，需要提升农民的民主意识、农村社会组织的自我组织能力；"建设法治乡村"需要提升基层干部和农民的法治意识，提升公务人员的监管能力、执法能力和司法调解能力；"提升乡村德治水平"，要求农民具有向上向善、孝老爱亲、重义守信、勤俭持家的道德涵养，要求有道德楷模和身边好人。这些素质提高和人才的养成，都只有在乡村自治、法治、德治的实践中才能实现。

（四）重用贤才，构建培养新乡贤和两委干部人才的体制机制

实施乡村振兴战略，必须重用一批"经济能人""正义好人"和"乡村领路人"等乡贤人才。

要积极培育、管理好新乡贤队伍。建立农村新乡贤吸纳机制，采取激励政策，让退休干部、社会贤达、农民工和创业者等乐于"载誉还乡"，把他们的思想观念、知识和财富服务于乡村的发展上来。加强对"新乡贤"的认定和管理，应以村民推荐、公开评选等形式，从乡村评选优秀人才，组织和宣传部门要将做出突出贡献的人才树立为"新乡贤"，给予荣誉和表彰，做好"新乡贤"精神弘扬，提升他们回到乡村、留在乡村、建设乡村的自豪感和荣誉感。

要切实抓好基层组织建设。乡贤以及乡贤理事会、乡贤参事会、乡贤议事会等乡贤组织是当下基层治理现代化的重要力量。他们是管理乡村公共事务的重要参与者，在乡村治理和推进乡村风尚文明建设中起着重要作用。但是绝不能替代"两委会"，更不能置于"两委会"之上。要强化农村基层党组织建设，选好配强带头人。要做好基层组织建设，及时改造涣散组织，纯化政治风气。切实将有公心、敢担当的能人贤士选举为村"两委"干部，切实提升农村自治组织的凝聚力和战斗力，营造风清气正、公正和谐的政治生态（章越松，2017）。

案例6-4　广西百色——"村官"读大专，"充电"助振兴

"没想到我39岁了还可以上大学，这得益于党委、政府的支持，这对我来说既是圆梦也是充电。"今年3月份，得益于村干部大专学历提升计划。广西壮族自治区百色市隆林各族自治县平班镇管肖村党支部书记、村民委主任王奉丹迈入大学课堂，成为广西民族大学2022级行政管理专业大一新生，开

始为期两年半的大学专科学历素质提升学习。

去年7月，为解决村干部学历层次和履职能力不高、乡村振兴人才缺乏等问题，该市启动村干部大专学历提升计划。与广西民族大学、广西职业技术学院等区内高等院校签订战略合作协议，加开村干部学历提升"直通车"。采取"市级为主、县级兜底"方式，由市、县两级组织部门选派1 000名村干部接受大专以上学历教育，全力锻造适应乡村振兴需要的高素质村干部队伍，为优化村党组织书记队伍储备好充足力量。其中，市级重点从乡村振兴示范村、乡村治理示范村、基层党建示范村、边境地区抵边村中推选500名村干部进行大专学历提升教育；12个县（市、区）结合实际，有针对性地推选30~60名村干部进行大专学历教育。

提升计划采取考试入学的方式录取学员。考前先由广西百色农业学校对推荐的人选进行培训，之后由被推荐人员自行网络报名，参加成人高等学校招生全国统一考试。培训学校按照招生名额和录取分数线，从高分到低分进行录取。

想要顺利拿到毕业文凭并不轻松。在学习期间，村（社区）干部大学生们要和普通大学生一样，上学、考试，按期完成规定的学习任务。为方便村干部学员们学习，提升计划按照就近便利的原则，创新"线上＋线下"教学方式。"线上"教学依托广西农业职业技术学院、广西职业技术学院实施；"线下"面授教学依托广西百色农业学校组织实施，每个学期组织1次为期1周的面授集中学习。教学内容瞄准乡村振兴需要，坚持学以致用，按需开设作物生产与经营、园艺技术、畜牧兽医、电子商务4个专业，最大限度满足农村基层干部在职学习需求。学习期满成绩合格的，由广西农业职业技术学院、广西职业技术学院分别颁发国民教育函授大专文凭。

为保障提升计划顺利实施，市、县两级将提升计划相关经费纳入本级财政预算。截至目前，市、县两级已累计投入财政资金790.7万元，扶持村干部学历提升1 033人。

资料来源：中国乡村振兴在线，2022－07－14.

案例6-5　湖南推动人才下沉基层服务乡村——以高质量党建引领乡村振兴

眼下的三湘大地，山林田野，色彩分明，一幢幢民居点缀其间，一派美丽的田园风光。

湖南省着力加强农村基层党组织建设，引导党员干部发挥先锋模范作用，推动人才下沉基层服务乡村，以高质量党建引领乡村振兴。

选好"领头雁"，筑牢战斗堡垒

拧开水龙头，自来水哗哗流淌。宁乡市回龙铺镇丰收村村民刘庄明接上一盆清洗蔬菜，脸上笑容绽放，"多好的水，干净放心！"

放心自来水，刘庄明盼了多年。今年2月，"90后"小伙子钟湘上任村党总支书记、村主任。开门第一件事，就是跑上级部门、找自来水厂。1个多月时间，自来水管道通到了所有人家。

实现乡村振兴，关键在党，重在选好"领头雁"。钟湘当选，并非偶然。"去年初，镇里摸清各村人才家底，为每个村选拔2名后备干部。"回龙铺镇党委书记张湘桥介绍，钟湘大学时入党，毕业后在长沙工作，"小伙子善良踏实，有闯劲、肯担当，是合适人选。"

去年4月，钟湘回村担任后备干部。时任村党总支书记彭国辉熟悉村情、经验丰富，倾囊相授。很快，钟湘工作得心应手，赢得了村民信任。今年村两委换届中，钟湘当选村党总支书记。

"当选了，就一定要让乡亲们日子过得更好。"钟湘挨家挨户走访，收集村民诉求，谋划村里发展。如今，村里以农耕文化为主题，利用花卉基地等资源发展乡村旅游，为农产品打开销路，村集体经济和村民都增收了。

2019年下半年，湖南省委组织部引导各县乡村，采取定向培养、能人回引等办法，及早发现、培养乡村振兴人才。到去年10月，每个村（社区）都储备了2~3名村干部后备人选，全省共储备7.4万名。

去年12月到今年3月，湖南29 213个村（社区）两委完成换届选举。紧扣实现乡村振兴需求，全省加强人选把关，选出17万名村（社区）干部，村级党组织书记更是优中选优。

换届换出了新气象——村干部平均年龄43岁，较之前下降6岁，大专以上学历达40%；村村配备大学生。像钟湘这样的一大批骨干力量成为农村带头人，为乡村振兴提供了强有力人才支撑。

党群一条心，形成致富合力

宁乡市菁华铺乡陈家桥村，一条浅河蜿蜒而过，流水潺潺。河这边，是鸟窝山屋场；河那边，是棋松屋场。当地群众习惯把自然村称为"屋场"。两座屋场隔岸相望，田野纵横，民居错落，小广场、小亭台精致漂亮。

"这是党员带头，大家比着干的结果。"陈家桥村党总支书记、村主任黄立平说，提高屋场颜值，谁也不甘落后。村里充分发挥党员作用，激发群众内生动力，形成"比学赶超"的氛围。

鸟窝山屋场和棋松屋场，确实经历了一番"比拼"。

鸟窝山动工在前，第一步是拆围墙。过去，村里家家户户建围墙、养鸡鸭。去年3月，屋场夜话会上，32户乡亲围坐一堂。党员杨志强当场表态：带头先拆围墙。他还动员其他村民一块干，"屋场美了，人气有了，钱就能挣来了。"不到1周时间，杨志强三兄弟屋外的围墙就不见了。

党员作示范，鸟窝山的乡亲们纷纷拆除围墙。紧接着，大家筹资投劳，建广场、栽绿树，忙乎了3个月。然而，正当乡亲们认为建得"差不多了"，杨志强却发现，河对岸的棋松屋场，怎么看都更漂亮。

"他们晚开工半个月，动工前也曾过来学习，却反超了我们。"杨志强从细微处发现：棋松屋场的菜地更整齐，打掉颜色不一的水泥地后，裸露的黄土种上了绿树……

怎样让群众思想上有触动？眼见为实！杨志强领着村民从棋松屋场到皂角湾屋场，把村里10多个屋场挨个看了一遍。结束参观时，他高声问："我们鸟窝山的美丽屋场，建得好不好？""不好！""哪里不好？"……大家你一言我一语，为美丽屋场建言献策，工作思路也越来越清晰。

党员带着群众干，困难一一化解。重新规划菜土布局，挖掉庭院前"刺眼"的水泥地……1个月过去了，鸟窝山屋场焕然一新，景色宜人。这为鸟窝山带来了新机遇：有人发展稻虾养殖、垂钓休闲农业产业，年纯收入超20万元；有人开起了农家乐，年纯收入超30万元……

菁华铺乡党委书记黎国君告诉记者，乡里充分发挥党员作用，发动群众、组织群众，党员喊得应、群众跟得上、党群一条心，形成了致富合力。

放眼三湘大地，各地积极搭建党员发挥作用平台。全省引导党员领办农民合作社5.8万个，创办致富项目12.5万个，带动236万户农户增收致富。

科技送下乡，注入人才活水

"多亏了科技特派员制度，为我保住了收成，免受损失。"浏阳市愚公生态农业开发有限公司负责人晏资坤给记者讲起了亲身故事。

今年3月下旬，春雨连绵，寒气逼人。眼瞅着黄桃树花期将至，天仍无放晴迹象，晏资坤焦急不已，"花期只有三四天，如果雨一直下，必定影响授粉，导致减产。"

情急之下，他拨通了浏阳市科技特派员、湖南农业大学教授龙桂友的电话。龙桂友是果树种植专家，浏阳市聘请他为科技特派员，解决群众生产技术难题。电话里，龙桂友支招："黄桃树开花前，在大棚外盖一层薄膜阻挡风雨。桃花盛开时，养一些蜜蜂授粉……"

专家开出了"方子"，晏资坤马上行动。很快，位于浏阳市古港镇沔江村的 6 亩桃园全都穿上了"雨衣"。晏资坤又购买两箱蜜蜂，并每隔几天就给枝叶施肥……由于及时应对，晏资坤的桃园在 7 月迎来了丰收。

专家不仅提供技术指导，还为企业谋划发展方向。晏资坤过去 10 多年里种植了上百亩桃树、梨树、葡萄和沃柑，销售水果是主要收入来源。受龙桂友启发，他开始发展水果采摘观光农业，收入更加多元化。

浏阳市科技局副局长廖文晖告诉记者，湖南省、长沙市、浏阳市三级共选拔了 82 名科技特派员，成立 9 个科技服务小分队，服务浏阳市的畜牧、水产、果树等产业发展，不断提高群众用科技手段致富的能力。

乡村振兴需要大量人才，为破解人才缺乏瓶颈，湖南强化智力支撑，引导各类人才上山下乡、下沉服务。一方面，湖南向每个县选派科技专家服务团，向乡村振兴重点地区选派科技特派员 5 615 名，实现科技人才在重点村全覆盖；另一方面，湖南建立涉农院校与基层联合培养人才制度。采取"定制培养"模式，每年定向培养乡村基层治理人才、农机特岗人员等 2.2 万名，培训新型职业农民 10 万人，为乡村振兴注入了人才活水。

资料来源：中国乡村振兴在线，2021 - 12 - 21.

案例 6 - 6　改革把准向，产业更兴旺——四川巴州构建乡村人才培育机制

日前，在四川巴中市巴州区大和乡界牌村的农家小院里，几个创业小伙忙着打包、装箱、填单……不一会儿工夫，一箱箱农家豆瓣酱就被装上了快递三轮车。"现在每天都有 100 多个网上订单，产品不愁卖。"创业小伙何九江笑着说。

在巴州区，像何九江这样的返创成功青年不在少数，这缘于巴州区推行的乡村人才制度改革。2018 年，巴州区被农业农村部、自然资源部等 8 部委确定为创新乡村人才激励和培育引进使用机制试点区。自去年改革试点以来，该区先后出台各类乡村人才回引政策 13 条，回引返乡创业人员 3 467 人。

"实现乡村人才振兴，关键在于破旧革新，改革现有人才制度。"巴州区委常委、组织部部长余钱说。除了把优秀的人才引回来外，巴中还把本地

"土专家""田秀才"的作用充分发挥好，及时选拔一批优秀的乡村人才担任村"两委"干部。目前，该区已培育各类本土优秀技能人才 8 927 人。

资料来源：中国乡村振兴在线，2019 - 12 - 12.

第五节　全面发展农村金融

农村金融是现代农村经济的核心，是发展"三农"事业、实现乡村振兴的可靠保障。目前农村金融仍然是我国金融体系中最薄弱的环节，涉农金融服务的便利性差、可得性低。随着农业现代化建设的发展，给农村金融改革和金融服务提出了新要求，迫切需要有效解决制约农村经济社会发展的"融资难、融资贵、融资慢"等瓶颈问题。在当前深化农村改革、实施乡村振兴的重要时期，推进农业产业现代化和农村金融改革已经成为"三农"发展的重要课题（王小华、杨玉琪等，2021）。

一、农村金融助力乡村振兴的重要性

农村金融是实现乡村振兴战略目标的重要支撑。习近平总书记在中央政治局第八次集体学习时强调，实施乡村振兴战略是关系全面建设社会主义现代化国家的全局性、历史性任务，坚持把乡村振兴战略作为新时代"三农"工作总抓手（习近平，2019）。实施乡村振兴战略目标，必须有农村金融为支撑。这就需要健全制度，创新投融资机制。在加强财政保障、社会力量积极参与的同时，加大金融重点支持力度。确保资金投入幅度不断增强、供给总量持续增加，为乡村振兴战略三个阶段性目标的实现提供保障。即短期内实现农村金融服务明显改善、中长期推动建立现代农村金融体系、最终实现城乡金融服务均等化。基于此，必须加快农村金融市场化步伐，推动供给侧结构性改革，提升金融服务乡村振兴能力。完善普惠金融服务，构建现代化农业产业体系，优化"三产"融合金融支持机制。引导金融资源流向城乡融合区域和"三农"领域，提高金融资本利用效率。

农村金融能加快乡村振兴目标实现速度。由于农村金融时间性强，精准度高，针对性强，点对点、面对面贷款还款的循环周期较短。一方面可以提高资金使用效率，减少呆账坏账；另一方面可以加速资金周转率，提高利润率。尽管农村金融信贷额小，利息低，但只要加速资金周转，算总账也可以带来较多的利润；再一方面，通过农村金融的快速反应，在加速乡村振兴的同时，可以为农村金融业的发展壮大奠定实体经济基础。即使下一步发展"互联网＋"农业金融，允许 P2P 金融的规范进入，也得把农村实体经济当成靠山。因此，加快农村金融发展与加快乡村振兴步伐是相辅相成、相得益彰、互惠互利的统一体。

农村金融能促进脱贫攻坚战任务圆满完成。扶贫攻坚是国家推进的三大攻坚战之一，是乡村振兴的重要环节。推动乡村全面振兴，必须坚持精准扶贫、精准脱贫，重点攻克深度贫困地区脱贫任务。农村金融机构要明确重点支持方向和领域，不断加大金融精准扶贫力度，助力打赢脱贫攻坚战。推动金融扶贫和产业扶贫融合发展，不断优化惠民利企措施和手段，建立金融支持与企业扶持相挂钩的联动机制，带动和促进贫困户增收减贫。真正做到及时脱贫，脱贫不返贫，巩固现有成果，提升脱贫效能（刘世佳、魏亚飞，2020）。

二、农村金融服务乡村振兴存在的问题

（一）农村金融体制不健全

第一，农村合作金融机构产权结构不合理。随着农村经济的不断发展和农村金融市场竞争程度的增加，农村金融需求扩大并推动了农村信用社经营规模和范围的扩张。在此情况下，农村信用社合作金融的产权制度产生了质变。一方面，广大社员股民由于股份小且占股分散而无法行使管理权；另一方面，多元化的股权结构和多层次的利益相关者容易导致产权主体虚置。与过去相比，农村信用社的股权结构更为复杂，股份类型增加了集体股、法人股、国家股等。农村信用社股份制改造面临着多重困境（陈放，2018）。第二，农村金融服务体系不健全。一是农村金融服务手段落后。科技改变了人们的生活，也改变社会的发展，促进了产业的多元化。但在一些农村地区，农村金融的服务手段非常传统和单一，网络信息技术在金融服务中没有发挥应有的作用。二是金融服务体系明显不完善。互联网经济带来了多元的劳动供给方式（陈纯柱、刘娟，2017）。虽然现在农村金融服务体系也比较健全，包括农村信用社、农业银行、农业发展银行、保险公司以及农村社会保障基金管理机构等，但目前我国以农村发展为落脚点、立志服务"三农"的各类

银行金融机构以及非银行金融机构还未形成统一的整体，而我国农村金融网点又比较少，分布不均，金融产品单一。

（二）农村金融风险化解机制缺乏

其一，农村金融机构投入的风险大。由于金融服务对象和金融消费面临的环境存在差别，我国城乡两个市场的金融风险差别较大。在我国农村，由于农业生产的特点以及各种农业投入的风险没有解决，造成农村金融市场长期以来是高风险低收益的弱质产业，农村金融机构所承受的金融风险非常大。在乡村振兴背景下，我国城乡金融风险程度必然存在不平衡，农村金融体系缺乏风险的化解与分散机制，造成涉农金融机构缺位，"去农化"倾向严重。其二，社会信用支持体系建设滞后。在乡村振兴战略背景下，我国农村金融体系的困境表现在：一是政府对农村金融中大量的违约现象重视不够。政府非常重视招商引资，但对当地金融机构经营中出现的违约现象重视不够。二是缺乏对农村借款主体信用违约的惩戒力度。在我国农村，经济主体的法制观念长期都比较淡漠，民间借贷中逃债、废债的信用违约现象大量存在。金融机构对其无能为力，而法制对这部分信用违约者也缺乏有力的惩戒措施。三是农村信用制度建设面临的难度大。我国的信用制度建设一直非常薄弱。我国农村的个人征信系统更是覆盖面不宽，收集的信息内容不全，没有建立起规范的信用管理制度，难以对农村的民间借贷违约行为起到有效的监督作用。

（三）农村金融供给机制不完善

第一，农村金融服务供给落后。在我国广大农村，农民的基本金融服务需求是金融机构提供给农户的存、结算等基本服务。可是目前这项基本服务在农村很多地方并没有得到满足，还存在一定金融空缺。农村金融机构布局偏离农村现象较为严重，基本金融服务落后的现状没有得到解决。近几年来，新型农村金融机构发展有很大的改变，但金融服务仍然存在布局不合理问题。据2017年中国农村金融服务报告显示，截至2016年底，全国仍有很多乡镇存在金融机构空白，很多地区需要普及和组建农村金融服务系统。我国农村虽然正大力构建普惠金融体系，但也仅仅是一个基本的存取款方面的金融服务。因此，在乡村振兴战略背景下，农村金融体系的构建存在很大的问题。

第二，农民投资理财满足度低。随着我国经济的发展和社会的进步，农村居民收入大量增加，农民对理财产品需求也与日俱增，农户对理财和增加收入的渴望比较强烈。从总量上看，随着农村金融改革的深入，我国农村金融服务整体呈现持续改善的局面。涉农直接融资和间接融资规模不断增加，农村金融产品和抵押方式创新不断涌现，农村基本金融服务得到了一些改善。今天的乡村振兴，必然涉及金融振兴。农村金融投资产品的创新必然是金融振兴的重要内容。现在农村社会对购买基金和国债的需求增大，有些富裕起来的农民对期货市场的农产品价格信号有着强烈需求。但目前我国农村金融市场上，比如证券、期货的交易平台严重不足，理财产品非常单一，影响农村地区农民金融投资的积极性。

三、农村金融助力乡村振兴的机制路径

（一）构建农村金融激励机制

完善扶持激励政策，发挥政策引导作用。一是鼓励涉农金融机构克服"脱农弃农"倾向，引导县域金融机构将吸收的存款主要投放当地，或者购买农业政策性金融债券。二是涉农银行机构在农户小额信贷基础上，在政府农业主管部门的支持配合下，稳步开展大额农业信贷业务。支持新型农业经营主体发展，支持优势农产品基地建设，与政府扶植产业化的政策进行互动。三是商业银行适当放宽对涉农企业及个人客户的授信审批条件。制定和推行涉农贷款营销激励措施和奖励办法。四是建立健全对金融机构涉农贷款业绩的奖励制度。从"补差补机构"转向"奖优奖业务"，设立农村金融产业发展基金，对投放大、成效显著的涉农金融机构给予表彰和奖励。五是监管部门执行差异化的监管政策。银保监部门适度提高涉农贷款不良贷款的容忍度。对于支持乡村振兴业务中产生的不良贷款，应给予贷款核销的政策支持。中国人民银行加大货币政策支持力度，灵活运用差别化存款准备金率、再贷款、再贴现、抵押贷款补充等货币政策工具。六是实行财政补贴、税收减免等措施，对县域金融机构适当减免营业税、所得税和其他行政性收费。七是发展"三农"普惠金融，降低融资成本。加强财政、税收、金融、投资、服务等多个维度政策的协调配合，建立完善以激励为导向的普惠金融政策体系。八是规范农村民间金融，从法律层面上将其纳入金融监管体系。放宽市场准入，引导民间资本有序参与。做好风险提示、预警，健全监测管理，有效降低金融风险（刘世佳、魏亚飞，2020）。

（二）构建涉农贷款风险分摊机制

建立和畅通风险缓释渠道，分散和对冲涉农信贷的潜在风险。一要建立完善涉农贷款专项风险准备金制度，并推动提高补偿比例和覆盖面。在遭受自然灾害导致金融机构形成损失时，给予放贷机构一定的弥补。二要大力发展农业保险，切实提高保障水平。扩大农作物和农业经营主体参保范围，提高承保覆盖率。因地制宜实施保费补贴政策，确定合理的保险费率，适度提高保障金额，健全赔付流程。深入普及和推广保险产品，不断开发农业保险业务品种。探索开展地方特色农产品保险以奖代补政策试点。设立农业再保险公司，完善农业再保险体系。三要鼓励金融机构加强相互之间的业务合作。积极探索对重大涉农项目开展联合授信、银团贷款等操作模式，分散贷款风险。四要创新风险分担机制。不同的贷款品种，由担保机构、银行机构、行业主管部门、乡镇政府、企业主体等按照不同的约定比例共担风险，由此有效降低合作银行承贷风险的压力。

（三）构建农村利率定价机制

建立科学、合理的贷款利率定价机制，完善贷款利率定价内控监督制度，提高利率定价能力，创新利率定价方式，实行差别化利率定价策略。制定符合农村信贷资金供求特点的利率管理政策，建立贷款利率定价管理体系、风险评级体系、综合效益评价体系，不断增强利率定价的主动性和灵活性。对涉农优质客户和小额信用支农贷款要实行优惠利率，以减轻农户及农企的负担，增加收益，降低融资成本。

（四）构建银行信贷管理机制

涉农银行机构要实行差异化、特色化信贷服务。制定并优化涉农信贷支持性政策，合理确定贷款的额度、利率、期限和还款方式，优化业务流程，简化审批程序，建立绿色快速通道，提高审批质效。整合前中后台，将分散在不同部门的客户准入、信用评级、企业尽调、授信用信、利率执行等操作权限统一集中到"三农"专职业务团队上来，提高服务效率。加强和改进授权授信管理方式，适当下放信贷审批权限。推动存贷比偏低的基层县域分支机构，加大农业贷款投放。提供涉农贷款经营机构经营便利和物质支持，在综合服务、人力设置、费用安排等方面给予特殊倾斜。制定涉农信贷部门和经营机构的个性指标，并单独进行考核。专门制定并完善针对涉农贷款从业人员的绩效考核管理办法和尽职免责制度，并建立薪酬激励措施和奖励机制。

案例6-7 宁夏——多样化金融资源延伸进村

2021年以来，宁夏通过实施信贷助农、信用助农、金融科技助农和基础金融服务助农四大行动，引导金融资源向"三农"领域聚集，助力乡村振兴高质量发展。

据了解，今年以来，中国人民银行银川中心支行创新"兴农e贷"等线上信用贷款产品，支持金融机构开展整村授信，促进农业特色产业发展。上半年，农户信用贷款余额同比增长63%。

"根据农村金融市场新兴支付需求旺盛的特点，我们在宁夏固原地区探索了以村级金融综合服务站为依托，将服务站延伸扩展建在村部。同时加载小额取款、便民缴费、用信还款等服务，为农民群众提供了'一门式办理、一站式服务'。"中国人民银行银川中心支行副行长姚景超说，如今形成的村级金融服务"固原模式"，就是打通了乡村金融服务的"最后一公里"。目前这一举措正在向全区推广。

此外，宁夏还推动建立了以农户土地确权信息为核心数据的省级农户信用信息系统，持续深化农村金融消费者权益保护和反假货币宣传力度，大幅提升农村基础金融服务水平。

资料来源：中国乡村振兴在线，2021-08-12.

第七章 完善人才支撑与智力支持

乡村人才支撑与资金支持是乡村振兴战略目标得以实现的关键支撑，人才是乡村振兴中最关键、最活跃的因素。乡村振兴的各方面都需要有人来实施，更需要有人才来创新发展。本章着重探讨城乡人才支撑乡村振兴的政策、制度和路径，最后分析如何向乡村振兴人才进行人力资本投资。

第一节 破除二元户籍制度的人才城乡流动

一、人才城乡流动的理论思考

（一）人才的区域流动

从区域层面分析，人才流动遵循着经济梯度流向的规律，即人才由经济不发达区域流向经济发达区域。

站在全球的视野来看，人才的经济梯度流向表现为由不发达国家和地区流向发达国家和地区；人才主要流向科技水平高、环境条件好、研究经费足、发展机会多的地方。目前，美国仍然是全球最大的科技人才接收国和世界科技人才的制高点；澳大利亚和加拿大等其他发达国家流入人才也较多（卢青等，2021）。

从国内来看，由于我国地区之间经济社会发展情况差异较大，如东、中、西部地区间的不平衡；发达省份与落后省份间的不平衡；发达城市与农村、一线基层间的不平衡，人才的经济梯度流向也基本是从相对落后地区流向发达地区。王宁（2014）的研究表明，地方与地方之间的不平等是人的地理流动的重要诱因之一，地方不平等可以通过地方分层来测量。那些在地方分层体系中占据较高层级的地方，对外来人才具有更大的吸引力。曹守静

（2019）基于 2016 年流动人口动态监测数据，以户籍地在湖北省但流动到其他省份的大专及以上学历的流动人才为对象，采用两分类 Logit 分析方法研究了湖北省人才流动的影响因素，发现性别、每月结余、是否在流入地买房、是否在户籍地买房、是否打算在户籍地买房等变量对湖北省人才流动意愿有显著影响。熊凤平（2007）通过分析高等教育人才对区域 GDP 的重要贡献发现，在京津冀合作中河北高端人才严重流向京津，回流到河北的是京津中低级人才，河北处于劣势状态。吴山保、孙恩（2015）认为基层一线是经济建设和社会发展的主战场，但由于环境、平台、待遇等多方面客观因素，导致基层人才匮乏的现状依然没有得到根本改变。于是提出要从体制机制、人才政策、人才发展环境等方面来更好地引导人才向基层一线流动。

（二）人才的乡村流动

随着我国城乡差距不断缩小、城乡融合发展加快。城市与农村之间由于经济、社会、文化、自然等方面的外部环境产生的"人才势能差"在不断减小，乡村振兴等政策引导为乡村人才成长提供了广阔空间和有利机遇，出现了各类人才回流农村的现象。乡村振兴战略的全面落实必须将人才放在首要位置，积极引导人才向农村流动显得尤为重要（卢青等，2021）。

人是最关键、最活跃、起决定性作用的因素。乡村振兴的各方面都需要有人来实施，更需要人才来创新发展（魏后凯，2019）。政界、学界广泛认同人才对乡村实现全面振兴具有重要意义和作用。张萌、张秀平（2019）的看法是，乡村振兴首要的是人才振兴，乡村人才队伍在乡村振兴中发挥着重要作用。要为乡村人才振兴营造良好的环境，确保乡村人才队伍的不断壮大和稳定，以人才振兴助力乡村振兴。李宁（2018）认为人才是科技兴农的关键环节、是乡村振兴的基础保障，积极推进人才强农战略是实现乡村振兴的必然选择。赵秀玲（2018）提出，通过树立乡村人才的整体发展观，探索乡村人才成长新模式来确立新时代乡村人才发展战略构想，是乡村振兴战略的关键也是动力之源所在。廖智琪、陈修颖（2019）指出，为了达到乡村振兴战略的目标，最关键也是最核心的要素还是人才。人才振兴为乡村振兴的发展奠定稳定的人才基础，要依靠人才带动乡村资源的发展。毛利、叶惠娟（2018）的研究发现，乡村振兴战略需要乡土人才来实现转型。乡土人才可以说是乡村振兴的实现基础，是城乡融合发展的文化资本，同时也是中国生态文明建设不可缺少的传统文化基因。

当前，以致富带头人、退休官员、文化名人、道德模范等为代表的"新乡贤"在农村产业发展、乡村社会治理、乡风文明等方面发挥着越来越重要的作用。李金哲认为，随着改革开放和新型城镇化的不断推进，一个兼具乡村与城市、传统和现代基因的新乡贤群体开始产生，在乡村治理中发挥着重要作用，并逐渐成为跨越乡村治理困境的一个重要选项（李金哲，2017）。钱再见、汪家焰（2019）认为破解"新乡贤从哪里来"这一人才流入难题，需要从政府、社会、文化、乡村等多个维度形成合力，打通"人才下乡"的立体化通道。优化政策扶贫、人才孵化、人才使用、人才涵养等机制，使新乡贤"回得来""留得住""干得好"。

二、人才城乡流动的建设路径

（一）构建培育机制，千方百计用好人才

一是统筹各类乡村振兴人才项目。深入实施专业技术人才引领工程，开展关键岗位专业技术人才引进、培育和使用工作（谢万杰，2009；吴林妃、陈丽君，2014）。发挥优势产业吸引力作用，在制定和推广人才引进战略中要充分利用地方资源禀赋和产业特色，通过明确产业发展方向最大范围吸引对口人才，实现产业与人才"强强联合，优势互补"。二是选育培养本土人才。树立"有用就是人才，人才就在身边"的选才理念，全面掌握各类乡土人才的数量、专业、特长等情况（程华东、惠志丹，2020）。培养一批真正扎根乡村、引领一方农业发展的乡村技能型人才，培训、指导、依靠富有管理经验与专业技术的"土专家""领头雁""农创客"。三是发挥各类人才的优势特长。地方政府要知人并会用人，成就事业关键在于了解人、洞察人，对人才进行准确的判断。把人才放在最合适的位置上，使他们充分发挥自己的特长、施展才干（武国峰、王蕊，2021）。

（二）构建吸引机制，广开渠道吸纳人才

城乡融合是乡村振兴和发展的重大历史机遇。同时，城乡之间的公平竞争合作也对乡村自有资源提出更高要求，迫切需要乡村找到自己的竞争优势。乡村需要通过自身资源的开发，提升对人力资源的"拉力"。这样既能破解乡村人力资源外流、人才流失的困局，也能在一定程度上引进外部人力资源，形成城乡间人力资源的合理交流通道。满足乡村振兴人才多元化需求，提高

乡村人才质量。相对于政府政策、资金支持的政策机制而言，乡村自身竞争优势的挖掘和提炼可以称为市场机制。对于不断提高乡村人才吸引力而言，政策机制更具时效性；市场机制则更具持续性。城市人才流入乡村可以通过企业投资、专家引进、经济合作、文化下乡等方式实现。乡村良好的自然生态环境，特色传统文化及产品，相对淳朴与简单的乡土生活，以及乡村振兴国家战略背景下大有可为的历史机遇，是吸引城市人才的"拉力"。我国地域辽阔，自然区域差别显著，传统文化的传承与发展各具特色，各区域乡村可利用的资源禀赋差别也比较大。因此，在乡村振兴实施过程中，各地乡村要结合区域特色，突出和提炼自身优势，吸引相应的人才（彭振芳、代月娇，2022）。

（三）构建保障机制，真情实意留住人才

一是加强对人才的政治引领和政治吸纳。发挥政府作用，破除行政壁垒、限制人才发展的体制障碍，为乡村振兴人才向乡村流动提供全方位的服务保障，探索人才服务乡村、政府服务人才的多元模式。二是落实各类乡村振兴人才返乡创业、扎根基层、服务乡村的扶持政策措施。在人员编制、薪酬福利、住房保障、子女入学、社保衔接、创业扶持等方面创造良好政策环境。三是政策上从优，经济上重奖。建立贡献回报机制，按照乡村振兴人才实际贡献率进行奖励性薪酬分配，使乡村振兴人才的劳动与所得到的报酬相一致，使知识的价值与经济的价值相吻合。四是积极探索和制定乡村振兴人才流动政策。例如，制定"星期日工程师"、短期工作、项目合作等灵活多样的乡村振兴人才流动政策，最大限度地开发和利用乡村振兴人才的智力资源，为乡村振兴人才施展抱负、建功立业创造良好的环境（孙好勤、邵建成，2006）。

案例7-1 兰州市——激活人才"引擎"，加速乡村振兴

兰州市充分发挥人才在乡村振兴中的引领作用，从农村人才队伍的实际出发，不断建立健全人才流动、评价培育和激励机制，全面激活人才"引擎"，为巩固拓展脱贫攻坚成果同乡村振兴有效衔接提供了有力的支撑和保障。

兰州市积极选优配强村级组织带头人，实施村党组织带头人队伍整体优化提升行动。公开选聘194名熟悉农村工作的"大学生村官""三支一扶"等项目人员，担任专职村党组织书记；紧紧抓住村"两委"换届契机，推动队伍结构进一步优化，村"两委"班子素质明显提升、年龄大幅下降、能力显著增强。该市不断壮大乡村人才队伍,大力实施乡村特色产业聚合人才计划,邀请相关专家学者、龙头企业和合作社带头人等组成顾问团队,全程参与乡村特色产业发展,确保各个关键环节都有专业人士把脉操盘、建言献策。

该市严格落实事业单位公开招聘有关改革措施,放宽远郊区县引才条件;着眼延伸农业产业链条、拓宽价值链条、畅通供应链条,先后从中国农业科学院、部分省农科院等农业院校引进农业领域国内知名专家10名;深入实施"科技人员技术服务计划",选派256名科技特派员深入基层一线推广先进技术、指导产业发展、开展技术培训;该市坚持用好农业科技人才资源,围绕全市高原夏菜、玫瑰、百合、中药材、马铃薯、畜禽牧业等区域特色产业发展布局,遴选117名农业科技人才以"一对一""多对一""一对多"等方式,结对帮扶服务8个县区的111个农村经营主体。

此外,兰州市还切实优化乡村人才发展环境。组织青年人才开展"学党史、庆百年,红色基因代代传"主题活动,选派3名专家人才参加疗养及国情研修活动;积极落实各项人才优惠扶持政策,加大省市级重点人才项目对农业农村领域项目的扶持力度,充分激发乡村人才创新创业活力。深入推进"乡村致富之星"选拔评定工作,用"真金白银"支持人才干事创业,更好服务乡村经济社会发展。

资料来源:中国乡村振兴在线,2022 - 07 - 06。

第二节　构建风险防控机制的下乡返乡创业

乡村振兴战略背景下,农村人口迁移出现了新态势,以农民工回流创业为表征的新的人口红利正在乡村形成。农民工返乡创业在乡村振兴中的主体性补位,是长期"民工潮"及其影响下的中国乡村实践自我变革的一种现实需求。乡村发展的主体缺位也呼唤着农民工返乡创业,而既定制度与政策体系基础上的乡村振兴又对农民工返乡创业产生一种内在需求。本节着重对农民工返乡创业对乡村振兴的作用机理、存在问题以及对策进行阐述。

一、返乡创业对乡村振兴的作用机理

自我国实行乡村振兴战略以来,农民工返乡创业的人数逐年增加,给本

地农民带来了越来越多的就业岗位和就业机会。农业农村部发布的数据显示，2017~2020 年，返乡创业者从 740 万人增加到 1 010 万人（杨建海、曹艳，2021）。可以说，这种趋势的扭转具有重大意义，与改革开放 40 年所形成的农民从农村涌入城市的民工潮截然不同。这种人员流动方向性的转型是当前正在发生的乡村变革，也是中央审时度势、当机立断地出台乡村振兴战略的现实基础（梁栋、吴存玉，2019）。

（一）农民工返乡创业与现代农业体系构建

与我国社会主要矛盾的变化相同步，我国农业的主要矛盾已由总量不足转为结构性矛盾，即人民日益增长的对优质农产品的需求无法体现在供给端，而大量同质化的低水平农产品却长期供过于求。农业农村的发展与建设远滞后于整个国民经济转型升级的进程，与农业农村的资源长期得不到优化利用有关。其中重要的一个原因就是大量有眼界、有知识的农村青壮年从农村流失。乡村振兴战略要求实现产业兴旺，根本抓手就是配合农业供给侧改革实现现代农业产业体系、生产体系与经营体系的构建。例如，拥有资本、技术、知识和经验的农民工有明显的优势实现对农业资源的科学、合理利用，优化农产品种养结构，使其通过优化组合产生最大效率。此外，返乡农民工在对先进科技的接受程度和学习能力上均有显著的优势。例如，不少返乡农民工运用互联网、物联网等现代信息技术从事农业生产。再者，返乡农民工可最大限度地通过在农业基础上的创业使前期积累的资本、技术与（家庭）劳动力等要素充分地优化组合，形成一种高效的生产能力。乡村振兴格外强调小农户与现代农业的有机衔接。农民工返乡创业将会极大地提升小农户发展的能力，并通过产业融合真正将小农户与现代农业有机衔接。在学术界唱衰资本下乡所造成的剥夺式农业转型与"去小农化"甚至"去农民化"背景下，农民工通过发展"农旅结合"等形式实现了内涵更为丰富也更符合农业可持续发展理念的"再小农化"。充分发挥农业的多种功能和多元价值，实现由生产性农业向生态、生活型农业的转型。这种转型更贴合目前我国"大国小农"的现实国情。

（二）农民工返乡创业与城乡融合发展

乡村振兴战略强调城乡融合发展，农民工返乡创业可进一步促成融合性的城乡关系。返乡农民工创业类型大多为服务业类，即便是农业基础上的创业行为也是以提供服务为主，如农家乐、休闲农业、观光农场等。农业与服务业的产业融合不仅会吸引更多的农民工返乡创业，而且通过他们的返乡创业也在供给端创造新的需求，吸引着城市居民不断进入农村。与此同时，仍然有大量农民外出进入城市务工，人员的多元化、多方向流动得以形成。实际上，抽象的城乡关系改善不一定发生在体制制度和结构的层面，也不一定发生在大范围内的整体突围之中。城乡融合更现实与更容易发生在城乡居民的生产、消费及日常生活的互动层面。这种互动可能在短期内不会体现出建设性作用，但长期内会促发乡村经济、政治与社会文化等各领域的缓慢变革。乡村与城市居民在生产与消费界面上的互动，会促动农村生产生活方式的现代化转型以及乡村传统观念的更替，也有利于乡村居民提升乡村文化自信、生发文化自觉，最终大幅提高人们的幸福感。

（三）农民工返乡创业与生态宜居乡村建设

返乡创业的农民工适应了城市居民的居住与消费特点，如通过发展乡村旅游开始改变过去粗放的化学农业模式，农民更加注重生态种养殖的方法。对减轻并消除农业面源污染、改善乡村生态环境意义重大，是一场悄悄的土壤革命。另外，有过城市生活体验的返乡农民工为了提升自身在乡村的生活居住体验，也为了扩大经营规模、优化营商环境，会更加注重本乡本土、原汁原味的乡村自然生态景观保护。笔者在调查中发现，返乡创业的农民工往往为了改进房屋内部装修风格、改善居住体验绞尽脑汁，而不是停留在当年新农村建设只是对外在表面环境的应付式改造上。农民工返乡创业是顺应市场经济发展的应时之变。将产业与生活相结合也因而提升了农民参与的主动性，无形之中强化了农民的环境与生态保护意识。

（四）农民工返乡创业与乡村治理体系现代化

农民工中不乏在外积累丰厚的经济与社会资本而成为乡村精英者。通过创业实践可为乡村建设添砖加瓦，弥补政府在提供公共服务上的短板和缺陷。在返乡创业带动村民就业的情况下，返乡农民工也更容易取得乡土社会的信任，从而在自治的乡村社会，权威民授的政治规则显然更有利于他们村庄政治资本的积累，建立起自治与德治的权威一体。另外，乡村振兴战略坚持党管农村的基本原则，有资本、有文化、有技术、懂经营的返乡农民工是农村基层党组织中党员比例最高的群体，也比乡村社会里的其他人群更具有法治观念与法治思维。因此在理论上更有利于形成自治、法治、德治相结合的乡村治理新体系。之所以强调理论上的可能性，是考虑到农民工返乡前长期在外"闯社会"，在陌生社会里的浸泡使其或多或少的存在道德感弱化或自利性的可能性。农民工与乡村社会的快速融合与适应也需要加以正确引导。

（五）农民工返乡创业与和谐富足乡村生活

农民工返乡创业不仅通过产业兴旺带动了农民在乡村本地的就业并提高农民收入，实现农民物质生活上的富裕，也改变了过去拆分型的家庭再生产模式，缓解了过去农村留守儿童和留守老人面临的诸多社会问题，对于提升留守儿童的教育质量、改善农村老年人的养老意义重大。实现幼有所教、老有所养和家庭和睦，可极大地提高农民生活在乡村的幸福感和满意度，从而真正实现生活富裕。此外，农民工返乡创业也将在很大程度上逆转农村空心化的趋势，使农村更有人气——人是乡村振兴的基础，从而间接地在整体上阻断农村贫困的代际传递并避免贫困的再生产。

二、返乡创业存在的风险类型

（一）行业风险

目前，农村外出务工返乡创业人员常年在城市务工，具有丰富的务工经验。他们返乡创业涉及的行业领域与其在城市务工的经历息息相关。但返乡创业人员文化素质较低，缺乏行业风险分析意识，缺乏对成本结构、行业成熟期、行业营利性及政策环境进行分析。没有了解整个行业的基本状况和发展趋势，导致对其创业的生产、经营等活动偏离预期结果而造成巨大损失（彭湘、李纯阳，2020）。

（二）管理风险

大多数返乡创业人员学识较低，在外务工主要从事劳动密集型产业，相对缺乏管理经验与知识。因此易因管理者个人素质、创办企业组织结构等问题而产生管理风险。由于缺乏企业管理知识，农村外出务工返乡创业人员在企业运作过程中易出现信息不对称、管理不善、判断失误等一系列管理问题。而创办企业一旦出现管理问题，将会给企业及创业者造成十分巨大的损失。

（三）行政风险

部分地区的有关政府部门尚未落实国家对返乡创业人员创业减贫的专项支持政策，从而让返乡创业人员失去政府对返乡创业人员的帮扶、规划、引导的优势条件。同时，在落实项目审批、资金筹措、补贴申请等工作时，往往需要创业者往返于多地多部门，导致许多农民创业者失去创业热情。

（四）其他风险

农村外出务工人员返乡创业时可能遭遇的风险还包括所谓的"三缺"，即缺人、缺钱、缺地。在创业活动中，还会存在投融资、人力资源、知识产权、合同行为及企业的刑事责任等法律事务方面的风险等。

三、返乡创业的风险防控对策

在乡村振兴战略背景下，国家和社会也敏锐地注意到农民工的返乡动向，并频繁出台支持农民工返乡创业的文件。虽然农民工返乡创业存在风险，同时不宜过高估计返乡创业农民工的规模和短期内对乡村振兴的重大突破性作用，但是在农民工返乡创业与乡村振兴战略存在内在逻辑关联的情况下，也不能忽视返乡创业人员在促进乡村社会经济生态变革中以点带面的意义及趋势。因此，非常有必要构建完善的体制机制，整合政策资源与各种力量服务好农民工返乡创业，化解农民工返乡创业风险，最终更加精准地推动乡村振兴战略的落地（梁栋、吴存玉，2019）。

（一）实施更加积极的创业支持政策

在返乡创业财税金融政策方面，积极纾困，坚持一手抓财政补贴与税费改革，一手抓融资渠道拓建。前者应精准定位返乡创业项目财政补贴范围，细化规范返乡创业的税费征收项目，降低返乡创业的成本。针对当前农民工返乡创业者反映最为突出的问题，即流动资金贷款获得难，后者应及时破解产权抵押程度复杂、有效抵押物范围小的问题，探索实施返乡入乡创业信用贷款政策。开展林权、大型农机具、厂房、生产大棚、渔船抵押贷款和农业保单、生产订单、仓单融资，完善违约处置容忍度等制度设计，允许合理展期，完善乡村金融。此外，建立健全返乡创业项目风险防范和失败补偿机制等，有效降低创业者各类压力。

在返乡创业产业政策方面，应进一步强化对农民工返乡创业项目的政策性引导，科学制定、及时发布、积极宣讲本区域内产业投资项目指南和配套鼓励性产业投资优惠政策。建立包容性更强的返乡创业产业园区，并切实出台针对能吸纳更多农民工返乡创业者入园的倾向性政策细则。

在返乡创业服务支撑体系方面，首先是县域政府须加强向服务型政府转变。加强返乡入乡创业园、创业孵化基地、农村创新创业孵化实训基地等各类返乡入乡创业载体建设，为返乡入乡创业人员提供低成本、全要素、便利化的创业服务。如完善创业分类统计制度，加强部门间信息共享，建立较为成熟的在外人才数据库、创新创业项目备选、返乡创客朋友圈或人脉网等。充分利用"云、端、网"为创业企业借智引才，善用政府购买服务机制加强返乡创业服务供给侧改革。其次是坚持和完善统筹城乡的民生保障制度。不断完善农村互联网基础设施、物流设施等信息化支撑体系，降低城乡数字鸿沟，有序推进电商示范县、示范村及数字乡村建设。最后是善用微信微博、广播电视、手机海报等宣传返乡创业政策及成功案例，塑造榜样和示范力量（石丹淅、王轶，2021）。

（二）提升返乡创业群体的人力资本

农民工前期的城市务工经历使其知识与技能得到了较大幅度的提升，但在返乡创业的新场域里仍需通过加强培训进一步深化提升农民工的人力资本。首先，在培训的形式上，针对返乡创业农民工的人力资本提升战略，应力避大水漫灌式供给和自上而下的行政摊派，要结合农民工自身的具体创业实践，建立分类培训的机制；其次，在培训的内容上，应沿着创业技能与治理能力两条路线展开。技能的培训主要是向返乡创业农民工提供贴合其创业内容的知识与技术，尤其要强调"互联网＋"与电子商务、即时通讯、广告宣传与制作等新兴技术。不仅可通过技术专员下乡的形式进行现场教学，也可利用互联网进行远程网络培训。治理能力的培训主要包括道德素质、法治知识、村民自治规范等方面的内容，尤其强调返乡农民工创业实践中的社会责任。如强化并鼓励返乡农民工通过创业带动村庄留守人口就业，通过发展农村商业带动贫困户精准脱贫的意识。通过强化返乡农民工深嵌村庄熟人社会、积极培育发展党员、规范村民自治等巩固新时期党在农村的执政基础，也使有知识懂法律的返乡农民工成为现代乡村治理体系的带动主体（梁栋、吴存玉，2019）。

（三）完善基本公共服务供给体制

为了使返乡创业的农民工能够真正地扎下根来，地方政府还需完善公共服务供给机制。政府公共服务的供给机制完善是建立在政府与市场的合理分工基础上。政府应当继续在交通、通讯、公共文化设施等乡村基础设施建设方面用力，为返乡农民工创造一个良好的外部营商环境。借助国有政策性银行逐步建立健全金融借贷与担保政策对返乡创业农民工的资金支持，出台优惠贷款政策，解决农民工融资难的后顾之忧。大力发展乡村教育事业，其中既包括面向农民下一代的学校教育，通过提高教育教学质量实现农民工回归后子女受教育问题的平稳过渡，也要发展针对农民工群体的社区教育，如通过建设自主学习型电教室、乡村图书馆、农民函授班等建立起常态化的返乡农民工人力资本提升机制，也使返乡创业的农民工获得更多的自我组织空间，充分发挥学习型组织对返乡创业农民工的传帮带及凝心聚力的作用。

案例7-2　湖北武汉——点燃人才"引擎"，跑出乡村振兴"加速度"

乡村要振兴，人才是关键。武汉市立足高校集聚的优势，点燃人才"引擎"，加速乡村振兴。全市14名涉农院士、300多名科技特派员、10万余名各类涉农专业技术人才，让武汉成为农业科教资源的高地。"全国首家院士科普工作室""一村多名大学生计划"等政策引导支撑人才兴农，让武汉的乡村经济充满创新活力。2020年，全市农村常住居民人均可支配收入24 057元，人均可支配收入与该市经济增长同步。2021年一季度实现农林牧渔业总产值同比增长23.3%。

大学生走进田间地头，人才导流回乡注入"活水"

乡村振兴，聚才为先。7月10日，武汉乡村振兴"人才导流回乡工程"在华中农业大学启动，首批81位华中农业大学文法学院在读研究生、本科生，奔赴武汉市新洲区、蔡甸区，分别开展为期6个月和2个月的实训实践。

"学生实训实践期满，由校地联合导师团队对其工作完成情况进行考核。对实训实践期间成绩突出、有留乡就业创业愿望的人员，有关部门将做好跟踪服务，支持其在乡村就业创业。"武汉市农业农村局党组书记、局长王玉珍表示，希望通过实训实践活动，引导高校学子自觉自愿回乡就业创业，为乡村振兴贡献力量。

据了解，华中农业大学是此次校地共建实训实践基地合作院校，该校生物学、园艺学、畜牧学、兽医学、农林经济管理5个学科入选世界一流建设学科。作为武汉市人才导流回乡工程的试点，大学生下乡实训实践活动在新洲区、蔡甸区先行开展。

学生们将在学校导师和行业导师的指导下，深入两区9个街道的9个村，开展乡村振兴专题调研，采集、整理、分析实训实践基地乡村振兴相关信息数据，形成专题调研报告。同时，依托学校专家团队，为农民提供专业技术支持和指导。参与活动学生将发挥专业特长，推广农业科研成果，参与农业农村建设。探索校地联合选拔培养人才的工作机制，拓展大学生创业空间，带动更多人才留汉回乡兴业创业。

以试点为基础，武汉将在全市逐步推开并扩大至更多专业、其他高校。武汉市农业农村局将会同相关部门，通过总结大学生下乡实训实践活动经验，探索校地联合选拔培养人才的工作机制，提升乡村振兴人才政策的精准度、吸引力。

人才是推进乡村振兴战略的核心要素。今年的武汉市委发布文件明确指出，构建多层次乡村人才支撑体系，实施乡村振兴人才导流回乡工程。"人才导流回乡工程"将进一步强化农村人才的引进力度，破解农业农村人才资源紧缺难题，鼓励高校人才带科研成果、带技术项目、带资源资金向基层农村流动，向农业产业聚集发展，为乡村振兴注入创新动力。

女博士乐当现代农民，政策创新打造人才"军团"

近年来，在农业人才培养和支持方面，武汉市走在全省前列。在引才、育才、用才方面，武汉市做了一些有效的突破和尝试。实施了"乡村合伙人"计划，开展"在外能人大走访"活动，吸引近千名有产业、有资金、有项目的人才返乡创办实业、反哺家乡建设；实施了"后备干部培养计划"，储备3 000多名发展骨干，选聘724名大学生村干部助理；实施了"一村多名大学生计划"，招录了474名优秀农村青年接受大专教育。在全省首家推出大学生留汉农业创新创业大赛，一等奖获得资助15万元。

在新洲区陶岗村，靠自己努力考上大学走出去的农场主曹绍武看见家乡大量的土地荒芜，于2016年底携家带口回乡创业，注册了星玥家庭农场。如今曹绍武夫妻俩经营的星玥家庭农场已经成长为一家集休闲垂钓、果蔬采摘、有机农副产品线上线下销售于一体的市级示范家庭农场。农场占地面积132.89亩，以"绿色、健康、生态、休闲"为特色，实行绿色生态立体种养模式进行"套种混养"。多种生产和经营模式，带动周边的54户村民就业。

在新洲区仓埠镇周铺村，留学归来的女博士岳文雯，经过3年多时间，一手打造出2 000亩的有机田园综合体"我家的地"，不但完成了她自己的现代农业构想，也带动了当地数百名农民增收脱贫。作为湖北省农业农村厅授予的"湖北省休闲农业示范点"，如今"我家的地"不但承载着岳文雯创业梦想，更肩负起扶贫富农、乡村振兴的重大使命。

在岳文雯的有机田园综合体，农田错落有致，有机蔬菜听着音乐长大，不施用化肥、不使用除草剂，严格按照有机绿色农业标准种植。这样的种植模式，有强大的顾问团队指导。岳文雯与武汉理工大学、华中农业大学等知名高校建立产学研合作平台，建立自己的品控体系。3年来专注有机种植，拥有了27项发明专利，全年产出168种有机蔬菜。生态农业田园综合体，还兼具农耕研学、农事体验、观光旅游、航天育种孵化科研基地、航天科普基地等功能。

"我们现在是科技种田，干的活更轻松，拿的钱更多了，大家都乐开了花。"在园区工作的农民张宁桥说，园区定期还会邀请农业专家对农民进行蔬菜种植、农业器械操作等业务培训。据统计，目前"我家的地"直接解决当地176个农民上岗再就业，间接带动500多人增收。

2016年以来，武汉全市培养各类农业专业人才约13万人。选树了"全国十佳农民"王建兵、"全国农业劳动模范"魏晓明、湖北省人大代表胡丹等一批既有学识又有胆识、能力的优秀典范；发掘了谦益农业负责人、华科大毕业生李明攀，"我家的地"创始人、海归博士岳文雯以及佰冠果业创始人、武大毕业生张朝，"耕读兴农"创始人、华中农业大学研究生彭达等一批农业领军人才；评选了李茂年、胡保祥、王喜亮等一批毕业于华中农大的黄鹤英才。

院士引领专家聚集，为产业兴农提供"核动力"

6月11日，中国科学院院士、武汉大学药学院院长、微生物学家邓子新院士农业科普工作室揭牌。"邓子新院士农业科普工作室"是全国农业行业首家以院士领衔命名的农业科普工作室，由武汉市科学技术协会、武汉市农业农村局、武汉市农业科学院共同创建。

新成立的科普工作室以邓子新院士及行业96位专家为核心，以进学校、进机关、进社区、进企业、进农村等形式，组织开展科普报告会、制作精良的长中短视频和科普读物为主要工作内容。每年开展科普系列活动数量不少于20场次。

截至 2020 年，武汉市农业行业有院士 14 名、科技特派员 319 名、科技特派员工作站 80 个。今年，武汉市成立全国首个以院士领衔命名的农业科普工作室，希望动员吸纳更多的院士专家和广大科技工作者投身农业科普工作，深入有效地向大众传播农业科学知识，为助力巩固拓展脱贫攻坚成果，全面推进乡村振兴，加快建设农业农村现代化，建设现代化大武汉贡献力量。

人才兴农，兴于产业。2020 年，武汉种业全产业链产值 400 亿元。2019 年，武汉获批创建国家现代农业产业科技创新中心，属中部地区唯一一家、全国五家之一，并作为全省农业领域唯一项目纳入国家"十四五"重大项目库。园区已入驻先正达集团、德国拜耳、杜邦先锋等世界 500 强公司的研发中心，储备高水平创新企业 400 余家，上市公司达到 15 家，为武汉聚合科教资源优势，推动高科技人才投身农业奠定了基础。

武汉市农业农村局相关负责人介绍，下一步，武汉市将进一步聚焦高校的人才优势、聚焦涉农专业这一重点人群，发挥武汉区位优势，推动区域人才资源优化配置。依托武汉国家现代农业产业科技创新中心、科技特派员工作站、实训实践基地等平台，集聚各类专业人才推动"三农"工作创新发展。将进一步拓宽就业渠道、扩大岗位需求、提高吸纳能力，吸引更多的毕业生参与武汉市"三农"建设。坚持多元主体、分工配合，推动政府、高校、企业等发挥各自优势，共同参与乡村人才培养，推动乡村振兴各领域人才规模不断壮大、素质稳步提升、结构持续优化；进一步强化农村人才的引进力度，破解农业农村人才资源紧缺难题；鼓励高校人才带科研成果、带技术项目、带资源资金向基层农村流动，向农业产业聚集发展，为乡村振兴注入创新动力，努力打造武汉农业科技成果转化样板。

资料来源：中国乡村振兴在线，2021 - 08 - 10.

第三节　创新有效激励机制的人才服务乡村

面对乡村优质人才资源的流失，人才振兴成为制约乡村振兴的瓶颈。构建有效的激励机制，创新人才服务乡村模式，成为当前亟须解决的问题。本节首先分析人才服务乡村的现实需求，然后提出激励人才服务乡村的机制路径。

一、创新激励人才服务乡村的现实需求

（一）乡村人才流失严重

当前，在乡村劳动力大量转移至城市和非农部门的背景下，乡村面临着中青年人才流失、优质劳动力缺乏的现状。现在的农业、农村最缺乏年轻人，体面的工作环境是当今年轻人择业考虑的一个重要指标。单纯的第一产业或第二产业已经很难留住年轻人，只有第三产业或以第三产业为引领的融合产业才能留住年轻的人才。此外，由于优质劳动力资源的流失，乡村的经营管理人才亦比较缺乏。乡村的本土人才以从事种植、养殖业的偏多，从事经营管理、产业发展的偏少，能带动一方农民共同富裕的"领头雁"很稀缺。同时具有管理能力和奉献精神的乡村基层组织管理型人才更是少之又少（涂华锦、邱远，2020）。

（二）人才服务激励不足

乡村人才服务政策中激励机制的缺失主要表现在：首先，缺少工作激励机制。一些基层干部对于乡村服务人才只是简单地进行工作分工或任务配置，并没有明确规定工作的原则、起止时间、评价和考核标准。近年来，由于工作中缺少相应的激励机制，致使人才在具体工作中普遍表现为缺少工作激情和创新精神。其次，缺少目标激励机制，在工作中表现出盲目性、懒散性。再次，缺少评价激励机制。基层政府或基层干部对于乡村人才的工作效率缺少客观的评价激励机制，具体表现为缺少及时有效的评价激励。最后，缺少考核激励机制。对于人才只有工作、没有考核，没有源于基层干部和广大村民对于工作效果的激励和认可，或即使有文件有制度，但不严格按照文件制度执行，考核流于形式，缺少公正性、公平性和公开性。由于乡村工作中人才激励机制的缺失，人才在工作中缺少激情、动力和创造精神，致使乡村发展和振兴缺少动力激情和后劲（关振国，2019）。

二、创新人才服务乡村的激励机制

（一）创新人才服务评价机制

对现有人才服务乡村的评价体系进行改革，探索开展乡村振兴专业技术

职称评审。对于科技人才，将下乡这样的基层工作经历作为职称评聘的必要条件。对工作业绩突出的科技人才，在评优、晋级和职称评聘中优先考虑；在助力乡村振兴过程中承担的项目与成果转化作为其职称评聘的重要依据；将科技人才承担下乡派驻任务视同承担省级或市级科技计划项目，优先推荐助力乡村振兴的科技人才承担企业横向项目和各类创新推广项目等（涂华锦、邱远，2020）。对包括从事适度规模经营的农民、农场经营者、农民合作社带头人、农村创业创新带头人、电商营销人员等各类乡村人才开展农经师、农技师、农艺师等职称评价。坚持把论文写在大地上，制定符合现代乡村人才特点的职称评价标准，不受学历、专业等限制，重点以经营管理规模、经济社会效益和示范带动作用等作为考核评价依据。

（二）创新人才服务奖励机制

在创新人才服务奖励机制方面，可以从物质奖励和精神奖励两个方面着手。在物质奖励上，要将下乡助力乡村振兴纳入本单位工作绩效考核，核计相应工作量，确保其薪酬收入高于原有水平；还要加大对乡村服务人才重要科研成果、项目的奖励力度。对取得重要服务成果的人才，给予一次性的高额物质奖励。在精神奖励上，政府及所在单位要树立一批乡村人才服务的典型。对工作业绩突出的服务人才，要大力宣传其突出事迹，并给予隆重表彰和鼓励，在晋升、评优评先中给予优先考虑（涂华锦、邱远，2020）。

（三）创新人才服务保障机制

一是业务经费保障。所在单位要建立乡村服务人才下乡专项工作基金，用于交通、住宿、用餐等日常业务费用支出，也可用于相关的项目研究、绩效工资、成果奖励等激励政策费用支出。此外，应充分考虑到下乡交通、住宿、用餐等大多无法提供发票的实际情况，建立灵活、科学的经费使用和财务报销制度。探索项目经费使用"包干制"改革，让乡村服务人才不再"有钱难花、花钱难报"（涂华锦、邱远，2020）。二是公共服务保障。围绕精准服务乡村人才的需求，在医疗、教育、住房、配偶工作等方面全方位做好服务保障工作，让乡村服务人才能够"下得来""留得住"。

案例7-3　浙江温州——新乡贤激起乡村振兴"一池活水"

他们或是回归项目的带头人，或是群众眼中的"和事佬"；他们带着资本、技术、理念活跃于田间地头、企业车间，融入寻常百姓人家……日前，一群奔走在共同富裕路上的温州新乡贤相聚在世界温州人家园"乡贤讲坛"，分享各自在共同富裕路上的奋斗故事。

悠悠桑梓，与君共美。遍布世界各地的温州新乡贤，汲取着世界智慧，也期待着与故土的深情碰撞，已成为推动家乡乡村振兴、推进家乡乡村治理的一支重要力量。

释放"贤资"，注入乡村振兴新血液

"在外面闯荡多年了，就想回乡为乡亲们做点事。"乐清乡贤苏德生，舍下"大老板"身份，返乡当了村干部，率领村干部大建现代农业、大干环境整治，打造远近知名的生态观光园。被称为"倒贴书记"的他，先后个人注资1.6亿元助力村庄发展，将乐清市清江镇北塘村从贫穷落后的后进村转变为远近闻名的示范村。

永嘉"网红村"源头村"一肩挑"女干部陈小静，放弃广州的事业，回到家乡进行了一场环境革命，不仅让村庄成为乡村振兴的样板村，疫情期间还利用"网红"优势，发展"全民直播""宅家带货"，让百姓的农特产在"云"上"飞"起来。

乐清市乡贤方玉友，怀揣着发展家乡、带动村民致富的梦想，主动请缨投资20亿元建设"铁定溜溜"项目，为村民谋出租金、薪金、股金的致富"三金模式"。安置和解决村内及周边劳动力800余人，带动村民就业，推动村集体发展，为实现乡村振兴提供产业支撑。

2018年，郑超豪带头成立了88人组成的沙洲村贤调志愿团，成功调解案件101件。呈现出乡村治理低成本，乡村振兴高效能，乡村社会更和谐的良好态势。

新乡贤参与基层治理在温州市并非个案——泰顺县探索"村两委＋乡贤泰商"调解机制，成立了19个品牌乡贤调解室，实现了乡镇乡贤调解室的全覆盖；瑞安市成立了23个乡镇街道联谊组织，实现了乡贤数据库市、镇、村三级全覆盖……

"作为集聚资源、资本、见识、威望等优势为一体的新乡贤群体，他们具有团结联系群众的自身优势。"温州市委统战部相关负责人表示，在温州各地遍布的品牌调解室，在社会治理领域发挥了日益重要作用。

据统计，2020年，温州市通过乡贤调解矛盾纠纷共2 182起。实现大事化小、小事化了，推动矛盾纠纷就地化解。

深耕"贤智"，激活乡贤阵地新活力

新乡贤是乡村人才资源中的一支重要力量。"我们充分发挥新乡贤智慧和力量，持续激活乡贤阵地新活力。"温州市委统战部相关负责人表示。

乐清市荆山公学是由乐清市新乡贤蔡汝青投资创办的一所集幼儿园、小学、初中、高中为一体的现代化寄宿民办学校。作为新乡贤智力回归项目，学校以高端人才引进、名校合作培养和校本研训相结合等方式，组建高素质办学团队和师资队伍，极大提升乐清市大荆片区的基础教育水平，为当地发展奠定了坚实的教育基础。

根据创办者蔡汝青的意愿，荆山公学还将致力于打造区域文化高地，学校的软件、硬件将最大程度实现区域共享。

如果说，荆山公学是以教育资源助力乡村振兴的话，永嘉县新乡贤周建朋则以文化艺术形式助力家乡发展，并打造集美术馆、艺术家工作室、艺术家写生基地为一体的综合建筑群落——楠溪书院。

2018年，周建朋发起创办了楠溪书院，以打造乡村振兴工作示范点和共同富裕示范村为目标，将其定位于中国传统文化复兴基地、中西文化交流平台。

为实现艺术助力乡村振兴，楠溪书院通过中国传统文化讲坛、学术研究、艺术展览、游学研学、院校写生教学与创作、艺术衍生品开发等运营模式，将艺术植入乡村，不断提高村民的文化修养。近年来，该书院通过系列活动的开展，成为中国乡村艺术"试验田"。

"希望在我们的共同努力下，探索出一种新型的温州山沟文旅发展模式。我会为此尽自己所能，也会邀约温州籍其他众多艺术家和世界各地艺术家来建设家乡。"周建朋说道。

让新乡贤回得来、留得住，更要发展好。在不断激活新乡贤阵地的同时，近年来，温州市通过世界温州人大会、中国（温州）新时代"两个健康"论坛等活动，突出以贤招商，打好"项目回归牌"，进一步掀起乡贤回归兴业热潮。

据统计，在遍布世界130多个国家的温州人中，目前有超1万名新乡贤回流兴乡，以核心产业撬动乡村振兴。

资料来源：中国乡村振兴在线，2021-09-27.

案例7-4 双招双引智惠三农，洪村村奏响乡村振兴三部曲

浙江省杭州市临安区青山湖街道洪村村地处径山万寿禅寺的南麓，径山

风景秀美以茶闻名。唐代"茶圣"陆羽曾在此游历，著写《茶经》。全国重点文物保护单位普庆寺石塔就坐落在该村。洪村村地理位置优越，交通便利。该村凭借"南科北禅"的独特区位条件，打造杭州城西科创大走廊后花园，奏响乡村振兴三部曲，走上了幸福之路。

招才纳贤，共谋发展

为助力乡村振兴，激发乡村发展内生动力，临安区文旅局和青山湖街道于 2020 年底面向全社会招募乡村运营师。通过"运营引领的村落景区化模式"助推农文旅融合发展，激活乡村"造血"功能。洪村村是首批参与的村落之一。

古朴自然的乡村小院

2021 年初，洪村村引入运营团队为村落发展注入专业力量。村集体与运营团队开展合作，从整村旅游运营的角度出发，实现乡村与市场的结合，将村落景区的资源优势、生态优势转化为经济优势、发展优势，让美丽村庄化身美丽经济。

通过系统梳理村落资源，村集体与运营团队决定借助当地"南科北禅"的区位优势，确定"洪村觅径"的发展路径，策划了"科创大走廊北翼的智慧迷宫""跟着往圣先贤的足迹上径山"等主题内容，打造"耘野洪村"农产品品牌、"森心觅径"森林课堂。

做强联盟，共聚合力

以"服务产业、土地流转、盘活'三资'、乡贤内助、市场运营"为重点，洪村村成立了集体经济发展公司，支持乡贤、社会资本参与美丽乡村经营。通过"土地流转"、村村抱团、村企合作、村民协同等多个途径，盘活存量资产、推动转型升级，凝聚发展动力，切实增加村集体收入，实现高质量发展。

该村发挥科技城企业群体优势，加强与村属单位沟通联动助力村庄振兴，陆续开展多次村企党建共建系列活动。村集体 2021 年集中流转农户土地约 100 亩进行规模化优质水稻种植，打造自有水稻品牌取得良好收益。

盘活闲置，共创业态

坚持以环境美、田园美、村庄美、庭院美为目标，通过"微提升、精改造"，洪村村深挖乡村文化资源，丰富村落文旅业态。

古道幽径，打造精致露营地。利用径山古道口近 10 亩的荒地，打造了精致露营地项目，为村集体每年增收约 20 万元。

风笑岭露营地

打造洪运家宴，动员村里村妇们改善和提升厨艺，摇身变为厨娘；美丽庭院里原汁原味的乡土菜肴受客人认可，同时也带动了土鸡、笋、茶等农产品以较高附加值销售。

将闲置农房打造成乡村会客厅。原本废旧的猪舍变"竹舍"微民宿，成为坐拥良好山水环境的乡村会客厅，供周边企业头脑风暴会议、闭关办公或周末度假休闲。老茶厂改造升级，传承弘扬非遗文化。

资料来源：中国乡村振兴在线，2022 – 05 – 09.

第四节　完善教育培训机制的乡村人才培养

乡村振兴背景下，无论是农业生产经营人才，农村第二、第三产业发展人才，乡村公共服务人才，乡村治理人才还是农业农村科技人才，都需要接受专业或职业教育（王俊程、窦清华，2022）。然而，现实的情况是，大部分乡村人才仅在乡镇完成终身学历教育，极少接受过职业教育，这进一步加大了乡村振兴的难度。为此，构建完善的教育培训体系，为乡村振兴培养人才，就显得尤为重要。

一、乡村教育培训存在的问题

（一）培训师资缺乏

完善乡村人才培养或培训机制，首先要解决的问题便是"谁来培训"？当前乡村人才培养或培训师资不仅匮乏，还因经费短缺、机制僵化，出现外请师资困难等问题。理论上，在大部分乡村地区，职高教师、农业科技相关人员或党校教师具有培训县乡村干部及村民从而推进乡村振兴的可能性，但受学历、职称、经验及专业素质等方面的制约，在部分地区，绝大部分师资在未得到专业化的训练前，几乎无法胜任农业技术、产业发展、农产品开发包装及销售、财务管理、乡村治理、生态环保及规划等课程的培训。有人认为可以外请师资来培训，但是，有些边远乡村由于交通不便、经费短缺、机制僵化等原因，外请师资难度大、成本高，导致这些地区乡村人才培训困难重重。

（二）培训课程缺失

据调查，不少培训课程不适合乡村人才培训需要。来自西南乡村重点帮扶县的565份问卷调查结果显示，在9个选项的多选题中，"乡村人才培训课程的质量偏低、流于形式"的提及率占到46.9%；"部分课程不符合当地农村需要"的提及率占到38.8%；"因了解到往期的培训效果一般，以致积极性不高"的提及率占到37.3%（王俊程、窦清华，2022）。这是因为农业生产经营人才以及农村第二、第三产业发展人才本质上是农民群众，绝大部分未接受过高等教育或职业教育。当前承担教育培训的各级党校和主要培训转移劳动力的机构，均不适应农业生产经营人才和农村第二、第三产业发展人才的培训需要。

（三）培训效果不佳

毫无疑问，教育培训对转移就业、促进农民增收及移风易俗方面起到重要作用，但实际上，对乡村人才的培训多存在形式化倾向、重视不够、效果不佳等问题。农村人才培训陷入"师资、课程质量偏低，培训效果差，干部群众均对培训不认可"的恶性循环。来自西南乡村重点帮扶县的565份统计问卷表明，在6个选项的多选题中，61.4%的干部群众认为"农村人才培训有一些形式化倾向，部分地区对培训的重视不够，主要是为了完成上级安排的任务"；仅有33.1%的受访者认为"当地政府比较重视农村人才培训，且培训成效明显"；也仅有14%的受访者选择"目前农村人才基本能满足乡村振兴需要"（王俊程、窦清华，2022）。

二、乡村教育培训的重要性和必要性

（一）巩固脱贫攻坚成果同乡村振兴衔接亟须人才培训

通常组织变革时，为了让员工迅速适应并胜任工作，需要进行有效的培训来改变和提升干部职工的态度和能力素质，例如环境、目标、任务、人员、服务对象等出现变动时。在巩固拓展脱贫攻坚成果同乡村振兴衔接期间，干部职工的服务对象从农户这个单元转向了乡村；工作内容从以农户"两不愁三保障"为核心转向乡村产业、人才、生态、文化、组织五大振兴。此外，在2016~2020年的5年间，多省明确规定，贫困县、乡党政"一把手"除领导班子换届和特殊情况必须调整外，原则上在脱贫"摘帽"前不得调整岗位。因为之前的累积效应，全国脱贫县乡村干部进行了一次较大的调整。因此，在巩固拓展脱贫攻坚成果同乡村振兴衔接期间，从组织变革推动的角度来说，亟须对县、乡、村级干部及农村人才进行全方位培训。

（二）乡村振兴需要专业技术人才

步入乡村振兴阶段，无论对干部职工还是农民的能力和素质都提出了更高的要求。五大振兴中，产业振兴需要研究市场需求和当地的地理自然条件，要因地制宜、扬长避短发展产业，需要大批精农技、会管理、通财务、善经营的人才；人才振兴需要大批农业生产经营人才，农村第二、第三产业发展人才，乡村公共服务人才，乡村治理人才及农业农村科技人才；文化振兴需要一批有知识、懂历史、熟民俗、晓民情的人才（刘馨，2018）；生态振兴需要一批懂环保、善治污、熟林水、会规划的人才；组织振兴需要一批精党务、熟党建、通体制、善治理的人才。

三、完善乡村教育培训的路径

（一）大力发展职业教育

一是要加强职业院校专业和课程建设，重点加强中等和高等职业院校建设。现阶段，要紧紧围绕乡村振兴的目标和要求，结合当地的自然资源和社会需求重新确定学校专业和课程。对于不符合需要的专业和课程要进行调整。对于本地需要，但目前没有的专业和课程，则要大力引进或投入经费开发，其中，必须有足量的农技推广和经营管理类课程。二是大力推进校企合作、产教融合，加强职业教育基础设施建设，完善实训设施，培养"双师型"教师队伍。借助扶贫协作等机遇，采取"借船出海"等方式，输送学生到发达地区职业院校联合培养。三是加强职业院校师资队伍、硬件建设，重点加大R&D经费、人才引进经费和教师薪金投入力度。四是进一步完善课程评价机制，打破"大锅饭"分配制度，让教得好、受认可的教师多得，教得不好的教师受到鞭策。各级各类学校不长于两年便要组织一次教学比赛和教学成果评奖，激励在教学方面有专长和特殊贡献的教师。在相关评审中避免评审行政化、官僚化，将专任教师和领导干部的课程和成果分开评审，在奖项的指标和比例上平等对待，避免资源和机会向行政系统集中而挫伤一线教师的积极性。五是为吸引更多已完成义务教育的农村籍学生报考职业院校，以阻断贫困代际相传。建议逐年加大补助力度，切实降低农村家庭供学负担。六是根据原深度贫困村人数的多寡，将可免费就读高等职业院校人数和相关补助金额核定到村，确保享受免费高等职业教育政策覆盖到所有乡镇（王俊程、窦清华，2022）。

（二）深入推进继续教育

在培训内容方面，要紧跟农村农业发展和农民需求，讲授实用性的农业知识与技能、产业发展、乡土文化、生态文明、现代管理与营销及法制知识等，逐步提升乡村人才的专业性和认可度。在培训形式上，可以根据乡村人才所处的自然环境和发展需求，将国家级培训与地方性培训、团体培训与个体培训、集中培训与分散培训、定期培训与不定期培训、线上培训与线下培训相结合，以解决实际问题为本开展多种形式的培训。在培训的教学方式方面，应改变传统单一、机械、理论化的技术技能传授方式，积极探索乡村人才听得懂、学得会、用得上的多样化培养培训方式。在培训制度方面，应探索建立置换培训的新机制，定期从城市或现代化水平较高的农村选派一定数量的农业生产、科研与管理专业的高层次人才赴农村地区服务，置换出在农村服务3年以上的乡村人才到其所在的地区脱产学习。这样在不影响乡村人才数量和工作的前提下，既能发挥选派人员的骨干示范作用，通过与服务地的乡村人才组成团队，共同组织开展研究与实验活动，开展管理与营销等业务的培训与指导，提升乡村人才的整体水平和服务质量，又可为扎根农村的乡村人才提供学习与提升的机会，形成良性循环、城乡互通的培训机制（王学男，2020）。

（三）加快建设师资培训

加快乡村人才培养师资队伍建设，一方面可以从高校、科研院所、职业院校、企业、学会、协会等招募专家学者，将通过政审、选拔的专家学者聘为基地的专兼职教师；另一方面可以遴选部分乡村人才前往省级乡村人才师资培训基地学习，将其打造成乡村人才培养师资队伍。

案例7-5　10万"新农人"孕育乡村振兴新希望

"俺种地20多年了，以前只知道用老办法种地，后来才知道还有许多技

巧，看来真要多学习'充电'了。这样的培训真好。"山东省青岛市即墨区潘家村村民潘孝庆向记者讲述他参加完青岛市组织的农民技能培训班的感受。

"十三五"期间，青岛市把抓实抓好农民教育培训放在实施乡村振兴战略的突出位置，把农民技能培训列入市办实事项目，把农民技能培训和高素质农民培育工程列入市综合考核重点目标。全力巩固国家农民培育整体推进示范市建设成果，培育出 10 万有文化、懂技术、善经营、会管理的乡村振兴"新农人"。

"触网"促"新农人"转型

2000 年，姜波还是即墨区移风店镇的普通菜农。"同样的菜，我们这儿的价格每斤要便宜一两毛钱，每亩菜少卖两三千元。"姜波说，有一年，她种的两亩萝卜实在卖不出去了，"最后送到咸菜厂，还给人家卸到池子里去，三轮车拉了好几趟，才卖了 20 元。"

姜波想改变这种状况，后来听说农广校举办互联网培训班，她赶紧报名参加。在培训班里，她学会了建网页，定期发布时令蔬菜上市信息。如今，姜波终于不用再为销路犯愁：通过新的营销方式，每年可帮助农户销售蔬菜 1.3 万多吨，1 公斤蔬菜能让菜农多拿两三成利润，带动周边 20 个村 4 000 多名农户依靠蔬菜种植走上致富路。

姜波也渐渐成为"学霸"。"每个月都有五六天在参加培训。"姜波说，10 几年下来，参加培训次数超过了 200 次。

就这样，姜波在农业生产经营的道路上也越走越宽。2010 年，姜波组织成立了青岛地平线蔬菜种植专业合作社农民田间学校，每年举办培训 20 多场次，培训 3 000 余人次，组织菜农学习新技术、新模式、新品种等。蔬菜品质上去了，收益也跟着上去了，从培训中尝到甜头的菜农参加培训的热情更高了。

构建"一主多元"的培训体系

"李老师，以后再有这样的培训机会，还要喊上我。"即墨区蓝村镇农场主王本奇在培训班分享交流会上跟带班老师李建仁说。

2017 年，原本做电器生意的王本奇回到家乡当起了农场主。前段时间，他参加了入乡返乡创新创业者高素质农民培训班。白天，培训班带领学员走出青岛，来到临沂绿沃川空中草莓基地、鸿强蔬菜产销专业合作社、金盛粮油等实训基地，了解新品种、新技术、新材料、新发展模式的应用和推广；晚上，大家围坐在一起，谈白天的见闻、受到的触动和启发，谈自己生产经营的现状和对未来发展的困惑。

为深入推进农民教育培训工作提质增效，青岛市立足产业发展需求、农民需要和农民学习特点，在培育方式上狠下功夫，探索新路径、尝试新模式、挖掘新方法，开辟"固定课堂""田间课堂""线上课堂""流动课堂"四大课堂，逐步形成"市内+市外""理论+实践""线上+线下"相融合，重实训、参与式、启发式、互动式的农民教育培训模式。提高小班化培训班次、室外培训场次和实践课培训比重，确保专业生产型和技能服务型培训中实训教学不低于总学时的2/3，让农民学员在实操演练、观摩交流中提升能力水平。

记者了解到，2016年以来，为了满足多数学员就地就近学习培训的需要；青岛市以各级农广校（农民教育中心）为主体，聚集全市农业公共服务机构、农民合作社示范社、现代农业园区、农业产业化龙头企业、新型农业社会化服务组织等培训资源，建设认定农民田间学校249处、农民培训基地26处，构建起"一主多元"的农民教育培训体系。其中，青岛绿色硅谷科技培训中心有限公司和华盛绿能农业科技有限公司获批全国农民培育示范基地；青岛市沙北头蔬菜专业合作社农民田间学校和青岛地平线蔬菜种植专业合作社农民田间学校入选全国示范农民田间学校。同时，在构建服务团队、开发培训课程、健全培训制度、做好产业示范、规范开展培训等方面进行了规范提升，以点带面不断提高农民培训公共服务水平。农民田间学校、农民培训基地承担了全市70%的农民教育培训任务，成为全市开展农业科技推广和农民教育培训的重要力量。

创新与规范并举，提质与增效并重

坚持创新与规范并举、提质与增效并重，是青岛市农民教育培训工作的重要着力点。青岛市高位谋划，结合疫情防控形势和农民培训需求，从严从细从实制订农民培训工作实施方案，细化任务分配、组织领导、规范要求、监督管理、保障措施等内容。同时采取月报制，列为每月重点工作内容进行督办。

各区（市）将农民培训工作纳入考核。西海岸新区和胶州市将农民培训工作列为区（市）实事内容；即墨区、平度市、莱西市将农民培训工作列为对乡镇考核内容。其中平度市将之列为乡村振兴和现代农业发展工作双重考核内容。

青岛市把疫情防控和农民培训作为同等大事推进，严格落实疫情防控要求。每次培训班开班前，进行疫情防控动员和安全培训，增强学员的责任意识和安全意识，思想上紧绷安全弦不放松。严把防控关。学员入场前，测体温，由专人进行学员登记，详细记录学员个人信息，做到疫情防控可追溯。要求学员戴好口罩做好防护措施。学员就座后，前后左右保持 1 米以上距离。就餐分时段，采用分餐制，避免人员集中，有效保证了农民培训任务的顺利落实。

青岛还强化社会监督，组织开展"走进农民技能培训市办实事见证民生项目"活动，邀请有关人大代表、政协委员、学员代表等社会各界人士200余人。通过听、看、谈、评，现场参与农民技能培训工作并提出优化建议，现场测评满意度达99%。加大宣传力度，利用广播、电视、报刊和网络等媒体宣传农民教育培训工作动态、典型经验、创新模式等，发布宣传信息212篇，增强农民培训的透明度和知晓度。

资料来源：中国乡村振兴在线，2021－03－25.

第五节　激发主体积极性的乡村人力资本投资

当前，乡村优质劳动力的流失，致使乡村人力资本现状无法适应现代农业农村发展的需要。加快改造农村人力资本是实施乡村振兴战略的首要环节（温涛、何茜，2018）。教育是人力资本投资的核心，持续教育为人力资本提升之源泉。为此，应激发乡村人力资本投资，提升基础教育质量、增强职业技能培训、注重意识形态教育、转变农民观念，进而实现人力资本的收益递增优势，促进经济社会发展（赵送琴、冯怡，2019）。

一、提升基础教育质量，提升知识资本

加大对乡村教育资源的投入，缓解乡村现代化教育资源的匮乏，缩小城乡间的差距，提高乡村基础教育的普及率和质量。第一，增加乡村教师数量，提高教师素质。提高政策性补贴，提高乡村教师待遇，吸纳更多毕业生加入乡村教师队伍。利用现代化网络技术，以及先进的、简单的人机互动界面，可创新培训机制。采用远程培训方式对乡村义务教育教师，开展有针对性的专业培训。改变乡村中小学教师培训滞后的状况，优化教师知识和技能，提

高教学质量。第二，增加寄宿制学校建设和改造，提高义务教育质量，保证中小学学习质量，为其提供良好的学习条件。第三，城乡融合，实现基础教育城乡共享。一方面，政府补贴性政策鼓励城市优质教育资源下乡，既可设立名校乡村分部，也可实行教育教研支援。充分传播优质教育方法、体系和理念，最大程度地发挥优质资源的知识外溢性。另一方面，教育部引导设立城乡教育网络资源共享中心，打破城市优质教育资源的垄断性，增强其传播性和可学性，实现区内城乡教育资源的共享共建，为乡村教育资源提供新的源泉（赵天闻，2018）。

二、增强职业技能培训，提升技能资本

基于本地经济发展需求，梳理乡村人力资本现状，发现本区人力资本缺口和不足。融合本地城乡教育资源，有效地发展本地现有教育资源，采用灵活可行的发展模式和机制，不仅要提升基础教育，更要面向现代化、面向未来，大力推进职业教育、技能教育和成人教育，建立城乡融合发展的乡村教育体系。对于教育程度和支出城乡差异最大的湖北省，其在职业教育方面的公共教育支出应逐渐向乡村倾斜。第一，多层次扩大教师队伍，增加职业、技能培训专职教师，加强职业技能教师培训，满足乡村发展需要。第二，转变教育理念，紧扣现代化农业需求，培养新型职业农民。第三，有针对性地更新教学内容，改革教学方法和手段，挖掘网络教育资源，改变教育场所，降低学习成本，提高学习的灵活性和自主性，形成不同教育层次和模块的有效衔接。为农民提供有针对性的、便捷的教育和培训，满足不同群体和不同层次的教育需求，保证乡村教育与生产发展、产业发展和生活需求相一致。如乡村劳动力的就业需求与当地招工企业合作，实行"订单式""专业式"培养，"因企制宜"。这不仅能够满足企业当前的招工需求，解决乡村劳动力本地就业，而且可以提高劳动力的技能素质，并积累人力资本。

三、注重意识形态教育，提升人力资本综合水平

要提高乡村人力资本整体水平，充分发挥人力资本的促进作用。在提高智能教育的基础上，还要加强乡村人力资本的德能教育。第一，改变农民因循守旧、安于现状、"小富即安"和不思进取的守成意识，增强其锐意进取

和勇于投资的创新意识；第二，紧扣新时代乡风文明建设思路，弘扬和继承社会主义发展成就和传统文化美德，建设尊重科学、尊老爱幼、邻里和睦、遵纪守法、遵守社会公德等的良好乡风，树立正确的新时代文明意识，充分调动广大农民的积极性；第三，树立正确的人力资本观念。人力资本的投资在增加对子女教育投资的同时，也更多地关注自己在培训和健康等方面的投资，真正实现人力资本持续地提升（赵送琴、冯怡，2019）。

案例7-6　内蒙古兴安盟——孵化乡土人才，引领乡村振兴

盛夏时节，在内蒙古自治区兴安盟乌兰浩特市义勒力特镇蒙雀养殖专业合作社，一只只孔雀把尾巴抖得哗哗响，像一把把彩扇慢慢散开，游客们纷纷举起手机记录下这美妙瞬间。

蒙雀养殖专业合作社创始人周海燕、周海南姐妹，是土生土长的义勒力特镇人。经过10多年探索经营，她们养殖的孔雀从最初的10只发展到380多只，合作社集孔雀养殖、孔雀羽毛工艺品制作和旅游观光于一体。

这些浑身是宝的"百鸟之王"，除了给周家姐妹带来"美丽"的收入外，还让她们多了一个新身份——义勒力特镇乡土人才孵化中心成员。周家姐妹开设孔雀羽毛加工培训班，免费为周边农户提供孔雀羽毛头饰、扇子、孔雀画和孔雀标本等技能培训。

近年来，由于农村牧区大量青年人外流，个别嘎查村选配干部难、带富人才培养难问题逐渐凸显。鉴于此，兴安盟委组织部坚持问题导向，探索在各苏木乡镇建设乡土人才孵化中心，把嘎查村优秀青年农牧民组织起来，通过分类施教、党性教育、技能培训、实践锻炼、双向培养、结对帮联等方式，培养成助推农村发展、实现乡村振兴的"领头雁"。

兴安盟委组织部信息宣传科科长崔荣新介绍，从2019年开始，兴安盟在各苏木乡镇（场）开展乡土人才孵化中心建设。采取"上提一级"方式，按照党员、嘎查村"两委"后备干部和乡土人才"三位一体"培养目标，把嘎查村优秀青年农牧民集中组织起来，由苏木乡镇统一培养。

今年49岁的高忠生是乌兰浩特市葛根庙镇乡土人才孵化中心成员，也是葛根庙镇浩特营子嘎查党支部副书记、金仓米业负责人。有着丰富水稻种植经验的他，通过乡土人才孵化中心，积极发挥共产党员"领头雁"作用，带领其他中心成员为村里的绿色生态大米开拓市场。

浩特营子嘎查以前没有加工厂，水稻成熟后，村民要么自己把稻谷运到

别处加工，要么等人上门来收购。2019年，葛根庙镇投资636万元建成了总占地面积22亩的葛根庙镇联村集体经济稻米加工厂。高忠生抓住机遇，组织村民成立了金仓米业有限公司，承租了加工厂，注册了红城谷香商标。2020年9月，加工厂正式加工投产。投产第1年，共生产销售大米1 000余吨，实现产值500万元，生产的长粒香大米在市场上很受欢迎。

"以前我们是种水稻卖稻谷，现在我们是种水稻卖大米"，高忠生说，村里生产的大米销售范围从周边的赤峰、海拉尔、满洲里等城市，扩大到了北京、上海等城市。

对于"乡土人才孵化中心"成员，兴安盟注重强化效果导向，进行个性化教育培养。他们对全盟所有嘎查村45周岁以下的优秀高校毕业生、退役军人、返乡创业人员、党员村民代表、致富带头人等进行摸底调查，建好优秀青年农牧民信息库。采取"个人申请、集体推荐、支部考察、党委审定"工作流程，入库人选向中心提出接受集中培养锻炼申请，由中心党支部根据申请人培养意愿和能力水平编入中心管理。

对符合条件的优秀青年农牧民、非党员嘎查村委会干部，组织部门会及时推荐给嘎查村党组织履行入党程序，发展成为中共党员，以解决农村牧区发展党员质量不高、结构不优问题。对政治素质好、领富能力强、协调本领高的新发展党员，会及时向嘎查村"两委"班子输送。

"去年10月，我光荣地成为中国共产党预备党员。"今年39岁的义勒力特镇东包嘎查牧民杨宝军言语中充满喜悦。2019年初，义勒力特镇乡土人才孵化中心成立时，杨宝军是第1批成员。有着丰富创业经验的杨宝军踏实肯干、善于钻研学习养殖技术。现在，他和妻子养着10多头牛、40多头巴马香猪、50多只小尾寒羊和400多只土鸡。在过上富裕日子的同时，他热心向村民分享养殖技术和经验，带领大家一起发展香猪产业。

数据显示，截至目前，兴安盟57个苏木乡镇全部建立了乡土人才孵化中心。633余名符合条件的农牧民接受集中培养，1 200余人成为创业带富能手。开展致富项目390余个，新创办领办合作社360余个。

资料来源：中国乡村振兴在线，2021-06-29.

第八章　提升乡村国土空间治理效能

新时期乡村振兴挑战与空间利用问题密不可分，基于空间治理建构乡村振兴的理论体系和实践路径具有现实意义。《中共中央国务院关于实施乡村振兴战略的意见》中提出：建立健全党委领导、政府负责、社会协同、公众参与、法治保障的现代乡村社会治理体制。这意味着在推进乡村振兴的实践中，如何实现对乡村空间的有效治理是乡村振兴的重要组成部分。本章在探讨乡村振兴空间治理的理论基础上，着重分析构建促进乡村振兴的空间治理路径和策略。

第一节　面向乡村振兴的空间治理理论解析

一、乡村空间治理体系理论建构

乡村空间治理，以乡村空间为治理对象，在乡村多元主体（政府、市场、社会群体等）的共同参与下，通过规划和协商等方式，治理不适应乡村发展的空间形态，落实乡村空间用途管制策略，进而实现乡村空间结构与功能优化，推动城乡空间公平配置的综合治理过程（戈大专等，2022）。乡村空间形态表征一段时期内乡村国土空间开发与利用状态，乡村空间结构的不连续性、功能的多样性、关系的复杂性、价值的复合性，决定乡村空间形态既包含显性的物质空间形态，也包括物质空间承载的社会经济系统等空间隐性形态，其中空间权属关系和空间组织形式是其中重要内容。乡村空间治理包含物质空间治理、空间组织治理、空间权属治理，进而重构物质空间结构功能，重组空间组织关系，重塑空间价值分配，实现对乡村空间的综合治理（龙花楼、陈坤秋，2021）。

乡村空间治理以乡村空间形态为治理对象。在强调乡村空间结构功能特性的基础上，强化乡村空间权属和空间组织治理，突出乡村空间治理的特殊定位。

乡村空间治理成为破解乡村发展困境的重要突破口，强化乡村空间治理能力提升将为构建有序的空间治理体系提供保障。正如前文所述，落实乡村振兴目标、推进乡村可持续转型、构建新发展阶段均与乡村空间密切相关。可以说乡村空间开发与利用形态决定了乡村地域系统的运转状态。然而，"城乡分治"的国土空间管理体系、"人地分离"的乡村人地关系格局、"组织零散"的空间组织体系、"权利模糊"的空间权属体系等乡村空间形态，成为限制乡村空间高效利用、公平分配、有序开发的障碍。乡村空间治理势在必行（刘彦随，2018）。

乡村空间治理立足空间形态治理，优化乡村地域系统整体运行状态。乡村治理是社会学和政治学长期关注的话题。与其聚焦国家与乡村社会接触过程中形成的各种关系不同，乡村空间治理从空间承载性、空间复杂性、空间异质性出发，核心探讨通过治理空间形态，改变乡村人地关系的地域格局，进而服务乡村发展的现实需求。乡村治理重点关注了乡村社会管理和乡村自治对乡村发展的影响，与本书关注的空间治理存在较大差异。乡村空间治理通过凸显空间治理的尺度特征、综合特征、区域特征，强化国土空间在乡村发展中的重要作用，具有鲜明的学科特征。已有研究从乡村空间治理推动城乡国土空间用途管制、城乡主体公平博弈、城乡发展要素流动、城乡权利均衡配置等方面推进城乡关系优化。可以看出，乡村空间治理重点从城乡空间形态的结构性矛盾出发，尝试从空间多元治理手段入手，建构扎根于国土空间的乡村空间治理分析框架。

二、乡村空间治理与乡村振兴的逻辑关系

乡村振兴难点与乡村空间治理的着力点是二者连接的逻辑起点。乡村振兴战略难落实与失配的人地关系、异化的城乡关系、失衡的价值流向密切相关，破解城乡融合发展的体制和机制障碍正是推进乡村振兴的前提条件（见图8-1）。当前，乡村空间开发存在结构功能不协调、价值低估、权属不明、组织零散等问题，同时也是乡村跃升发展的阻力。乡村空间治理瞄准乡村空间开发利用的不适宜形态展开针对性治理，为打通振兴乡村发展的路径扫除空间障碍。具体表现为物质空间治理协调乡村空间地域结构与功能；空间权属治理打通乡村空间价值实现渠道；空间组织治理凝聚乡村发展活力。进而重新配置乡村人地关系地域格局，改变"城乡分治""人地分离"的状态。这将重新塑造乡村发展的空间基础。

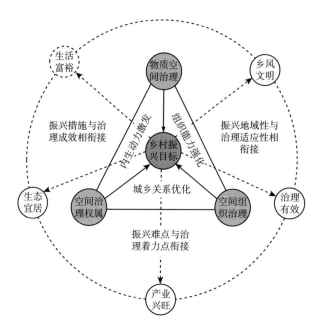

图 8-1　乡村空间治理与乡村振兴衔接关系

资料来源：戈大专，陆玉麒，孙攀．论乡村空间治理与乡村振兴战略［J］．地理学报，2022，77（04）：777-794．

　　乡村振兴措施与乡村空间治理成效的对应性构成二者在乡村振兴科学体系中衔接的关键节点。"产业振兴、人才振兴、文化振兴、生态振兴、组织振兴"为核心的乡村振兴举措体系，为乡村空间治理指明了方向。产业振兴是落实乡村振兴的根本前提，需要在完善基层集体经营制度前提下构建现代产业体系（陈秧分等，2019）。空间治理服务乡村产业振兴是其核心治理目标；人才振兴是乡村振兴的坚实保障，缺乏人才振兴的乡村将难以持续运营。空间综合治理增强乡村吸引力将是完善人才振兴的关键举措；文化振兴是防止乡村性削弱的重要前提，脱离传统乡村地域文化的振兴策略将成为"无源之水"。乡村空间治理维持乡村地域特色的差异化治理策略，凸显乡村公共空间文化传承作用的治理方案将为有效落实文化振兴路径创造机遇；生态振兴与乡村空间的价值化和产品化紧密相关。通过乡村空间治理强化乡村空间生态价值特征及其实现方式将为乡村振兴注入活力；组织振兴与乡村组织程度及其风险应对能力紧密关联（杨忍、潘瑜鑫，2021）。乡村空间组织治理将重点解决乡村振兴的组织困境。

　　乡村振兴的地域差异性与乡村空间治理措施组合的适应性是二者逻辑衔

接的基石。因地制宜实施乡村振兴政策是破解乡村振兴战略难落地的关键举措，乡村振兴的地域特色离不开区域国土空间的承载性和社会文化的特殊性。乡村空间地域特征凸显了乡村资源环境本底的重要性（李红波等，2018），突破地域限制性因素也是乡村实现跨越式发展的重要路径。不论是贫困区资源环境的诅咒效应，还是发达地区乡村空间的消费化，都表明结合乡村空间的自然基础是保障乡村振兴落地的关键所在。乡村空间治理举措的差异化组合表现为立足区域特征，识别核心限制性因素，以乡村空间关键环节治理为突破，撬动整个乡村转型发展格局。江苏省立足乡村公共空间治理，推动乡村集体经济大发展的成功经验，充分说明乡村空间治理举措的适应性将有效推动区域乡村实现快速发展（戈大专、龙花楼，2020）。

乡村空间治理通过物质空间治理、空间权属治理、空间组织治理，正契合了乡村振兴目标的核心诉求。乡村空间利用问题是乡村病频发的重要诱因，相反乡村空间治理将是打开乡村振兴的重要钥匙。探讨乡村空间治理与乡村振兴的内在逻辑关系，将具有现实意义。

第二节 空间治理的乡村振兴效应

一、乡村治理空间与城乡互动关系优化

乡村空间治理改变城乡互动格局，有利于完善城乡地域系统转型的理论基础。乡村空间治理通过改变城乡空间用途的二元轨道，尝试建构城乡空间用途一体化管控平台和公平置换机制，进而推进城乡土地市场交易的一体化，突破乡村空间长期处于被动接受的定位。乡村物质空间治理是推进城乡互动的动力源。通过物质空间治理挖掘乡村空间开发潜力，为置换乡村发展资本创造条件。乡村空间权属治理显化乡村空间价值，推动空间价值增值的公平化分配，创造空间价值向乡村流动的条件（Ge et al.，2020；龙花楼，2013）。乡村空间组织治理强化乡村破碎空间的重组，优化空间主体组织方式，为推进市民化为代表的城镇化扫除基本障碍。通过乡村空间治理，打破城乡空间物理隔离、价值割裂、组织分裂的困境，进而为优化城乡关系提供破题路径。

乡村空间治理通过改变城乡互动"强度"和"通道"，实现对城乡关系的优化。城乡互动强度与城乡发展要素流动的顺畅度和牵引力成正比，同城

乡空间阻隔和城乡差异鸿沟成反比。乡村空间治理优化城乡发展要素流动格局、城乡空间结构特征、城乡空间功能体系，进而建立起全新的城乡互动关系，提升互动强度。乡村空间"物质—组织—权属"治理体系通过改变城乡互动通道，优化城乡关系（戈大专、陆玉麒，2021）。城乡空间发展权、物权、经营权等权利体系的不对等（见图8-1），使得乡村空间权利被城市持续挤占。通过空间治理打通城乡权利互动通道，将是激活乡村空间开发潜力的关键环节（Ge et al.，2020）。此外，城乡互动的要素流通通道、一二三产业融合通道、基础设施连通通道、公共服务网络通道均将在乡村空间治理过程中得到强化。通过城乡互动强度延伸和通道疏通，实现城乡空间开发格局的重构，为构建公平的城乡关系奠定基础。

二、乡村治理空间与乡村内生动力激发

乡村空间是乡村发展的物质基础，利用乡村空间培育内生发展动力，关键在于打破传统空间利用模式和价值实现路径。城镇化进程中，以"空心化"为代表的村庄衰退趋势"不留人、不养人"，乡村发展动力持续衰减。因此，破解乡村发展动力流失的关键是留住本乡人、招来外乡人、培育干事能人，"有人气"的村庄才可能被活化。此外，村庄内生动力培育需要激发主体参与建设的积极性。村庄创新发展的自适应能力培育是关键，外来因子的引入仅是翘板。乡村产业难发展，动力培育将难以为继。产业持续引入与再造才是乡村内生动力持续发酵的源泉（Ce et al.，2020）。乡村人地关系转型背景下，通过乡村空间治理激发乡村内生动力的条件已具备，部分先行先试、市场化程度高的地区已经树立众多成功案例。以山东曹县为代表的数字电商乡村发展模式，充分说明依托乡村本土空间资源衔接跨尺度交互作用的市场网络，乡村内生动力激发具备现实的可行性。解析乡村空间治理对乡村内生发展动力的激发效应，有利于揭示乡村转型发展的内在机理。乡村空间治理激发乡村内生动力可通过空间保障、权利保障、组织保障等形式得以体现。乡村物质空间治理解决乡村人地错配问题（如宅基地合理退出），空间权属治理提升乡村人口空间处置权和收益物权，充分激活乡村空间价值服务本地居民的潜力，调动多元主体参与乡村建设和产业开发的积极性，从而凝聚乡村"人气"。空间组织治理推动乡村生产和生活模式重组，创新新型合作组织方法，凝聚新的乡村经济组织形式。从以上分析可知，乡村空间综合治理在打破乡村

"空心化"，破解乡村衰退无后劲等问题上具有重要作用（龙花楼，2013）。

乡村内生动力的激发需要空间基础。空间综合治理通过盘活存量空间，挖掘潜在空间，优化空间结构，推进混合利用等方式，落实乡村内生发展的空间保障。城乡空间价值公平分配是调动乡村主体创业的重要推动力。乡村空间权利赋予过程，也是城乡空间价值二次配置过程，空间治理推动乡村土地利用价值增值，正是乡村内生动力培育所急需的权利保障。乡村空间利用"散、乱、空"状态（龙花楼、戈大专等，2019），带来乡村空间组织"低效、无序、混乱"，阻碍了乡村生产和生活模式的更新。"小农"生产组织模式与现代市场对接需要通过空间治理加以衔接（刘彦随，2018），推动空间组织与乡村生产组织有序转型，进而从组织保障层面加快构建乡村内生发展渠道。通过空间保障、权利保障、组织保障，内生动力激发更具现实可操作性（见图8-2），也为构建乡村产业发展和创新生产模式创造条件。

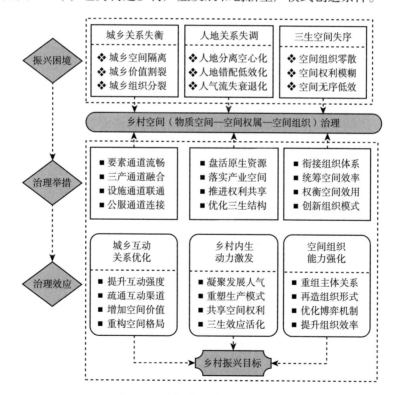

图8-2 空间治理的乡村振兴效应

资料来源：戈大专，陆玉麒，孙攀. 论乡村空间治理与乡村振兴战略［J］. 地理学报，2022，77（04）：777-794.

三、乡村治理空间与空间组织能力强化

乡村空间治理重组乡村空间体系，重聚乡村发展活力，强化基层组织能力，将为乡村振兴提供坚实保障。中国乡村由小规模家庭为单位向现代生产组织体系转型，是乡村转型面临的重要挑战。以日本和韩国为代表的发达国家转型经验表明，乡村人口流出过程需要与农户结构体系重组、生产模式重组、城乡关系重组紧密结合起来。东亚发达国家转型经验中，强化农户协商机制的自组织体系成为保障农户发展权益，调动农户参与积极性，发挥乡村基层组织力的重要渠道。集体经营性资产紧缺，公共服务能力羸弱，组织号召力缺失，这些已经成为阻碍乡村振兴的关键环节。立足中国小农基本经营制度的前提，破解乡村组织能力涣散问题必须得到足够关注。乡村空间治理从乡村空间权利分配重组、用途管制重组、主体关系重组等方面出发，强化乡村地域系统内部生产和生活组织体系的重组，将为强化乡村空间组织能力提供支撑。

乡村空间治理通过乡村空间组织体系、组织效率和组织效用等方面强化基层组织能力，提升乡村发展组织程度。乡村空间综合治理在强化村域尺度村民自治制度和农户尺度家庭联产承包责任制的基础上，强化村集体的空间组织能力，协调村支"两委"和村民经济合作组织在村庄组织中的地位和定位，突出乡村空间组织的统筹能力，进而破解乡村组织体系零散化、空心化、悬空化等弊端（刘彦随，2007）。乡村空间治理与治理效率提升主要表现为治理主体明确，治理组织高效，治理方式多样等方面。乡村空间综合治理强化物质空间与空间关系一体化治理，空间权利与空间组织统筹治理，正切合了乡村组织体系重组的现实需求。乡村空间治理作用与组织效率提升还可通过空间利用效率、城乡组织效率、主体博弈效率等方面施加影响，进而全方位促进乡村组织效率的提升，服务构建新型空间治理格局。乡村空间治理强化基层组织能力，可从优化组织效用入手服务乡村振兴，主要通过再造基层组织模式，提升基层组织博弈能力，优化多元主体参与机制等方面促进乡村发展新格局的形成。

案例 8－1　产业沿着公路走，公路促进产业兴

"我们村以前只有一条乡道是水泥路。"四川省南江县八庙镇明阳村村民

杨国平说，以前村里道路硬化率低，大家很少到街上赶集。如今交通四通八达，开通了农村客运，实现了"抬脚上车门、下车到家门"。

《中共中央国务院关于实现巩固拓展脱贫攻坚成果同乡村振兴有效衔接的意见》提出，推进脱贫县"四好农村路"建设，推动交通项目更多向进村入户倾斜，因地制宜推进较大人口规模自然村（组）通硬化路，加强通村公路和村内主干道连接，加大农村产业路、旅游路建设力度。

"四好农村路"发展现状如何？当前，还有哪些难题？接下来怎样补齐短板，助力乡村振兴？记者在广西和四川进行了采访。

因地制宜推进较大人口规模自然村通硬化路

一条 3 公里长的道路，贴着山，盘旋上下。15 年前，蓝凤秀等 9 位老人，历经 300 多天，开辟出一条砂石路。广西上林县西燕镇岜独村上绸庄的瑶族群众，靠着这条路畅通了大石山区与外面世界的联系。

7 年前，在南宁市江南区、兴宁区的对口帮扶下，在县里各部门的支持下，砂石路又变成了硬化路。2014 年起，上林县投入约 2.7 亿元建设通屯道路，完成超 951 公里道路建设，受益人口达 149 053 人。如今，上林县人口规模较大且具备条件的自然村全部通硬化路。

明阳村也是如此。"我们住的房子以前一到下雨就是外头大下、屋里小下，找盆子接水都搞不定。现在路通了，钢筋、水泥等建筑材料都能拉进来。2017 年，我把土墙房子修成了砖房子。"村民石德义说。

如今，明阳村通车里程达 41 公里。随着路网完善，330 座土坯房全部改造成砖瓦房，村容村貌焕然一新。

路修好了，还有一个不容忽视的挑战——养护难。水毁、塌方、地陷，山区道路常面临自然灾害的威胁。许多通屯道路没有后续管养机制措施，缺乏应有的养护；市场化养护程度弱，社会层面还未形成统一的养护合力。

灵活运用国家补助政策，发动社会力量参与，激发市场参与活力，提高村民护路意识……去年，上林县交通部门通过公开招标的方式，确定两家农村公路日常养护单位，负责 20 万元以下的小修保养工作，开始提高市场化主体参与养护程度。"未来，我们将通过多形式、多方位的宣传，提高全民爱路护路意识。同时加大资金支持，统筹推进农村公共基础设施管护体制改革，努力实现村屯道路'有路必养'。"上林县交通运输局副局长韦启宏说。

加强通村公路和村内主干道连接

四川省宣汉县庙安镇八庙村的村民前些年大都选择外出打工。直到 2014

年春节，看到路修好了，很多人回村种植脆李。"八庙村1社和3社、5社、6社的主干道必须相连。这样，运输脆李到酒厂比绕行村委会办公室近5公里左右。"种植大户黄孝权在村民院坝会上建议。

2020年，八庙村争取涉农整合资金230余万元，实施村内主干道连接公路4.6公里，打通村道"微循环"。随着通村公路和村内主干道的内联外畅，群众种植脆李的积极性不断提高。该村建成万亩脆李标准化示范区，并带动周边村社加入，共同打造了宣汉县的"花果山"。

如今，八庙村尝到了公路建设的甜头，同时发现了一些问题，希望未来能解决。比如：安全保障相对不足，农村公路面广量大，山区公路多临水临崖。加之汽车大量增加，交通安全设施不足、汛期灾损严重等问题逐渐暴露出来。还有部分农村公路超设计寿命运行，自然损耗严重，应当进行改扩建。

背式割草机嗡嗡作响，公路这边，上林县大丰镇交通管理站站长黄清正忙着清理路边的杂草。嚓嚓嚓，村道与公路连接的那边，云里村村委会主任李东硼挥舞着镰刀除草。这个月，黄清和李东硼又碰面了。黄清说："1周3次，村里日常巡查村道情况；1月1次，镇里和村里联合排查路面隐患；每个季度，县里还会组织路容路貌环境卫生清理。"

除了4个自然村因受大龙洞水库地形限制以外，上林县其他自然村都已实现通村公路和村内主干道的连接。但随着工作推进，很多人反映一个突出的问题：管理难。具体是，管理力量薄弱，每个镇的交通管理站仅两人，每个村的护路员往往也是两人且是兼职；责权不够清晰，县、乡、村三级管理机制未高效运行；信息化水平不高，超限超载现象基本靠人盯。

为提升管理水平，未来，上林县管养机构将定期开展培训，加大对乡、村管养人才的培养和保障。上林县委书记蓝宗耿表示，未来5年，上林县将加快推进交通网建设，深入推行农村公路"路长制"。韦启宏说："同时还要进一步明确职责，将县道县管、乡道乡管、村道村管落到实处。"超载治理方面，积极推广使用远程治超称重检测系统是一条有效途径。"利用信息化技术管理农村公路，在节约人力成本、保障安全通行等方面都能发挥重要作用。"

加大农村产业路、旅游路建设力度

"看到山，走一天，看到屋，走得哭"。这是宣汉县龙泉土家族乡黄连村以前的真实写照。全村100多户人，散落在海拔1000多米的半山上。村民刘福太有40多亩林地，种着中药材云木香。当时没有公路，"靠马驮下山，一次驮两三百斤，运费两三百元。"

道路通，产业兴。如今，土家族新村寨成了休闲观光旅游的一道亮丽风景；上万亩中药材逐一规范种植、集中经营，为 1 万余亩传统药材云木香和特色玫瑰产业种植户平均增收数千元。刘福太家的云木香，每年轮作收入 2 万多元；20 多桶高山蜂蜜，收入 8 000 多元；四五十只土鸡，能卖 30 元一斤。日子是越来越好了。这都得益于该村依托巴山大峡谷景区建设，发展全域旅游，高起点、全方位规划并逐一建设四通八达的产业路、旅游路。

从上林县白圩镇卢村向大浪方向走去，硬化路沿线是成片的农作物。道路途经不孤村，村民周国成的 40 亩沃柑收成好，春节前后已卖了 13 万斤。他说："过两年挂果多些，能突破 30 万斤。"2014～2020 年，上林县投入 5.5 亿多元，实施了 416 个农村交通基础设施项目，基本形成了产业沿着公路走、公路促进产业兴、产业推动农民富的交通发展趋势。

不过，随着农村产业、旅游业不断发展，道路建设提档升级是他们面临的共性问题。通往经济林的道路有些是四级路，有些是通屯路，大型卡车进不来。收获季村民每天得花钱雇三轮车来回跑，往外运农产品；有些公路建设标准偏低，村内主干道连接不够且未形成环线，一到节假日、赏花时节，车辆堵得水泄不通，致使游客体验不好……

对此，各地的规划实践已经启动。韦启宏说，最关键的就是围绕公路服务产业和旅游发展思路，加快提升公路等级，完善农村路网建设。以卢村到大浪为例，上林县将会把沿线 10.38 公里的路段提升为三级路。届时，卡车可以直接开到地头。仅不孤村一地，将会有上万亩农田受益。

黄连村党支部书记胡晓玲介绍，在原有规划基础上，将邀请专业人士或公司结合旅游、产业、人文等因素进一步做实做细全村整体布局的道路交通网络详细规划，确保布局科学、项目精准、受益面广。同时，加大社会资本、金融资本投入公路建设和管护。

资料来源：中国乡村振兴在线，2021 - 11 - 07.

第三节　基于空间治理的乡村振兴路径探讨

乡村空间治理在重构城乡互动关系、乡村内生发展体系、基层组织能力等方面具有显著的正向效应。这些正向效应通过合理的体制和机制设计，将为构建新时期乡村振兴可行路径提供强有力的支撑。不同类型的乡村振兴路径适用于不同发展阶段和地域特征的乡村。因此，开展空间治理导向的振兴路径理论研究，核心是阐述如何通过空间治理搭建具有普适特征的乡村振兴可行方案，进而推进乡村转型发展进入良性通道。综合前文分析，本书构建了3种空间治理导向乡村振兴可行路径，分别为城乡融合、内生发展和组织强化路径，与空间治理效应体系紧密结合，逻辑体系较为严密。

一、城乡融合路径

城乡融合在重构城乡关系与振兴乡村双重层面具有建设目标的一致性、建设手段的共通性、建设过程的融合性。城乡融合发展既是城乡关系的重新构建，也是乡村振兴的应有之义。没有城乡融合发展的乡村振兴难以实现；离开乡村振兴的城乡关系也难以融合发展。刘彦随（2018）指出城市和乡村是一个有机体，城乡交错的地域系统是推进城乡关系重构的关键，构建城乡融合体是推进城乡关系转型的核心策略。构建城乡融合体可从空间要素配置体系、空间结构传导体系、空间功能优化中寻找突破。乡村空间治理瞄准城乡关系领域存在的要素流通难、价值互通难、功能置换难等问题展开针对性治理，正契合了城乡关系重构与融合的目标。空间治理带来的城乡发展要素配置体系重构主要包括组合搭配重新谋划、发展价值重新分配、流通渠道重新构建。通过推动发展要素有序流动和重新配置，打通乡村振兴要素流通渠道。乡村空间治理优化空间结构传导体系主要通过空间用途管制落实、城乡聚落体系优化（唐承丽等，2014）、乡村地域空间结构完善等方面传导乡村振兴政策。空间治理优化城乡功能体系是推动城乡融合发展机制落实的重要内容。通过空间治理落实城乡空间功能交换与价值置换相匹配，推动乡村空间价值显化和城乡空间功能互补，进而服务城乡融合发展（戈大专、龙花楼，2020；龙花楼、陈坤秋，2021）。

乡村空间治理推动城乡发展要素流通、空间结构互通、功能价值融通的融合过程，正是乡村振兴实现的可行路径。城乡发展要素自由和高效流通是保障乡村振兴的基础动力，推动城乡迁移人口市民化、工商业资本有序下乡、科技和技术支持乡村发展、保障返乡劳动力就业并加强培训。这将带来城乡发展要素由单向流通向双向流通，进而为落实乡村振兴创造条件。城乡文化差异及其空间承载地域分异。通过乡村空间有序治理将有利于城乡文化的交互，为传承乡土文化，推进文化振兴创造条件。城乡空间结构互通是打通乡村振兴的关键环节（乔家君、马玉玲，2016）。城乡空间三生空间结构、聚落体系结构、空间网络结构、空间关系结构等结构体系互通目标的落实，将有利于完善乡村振兴目标的实现。城乡空间价值融通是落实乡村振兴目标的重要突破，核心在于空间治理破解城乡空间功能和价值体系的异化格局，推动城乡空间价值的公平配置（见图 8-3）。乡村空间治理通过改变城乡发展要素的空间配置格局，释放乡村空间的经济价值，推动城乡社会关系的互动，有利于建立城乡统一的市场机制、价值分配机制、功能互补机制。结合乡村空间地域类型，制定适应地方需求的治理手段，重点击破"问题区域"的"区域振兴问题"。通过乡村空间综合治理，推动城乡发展要素有序流动，疏通城乡融合发展的障碍"堵点"，破解乡村振兴的落实"难点"，打通振兴政策的传导"断点"。

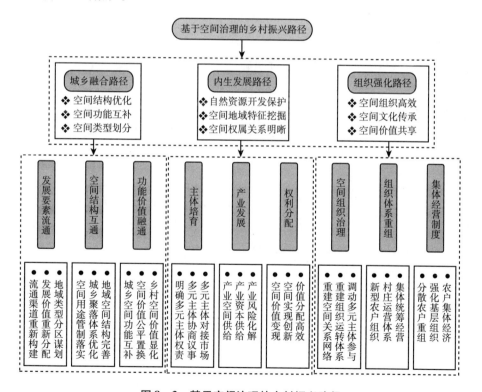

图 8-3　基于空间治理的乡村振兴路径

资料来源：戈大专，陆玉麒，孙攀. 论乡村空间治理与乡村振兴战略［J］. 地理学报，2022，77（04）：777-794.

二、内生发展路径

乡村内生发展动力、机制和路径的落实是乡村振兴需要破解的重要命题。离开乡村内生发展的振兴将难以持续运营，乡村性也难以持续维持，乡村转型与重构的动力基础不牢。长期以来，以项目制输入为代表的外缘动力介入乡村发展，虽起到短期发展效果，但乡村自适应发展能力仍是短板。以内生发展能力提升为工具，内生发展渠道构建为手段，内生发展参与机制营造为目标，构建乡村内生发展路径将有效完善乡村发展动力基础，夯实乡村振兴可行路径。乡村内生发展与乡村自然资源本底和地域特征密不可分，基于乡村空间开发与利用的内生动力培育具有现实的可操作性与必要性。乡村内生发展路径深化可从"主体培育、产业发展、权利分配"上寻找突破口（戈大专、陆玉麒，2021；Ge，2020）。乡村发展主体既包含以"小农户"为核心群体的分散主体，也包含乡村新型主体（乡村能人、企业主、工商户等）。乡村空间治理与主体培育主要通过明确主体权责关系，调动主体参与乡村振兴的积极性，完善多元主体协商与议事机制，衔接多元主体与市场的对接等层面展开。乡村产业发展可通过空间治理对产业空间供给、产业资本供给、产业风险化解等几个方面施加影响，进而为乡村内生产业发展提供动力。乡村空间治理瞄准国土空间不合理利用形态，通过实施全域土地综合整治实现土地利用结构调整和功能优化。进而凸显地域空间特色，完善乡村内生发展基础。通过空间治理开辟产业振兴新空间，解决产业用地短缺问题；通过乡村空间价值多元实现路径，培育产业发展增长极。针对乡村生态空间进行综合治理，打通完善乡村地域系统的整体功能，凸显乡村空间综合价值，全面服务乡村生态振兴诉求。

空间治理带来乡村空间权利生成、实现和分配的体系优化，有利于保障乡村内生发展路径的实践。落实空间资源向空间价值的转化过程，契合了乡村内生发展的现实诉求。乡村空间治理推动城乡空间"同价同权"。通过空间用途分区与管制制度保障空间价值生成的合理性，落实空间价值公正配置（张京祥、夏天慈，2019）。空间权利的实现方式除了空间价值变现，也包含价值实现方式的创新。空间权属治理重点解决空间权利关系模糊和空间权利落地缺少抓手等问题，有利于打通乡村空间权利的实现路径。空间权利公平和有效分配是保障乡村内生发展实施的重要环节，进而协调不同利益主体参与乡村建设的积极性和主动性，填补乡村发展的"权利真空"和"主体缺少"状态。乡村空间治理通过明晰空间产权关系，明确多元主体经济利益来确立乡村发展权益的分配机制，完善乡村空间价值体系。拓展空间价值实现方式，提升空间价值分配效益（见图 8-3）。通过空间权利分配，突出乡村空间的生态价值和社会价值，进而完善乡村内生发展的支撑体系。

三、组织强化路径

乡村空间治理强化乡村组织能力对破解乡村衰退趋势具有重要作用。乡村组织体系衰落面临的核心问题是乡村人口流失产生的人才队伍缺失和组织结构混乱。乡村空间治理以物质空间治理为基础，改善乡村地域系统结构，提升空间组织效率，理顺乡村空间组织体系。乡村权属治理明确不同乡村主体利益关系，明晰公共空间权属体系，优化乡村社会空间关系，激发乡村多元主体参与发展的活力，落实乡村空间文化传承。受制于组织体系不畅的振兴难题，乡村空间治理从乡村物质空间和乡村空间关系两方面组织治理出发，破解乡村发展中的组织困境。一方面，改善乡村发展组织散乱，构建乡村三生空间的高效组织方式；另一方面，优化农村基本经营制度，在保证农村集体经营制度有效运转的前提下，从空间组织入手强化对分散农户的重组，发展新型农村集体经济，强化村"两委"的领导作用，进而提升乡村基层组织力，深化"多治合一"与"智慧治理"，夯实基层执政基础。乡村空间治理打破乡村发展多元主体难以参与乡村振兴的桎梏，为乡村组织振兴提供治理保障。空间组织治理通过重建乡村空间关系网络，重组空间组织运转体系，调动多元主体参与乡村振兴。

组织强化路径提振乡村发展能力，可通过新型农户组织模式和村庄运营体系加以强化。当前，培育多元主体参与乡村振兴缺乏有效可行的组织渠道：分散农户无法及时对接市场的变化；企业主难以统筹应对乡村治理困境；多级政府"自上而下"的治理体系在基层缺乏落地抓手。乡村空间治理导向的组织强化过程，破解了当前乡村振兴面临的组织困境。以强化集体统筹经营能力为目标的组织体系重组，为落实"产业兴旺、生态宜居、乡风文明、治理有效、生活富裕"总体目标创造条件。集体经济和农户合作组织统筹能力增强，有利于乡村产业的升级与再造，也为完善乡村自治体系提供空间载体。在深入推进农村土地制度改革，创新农村集体经营性用地制度和乡村生态用地科学保护的情况下，空间治理既能保障农民集体经济收益的提升，也能服务生态宜居这一目标。乡村组织体系重组对落实乡风文明和治理有效目标具有直接作用，乡村文化体系传承和可持续乡村性保护有路可循，落实治理有效目标和防止"公地悲剧"更具可行性。集体经济组织统筹能力与乡村公共服务配置和供给能力有关，强化组织力将为生活富裕目标落实提供保障（周国华等，2018）。

案例8-2 黔江——"城乡互动"发展助推乡村振兴

金秋时节，硕果飘香。眼下正值猕猴桃成熟的季节，黔江区中塘镇的仰头山现代农业示范园迎来丰收的喜悦，一幅乡村振兴的美丽画卷就此展开……作为渝东南中心城市的重庆市黔江区，在坚持走城乡互动型高质量发展的道路上，带来了哪些变化？

猕猴桃变身乡村振兴"致富果"

农业是乡村的主要载体，农业现代化是实现乡村振兴的核心内容。曾经的仰头山道路泥泞、交通闭塞，农民基本就靠养猪、种红苕、玉米等艰难生活。在黔江区政府的大力支持下，重庆三磊田甜农业开发有限公司于2010年入驻，集中流转土地12 000余亩。

作为以优质猕猴桃种植为主，兼具脆红李等高端水果研发、推广、冷链物流、销售和深加工的现代化农业科技型企业，这里的猕猴桃畅销全国，为黔江山区农民铺就了一条脱贫致富的阳光大道。在"公司+基地+农户"的机制下，农户通过土地租金、劳务承包费和果实奖励等方式实现增收，从原来人均年收入不到2 000元，提高到现在的人均年收入20 000多元。

"除了猕猴桃，我们还种植了杨梅、蓝莓、枇杷等水果，满足城里人采摘观光的需求。"重庆三磊田甜农业开发有限公司总经理彭文平透露，目前公司正围绕猕猴桃做文章，未来将依托仰头山现代农业示范园打造乡村旅游示范景区，持续带动当地群众增收，助推乡村振兴。

再看太极镇，李子村金鸡坝农业示范园采取稻油轮作、稻渔（鳅）立体农业模式，正大力打造农旅融合、文旅融合的现代休闲观光农业；重庆慧禹农业开发有限公司以"公司+集体经济+农户"模式，在黔江、彭水建有3个3 000亩薯类种（苗）繁供基地，带动500余户薯农（蚕农）户均增收过1万元，李子村集体经济年均分红5.4万元。

山地蚕业开启高质量发展新篇章

近年来，黔江区以打造蚕桑"中国特色农产品优势区"为目标，通过"提升一产、主攻二产、发展三产"，推动茧丝绸产业转型升级。着力构建蚕桑全产业链发展模式，开启了山地蚕业高质量发展新篇章。

位于太极乡太河村 1 组的太极镇太河村桑园托管中心，占地面积 1 000 平方米，整合 50 余万元山东日照对口帮扶资金和村集体经济项目资金，配备 26 台自动升降省力化、机械化蚕台设施，通过"村委'统'＋农户'托'"，有效避免了桑园撂荒，桑园面积及产茧量稳居全乡第一。

从黔江区林业局了解到，全区已建成标准桑园 10 万亩，年产茧 8 万担，蚕茧产量连续 11 年位居全市第一；蚕农售茧收入达 2 亿元。全产业链年产值 10 亿余元，其中茧丝绸工业产值 5 亿元。

"黔江桑蚕茧放在全国市场上都是非常优质的。"重庆花神丝绸有限公司总经理王岐炜介绍，公司是黔江区委、区政府为了打造"黔江·桐乡丝绸工业园"，延长茧、丝绸产业链，于 2017 年 11 月招商引资来的。"经过近 4 年发展，我们拥有进口剑杆织机 32 台，年织绸 200 万米，桑蚕丝用量 260 吨，领先于渝东南几大区县的茧丝绸民营企业。"

此外，由黔江区正阳工业园区打造的 40 万吨玻璃纤维加工基地，不但将产品做到高品质运用到各行各业，全部建成后可以实现年产值 25 亿元，解决 2 000 多人就业，有效带动城乡产业链的发展。

建设大美乡村助力黔江全域旅游

随着乡村振兴战略的实施，产业得到扶持，生态修复保护，环境有效整治。一个产业兴旺、生态宜居、乡风文明、治理有效、生活富裕的美丽乡村正在阿蓬江畔悄然嬗变，华丽绽放。

坐落于黔江区冯家街道东南部的寨子社区，由原寨子村、新生村、蓬西村、官村四个村合并而成，幅员面积约 8.6 平方公里，8 个居民小组 970 户 4 103 人。据重庆峡谷城文旅集团副总经理金玉东介绍，该社区以创建官村 4A 级景区为抓手，提档升级阿蓬江"一江两岸"休闲农业与乡村旅游示范带，全力打造"城郊融合型"示范样板、宜居宜业宜游的大美乡村，通过农文旅融合发展来增加群众收入。

发展乡村旅游是实现乡村与城市互动发展的重要环节。近年来，黔江区坚持从全局谋划一域、以一域服务全局，形成"1 个 5A ＋7 个 4A"的精品旅游景区集群。其中，濯水景区获评为国家 5A 级旅游景区；土家十三寨获批重庆市智慧旅游乡村示范点；小南海镇新建村入选全国第二批乡村旅游示范村；冯家寨子社区、金溪望岭村入选全市首批乡村旅游示范村。

依托武陵山区铁路、公路、航空等综合交通枢纽的建设，黔江区文化和旅游发展委员会相关负责人表示，"我们将立足做靓中国峡谷城，推进武陵山旅游集散中心建设，深化文旅融合发展，促进旅游业与其他产业全面融合，着力打造国家全域旅游示范区"。

集团化办学打造城乡互动"课堂"

在推进"城乡互动"发展的过程中，黔江区深入贯彻以人为本的理念，增强教育、医疗、旅游集散功能，不断提升人民群众的获得感、幸福感和安全感。

以跳绳为特色项目的黔江区新华小学，曾 4 次代表中国参加国际大赛获 15 金、5 银、5 铜，打破 3 项亚洲纪录、2 项世界纪录，培育 10 位世界冠军。至今，学校在全国大赛共夺 78 枚金牌、135 枚奖牌。据该校教师严静介绍，校跳绳队大部分学员来自农村，他们能够得到训练保障离不开学校支持、教育利好政策。

为充分发挥优质学校的资源优势和引领作用，全面提升农村学校和薄弱学校的办学水平和质量，促进全区义务教育优质均衡发展，黔江区教委认真落实《黔江区教育发展集团化建设工作方案》。建立"1＋N"城乡教育一体化协调发展新机制，组建 12 个集团学校，实现资源共享、研训联动、捆绑发展。

"'1＋N'即以 1 个城区优质学校引领带动'N'个乡镇较弱的学校，集团牵头学校将优质师资和教育资源下沉。"黔江区教育委员会基础教育科科长杨秀明介绍，集团化办学从 2014 年至今，经历了试点起步、全面实施、纵深推进三个阶段，让学校教育教学质量和办学水平得到明显提升，全区优质教育资源覆盖面更广。

从产业振兴、文旅融合到集团化办学，黔江区正从各方面着手，统筹抓好城市提升和乡村振兴，加快建设城乡各美其美、美美与共的山地特色城镇群，努力实现"城市让生活更美好，乡村让人们更向往"。

资料来源：中国乡村振兴在线，2021 - 09 - 16.

第四节 基于空间规划的乡村振兴路径探讨

一、乡村振兴战略实施过程中的空间规划问题分析

在乡村振兴战略的实施过程中，强化国土空间规划的引领作用，能有效地推进我国的乡村建设和发展工作。近年来，我国各地区在推动乡村振兴战

略发展过程中取得了一些成效，农村地区的经济、社会、文化以及生态环境建设都有了较大程度的发展，但是其中仍然存在一些问题需要解决，从而推动乡村地区的健康可持续发展（李媛，2022）。

（一）"空心化"问题严重导致规划建设存在困难

从农村地区的发展现状来看，当前农村"空心化"的问题十分严重。现阶段，城镇化人口率的提升使得农村地区大量的劳动力和人才向城市涌进，乡村地区的人口年龄结构出现了严重不平衡的问题，农村的建设和发展过程缺乏人才。这些问题既不利于乡村地区的可持续发展，同时造成了城乡发展不平衡的问题，使得农村和城市的差距越来越大。如何解决和应对农村地区现阶段存在的"空心化"问题，是当前农村地区国土空间规划建设的一个重要难题，也对现阶段农村地区的国土空间规划工作提出了更高的要求。需要通过加强基层组织建设以及完善乡村地区基层社会治理体系等方式，提高农村地区的发展水平（汪慧琳等，2022）。

（二）内生动力不足导致各项要素规划不够全面

在推动乡村振兴战略的实施过程中，乡村地区内生动力不足的问题是影响城乡发展的重要问题。一方面，在我国经济社会飞速发展的过程中，第二、第三产业发展投入的社会资源相对较多。在农村建设过程中由于缺乏农业资金的投入，城镇化发展过程中大量的人才和资金都涌进城市，农村地区的发展缺乏内生动力。另一方面，在推动城市化发展的过程中，很多农村的集体用地被用于商业和工业，农村地区的医疗教育和生活等方面缺乏完善和优化，再加上受政府部门管理的影响，在推动乡村地区精准脱贫的工作中还存在资源匮乏以及政策执行不到位等基础问题。这些问题既不利于乡村地区的居民积极参与乡村振兴战略，也会直接影响乡村发展过程中的内生动力，进而直接影响乡村振兴发展战略的科学性和合理性（徐娜，2021）。

（三）地方特色不足导致资源作用价值发挥不充分

在推进乡村振兴战略实施过程中，很多乡村地区的特色也逐渐消失。由于缺乏国土空间规划工作，很多地区发展和建设的过程中没有结合特定的自然风光和文化特色进行综合化的规划，导致乡村建设朝着一个固定化的方向发展。在推进乡村地区工业化和城镇化发展的过程中，农村地区的发展缺乏地方特色和针对性低，再加上规划过程中规划设计人员没有对农村地区的各项资源进行合理运用，也没有充分发挥农村地区的文化历史价值，进而导致了一些生态环境被破坏的问题。

二、基于空间规划的乡村振兴路径探讨

（一）挖掘农村产业基础，整合各项资源要素

在乡村地区的发展过程中，产业基础分析是强化国土空间规划工作的重要工作，既要结合现有的调查研究资料及评价结果进行科学的规划，也要结合农村地区的产业发展要求和实际情况对各个城乡要素进行科学认知。一方面，在对空间认知的基础上，尽快结合各项资源要素和生活生产服务进行供给关系的科学调配，能实现各项要素的有机整合；另一方面，在农村地区的空间规划工作中，也需要结合评价结果分析农村地区的整体发展潜力。通过有效规避相关的发展风险，来提高国土空间规划的可行性和发展性。

（二）确定产业发展目标，提升农业综合生产力

在推动乡村振兴战略的实施过程中，提升和强化国土空间规划引领作用，可以确定产业发展目标作为一个重要的方向。既有利于因地制宜地发展农村地区的产业，结合农村地区特有的地理优势和空间优势来提升农业的综合生产力，也能实现农村地区土地资源的科学配置，促进各项产业的良性循环，形成村庄产业融合互动的整体发展格局。

（三）强化生态环境治理，提升生态管理意识

乡村振兴战略实施过程中，对生态环境的保护工作是一个重点和难点。现阶段农村产业发展大多数都是以牺牲生态环境作为代价。因此，在强化国土空间规划引领作用的过程中，加强生态环境治理工作，提升乡村居民的生态环境管理意识，对于乡村振兴发展战略的顺利实施、提升乡村发展水平具有重要的价值。一方面，要在国土空间规划的过程中优化生态格局，将具有环境污染问题的产业格局进行重新规划，进而提升农村地区的环境建设质量，保障我国农村产业的可持续发展；另一方面，也要加强环境治理和宣传工作，强化生态环境管理意识，积极完善农村地区的各项环保配套设备，修复农村地区的生态环境，实现生态化农村建设。

案例8-3 "未来乡村"——乡村建设新探索

未来，究竟什么是未来？乡村的未来又究竟是何等模样？

对大多数人而言，未来永远是动态的时间概念。看不见，抓不住。

也正是基于此，当"未来乡村"从衢州走来，在浙江全省推开之时，许多人一时不知所措：我们究竟怎样才能进入未来？

浙江是"美丽乡村"的发祥地，为何要再推出"未来乡村"？"未来乡村"与"美丽乡村"相比，又到底有何不同？

带着种种疑问，当浙江发布首批100个"未来乡村"试点名单时，记者试图第一时间撩开其神奇的面纱。

组团式发展——打破行政区划，资源配置更科学

今年2月，浙江公布首批"未来乡村"建设试点村。记者仔细盘点，发现100个试点村中居然有25个并非村庄建制，而是以片区或组团的方式位列其中。这在过去几十年所有的项目中几乎从未出现。浙江省农业农村厅社会事业处处长邵晨曲解释道，这并非硬性申报条件，而完全取决于乡村自身发展的需要。眼下在浙江乡村，组团式、片区化发展已蔚然成风。

"乡村都有行政区划，但单个乡村的资源毕竟有限，产业布局、招商引资都难成气候。现在打通了，就能实现资源整合、优势互补，进一步对接多元化市场需求。"邵晨曲说，为了培育这一市场动因，浙江在规划、政策等方面作出相应引导。在"未来乡村"建设指导意见中，浙江就明确对这种组团式、片区化经营予以鼓励。

类似的实践，已在湖州得到普遍推广。2020年，该市提出"组团式未来乡村"概念，决定每年建设10个左右新时代美丽乡村样板片区。针对每个片区，市、县、乡三级组建专班，以确保推进力量、政策措施、项目资金和实施主体的集成。市财政以奖代补，最高给予1 500万元奖励，再加上区县配套，项目资金确实十分诱人。与过去重基础设施不同，此轮主要用于产业配套。

湖州市农业农村局副局长施经坦言，乡村产业要兴旺，需基于一定区域和体量，才能具备多元化的功能布局。这种集成并非简单物理组合，而是通过一体化规划、项目化运作、集成化示范、片区化共享，实现"化学反应"，既可避免重复建设，更在于打破行政"篱笆"。真正按照产业和市场的需求，进行量身定制的资源优化配置。

两年来，湖州的"组团式未来乡村"渐入佳境，首批 10 个样板片区共实施 114 个项目，3.2 亿元的财政资金撬动了 16 亿元的社会资本投入。根据计划，到 2025 年，湖州将建设 60 个片区，覆盖约 300 个行政村。

湖州作为"两山"理念和美丽乡村的发源地，希望用组团式得以继续引航；而地处浙西山区的衢州，则在全省率先探路"未来乡村"，试图"弯道超车"，近几年势头顿起。2019 年，衢州从下辖的 6 个县（市、区）分别遴选出一个重点村，进行先行先试。这次，全省首批"未来乡村"建设试点名单中，衢州有 8 个入围，其中有 4 个就是从最初试点村升级而成的片区。

以龙游县溪口镇的溪口片区为例，这里已初步形成区域性创业资源集聚中心。一个黄泥山创客平台，一个老街文旅平台，让不同特长和个性的人才碰撞出火花。以乡创为核心，该片区还整合了溪口镇与周边 3 个乡的各类资源。产业跨界互动比比皆是，一条山区共富路日渐清晰。接下来，龙游所在的衢州还将推出"未来乡村"连片发展实验区，从整体规划、功能配套、场景落地、业态人气、改革政策、村强民富等方面进行连片考评。

记者看到，浙江每个地市，几乎都有此类设计。像余杭区从今年开始，每个乡镇创建一条"未来乡村示范带"，每条示范带由 3 个村组成。一些乡镇如径山镇还成立党建联盟，以更高效推进资源配置。随着实践的深入，大家逐步发现，要真正实现人合、心合与力合，光有组团的形式还不够，必须得建立紧密的利益联结机制。

强村公司的组建便是其中一法。余杭区余杭街道沈家店有 38 亩村级留用地。尽管地理位置优越，但由于资金不足以及开发模式限制，长期闲置。但苕溪北面 8 个村由于土地整理，积累了一定资金。又由于滞洪区调整等原因，集体经济发展缺乏新的路径。9 个村合作成立公司后，进行合作开发。建成运营后，沈家店及其他 8 个村每年可分别获得 1 000 万元、300 万元的村集体收入。

品牌化经营——运营前置，找到个性发展之路

听完空间规划、品牌设计、运营策划 3 个方面的各自汇报，大家都觉得豁然开朗、信心满满。作为专业人士，三方在各自的领域内都享有盛誉，但像这次，将 3 个方案在项目开建之前就进行如此深度的沟通交流，确实尚属首次。

三方聚焦的是余杭径山镇前溪片区"未来乡村示范带"建设项目：

前溪村是余杭唯一一个省级粮食生产功能区。但与镇里另外两个组团相比，前溪不仅政府建设资金投入少，而且在产业发展上面临同质化竞争的挑战。要做好水稻这篇文章，隔壁乡镇早已捷足先登，占尽天时。如何在这重重制约下，让前溪脱颖而出？

按照传统路径，一般先规划、后建设，再创建品牌，投入运营。然而，乡村规划建设和品牌运营往往"两张皮"：没有品牌定位的投资建设，难免偏离市场需求；到了运营阶段，想要补救但为时已晚。

前溪所尝试的"三位一体"设计，便是希望挑战这一难题：建设前期，就让品牌规划和运营充分介入，根据品牌定位和市场需求，因地制宜布局产业、设置项目，让规划建设与品牌运营实现无缝连接。

通过多次坦诚沟通，3 个团队越走越近，一条高度协同的示范带即将掀起盖头。

目前，"品牌化经营"已经成为一些地方推进"未来乡村"建设的"标配"。余杭招聘职业经理人；临安引入乡村运营师；绍兴招募运营团队……一个个地方都向"品牌化经营"发起总攻。

"如果说建设是政府主导，是规范化标准化的，是一种民生，那么经营就是发挥村集体积极性，是个性化差异化的，是乡村发展方式的重大转变"。有专家学者指出，这是两种截然不同的思路，也是自然衔接的两个阶段。

但正如常言道：前途光明，道路曲折。浙江农业产业历来"多小散"，农房农地都是农民的，村集体资产本就屈指可数。因此，品牌化经营常常面临着"无米之炊"的困境。不仅村集体一筹莫展，运营商也不得其门而入。通常的手段无外乎运营一个线下服务中心，推出一些日常自媒体传播，举办一些农事节庆活动。这样的经营，要在"村村文旅"背景下实行引流，而且有所盈利，其难度何异于登天？乡村是个开放的大公园，既收不了门票，也招不到业态入驻，平时的运营经费，也就只能指望政府补助。

品牌化经营首先需要产业主题化。一些乡村其实有主导产业，但大家熟视无睹，或者即使有心却也无力，这就需要通过品牌化思路明确产业方向；一些乡村虽无主导产业，但有非遗文化、历史名人、民间故事，这就需要形成个性化差异后，再通过传播激活沉睡的资源。越来越多的专业机构开始介入这一领域。

如何向市场要盈利？浙江乡村建设促进会开始筹备"乡村运营专委会"，希望联众、优宿、廿九间等各路英雄在这一平台上相互探讨、取长补短，尽快形成可复制的市场化运营模式。浙江省农业农村厅也及时配合，将"乡村品牌化运营"列入高研班计划，准备有针对性地开展培训，向"未来乡村"输出经营人才。

据了解，一场以"品牌化经营"为主题的峰会，也在积极筹备中。如何盈利、如何组建运营主体、如何进行品牌化包装传播等，届时乡村经营中遇到的诸多难题，都将在峰会上得以面对面碰撞。

数字化支撑——赋能产业，链接乡村与消费者

在许多人看来，高科技和数字化总是跟未来紧紧相连。事实也正是如此，在人本化、生态化基础上，浙江将"数字化"定位为"未来乡村"建设的三大导向之一。九大场景建设规范中，数字技术的支撑可谓无处不在。

今年"五一"期间，记者驱车前往杭州市富阳区里山镇安顶村。这个平均海拔650米的小山村，仅仅是区级的"未来乡村"，但其数字化水平已经让人不可思议。

因为地处高山，安顶村每年有将近3万游客上山。但平均停留时间不到3小时，最多拍个照、吃个饭便下山，几百亩茶叶也卖不起好价格。

"安顶村的发展必须找到新的突破口。这次我们抓住露营热，主攻年轻人市场。"村党委书记夏明达介绍，作为富阳首批15个美丽乡村标杆点之一，安顶村此轮提升改造投入仅30%用于环境提升，其余50%投入产业培育及配套，20%用于数字化建设。

围绕"云雾茶镇"品牌，安顶村将最佳观景位设为营地，并取名"揽江台""冠云台""枕雪台"。为了吸引年轻人，村里还斥资100多万元，打造"天空之境"网红打卡点。结果到4月底，标杆点还未及完全验收，就吸引到一家专业的露营团队。双方一拍即合，"五一"便开始试运营。而迅速"拎包入住"的背后，数字化建设可谓功不可没。

从山下进村，二维码沿路可见，这是"茶香安顶"小程序。打开后，当前游客量、停车场余位赫然可见，还有景区导览和线路推荐。最妙之处在于"打卡"功能，既能看到别人足迹，也能留下自己美图。每个打卡点设有智能杆，签到后可自动生成小视频，作为基础素材供朋友圈分享。

数字改变了旅游方式、传播方式，提升了消费者的体验感，也改变了安顶村茶叶的种植和销售模式。"露营自然少不了品茶。过去，我们走大市场，包装只能随大流。现在开始走年轻化路线，改为精致时尚的小罐茶，小程序里便能购买。一扫包装二维码，生产加工过程全知晓，身价自然翻一番。"夏明达感觉，这回的资金都用在"刀刃"上了。

但如果觉得数字化在浙江"未来乡村"中的应用仅此而已，那你就大错特错了。如今，越来越多的数字化服务机构下沉到农业农村，为各地开发应用程序。农民用手机种地；老百姓参与公共事务得到信用积分；经营中用数字化提升消费体验。这在浙江乡村已是司空见惯，不足为奇。但有关数字赋能，这样的应用实际上只是"小儿科"。

"数据是发展未来乡村产业经济的核心资源和第一要素。'未来乡村'数字化的目的是获取数据，进而实现数据运营，真正将物理乡村形而上为'未来乡村'。"在 5 月 13 日举办的"未来乡村建设学术研讨会"上，浙江新时代乡村研究院副院长袁康培发表观点认为。

事实上，这一观点正在被实践层面所热烈呼应。由浙江大学等机构共同开发的"未来乡村品牌成长指数"，就是试图通过各种即时数据的获取，自动生成指数后，进而反向指导"未来乡村"品牌的健康成长。你的品牌为何成长比别人慢，短板在哪里、怎么弥补？到时都可得到专业解答。

此外，浙江正打造"未来乡村在线"数字化场景。其集应用、管理、服务于一体，今后将实现网上议事、邻里互助、好物共享等功能。同时，浙江还启动编制《未来乡村数字化建设指引》，推进该数字化场景与各个地方特色应用间的纵横贯通。

未来已来。

通过组团式发展、品牌化经营、数字化赋能，记者看到，浙江的乡村正在颠覆传统形象，以更人文、更"江南"，也更具科技感的面貌向我们走来。

"当然，如何创新建设模式与路径，如何用新方法破解问题和挑战，如何通过'未来乡村'建设加快城乡融合发展，如何发挥政府、社会、企业、农民各方积极性，协同推进建设进程，我们永远在守正创新的路上。"浙江省农业农村厅副厅长王宗明感言。

是的，浙江正以他们的想象、热情、坚韧，在乡村建设中@着未来，@着美好！

资料来源：农民日报，2022 – 06 – 14.

第五节　面向乡村振兴的空间治理策略

一、"上下结合型"空间治理与乡村振兴

"上下结合型"空间治理逻辑为应对乡村振兴面临的空间挑战和组织挑

战提供解决方案。传统"自上而下"空间治理模式从国土空间管控层级传导目标出发，强调顶层治理政策对于多级空间用途管制的传导，并且与各级政府的事权体系相匹配。乡村空间因处在底层空间，缺乏事权也难以对空间实现有效管控，难以支撑当前乡村振兴的现实诉求。构建"自上而下"和"自下而上"相结合的乡村空间治理体系，有利于顶层管控政策传导与基层治理诉求相结合，将多级政府事权体系与乡村空间综合治理结合起来，在多方博弈中实现空间开发权利的合理配置。"上下结合型"空间治理策略重点在于将底层空间发展诉求以合理方式实现反馈，进而保障乡村发展的空间诉求。"自下而上"的空间治理重点在于将破碎化、低效化、模糊化的空间实现有效治理，并且能够通过主体参与、乡村规划、用途管制等措施体系加以落实。"上下结合型"空间治理策略有利于推进多元主体有效参与空间治理，进而满足乡村振兴发展的组织需求（戈大专、陆玉麒，2021）。

"上下结合型"空间治理推动城乡关系重构，有利于落实振兴政策。现有国土空间规划体系中落实乡村优先发展的体制和机制不健全，城乡空间的差异化所有权实现方案、城乡空间一体化治理体制机制不完善成为新时期阻碍城乡共治，抑制城乡融合共进的重要屏障。"上下结合型"空间一体化治理体系与规划事权划分紧密结合，是保障城乡融合发展目标和乡村振兴政策落实的重要保障。适应"减量化"发展、"高效化"利用、"生态化"保护的现实需求（乔家君、马玉玲，2016），在明确乡村国土空间管控目标的前提下，落实国土空间规划"三区三线"的约束性指标传导、构建"刚性约束"与"弹性引导"结合的管控策略、探索适应乡村振兴需求的管控体系、满足农村一二三产业融合发展的产业发展空间诉求、对接农村土地制度改革的衔接管控体系等，进而完善乡村振兴的支撑体系（见图 8-4）。

空间治理的跨尺度效应与"上下结合型"空间治理策略相匹配，将显著改善乡村振兴的基础条件。现代通讯和交通网络带来的"时空压缩"使城乡发展要素可以实现跨空间尺度的传递，乡村空间治理在新技术体系下"跨尺度交互"为乡村发展带来全新机遇（樊杰，2020）。乡村空间治理畅通乡村内部组织体系，强化群体的自组织能力和自我学习能力，这将为外部发展要素进入乡村，快速传播，起到激发效用提供保障。在跨尺度空间治理视角下，乡村空间治理推动乡村治理实现尺度连通，确保多元主体参与乡村转型发展路径的有效性。乡村空间治理地域多样性也随着地域空间影响因素的跨尺度传导趋于复杂。乡村地域系统的内外因素交互影响、远程耦合、跨尺度作用，

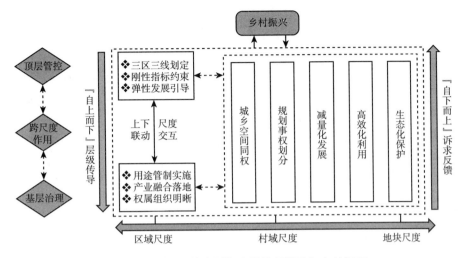

图 8 - 4　"上下结合型"空间治理策略与乡村振兴

资料来源：戈大专，陆玉麒，孙攀. 论乡村空间治理与乡村振兴战略［J］. 地理学报，2022，77（04）：777 - 794.

也对乡村空间治理尺度选择提出更高要求。选择合适的尺度开展乡村空间治理，不同尺度间治理措施的有效传导，将是未来重要的优化方向。乡村振兴应当是城市和乡村共同发展视域下的城乡融合过程。"上下结合型"空间治理与跨尺度要素流动为城乡融合发展提供发展路径，跨尺度交互的空间治理为乡村振兴发展提供机制保障。

二、"多元主体参与型"空间治理与乡村振兴

多元主体参与空间治理的渠道、能力与效应构成乡村振兴推进的有力保障。以分散农户为代表的社会主体，多级政府为代表的行政主体，资本和企业主为代表的市场主体，分别构成了"社会力""政府力""市场力"多元博弈主体（张京祥、陈浩，2014）。乡村发展不同阶段多元主体博弈格局因时而异，如何调动多元主体参与空间治理的积极性和可靠性与空间治理制度设计相关。以农户为代表的"社会力"博弈能力越强，越有利于提高乡村空间价值服务乡村振兴的能力；"政府力"与空间事权关系相关，并且成为左右空间治理转型方向的关键力量。"政府力"越强，其他主体力量则越弱；"市场力"越活跃的地区，城乡发展要素流动越频繁，乡村发展的活力越强。

"多元主体参与型"空间治理需要在培育"社会力"、监督"政府力"、引导"市场力"方面做好文章，统筹优化多元主体的博弈力量，形成合力推动乡村振兴动力集聚。多元主体在乡村空间治理中的参与程度越高，越有利于建立多元力量协同作用机制。多元力量与多元主体协同应以服务本地乡村振兴作为第一要务。落实多元力量协同需要提升"市场力"在牵引城乡发展要素流动中的作用，也要明确资本下乡的管控渠道，防治资本"跑马圈地"。此外，"社会力"和"政府力"在乡村空间治理过程中需强化机制的创新，落实管控治理清单与议事协商制度，全面推进乡村空间治理水平和能力上台阶。"社会力"的强弱与农户组织体系、社会自组织能力、空间产权配置体系相关，并服务于内生动力培育和组织能力强化。多元主体在空间开发中进行博弈，进而落实空间发展目标，推进公平权益体系的建设，完善乡村振兴的体制与机制。

"多元主体参与型"空间治理的效应体系与主体间博弈关系相关，并作用于乡村振兴路径的实现。乡村可持续振兴与农户可持续生计体系的构建直接相关。如何完善农户生计体系，增强农户应对风险的扰动能力，进而服务乡村可持续振兴的诉求，可从多元主体博弈的关系入手寻找突破（戈大专、陆玉麒，2021）。"市场力"与"政府力"应以提升"社会力"为核心目标，强化市场收益的本地化和多级分配体系的构建。这将有利于完善农户自组织为特征的振兴体系（李小建等，2021）。农户自组织模式与博弈能力的培养将决定乡村空间开发利用的方向，并且能够影响"政府力"在基层空间治理中的作用效果。多元主体参与乡村空间治理需要强化对博弈弱势群体的保护和强势群体的约束。多元主体的多轮博弈虽然可能在一定程度上降低空间治理的效率，但持续且有效的参与机制，将为构建可持续的乡村振兴渠道奠定基础。此外，多元力量参与乡村空间形态的改造过程，不能脱离本地自然资源环境的约束。尊重资源环境承载能力和本地社会文化适应性的乡村空间治理举措和乡村振兴措施，需要加以强化。多元力量的博弈过程，也是乡村空间治理体系完善和制度健全的过程，有利于防止部分力量压倒性优势带来的力量失衡。

三、"权利共享型"空间治理与乡村振兴

空间权利是推动乡村振兴的基础保障。空间权利共享过程是优化空间社会经济关系的重要手段，也是乡村空间治理需要突破的重要领域。空间治理

落实权利共享的机制和手段创新，同乡村空间发展权的供给、财产权的分配、参与权的博弈有关（黄贤金，2021）。城乡空间发展权利的差异格局成为乡村空间发展权利受到挤压与侵占的重要表征；乡村空间发展权利缺失与供给不足是乡村发展不充分、城乡差异显著的重要诱因。空间发展权利共享与空间财产配置、权利的公平分配相辅相成。没有乡村空间价值的显化和空间财产权的配置，乡村空间发展权的落实将难以现实。同样，空间发展权的持续供给是破解乡村空间价值低效化、财产价值被严重低估的核心突破口。通过空间发展权和财产权的公平配置，将为落实多元主体空间参与权的博弈创造条件（见图8–5）。参与权的落实与共享是乡村空间治理保障乡村振兴组织与机制构建的核心。农户作为乡村空间治理的核心社会主体，创新农户参与空间治理的共享机制和模式，将为落实乡村振兴提供组织保障，进而服务组织强化路径的实施。

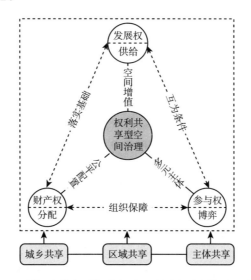

图8–5　"权利共享型"空间治理策略与乡村振兴逻辑关系

资料来源：戈大专，陆玉麒，孙攀. 论乡村空间治理与乡村振兴战略 [J]. 地理学报，2022，77（04）：777–794.

"权利共享型"空间治理可在城乡共享、主体共享和区域共享中落实乡村振兴目标。空间发展权城乡转移与区域配置将为欠发达地区乡村提供振兴急需的资金保障，基于空间用途管制政策创新推动空间发展权的主体博弈，进而从空间发展权的公平供给，推动乡村振兴政策的落实。自然资源管理的制度创新是乡村空间权利共享策略落实的重要手段。结合激励和约束等不同类型的制度配套，创新空间开发权利、空间财产权的实现方式。主体共享机制核心是落实乡村空间发展权、财产权和参与权在不同利益主体间的分配。保障乡村空间价值增值是推进发展权落实的核心诉求。空间财产权的主体间公平分配，空间参与权的多元主体路径优化，均成为推进乡村振兴的重要依据。

　　自然资源本底的承载力和国土空间开发的适应性成为明确空间开发主导功能的核心依据，进而成为区域乡村空间治理的主导性用途管制策略。乡村地域主导功能和空间开发时序是乡村空间发展权利差异的重要来源。农业生产主导型与非农生产主导型乡村空间价值具有天然的差异。发达地区与欠发达地区乡村空间权利，在多种因素作用下显著不同。此外，乡村空间开发时序的差异也是乡村空间权利区域差异的内在生成机制。先期开发地区占据区域和政策管控优势，而后开发地区则管控强度更大，空间权利约束条件更多。乡村地域主导功能差异带来的空间权利冲突需要在跨区域空间权利交换中创新机制，强化乡村空间综合价值核算的理论和实践研究，探索乡村空间综合价值变现与交易核算路径。乡村空间权利共享需要在国家顶层空间权利分配上探索新方法，其中包括乡村空间发展权和参与权的共享需要在城乡空间权利分配中创新落实路径。探索乡村空间权益的跨区域和跨尺度流动，有益于完善"权利共享型"空间治理策略的落实。乡村空间财产权的配置与空间权益实现方式密切相关。开辟乡村空间多元利用方式、综合开发渠道，突出乡村空间复合功能和价值，推动乡村空间财产权与收益分配权落地。

案例8-4　"三邻"实践打造"村落微治理"新模式

　　平湖农业经济开发区（广陈镇）是浙江省首个农业经济开发区。近年来，为化解全领域乡村振兴中出现的产业发展与乡村治理内生动力不足等问题，广陈镇在以自然村落为单位的治理模式上进行了有效的探索实践：组建了以优秀党员、乡贤能人、村民骨干为主要力量的村落"邻管家"队伍；建立了"邻聚里"村落议站作为日常议事阵地；构建了5分钟"邻里圈"服务网络；形成了"镇—行政村—村民小组—自然村落"四级治理体系；探索了"党建引领、村民参与、管家服务"的村落治理模式，为实现高质量乡村振兴提供了"广陈经验"。

组建"邻管家"基层队伍，凝聚"村落治理"微力量

　　推动"标准化＋精细化"，明确工作职责。该区通过推选基层优秀党员、乡贤能人、村民骨干担任"邻管家"，在每个自然村落组建了一支"邻管家"

基层队伍，每名"邻管家"负责5~10户农户，统一印发《村落"邻管家"行动指南》，明确服务职能、服务内容、执行依据等。

推动"双向化＋规范化"，完善评价机制。建立考核评价"连环扣"机制，实施村落评比，由"邻管家"和村落农户代表对本村落农户垃圾分类、房前屋后环境、乡风文明等方面进行打分。建立农户积分制管理模式，实行月度、季度和年度评比，通过积分运用形成奖罚鲜明的治理体系。实施"邻管家"考核评比。村委会根据"邻管家"工作职责和服务成效，做到定期考核、日常考核和重点工作考核相结合。同时结合村落农户对"邻管家"民主测评结果，每年对其进行一次综合考核和表彰奖励。

推动"角色化＋功能化"，构建成长体系。年初由镇村两级共同制定村落"邻管家"全年培训计划，主要内容涵盖法律咨询、心理疏导、调解技巧等专业培训和群众工作方法、日常服务技巧、特殊群体个案服务、社区工作等实务培训。

建立"邻聚里"村落议站，打造"村落治理"微阵地

敞开门，搭建"联络站"。通过组织农户在村落议站开展议事、学习、宣讲等方式，全方位开展社情民意收集。通过在村落议站内设立民情意见箱，开展固定日驻站服务，及时获取民需民求并整理归档提交给村委会。

走出门，绘制"连心图"。根据村落走访情况，由"邻管家"分类分层绘制乡邻地图，结合可视化地图针对性开展邻里服务。实现请进门。村落议站作为议民事和集民策的阵地，通过民事民议，有效化解一批矛盾纠纷，切实推动中心工作开展。

构建"邻里圈"服务网络，提升"村落治理"微效能

广陈镇探索"乡邻治理"，共建"一家亲"。在村社组织换届后，积极推行"乡邻公约"，倡导村民守约，实现邻里共建，从而推动形成办事依公约、遇事找公约、解决问题用公约、化解矛盾靠公约的良好社区环境，推动"睦邻治理"。在"邻管家"日常服务基础上，联系社区社会组织结合组织特色开展多形式、各领域的"进村落送服务"活动，形成了"1＋X"邻里服务机制。

创新"毗邻治理"，扩大"朋友圈"。推动广陈镇与金山区廊下镇开展村级项目"毗邻共治"，着力解决垃圾清运、疫情防控等问题，构建毗邻治理示范带。如浙沪南北山塘村，以明月山塘景区建设为牵引，共商景区规划、业态引入、游客组织等20余项跨村联动事宜；组建了明月山塘发展参事队、

人文宣传队、和谐护卫队、民生勤务队和扮靓美容队 5 支共建队伍，推动明月山塘治理和发展。

深化村民自治，激发基层治理"内生动力"

"邻管家"的产生按照邻近原则，将热心社区公益事业、在村民中有一定美誉威望或具有一定专业能力的村民或外来乡贤列为人选，覆盖面广。不同身份的"邻管家"结合自身特长实现服务群众更精准，也更大程度得到群众的支持认可，从而号召村民主动参与社区事务，实现村民自治，带动基层治理从"独角戏"变成"大合唱"。推动多元参与，增添基层治理"活性因子"。推动门类齐全、覆盖广泛的社区社会组织扎根社区、服务社区，在自然村落构建 5 分钟"邻里服务圈"，由社区社会组织开展组团服务。在丰富村民生活的同时，提高了村民的认同感和获得感。号召村民通过集体智慧共同解决社区生活中面临的问题，提高社区自治能力，有效维护社区的和谐有序。

资料来源：新华网，2021 - 11 - 23.

第九章　科技赋能乡村振兴

乡村振兴的必由之路是加快农业农村现代化，加快农业农村现代化的必要环节是科技赋能。在振兴乡村的过程中，技术发挥了很大作用。大数据、人工智能、物联网、5G等技术已经走进农村，并应用于秸秆还田、播种、植保、插秧、灌溉、施肥等多个农业生产环节。未来，我国会继续推动农村数字化，鼓励各地区创新农业生产方式，帮助农民掌握并应用技术，逐步扩大基层治理触达范围（秦秋霞、郭红东、曾亿武，2021）。

第一节　科技赋能的表现形式

当前，以大数据、人工智能为代表的新一代数字技术加速向农业农村渗透，为农业农村数字化建设提供了良好契机，也为数字赋能助推乡村振兴打开了广阔空间。本节首先介绍数字科技赋能乡村振兴的重要意义，其次阐述数字科技赋能乡村振兴的表现形式。

一、数字科技赋能乡村振兴的重要意义

（一）有助于加快实现城乡融合发展，推动高质量跨越式发展

城乡融合发展即着力重塑城乡关系。这关乎乡村振兴战略实施的成败，因而是实施乡村振兴战略的一项重大任务。而数字乡村建设是加快实现城乡融合发展的关键举措。通过数字乡村建设，有助于促进全面重塑城乡关系，有效填平城乡之间的数字鸿沟，实现城乡之间商品、服务、信息和生产要素的自由有序流动，进而促进城乡要素配置合理化，极大地发挥市场的资源配置决定性作用，最终缩小城乡经济社会发展差距。大力发展数字经济是顺应

新一轮科技革命必由之路，是推动高质量跨越式发展的重要路径。以数据新要素为支撑，以数字化应用为重点，以信息技术创新为动力，建设数字乡村发展新高地，有助于充分激发农村地区高质量跨越式发展的新动能。对于欠发达地区，更要紧紧抓住数字乡村发展的契机，通过推动数字乡村的高质量跨越式发展，带动实现整个农业农村现代化的高质量跨越式发展。

（二）有助于统筹推进数字中国建设，妥善应对全球复杂形势

数字乡村是伴随网络化、信息化和数字化在农业农村经济社会发展中的应用，以及农民现代信息技能的提高而内生的农业农村现代化发展和转型进程，既是乡村振兴的战略方向，也是建设数字中国的重要内容。建设数字乡村，可催生农业农村新业态、新模式，培育发展新动能，为实现农业农村现代化提供有力支撑。实施数字乡村战略，可强化农村基层基础工作，提升乡村治理体系和治理能力现代化水平，为数字中国奠定基础。当前全球经济形势仍然复杂严峻。为应对疫情防控、贸易摩擦、政治关系等各方面的挑战，中国必须加快形成以内循环为主体、国内国际双循环相互促进的新发展格局。数字乡村发展有助于城市与农村之间建立起良性互补的城乡经济内循环。数字乡村发展通过促进农村产业线上与线下融合发展，推动消费品下乡和农产品上行，加速城乡之间的要素流和商品流，实现城乡市场一体化，有助于促进农民增收，充分发掘农村消费潜力，推动农村消费升级。释放更加广阔的消费空间，激发乡村内生发展动力，进而促进城乡之间经济内循环的形成与可持续发展。

二、数字科技赋能乡村振兴的内涵特征

（一）以数字化基础设施为硬件基础

随着新一代数字技术在农村的广泛渗透，新一代高速光纤网络、高速无线宽带加快普及，物联网、云计算、大数据、人工智能等新一代数字技术的进步与渗透推动了数字经济在农业农村领域的发展。从单一技术提升到综合集成应用转变，数字技术改善了农村基础设施条件，为农业农村发展提供了新引擎。不仅提高了农民的信息接入和获取能力，破解了信息获取的"最后一公里"难题，而且极大地提升了农业农村生活和生产的网络化、数字化、智能化水平和运行效率，深刻改变了农业农村的发展动力、发展方式（叶

云、汪发元、裴潇，2018）。数字技术成为助推乡村振兴发展不可或缺的重要基础设施。

（二）以数据化知识和信息为关键生产要素

数据化知识和信息已成为新一代信息技术融合应用的焦点，将成为数字赋能乡村振兴发展的关键生产要素。随着数字技术的不断演进和持续应用，大数据逐渐成为提升全要素劳动生产率、提升产业附加值的核心力量。随着数字技术渗透到农业农村生产生活的各个角落，由网络所承载的数据、由数据所提取的信息、由信息所生化的知识，正在成为农业生产、经营、决策的新动力、农产品贸易的新内容、乡村有效治理的新手段，带来新的价值增长。更重要的是，与土地、劳动力、资本等相比，数据化信息的可复制、可共享、无限增长和供给的特点，突破了土地、劳动力、资本等传统要素有限供给的限制，为农村经济持续发展带来了可能。

（三）以数字技术创新为核心驱动力

新增长理论认为，推动经济增长的内生动力是技术进步，而现代农业技术的演化都离不开信息化的强力支撑，数字技术创新已经成为推动乡村振兴发展的核心驱动力。数字技术的创新进步和普及应用，正是当下数字经济时代变迁的决定性力量。区别于以往的通用技术，不断更新迭代的数字技术对经济社会发展的引领作用日益凸显，在整合生产要素、促进经济转型、催生发展新业态、支撑决策研究等方面的作用愈发明显。数字技术创新为乡村振兴注入强劲的持续动力。

（四）以现代互联网信息平台为重要载体

数字经济时代，互联网信息平台已经成为资源分配和价值汇聚的中心点。一方面，互联网平台新主体快速涌现。中国涌现出的一大批具有包容性创新特点的网络社交媒体和电子商务平台，为小农户对接广阔的外部市场提供了机会，为中国农业农村升级改造提供了便利（何宇鹏、武舜臣，2019）。另一方面，传统企业加快平台化转型。互联网平台可以发挥供需匹配的集散功能，且交易双方可以直接输送农产品，无须到批发市场进行中转。流通环节的减少也有助于减少产品损耗和流通时间，有利于提升产品利润率（王磊、但斌、王钊，2018；郭红东、曾亿武，2019）。在平台中，价值创造通过整合信息，减少恶性竞争，促成交易协作，以共同应对外部环境的变化。平台本质上是共建共赢的生态系统。市场参与的多元主体基于数字技术和互联网平台，打通生产、流通、服务等领域，有效促进乡村形成一个多元共生、协同共进、开发互动的经济社会生态系统，产生可持续发展效益。

三、数字科技赋能的表现形式

（一）产业数字化

产业发展是激发乡村生产力的基础，三产深度融合是乡村振兴的重要标志（赵霞、韩一军、姜楠，2017）。农村应借助数字技术，通过资源整合、信息共享和要素互联，健全一二三产业融合发展利益联结机制，推进农业产业全面升级，让农民更多分享产业增值收益。具体路径主要包括以下三个方面：第一，农业生产数字化。"互联网＋"在农业中的深层使用提高了农业生产中对信息的抓捕能力，获取了精确的农业生产数据，推动农业"精确化"生产，实现农业精准管控，合理调整农业生产布局，最大限度地减少农业能耗成本和降低农业经营中的不确定风险，保障农业生产高效。第二，农业经营数字化。数字技术为农业产前农资服务和产后销售提供了破解传统模式痛点的新思路。在数字技术的支持下，传统农资企业实施电商化转型，解决了传统农资市场中存在的信息阻塞、供需不均衡、中间渠道臃肿等问题；建立健全了农技推广体系，进一步完善了农机具的售后服务等问题；提升了农户在农业产业链中的话语权，增强了小农户在产业链中收益分配的能力，进一步激发了农民的生产积极性。第三，农业服务数字化。凭借互联网平台公开、共享的禀赋，打破了农业技术的应用和服务壁垒，快速传递农户的技术需求，实现农户"足不出户"便可提升农业技术应用技能和水平，促进农业技术成果的快速应用。以数字技术为依托的数字金融已经弥补了传统金融体系的缺陷。数字金融以较低的成本实现农村资金的供需配置，解决了农村的金融地域歧视和供给型金融抑制问题，扩大了农村金融的服务范围，提高了小农户获得金融服务的可能性，为乡村三产融合发展提供了有力支撑（张勋、万广华、张佳佳，2019；何宏庆，2020）。

（二）生态数字化

改善农村人居环境是"美丽乡村"建设的重要内容。实现提高"美丽乡村"建设水平的目标，具体路径主要包括以下两个方面：第一，农业生产方式绿色化。基于物联网的发展可以实现农业生产过程的透明化，协助农业生产过程中对肥料、化肥、农药等生产要素的精细化操作，用精准化生产代替传统的粗放式生产，保护农村生态环境。基于互联网的信息共享与"锁定效应"倒逼农户采纳绿色生产技术，为绿色农产品质量安全提供保障。第二，乡村环保智慧化。根据数字化监测平台对农村污染物的实施监测，有关部门应选择科学的农村生活垃圾、污水治理模式，借助新一代物联网和移动互联网基础，加强畜禽养殖资源化利用和污染防治，加强农业面源污染治理，提高乡村生态环境整治的信息化水平。

（三）文化数字化

乡村文化是乡村振兴的内在推动力。数字技术成为促进乡村文化发展的新动力，促使乡村传统文化业态升级（唐琳，2019）。具体路径主要包括以下三个方面：第一，乡村文化资源数字化。基于数字技术的可再生性、非竞争性、高渗透性以及大数据自身的可复制性、多样性等特点，以多媒体更经济高效的方式记录有明显地方文化特色、较高历史传承、人文价值的文化资源和非遗项目，如地方戏曲、传统技艺等非物质文化遗产以及庙宇、戏楼等物质遗存。共享数据资源创造的价值，破解文化遗产由于资金、技术、传承等原因面临消失困境的难题。第二，乡村文化网格化。基于数字技术具有外部经济性、非排他性、较强的传播性以及高速性等特点，将数字技术嵌入乡村公共空间、公共设施，形成乡村智慧旅游、田园综合体、特色小镇等新型产业，健全乡村传播生态。利用数字技术传播和展示乡村文化的特色，提升乡村文化的表现力和吸引力，实现乡村文化振兴。第三，乡村民众文化素养提升。"乡风文明"建设本质上属于人力资本建设，提高农民的文化素质也是乡村文化建设的重要组成部分（党国英，2017）。互联网的普及提高了农民信息获取能力，为农民培训提供了全新的模式和渠道，有助于培育一批新型职业农民。

（四）治理数字化

新一代数字技术驱动促进社会治理现代化和精细化的手段得到了广泛关注，为乡村治理有效实现提供了重要驱动力。乡村治理的数字化转型也将成为乡村治理现代化的基本趋势（谭九生、任蓉，2017；袁方成，

2018）。多元主体有效参与构建了治理数字化的核心要素。大数据与乡村治理、互联网与乡村治理网格化、"乡村＋政务服务"、数字乡村和公共服务、智慧乡村等已经成为乡村治理的主要形式，提升了政府的行政效能。具体路径主要包括以下两个方面：第一，基层政府管理数字化。传统的乡村管理受政府层级管理体制的影响，管理过程规范化、程序化、手续化，乡村政府服务流程繁杂难以满足村民的个性化需求（王惠琳、洪明，2018）。而数字技术具有处理快速的特点，对数据的实时收集、高效分析，简化了政府的服务流程，能够快速得到处理结果和价值信息，为村民提供便捷化服务。通过向乡村普及推广数字化工具，为村民提供畅通的需求表达渠道，有助于发挥村民主体作用，推动村民自治由被动向主动转变。政府结合舆情作出精准的决策响应，推动形成以村民需求诉求为导向的乡村治理体系，有效提高治理需求和供给之间的匹配度（沈费伟，2020）。第二，村民自治管理数字化。数字技术凭借其数据共享共用的优势，打破了信息壁垒和体制壁垒，缩小了基层政府和基层群众之间的信息差和能力差，唤醒了基层群众、社会组织的治理意识，拓宽了村民直接或者间接参与治理的渠道，实现乡村治理的主体模式由一元垂直管理模式向多元共治转型，提升了乡村治理绩效。

（五）服务数字化

乡村振兴归根结底是为了改善民生，这也是数字技术助力乡村振兴的根本目标。随着互联网的使用和数字技术的进步，数字技术为消除城乡公共服务鸿沟提供了手段。具体路径主要包括以下四个方面：第一，农村教育信息化。凭借数字技术的覆盖范围广、可复制共享、低成本等特点，超越地域空间限制，打破城乡教师、学生之间的物理距离。开设远程教育培训，支持教师、学生之间有效共享优质教育资源，实现优质资源与农村中小学对接，全面提升农村教师专业素养。拓宽了学生的知识获取渠道，促进城乡教育均衡与公平（Benstead et al.，2004）。第二，农村医疗信息化。基于大数据的共建共享、外部经济性的特征，实现农村医疗卫生机构与城市医院的互联互通和数据共享，实现医保异地联网结算。通过城市医院向农村医疗卫生机构供给远程医疗、在线教学、线上培训等服务，利用互联网平台实现优质医疗资源下沉共享，促进城乡医疗均衡（Owen et al.，2012）。第三，便民服务数字化。凭借数字技术的信息整合功能、数据共享的特征，在大数据、云计算等新一代数字技术的支持下，将"互联网＋便民服务"全面推向农业农村，有效打破组织壁垒和信息壁垒，破解农村公共服务不完善、分散化、信息不对称的难题。利用互联网平台提供便民服务、公益服务、咨询服务、电商服务等多种服务，通过转变服务形式、创新服务内容，实现让"数据多跑路，农民少跑路"，提高服务的及时性、匹配性、精准性和便捷性。第四，网络扶贫。反贫困是农村发展的核心问题，乡村振兴归根到底要落到促进农民增收、消除农村贫困上。伴随着互联网深入广泛渗透，信息化对经济社会的影响越来越大。信息化水平能够对低保瞄准产生显著的影响，提高农户的信息化水平，能够减轻乡村内部的信息不对称，改善低保瞄准效率（何欣、朱可涵，2019）。电子商务亦在电商扶贫的热潮中被视为贫困群体突破原有市场分割、更充分对接大市场从而实现脱贫的新型理想渠道（王瑜，2019）。所谓电商扶贫是以电商为手段，以内生性、普惠性为特征的一种扶贫模式，通过拉动网络消费、网络创业，推动贫困地区产业转型升级，对提高贫困户收入和改善生活水平具有重要的带动作用（林海英、侯淑霞、赵元凤，2020）。

案例9–1 数字科技赋能乡村振兴

"十四五"规划和2035年远景目标纲要提出"加快推进数字乡村建设"。2022年，《中共中央国务院关于做好2022年全面推进乡村振兴重点工作的意见》强调"大力推进数字乡村建设"。数字乡村建设是落实乡村振兴战略的具体行动，是推动农业农村现代化的有力抓手，也是释放数字红利、催生乡村发展内生动力的重要举措。它以数字化赋能开启了乡村振兴新模式。

乡村振兴"新设施"夯实数字底座

数字时代，由新型基础设施建成的信息化、数字化"高速公路"是数字乡村的基石，也是实现乡村振兴的"必修之路"。

近年来，我国乡村数字基础设施建设取得历史性成就，建成全球最大规模的光纤和移动宽带网络。如今，农村和城市实现"同网同速"，99%以上的行政村已实现4G、光纤双覆盖，平均下载速率超过100Mbps，农村网民规模已达2.84亿人。我国现有行政村、脱贫村通宽带率达到100%，偏远落后地区通信难的问题得到历史性解决。固定宽带单位带宽和移动网络单位流量平均资费较2014年降幅超过95%。广大农村接入数字经济时代的"信息大动脉"被打通，使农村居民真正享受到互联网时代的红利。

在高水平网络基础设施与服务的支持下，智慧教育、远程医疗、平安乡村等应用落地生根、开花结果。

在教育领域，城乡范围内中小学（含教学点）互联网接入率达 99.97%；出口带宽为 100M 的学校比例达到 99.82%；中小学多媒体教室普及率达 97.72%。教育卫星宽带传输网直接服务近 1 亿名农村中小学师生。

在医疗卫生领域，全国范围内 100% 的三甲医院开展了远程医疗服务，并覆盖所有脱贫县县医院。

在公共治理领域，31 个省级政府已构建覆盖省、市、县三级以上的数字化政务服务平台，其中 21 个地区已实现省、市、县、乡、村五级覆盖。

未来，随着高速、泛在、安全的基础信息网络在乡村普及，城市优质服务资源以数字技术为载体在乡村全面覆盖，农业农村发展将迎来更好的机遇，农村居民将获得更加精准化的服务和更为便捷化的生活体验。

乡村振兴"新业态"浇灌致富之花

我国乡村数字基础设施建设的加强，推动了农村电子商务和新型农业的发展，催生了乡村新业态。

2021 年全国农村网络零售额达 2.05 万亿元，比上年增长 11.3%，增速提高 2.4 个百分点。全国农产品网络零售额达 4 221 亿元，同比增长 2.8%。"数商兴农"深入推进，农村电商新基建不断完善。

与此同时，数据显示，2020 年全国返乡入乡创业人员首次突破 1 000 万人，达 1 010 万人左右，比 2019 年增加 160 万人。其中，30 岁及以下返乡创业人员创业项目涉及农村电商的达到 7.7%。休闲农业、乡村旅游、创意农业、认养农业、观光农业、都市农业等新业态，游憩休闲、健康养生、创意民宿、创业园等新产业蓬勃发展，农村一二三产业呈现融合发展新局面。

在完善农产品供应链、推动农产品上行等方面，各电商平台积极作为，发挥作用。据了解，自 2020 年 10 月以来，京东已在全国对接 1 000 多个农特产地及产业带，直连超过 500 个大型优质蔬菜基地，共建 70 多个现代化、标准化、智能化农场；开设助农馆和特产馆超过 700 个，帮助偏远地区和欠发达地区的农产品、手工业产品拓宽销路。

2019 年 7 月，菜鸟启动以"快递共配 + 农货上行"为主的乡村快递物流智慧共配项目。通过把县域多家快递企业整合起来，成立合资公司，共享人力资源，缩小快递员配送区域，提高配送密度。利用菜鸟研发的共同配送系统，实现菜鸟乡村县级共配中心和乡镇共配站点包裹统一处理，提高了包裹信息分流处理和系统实操效率，推动快递企业降本增效。此外，在农产品核心产区建立农产品上行物流中心，在产地构建"产运销一体化"的农产品供应链，推动农产品产地直销，将更多利益留在农村。

为提升各地农产品的上行效率，拼多多目前已在全国范围内持续重投入建设冷库、生鲜冷链物流体系等基础设施，建立适合生鲜农产品的供应链体系。基于新的物流平台，拼多多将通过 AI 路线规划、物联网设备、自动化仓储风险管控、实时定位等技术，进一步提升物流行业整体效率，解决现有分散、低效的农产品运输等物流与供应链问题。

从生产、仓储到物流，农村电商蓬勃发展。窥一斑而知全豹，新业态正在改变农村的生产生活方式，助力脱贫致富，也为全国乡村振兴提供新路径。

资料来源：中国乡村振兴在线，2022 - 09 - 27.

第二节　科技赋能在农业领域的应用

一、大数据在农业领域的应用

（一）建设农业大数据中心

农业想要实现高质量发展，信息管理非常关键，建设农业大数据中心也很有必要，这可以充分发挥农业大数据在农业方面的创新活力。例如，武汉禾大科技有限公司（以下简称"禾大科技"）与陕西红果果业农业发展公司达成合作。前者为后者搭建农业大数据中心，帮助后者实现对果园的实时监控，提升种植的科学性和种植决策的合理性，促进苹果产业进入大数据时代（唐寒彬，2022）。有了禾大科技的农业大数据中心，苹果的种植和管理变得非常便捷，农民只需要坐在电脑面前就可以进行浇水、施肥、病虫害预防等工作。农业大数据中心可以向农民展示土壤湿度、空气湿度、降雨量等实时数据，也可以帮助农民查询这方便的历史数据。借助农业大数据中心，农民不仅可以实现果园精准作业，也可以推动苹果产业的高产、高质、高效。未来，禾大科技还将以农业大数据促进苹果产业发展，为果园定制有利于苹果生长的悬浮肥产品。在国家政策的支持下，越来越多像禾大科技这样的企业为推动数字化生产竭尽所能，让农业尽快走向自动化与智能化时代（唐寒彬，2022）。

（二）建设智慧农业平台

传统农业生产存在诸多问题，例如，一些地区还在使用手工种植模式，最终收获的农产品质量不高且影响农民的经济效益。此外，农业生产要素的数据无法及时采集，农民对农业生产难以进行科学干预也是亟待解决的问题。智慧农业平台能够很好地解决这些问题。该平台以大数据、5G、云计算、物联网等技术为依托，集成农业资源与信息，通过智能化管理促进农业生产。智慧农业平台输出智慧农业解决方案，可以实现智能控制、智能决策，支撑精准种植，以及智能农机管理等，促进农业生产数字化转型，助力乡村振兴（唐寒彬，2022）。

（1）精准种植。智慧农业平台在精准种植方面的应用主要包括地块测量、智能水肥控制、作物体检、病虫害预防、农业气象等方面。

（2）畜牧养殖。智慧农业平台在水产养殖方面的应用主要包括健康监控、环境监控、饲料监控和繁育指导、喂养指导、防疫指导等方面。

（3）水产养殖。智慧农业平台在水产养殖方面的应用主要包括水质监制、增氧机控制、水泵控制、投饵机控制等方面。

（4）智能农机。智慧农业平台在智能农机方面的应用主要包括无人机植保、农机调度、作业监控、农机辅助驾驶等。通过智慧农业平台在这些场景的应用，利用大数据收集信息的科学性和全面性，以及人工智能在数据分析上的高效能，农民可以做出精准、科学的决策。同时，通过农业生产中的各种智能农业设备，农业生产的效率可以得到极大提高，农民也可以获得更丰厚的效益。

（三）智慧农业 App 的推广

随着技术的不断发展，很多线下产业都已经通过技术升级完成优化转型，农业当然也不例外。我国为了让农业更好地适应新时代，鼓励各类智慧农业 App 的开发与应用，农民可以在智慧农业 App 上获取农业资讯，实时监控农作物的生长情况。还有一些智慧农业 App 经过不断迭代已经具备了更多功能，包括种植管理、产品溯源、金融服务、农业保险等。现在很多农民都比较繁忙，可能无法亲力亲为地完成各项工作，而智慧农业 App 则可以解决这个问题。为了帮助农民节省时间，减轻农民的劳动压力，智慧农业 App 通常有远程操作功能，使农民可以在足不出户的情况下完成各项工作。智慧农业App 对于促进农业转型升级起着重要作用，深受资本市场青睐，获得了非常不错的发展。

二、物联网在农业领域的应用

如今，物联网正在为农业提供更高效的解决方案——农业物联网。自农业物联网出现以来，农民的"手工劳作"生活发生了巨大改变，一些联网设备也已经很好地应用于种植、有害生物监测等领域。此外，"南果北种"在农业物联网的助力下也成为现实（唐寒彬，2022）。

（一）大田种植

大田种植的特点是农作物生长环境可控、经济效益高，也是目前农业物联网应用比较多的领域。大田种植有特定的流程，如图 9-1 所示。

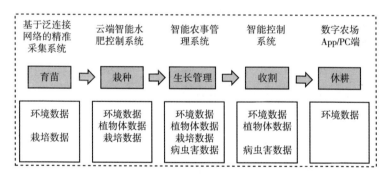

图 9-1　大田种植流程

资料来源：唐寒彬. 科技赋能乡村振兴——时代趋势与产业实践［M］. 北京：电子工业出版社，2022.

基于自身拥有的数据采集能力、视频图像识别能力、环境智能调控能力和水肥智能决策能力，农业物联网可以对田地里的农作物进行全维度监测，实现精准种植。同时也可以控制农作物的生长环境，增加农民的经济效益。农业物联网将作用于大田种植的育苗、栽种、生长管理、收割、休耕等多个环节。在大田种植过程中，农业物联网通过精准采集系统、水肥控制系统、智能终端，可以对大田种植各环节的相关数据进行采集，为农民进行科学化决策提供重要依据。

（二）农业农林病虫害监测

病虫害是主要的农业灾害之一，必须及时预防。否则一旦大面积流行，会对农业生产造成重大的损失。病虫害监测的主要内容包括评估病虫害是否流行、严重程度，以及是否需要防治、防治时机等。系统会针对上述评估结果及时发出预警，指导农民及早制定应对方案。病虫害种类非常多，传统的病虫害预防对农民的技能和经验有较强的依赖性，预防的效果参差不齐。因此，科学的预防手段必须摆脱对人的依赖，把众多专家的知识和经验转化为可快速复制、普遍应用的通用准则，让农民能第一时间享受专业服务，及时避免病虫害。智慧农业综合服务平台结合历史气象资料和病虫害资料，通过物联网、大数据、机器学习等技术建立病虫害知识图谱，整合病虫害识别、防治手段等相关技巧，构建病虫害防治体系。未来，典型的病虫害防治场景为：农民发现病虫害后，拍照上传至智慧农业综合服务平台；智能诊断系统通过照片识别病虫害病情并给出指导意见；对于享受"一对一问诊"服务的农民，智慧农业综合服务平台可以提供专家贴身服务；智慧农业综合服务平台根据具体的病虫害识别、防治方案以及农民定制的服务，安排优质的上门服务。

（三）物联网让"南果北种"成为现实

"淮橘为枳"是每个人从小就听过的故事，意思是南方的橘树不能栽种到北方，否则因为气候、土壤、水质等因素的不同只能结出枳，即味道酸苦的果子。环境对植物的生长有着关键性作用，无视它的影响在传统农业生产方式中是不可能的。而现今出现的"物联网+5G"技术，却可以做到让"南果北种"成为现实。山东省济南市莱芜区的智慧农业科技园（以下简称"科技园"）基于"物联网+5G"技术，运用大数据和云管理平台，让莲雾、柠檬、木瓜等热带水果在北方地区顺利生长。北方人民从此就可以实现在家门口看见、吃到热带水果的愿望。科技园主要由大数据中心和数字化种植园组成，利用"物联网+5G"技术，通过数据的力量替代人力，改变了传统的农业生产认知，将自身打造成全天候、全季节生产的高效农业产业基地，从而促进莱芜区的可持续发展。运用基于物联网的数据监测设备，农业生产现场的气候情况可以根据农作物生长状况进行调节，解决了农民之前"靠天吃饭"的问题。此外，为保证传感器能够及时采集与农作物生长状况相关的数据，并实时进行影像传输，科技园实行 5G 全覆盖，借助 5G 高速度、低时延、广连接的特性，保证数据上传的实时性。科技园内采用的相关技术可以实现对农业设备的远程精准控制，大幅减少了水、肥、药的使用量，比人工种植更科学、损耗更少。农民只需在家用手机查看回传的实时数据，再结合大数据中心的分析，遥控调节科技园内的灌溉、施肥、打药等工作即可。

"物联网＋5G"技术应用于农业，用数字化的生产和管理模式降低其运营成本，同时使农作物种植的生态价值浮出水面。由此，一二三产业融合发展，形成了具有可持续发展能力的农业，为农民面临的难题提供了以数字化为基础的解决方式。我国是农业大国，农业发展始终在各大产业发展中处于重要的位置。目前，传统农业生产方式的弊端逐渐显露出来，农业急需向科技化、产业化、规模化、智能化转型。物联网革新了农业，5G 升级了设备的控制能力。这些技术势必成为传统农业向智慧农业演进的强大动力。

三、人工智能在农业领域的应用

人工智能与农业融合可以释放强大能量，这些能量现在已经蔓延到了无人农场方面，而且出现了很多极具代表性的案例。例如，恒大（集团公司）打造智慧温室，实现全年高产；长沙市望城区借助人工智能实现水稻耕、种、管、收等生产环节的全自动管理。

（一）恒大：打造智慧温室，实现全年高产

利用高新技术发展智慧农业是当下一个热点话题。许多知名企业，如阿里、京东、恒大等纷纷加入了这个领域。其中，恒大更是从 2016 年开始便一直在尝试智慧农业项目。

1. 上海崇明的智慧温室。恒大在上海现代农业园建设高科技智慧温室，运用最顶实的农业技术、农业设备和管理经验，采用精准环境控制技术、物联网技术和机械自动化技术等，实现季节不间断生产。将整个生产过程标准化、智能化，全方位打造高产高效的新型农业。智慧温室是恒大在农业投资中的尖端项目，是现代设施农业的高级产品，由环境控制系统、信号采集系统、中心控制系统组成。该系统可以调节温室内光、水、肥等因素，让温室始终维持在适宜农作物生长的最佳状况，彻底摒弃气候、季节变化带来的干扰，实现全年高产。

2. 寿县高科技农业基地。安徽寿县与恒大合作，成立寿县高科技农业基地项目。该项目在寿县建立集智慧温室、农旅展示区、现代大农田以及高科技农产品加工区于一体的田园综合体。该项目用地超过 17 000 亩，投入资金近 20 亿元，覆盖烟店村、刘岗村、郑岗村、双枣村、大拐村 5 个村。

3. 汉南现代农业基地。恒大为湖北汉南投资 400 亿元，打造了集休闲、文化、旅游、农业于一体的现代农业基地。该项目首期选址在邓南街与东荆街地段，核心区共计 3 万亩，其中包括 30 万平方米的智慧温室和 27 万亩的农用地。不仅如此，恒大还计划建设现代大田农业、农业观光体验区、加工物流中心等，将汉南基地打造成具有现代化特点的多功能田园综合体。

以上这些项目都是恒大在智慧农业方面的成功尝试。恒大在几年前成立了"恒大高科农业集团"，并打算将其建设为技术优、实力强的一流高科技农业龙头企业。该企业一直积极投资智能农业项目，不断提高技术创新能力，发挥带头作用，进一步推动农业迈向新台阶，为国民经济发展做出更大贡献。

（二）望城项目：水稻耕、种、管、收生产环节全自动

2021 年 4 月，湖南省长沙市望城区无人农场项目正式启动，无人拖拉机、抛秧机在田地间工作，引来很多人围观。望城项目主要包括 4 大板块：高标准农田、智慧农机、智能灌溉、天空地一体化精准农情遥感监测系统。

1. 高标准农田。望城项目严格按照高标准农田建设要求进行平地、修渠、整地等工作。现在望城区已经投资了 8.2 亿元，累计建设了超过 60 个高标准农田。

2. 智慧农机。望城项目的智慧农机可以实现水稻耕、种、管、收等生产环节的自动化与智能化，全方位打造"全程机械化 + 无人农场"经典示范模式。

3. 智能灌溉。望城项目致力于优化水利设施，实行排灌分离，建立智能灌溉系统，以减少输水损失，提高水资源利用率。

4. 天空地一体化精准农情遥感监测系统。天空地一体化精准农情遥感监测系统是望城项目的智慧大脑，可以帮助农民采集关键信息。该系统现在已经与 5G、物联网、遥感监测等技术融合，建立了农业资源动态更新体系。

望城项目以"发展智慧农业、助推乡村振兴"为主线，积极应用机械化技术，进一步推动农业现代化。该项目所在地区获得了迅猛发展，已经成为智慧农业样板区，为我国其他地区转型升级提供了方向指引和方法论指导。

四、5G 在农业领域的应用

农业设备在农业生产中起着十分重要的作用，可以让农业生产更科学、高效。现在 5G 使农业设备比之前更灵敏、智能。例如，气象站可以很精准地调节气象参数；远程监控设备可以及时管理农作物的健康状况等。

（一）气象站：调节气象参数

自殷商时期，我国便有"壬申雪，止雨酉昼；己卯雹，乙酉大雨。"这样类似天气预报的记载。后来，人们发现自己可以根据周围环境的变化预测天气，如云的形状、动物的行为等。农业谚语中就有"鱼鳞天，不雨也疯癫"的说法，这是对于卷积云的预测。农业自古以来就是一个"靠天吃饭"的行业，农作物的收成与天气有着密不可分的关系。农业从事者为提高收成，对预测天气做过各种尝试。发展到如今，虽然预测准确率得到大幅度提升，但农业生产依旧会被不确定的天气因素影响。虽然现有的通信技术已经基本保障了数据传输的稳定性，但国家级气象站需要的是实体地面专线。而且，对于部分碍于客观条件无法建设地面网络的气象站来说，现有通信技术依然无法满足其气象工作的需要。

5G 的出现给上述难题带来了解决之法。5G 能够提升气象站的通信网络建设能力，使碍于客观条件无法建设地面网络的气象站也能具备无线网络连接能力，使数据收集更全面，从而更有利于气象业务的发展，充分满足预报天气的需求；5G 能够为整个气象行业带来巨大变革。例如，基层的气象服务人员在做现场服务时，能随时通过 5G 与当地的气象部门业务平台进行连接，从平台处调取实时数据和预报信息，令气象服务深入田间地头，为农业生产带去更准确、及时的帮助。5G 的普及会使更多设备参与到气象观测活动中。例如，气象传感器、可穿戴设备甚至生活中任何一款智能产品，都可以为天气预测提供数据，从而使天气信息的收集来源变得更多元化，提升天气预测的准确率。

（二）远程监控设备：管理农作物的健康状况

远程监控设备的工作原理是通过传感器监测室内环境，然后利用采集器对相关数据进行收集，最后把数据通过 5G 上传至后台。农民可以通过后台直接看到与农作物相关的数据。另外，此设备还配备了监控探头，让农民可以直接掌控大棚内农作物的生产过程。

现在远程监控设备主要有以下 3 类。

1. 监控设备。监控设备是指利用 5G 获取与农作物生长有关的环境数据，如空气温度、土壤水分、光照强度、植物养分等。该设备能自动地进行信息收集，也可以接收传感器发来的数据并将其进行存储和管理。此外，该设备还能够获取、管理、显示和分析基地内所有信息，再将其以直观的图表和曲线展示给农民。农民可以根据这些信息进行灌溉、降温、施肥等工作。

2. 监测设备。监测设备的主要作用是对园区内的信息进行自动监测与控制。每个节点都可以监测水分、温度、湿度、光照、养分含量等数据，并根据农作物生长情况进行声光报警或短信报警。

3. 实时图像与视频监控设备。在实际的农业生产中，仅数值化的物物相连并不能让农民做出最佳决策，实时图像与视频才是更直观的表达方式。例如，某一株农作物缺水了，在数据上仅能看到其水分数值偏低，但具体的灌溉水量还需要以其实际情况为准。农民不可以按照农作物的水分数值直接灌溉。因为每个地区的环境都不一样，这是技术难以改变的。实时图像与视频监控设备可以直观地反映出农作物的具体情况和生长态势，从而使农民根据数据进行科学决策。

（三）"5G 田"：5G 融入智慧农业的重大尝试

近年来智慧农业的概念逐渐进入人们的视野。而想要真正实现农业无人化、信息化、智能化，就需要"两条腿"：一个是人工智能；另一个是 5G。智能选种、天气预测、农作物识别等都是人工智能在农业领域的应用。而随着 5G 的进一步普及，智慧农业将进一步发展。

关于 5G 商业化的讨论开启以来，农业领域便一直在寻求与 5G 的合作。广州、浙江等省份更是始终在尝试将 5G 融入农业生产。随着 5G 技术的逐渐普及，这些尝试也终于"开花结果"。例如，广东省已经建设了多个 5G 农业试验区，几乎覆盖了全产业链。与此同时，2019 年，浙江瑞安市也建设出了省内首个"5G 田"。120 亩的田地连接 5G 后，实现了统一、集约化管理，生产效率相较于传统生产方式提高了 1 倍。从设备角度看，"5G 田"与现阶段的"智慧农业"相差无几，都是利用机器人巡田、无人机植保、数字化信息

管理等方式，最大限度地利用机械代替人工进行农业生产。但在运行上，5G
能让智能设备的运行更高速。对于智慧农业中的智能设备来说，5G 的作用显
然是不可替代的。4G 虽然能保证智能设备的正常运行与数据的有效传输，以
及维持基础的网络建设，但要想达到生产管理实时化、精准化，其承载力还
是远远不够的。5G 的出现刚好填补了这方面的空白。5G 的传输速度是 4G 的
上百倍。这样快的速度可以使机器人、无人机的精度和稳定度进一步提升，
同时也可以提高数据传输和分析的效率。从而对农业生产进行实时、精确控
制，让现阶段的智慧农业得到飞跃式升级。数据反馈只要实时同步，就能让
生产、管理与销售等环节串联起来。这可以使农业信息传递得更及时、精准
与畅通，同时也将推动市场进一步扩大。另外，5G 的广泛应用让智能设备更
新换代加快，其价格也会逐渐降低，让越来越多的农民能够引进智能设备进
行生产。

　　传统的农业技术人员就可以转型到更有价值的岗位上，极大节省了人力
成本。而且，5G 让智能设备不再只有一种功能，许多智能设备将实现一机多
用，极大提高了其应用度。农民付出与现在同样的钱却能收获到双倍甚至更
多收益，这实际上也是一种节约成本的体现。5G 的应用不仅改变了种植技术
和农业管理模式，还更新了农产品销售模式。传统农产品销售模式是从种植、
分销再到零售，经常出现消费者觉得菜价贵，而农民不赚钱的情况。5G 可以
让农产品直接在农民和消费者之间流通，省去了中间环节，让二者成为主要
受益人。

案例 9-2　农户手机变"银行网点"，为乡村振兴蓄积力量

　　在福建福安市赛岐镇象环村，扫描一张包装箱上专属二维码，便能实时
了解葡萄的产地、采摘时间等相关信息，保障产品安全。在安徽砀山，当地
政府与蚂蚁集团合作，搭建起区块链平台。农户将农产品上链后，卖出去的
每一箱酥梨和梨膏，都贴着溯源二维码，扫一扫就能看到生产工艺和包装、
发货信息……

　　随着农业数字化的程度逐步加深，依靠互联网、区块链等科技力量，一
部手机正成为越来越多农户致富的"新农具"，不断给广大农户带来生产生
活的新变化。

　　科技是经济发展的重要动能，金融则是产业发展的"活水"，缺一不可。
今年是"十四五"开局之年，也是全面推进乡村振兴的关键之年。但是，目

前我国农业科技应用特别是现代设施装备应用相对不足，同时农村金融服务供给不足。各地亟须紧紧抓住科技与金融"双引擎"，为乡村振兴注入新动力。

近日，中国人民银行、中国银保监会、农业农村部等6部门发布《关于金融支持巩固拓展脱贫攻坚成果全面推进乡村振兴的意见》（以下简称《意见》），其中提出，鼓励银行业金融机构运用大数据、云计算等技术，有效整合涉农主体的信用信息，提高客户识别和信贷投放能力，逐步提高发放信用贷款的比重；依托5G、智能终端等技术，推进全流程数字化的移动展业，支持涉农主体通过线上渠道自主获取金融服务。《意见》明确，强化金融科技赋能，对全面推进乡村振兴具有积极现实意义。

农村产业包括产供销多个环节，从田间地头的种植养殖到终端销售间的链条非常长，如果没有数字化的工具，没有有效的科技手段赋能，农业领域的许多问题都无法得到很好的解决。而通过大数据、区块链等技术的广泛运用，农产品生产、销售的每个环节都可以在链上留存记录，成为不可更改的信用凭证和颇具挖掘潜力的数据资产。

以砀山县为例，当地与阿里云合作建立物联网系统，适时监控和分析天气、湿度、土壤等农作物生长环境指标；与蚂蚁集团合作搭建区块链平台，通过一张二维码，农户卖出去的每一箱酥梨都可以进行溯源……可以说，农产品产销环节形成的信用凭证和数据资产，提升了农户的信用水平和数据资产价值，为强化金融科技赋能打下了基础。而通过整合涉农主体的信用信息，金融部门也提高了客户识别和信贷投放能力，有利于农户更容易、更便捷地通过线上渠道自主获取金融服务，并进一步提升农户的信用水平。

从长远看，不断提高农户信用水平和农村信用体系建设水平，让农户的每部手机都成为一个"银行网点"，是全面提升乡村治理水平的题中应有之义。

资料来源：中国乡村振兴在线，2021-08-12.

案例9-3 数字赋能，临安山核桃产业大脑巩固村民致富成果

杭州市临安区是浙江省最大干果产业集聚地，拥有250多家坚果类主导产业加工企业，干果加工量占全国60%。其中，山核桃主导全产业链产值约50亿元，是临安山区林农的主要收入来源。通过山核桃产业大脑数字赋能，助力实现产业增效、农民增收。

为提高产业竞争力、实现山区林农共同富裕，临安区农业农村局围绕数字化改革，以山核桃产业为切入口整体启动"浙优干果"产业大脑的建设。"临安山核桃产业大脑"重点解决经营主体数字化程度低；生产、加工、销售产业链上下游协同能力不强；产业数据在各部门共享程度低，数量少；产销衔接不畅；产业监管及生态治理能力不足；林农一件事服务碎片化等需求与问题。通过推进云计算、物联网、大数据、人工智能在山核桃生产、经营和管理中的运用，为山核桃产业发展提供全面的科技支撑。以构建产业高质量发展机制为核心，深化"生产管理、流通营销、产业监管、公共服务"等方面数字应用。打造浙江省农业高质高效金名片，引领全省干果类主导产业数字化转型。

三产融合，数字赋能

"一产＋数字"。"一产＋数字"重点实施山核桃生产标准化与智能化、管理数字化，建设山核桃产业标准模型。建设一批产业数字化生产示范基地，推广一批节本增效山地特色数字农业应用模式。

"二产＋数字"。"二产＋数字"重点提升山核桃产品原料管理、生产加工工艺数字化管理水平，强化产品质量安全全程追溯和投入品监管，推动产品生产、流通过程数据自动化、智能化采集。应用区块链技术使追溯数据上链，增强平台可信性，提升临安山核桃产业全链条、全流程、全领域质量安全监管能力。

"三产＋数字"。"三产＋数字"重点围绕"品牌＋科技＋电商＋公共服务"，实现产业融合发展，促进产业提质增效。利用电商大数据分析临安山核桃产业销售情况，提供生产销售、新品研发和品牌推广的数字决策依据，倒逼生产标准化、规模化、品牌化。

平台利用电商大数据和消费者画像数据，分析出哪些产品好卖，在哪些地区好卖，消费者喜欢哪些口味、什么规格的山核桃。这些数据分析成果一方面为品牌宣传推广提供决策依据；另一方面指导加工企业开展生产经营，建立品牌标准和加工标准。指导林农、合作社开展日常种植管理，提升山核桃原料品质和产量，增加收入。种植、加工的质量及效率的提升又能促进流通效益的提升，形成产业健康发展的闭环。从而提高临安山核桃产业竞争力，实现高质量、可持续发展。

"数字＋生态治理"。利用卫星遥感技术测绘山核桃林地总面积及种植分布。基于土壤、气候、地形 3 个指标建立林地生态适宜性评价模型，划分很适宜、适宜和不适宜种植山核桃的林地分布区域，为山核桃退果还林提供科学依据。通过致灾因子危险性、孕灾环境敏感性和承灾体易损性3个指标，建立灾害评价模型。分析山核桃主产区自然灾害综合风险，绘制自然灾害风险分布图，预报气象致灾因子的强度等级及分布范围。根据山核桃林地的生态脆弱性，得出林地的风险指数。最终进行网格化的量化评价，为政府开展山核桃生态化治理提供科学数据支撑。

"数字＋资产贷款"。研发规模基地数字证书。对山核桃林地基础属性、地形地貌、土壤数据、气象数据、地表覆盖、山核桃植株、工程条件等全要素进行数字化处理，对各要素进行量化评价，并形成完整的评价体系，确定山核桃林地的要素属性和经济价值。动态的山核桃数字证书将作为山核桃林地的金融凭证，为种植户在经营山核桃林地过程中的抵押或贷款行为提供基础性数据支持。基于地理时空大数据和遥感算法模型优势，联合临安农商银行推出农证贷，将农业资产数字化，使授信有据可依，一键直达申请贷款。

"数字＋预警防治"。对山核桃病虫害研究素材做数字化整理，包括病虫害图谱、当前防控重点、每一种病虫害的基本信息、危害情况、发生规律及防治方法。通过这些数据，绘制病虫害发生率趋势图。平台应用病虫害图片AI智能识别技术。林农只需拍照即可识别病虫害，找到防治方法，也可以通过智能问答系统或线上与专家实时交流，实现双向良好互动，增强林农对云服务平台的获得感。

建立病虫害智能预警与防治分析模型。当数字示范基地的虫情监测物联网设备、基地技术员、监测站网格员上报病虫害信息，或者根据气象站数据预测病虫害发生概率较高时，系统会自动触发预警机制，第一时间短信通知植检站工作人员，并在大屏上实时显示。这些信息帮助植检站人员分析病虫害发生情况，通过数字服务系统及时发布病虫害简报，通知林农防治。从而形成一个"及早发现、数字预警、联动处理"的病虫害防治闭环，提高防治效率，减低防治成本。

平台以电商平台大数据为基础，绘制临安山核桃电商产业数据大屏，分析临安山核桃产业的电商发展情况。通过数据分析，可直观看到山核桃热销区域、热销商品和潜力商品排行榜；通过消费者画像，可以为企业提供新产品开发和销售依据，用数据指导加工、营销和品牌宣传。

资料来源：中国乡村振兴在线，2022 - 05 - 11.

第三节　科技赋能乡村振兴效应

一、大数据赋能农业发展的效应

（一）加速农作物育种

从某种意义上说，农作物育种是不同优良等位基因的重新排列组合。以前，这项工作往往依靠的是专家的肉眼观察和主观判断，专家需要筛选出可以高产、抗性强的育种材料；后来，这项工作逐渐趋于职业化，专家可以提前设计杂交育种试验，并从后代中挑选出比较好的品种进行栽培；现在，大数据打破了"经验为王"的模式，将这项工作变得更加精准、高效（唐寒彬，2022）。自大数据出现并应用于农业以来，有关育种的海量基因信息都可以被提取出来。专家可以根据这些信息对育种进行假设验证和试验规划，有效减少育种过程中消耗的经济成本，避免可能发生的基因风险，从而更高效地培育出对人类健康更有好处的农作物。现在是各项技术突飞猛进的时代，同时育种领域也步入崭新的阶段。之前，我国在育种和农作物品种研发方面的能力确实有待提高，但大数据的出现无疑改善了这种情况。如今，借助大数据、人工智能、物联网等技术快速发展，我国的技术竞争力有了很大提高，科研创新成果的转化也得到了进一步加强。未来，技术将为农业带来更多可喜变化。

（二）精准预测市场需求

大数据应用于农业可以直接将生产者（农民）和消费者连接起来，有效解决农民盲目生产的问题。目前对于农民来说，买贵、卖难、滞销的现象十分常见。在这种情况下，消费者不仅要为价格比较高的农产品买单，农民还要面临农产品丰产却滞销的风险。例如，之前海南荔枝大丰收，即使价格低至 2 元/斤，也还是很少有人收购；还有，三潭枇杷虽然大丰收但没有销路，导致不少枇杷瓜熟蒂落，最终只能归于泥土。这样的案例还有很多，其主要原因就是产销信息不对称，农民无法精准预测市场需求。而大数据所具备的强大的数据分析能力将从源头上解决买贵、卖难、滞销等问题。农民可以采集农业生产过程中的所有数据，实现农业生产的供需平衡。此外，农民也可以通过大数据系统进行市场需求分析，形成市场需求报告，对农业生产进行提前规划，降低滞销风险。

（三）农产品可追溯

2017 年，在美国，Maradol 牌木瓜引发了非常严重的沙门氏菌疫情，不到一个月的时间就有 170 多个人受到感染。虽然美国疾病预防控制中心已经知道有安全问题的木瓜来自哪里，但其中的一大部分无法被追踪和召回，从而导致受到感染的人越来越多。如果当时与 Maradol 牌木瓜相关的所有数据都可以记录和存储下来，那美国的沙门氏菌疫情可能早就已经被阻断。至少，这些数据可以让美国疾病预防中心找到哪些木瓜有安全问题，以及哪些已经被运送或销售出去。相关部门和生产商可以通过大数据加强农产品供应链管理，实现对相关数据的采集、挖掘、分析，这可以带来很多好处。例如，为农产品供应提供更优质的数据服务；提高农产品的流通效率；从源头上保证农产品安全，防止食源性疾病发生（唐寒彬，2022）。

目前，绝大多数生产商都会在农产品的外包装上贴一个二维码，这个二维码记录了一些非常重要的数据，如原材料产地、农产品加工地、处理方法、储存温度等。农产品供应链上每个环节的工作人员可以通过这个二维码对数据进行查询。有了这个二维码，当农产品出现问题时，消费者就可以直接找到问题源头，从而更好地保护自己的利益。盒马鲜生是阿里巴巴旗下的一个新零售代表，其"日日鲜"系列的土豆、西红柿、苹果、橘子等农产品已经实现了全程动态化追踪。通过扫描农产品上的二维码，消费者可以获得生产基地照片、农产品生产流程、生产商资质、农产品检验报告等信息。这既方便消费者对信息进行查询，也提升了消费者对盒马鲜生的信任度和喜爱度。盒马鲜生深入农产品供应链源头，对生产商资质、农产品安全生产等环节进行全方位管理。盒马鲜生采用二维码追溯、无线采集、大数据、物联网等技术保障农产品安全，实现了农产品供应的全过程数字化监控，让消费者能够买到更安全、更放心的农产品。

（四）加强环境监控

值得注意的是，随着农业不断发展、规模不断扩大，农民需要面临环境数据增多、监控范围进一步扩大的挑战。大数据则是应对这些挑战的关键技术。我国必须完善环境监控网络建设，加强环境监控，提升环境监控质量。

落实政府、企业、社会的责任与权利，为环境保护提供强大保障。通过引入远程视频监控系统，农民可以采集农作物生产过程中的各项数据，再将其上传至云端数据库，对农作物所处的环境进行实时监控和分析，提高对农作物种植面积、生长进度、产量的关联管理能力。有了远程视频监控系统，农民可以降低气候灾害带来的损失，当环境出现异常情况时采取科学的应对措施，不断提高农业生产效率和农作物产量。

（五）串联农业产业链

如今，在消费升级、农业转型升级的影响下，产业链的地位得到提升。对于经营主体来说，通过大数据打造垂直一体化的产业链成为当务之急。产业链是从农产品生产到消费反馈的完美闭环，需要对农产品流通过程中的每个环节进行标准化控制。产业链要做到垂直一体化，最关键的是打通上、中、下游之间的关系。上游要控制农产品质量，中游要提高针对农产品的精加工能力，下游要进行品牌建设。当农业形成垂直一体化的全产业链后，各环节的运作将十分流畅，经营主体所耗费的成本也将大大降低。现在产业链走向垂直一体化已经是不可逆转的趋势，这得益于以大数据为代表的一系列技术的支持。

二、物联网赋能农业发展的效应

农业是一个基础性行业，在过去一直处于缓慢的发展状态，但随着技术的进步和经济的发展，这样的情况显然已经不复存在。现在农业物联网已经开始发挥作用，正在改变以个人经验为中心的传统农业模式。那么，农业物联网如何赋能农业发展呢？（唐寒彬，2022）

（一）感知层：传感器监测环境数据

农业物联网工作流程的第一层是感知层。感知层主要依靠传感器来收集信息。以农业气象监测系统为例，它是由传感器、采集器、支架、气象后台四部分组成的，是现代农业用来收集天气信息、掌握环境变化的工具。传感器是农业气象监测系统最核心的部分。它能够监测所有环境数据，包括风速、雨量、温度、湿度等，这也是其最重要的作用。不同的功能需要配备不同传感器，彼此独立，互不影响。下面以水产养殖为例来看一下，水产养殖场传感器及环境参数见表9-1。

表 9 - 1　　　　　　　　　水产养殖场传感器及环境参数

传感器	环境参数
水温传感器	养殖场水温
pH 传感器	pH 值
溶氧含量传感器	溶氧含量
浊度传感器	水质浑浊度
电导率传感器	电导率
亚硝酸盐含量传感器	亚硝酸盐含量

资料来源：科技赋能乡村振兴（唐寒彬著，2022）。

　　水产养殖控制系统通过各种传感器来实时获取各种数据。例如，通过水温传感器获得养殖场水温；通过 pH（酸碱度）传感器获取 pH 值；通过溶氧含量传感器获取溶氧含量等。气候是影响农作物生长的关键因素。而传感器能够实时报告天气信息，帮助农民掌握第一手的天气状况。农民可以根据这些实时天气信息对农作物进行及时保护，避免农作物受到不良气候的影响。

　　因此，在现代农业生产中，传感器越来越受到农民的青睐。但若厂家生产的农业传感器质量良莠不齐且性能不稳定，寿命极短，反而会影响农业的生产效率。故而选择合适的传感器对农业生产非常重要，选择传感器主要从材料、稳定性两个方面进行考虑。

　　1. 材料。因农业大棚里的温度和湿度都非常高，所以农业传感器的材质要做到防水、抗腐蚀、耐高温、防真菌。例如，目前被广泛应用在农业生产领域的陶瓷电路板和陶瓷基板就是比较稳定的材料，不仅抗腐蚀而且热膨胀系统高。

　　2. 稳定性。传感器的稳定性决定其能否及时传输数据。农民在选择农业传感器时，要尽量选择校正周期长的。因为传感器大多放置在田间，人工校正操作时非常不方便，而且校正成本也非常高。如果需要经常校正传感器，就会耗费大量的人力成本，传感器的便捷性会受到影响。

（二）传输层：实现硬件与软件的通信

　　农业物联网工作流程的第二层是传输层。传输层主要依靠采集器。采集器能收集传感器监测到的数据，然后将数据传输至后台。通过硬件与软件的实时通信，农民能从后台直接看到传感器监测的数据。采集器和传感器不一样，它需要被放在密封性好的地方，避免外界环境的干扰。实时掌握农业生产的各方面数据是许多农民的愿景。传统农业无法建立这种信息传输机制，主要原因在于网络资源有限，响应机制延迟频率高、时间久。而在现代农业中，发展迅速的 5G 技术依靠其大带宽、低时延、高传输率的特性，为建立万物互联的平台提供了强大的技术支持。它是实现万物互联的关键所在。5G 所具有的低时延特性满足了农业领域对于新技术的使用需求，使农民得到良好的使用体验，不需要长时间等待。仅 2020 年一年，便有数以万计的农业机器搭载 5G 网络进行物联网的落地应用。5G 的低时延特性促进了农业物联网模式的发展，改善了采集系统响应延迟性高的弊端，更好地发挥了物联网在农业生产方面的作用。

（三）应用层：分析数据，实施调控

农业物联网工作流程的第三层是应用层。传感器监测信息，采集器收集信息。这些信息经无线传输汇总至后台，再由后台电脑进行数据分析。以水产养殖为例，物联网应用到水产养殖方面，可为其建立完善的控制系统，有效地解决传统水产养殖过程的弊端。水产养殖控制系统可实时采集养殖水环境信息，生成异常报警信息和水质预警信息；可根据分析结果，实时自动控制养殖控制设备，如供暖、抽水、排污等，在科学养殖与管理的基础上做到节能、环保。

水产养殖控制系统具有以下几个方面的功能。

1. 环境监测：对水环境（温度、pH 值、溶氧量等）实时监测。
2. 自动控制：调控水环境及自动与控制设备联动。
3. 指挥调度：调度、派遣水质场景内的装备。
4. 统计决策：对物联网信息进行统计分析，根据分析结果提供科学决策及统计报表。应用层可以帮助农民对农作物进行 24 小时监控。一旦有风吹草动，农民可以根据相关信息进行科学决策。将物联网应用到农业生产中，不仅降低了农作物的生长风险，也提高了农民的生产效率和管理水平。

三、人工智能赋能农业发展的效应

（一）AI 识别病虫害

粮食产量本就有限，病虫害更会导致其大幅下降。人类历史上有多次因

为病虫害而造成粮食大幅减产的事件。所以，及时发现和处理农作物的病虫害相当重要。生物学家戴维·休斯（David Hughes）和农作物流行病测病虫害学家马嘉尔·萨拉斯（Marcel Salathé）曾运用人工智能的深度学习算法检测病虫害（唐寒彬，2022）。他们用计算机测试了5万多张图片，计算机从中识别出多种农作物的病虫害情况，最终的正确率高达99.35%。研究表明，利用视觉技术，计算机可以通过分析图片的方式，及早发现人类肉眼难以发现的病虫害。

在识别病虫害方面。以色列特拉维夫的农业科技企业（Prospera）就是典型的案例。该公司利用视觉技术，对自己收集的图片进行分析，深度学习病虫害特征，进而了解和报告农作物的实际生长情况。通过人工智能的预警，农民可以尽早发现和预防病虫害，有助于减少农作物的损失，提高粮食产量，增加收益。

（二）科学的农事安排：适时除草、灌溉

利用设置在田地里的摄像头和传感器等设备，人工智能可以帮助农民收集田间粮食作物的生长状况以及微气象数据，如温度、湿度等。从而对粮食进行实时分析。当发现杂草过多而影响粮食作物正常生长时，系统就会自动提醒农民进行除草安排；当土壤的湿度低于粮食作物所需要的湿度时，系统就会自动开启灌溉设施来进行浇水。还可以根据网站信息智能查询未来几天的天气状况从而调节灌溉的水量。Arable 是一家为农民打造智能农业系统的企业。该企业利用多种智能传感器将农田里的各种信息，如粮食作物的蓄水量、果实的数量等收集起来。这些信息都是实际的测量值，有极高的可信度。根据这些信息总结出的智能化建议有合理依据，由此产生的自动化措施在实施时也就有科学支撑，农民可以更精准地安排种植等方面的工作。

（三）AI 牛脸识别，准确获得牛群信息

对于畜牧业（如养牛业）人工智能也有大用途。动物学家研究发现，当农场上出现人类时，牛会误以为人类是捕食者，从而产生紧张情绪。这会对牛肉、牛奶等一系列农产品造成负面影响。利用人工智能管理牛群，就能很好地解决这个问题。通过智能识别，人工智能可以根据农场中的摄像装置准确锁定牛脸及其身体。经过深度学习后，人工智能还能分辨牛的情绪状态、进食状态和健康情况等一系列数据，然后告诉养殖者牛群的信息，为养殖者提出建议。养殖者可以做到即使不出现在农场，也依然能够准确获得与牛群相关的信息。例如，荷兰人工智能创业企业 Connecterra 在这方面做得非常不错。该企业的研究者开发了"智能奶牛监测系统"，利用摄像头跟踪每头奶牛的行踪，经过智能分析后将系统得出的结论和现场的实时录像回传给养殖者作为参考。该企业凭借这个系统获得了 180 万美元的种子轮投资。这个系统以谷歌的开源人工智能平台 TensorFlow 为基础，利用智能运动感应器"Fit Bits"获取奶牛的运动数据，以此作为奶牛的健康情况参考。通过对奶牛的日常行为，如行走、站立、躺下和咀嚼等进行深度学习，这个系统能够及时发现奶牛的不正常行为。例如，某头牛平常吃三份干草，今天只吃了一份，而且活动量也比以前少，这就会引起系统的预警。

上述案例让使用人工智能养牛的优势显而易见。一方面，养殖者无须浪费太多时间在农场巡视，就可以获知每头牛的位置和健康情况；另一方面，牛群不用担心有人类出现，可以轻松地在农场生活。可以说，人工智能既减轻了养殖者的工作，又提高了养殖产品的质量。人工智能在畜牧业中的应用减轻了人类的工作负担，也为打造智能农场提供了极大帮助，并为之后各项技术的大规模应用和推广带来了无限可能（唐寒彬，2022）。

（四）AI 改良农作物，培育新品种

很多专家认为，现代农业的核心目标是研发和培育出更多新品种。在这个方面，深度学习可以带来不少好处，最具代表性的一个优点就是让农作物育种过程得到更精准、有效的改进。在农作物育种领域，深度学习正在帮助农作物育种专家研发和培育更高产的种子，以更好地满足我国人民对粮食的巨大需求。从很早之前，一大批农作物育种专家就开始寻找特定性状，一旦真的找到，这些特定性状不仅可以帮助农作物更高效地利用水和养分，还可以帮助农作物更好地适应气候变化、抵御病虫害。不过，要想让一株农作物遗传一项特定性状，农作物育种专家必须找到正确的基因序列。这件事情做起来不容易，因为他们很难知道哪一段基因序列才是正确的。

在研发和培育新品种时，农作物育种专家面临着数以百万计的选择。然而，自从深度学习这一技术出现后，10 年以内的相关信息，如农作物对某种特定性状的遗传性、农作物在不同气候条件下的具体表现等就可以被提取出来。拥有了这些远远超出某一个农作物育种专家所能掌握的信息，深度学习就可以对哪些基因最有可能参与农作物的某种特定性状进行精准预测。面对

数以百万计的基因序列，前沿的深度学习的确极大地缩小了农作物育种专家的搜索范围。

实际上，深度学习是机器学习的一个重要分支，其作用是从原始数据的不同集合中推导出最终结论。有了深度学习的帮助，农作物育种已经变得比之前更精准，也更高效。另外，值得注意的是，深度学习还可以对更大范围内的种子变量进行评估。为了判断一个新的农作物品种在不同条件下究竟会如何表现，农作物育种专家已经可以通过电脑模拟来完成早期测试。短期内，这样的数字测试虽然不会取代实地研究，但确实可以提升农作物育种专家预测农作物表现的准确性。也就是说，在一个新的农作物品种被种植之前，深度学习已经帮助农作物育种专家完成了一次非常全面的测试，而这样的测试也会使农作物实现更好的生长。

四、5G 赋能农业发展的效应

（一）农业保险进一步普及

5G 在农业保险领域的应用已经比较广泛，这得益于国家发展、技术进步与企业不懈努力。华为发布的《5G 时代十大应用场景白皮书》显示，与 2G 萌生数据、3G 催生数据、4G 发展数据不同，5G 是一项跨时代的技术，可以渗透至各个领域。这里所说的"各个领域"就包括农业保险。例如，中国太平洋财产保险股份有限公司联合中国农业科学院发布的数字化农险经营管理体系"e 农险 5.0"版本的主旨就是"拥抱 5G"，引领农险步入新生态，大幅提高保险公司的工作效率。

在 5G 时代，从事农险业务的保险公司在进行查勘或定损时可以使用无人机，快速识别农业现场的受灾情况，及时为农民理赔。此外，在承保方面，5G 也可以进一步提高农险的真实性、便捷性，避免出现农险诈骗等不良事件。例如，借助 5G，保险公司可以在承保前对生物特征信息进行识别和检测，防止投保人虚增保险数量，降低理赔过程中的道德风险。5G 给农业保险领域带来了更多可能。保险公司可以将 5G 与物联网、大数据、人工智能等技术融合，以便进一步提高自己的服务效率和服务质量。保险公司也可以在市场运行规则的基础上对农险业务进行整合与创新，最终还会形成"技术＋农险＋一揽子综合服务"的新型模式，尽快推动农业保险领域真正进入网络化、智能化时代。

（二）以数据驱动农业精准种植

5G能够把生产、管理、经营等各类农业数据快速串联到一起，然后借助传输通道将其有效地传输给农民。农民可以利用智能调控终端高效地进行农业生产工作。精准种植就是依托5G而产生的功能。下面以地块测量和农作物体检为例，对此进行详细说明（唐寒彬，2022）。

1. 地块测量。传统的地块测量需要投入大量的人力、物力和财力，准确度和效率都存在较大的提升空间。而精准种植功能可以借助卫星遥感及无人机航拍，结合地理信息系统和全球定位系统等技术，快速、准确地识别农作物种类并统计种植面积，以协助农业生产管理人员对地块进行合理规划，将种植收益最大化。目前常用的遥感影像查询平台有遥感集市云服务平台，在此平台上可以查询到高分一号、高分二号、资源三号等国产高分辨率遥感影像。无人机搭载遥感设备低空作业，可以作为卫星遥感的有力补充，在有更高精度要求的应用场景中发挥作用。

2. 农作物体检。搭载了5G的智能系统可以通过对农作物生长环境的监测及对其生长过程的追踪，对其全生命周期进行体检，让其生长过程可视化、生长结果透明化。5G在农作物体检上的作用主要体现在土壤肥力分析、农作物长势监测、收割期预测及产量估计等方面。（1）土壤肥力分析。土壤肥力是土壤提供农作物生长所需的空气、养分的能力，通常通过传感器进行采集和分析，但是这种方式存在一定的设备成本。业界也有公司根据卫星影像、气象数据以及地块纬度和高程等数据，结合农作物生长模型模拟出地块的养分信息。这种方式可以大大降低信息采集环节的投入。（2）农作物长势监测。卫星遥感影像波段的反射率与农作物的叶面积指数、太阳光合辐射等具有相关性。通过对遥感影像的分析，农民可以提取农作物生长状况参数，从而掌握农作物长势。（3）收割期预测。结合专业人员的技术经验以及农业数据分析，我们可以分门别类地建立农作物生长规律数字模型。通过对农作物生长状况的连续监测，结合农作物生长规律数字模型，我们就可以实现对农作物成熟期的精准预测，农民可以据此制订合理的收割计划。（4）产量估计。传统的产量估计包含3个阶段的活动：一是抽选调查网点，从上至下逐层抽样；二是调查地块实割实测，对样本农作物进行称量；三是推算产量，先推算调查地块单产，然后逐层往上推算产量。这种方式需要投入较大的人力、物力，而且效率和精度有限。

如今，农作物生长规律数字模型可以模拟农作物各阶段的生长参数及单产规模，再结合卫星遥感影像分析得到的地块面积等数据，使农民很快速地估算出农作物的产量，极大地提高了这项工作的效率和准确度。基于5G的精准种植户可以实时采集农作物及农作物生长信息，实现地块管理、农作物生长规律数字模型建立、农作物产量预测、农作物面积勘测以及病虫害预防等。农民可以科学、合理地利用农业资源，实现节水、节肥、提高农作物品质、降低生产成本、减少环境污染、增加经济效益的目的。同时，农业生态环境及土地资源也得到了很好的保护，推动传统农业向自动化、智能化农业发展，极大地提高了我国在农业领域的竞争力。

（三）农产品可追溯

农产品的安全问题一直是消费者关注的焦点。近几年来，各种无公害蔬菜和水果、精饲肉等纷纷出现，其销售情况也很不错。这都是消费者注重农产品安全问题的体现。但在很多情况下，消费者无法判断出一款写着纯天然无公害的蔬菜是否在培育过程中真的没有被喷过农药；标明精饲猪肉的猪的成长过程中是否确实没有被注射过催长剂。这时，依托5G打造的完善的农产品追溯系统能够解决消费者的难题，让消费者可以追溯到农产品的生产过程及运输过程。追溯系统可以对农产品的生产、供应过程进行追溯，保证农产品相关信息的真实、透明。例如，在农产品生产环节，追溯系统会记录下该产品的生产过程，包括农作物的种植土壤情况、种植时间、农作物种类、化肥与农药等的耗费情况等。同时对其种植过程中的气候、灾害、田间管理等情况也会记录。消费者在购买一件农产品后可以扫描农产品包装上的二维码来获取农产品的相关信息。当农产品出现问题时，消费者可有效追责。

建立追溯系统有三个基本要素，分别为产品标识、数据库、信息传递。5G技术与大数据的结合能够推动农产品数据库的建立，拓宽其应用范围。而5G网络的大宽带、高速率、低时延等特性，为农产品信息追测系统的信息传递提供了技术支持。现在为了迎合消费者对健康的追求，各种追溯系统层出不穷。而5G的应用能够让可视化追溯过程的传输速度加快，让农产品的生产、加工、运输、销售等各环节的数据被更完整地记录下来，实现对农产品的监督和管理，促进农产品种植过程的透明化和公开化。同理，当农产品出现问题时，商家也能够通过农产品溯源系统对农产品的运输过程、加工过程和生产过程进行排查。在5G技术的加持下，商家对农产品产生问题的关键节点寻找效率会更高，在寻找到问题关键节点后，商家也能够迅速对问题点做出处理。农产品溯源系统不仅能够让消费者在购买农产品时全面了解农产品的相关信息，更能够在出现问题时帮助商家作出判断，降低商家和消费者的损失。

案例9-4　科技滋养"温泉花卉"，开出乡村振兴新"花"样

在山东省商河县海峡两岸温泉花卉创新园里，不乏各色蝴蝶兰，粉红的、紫红的、橘红的。它们生于斯，长于斯。然后被栽种到质地考究的花盆里或者制作成独一无二的高端切花，漂洋过海，出口到日本、韩国以及众多"一带一路"沿线国家。

以创新之力推动"海峡两岸+温泉花卉"发生奇妙的化学反应，不但推动该园区成为全球单体规模最大的兰花生产基地，更成为商河县打造现代花卉产业新高地的重要一环。6月底，科技日报记者在此采访时了解到，该县打造"温泉花卉"区域品牌，建成了长江以北最大的红掌基地，全国最大的红玉珠基地。去年，这里设施种植面积突破100万平方米；花卉生产龙头企业达到15家；年生产各类高档盆花5 000多万盆；花卉苗木年产值达20多亿元。

小小的"温泉花卉"何以撑起20多亿元产值？

商河县委书记翟军认为，他们聚焦做强做优花卉产业，抢抓商河花卉作为济南市10大农业特色产业的机遇，不断优化产业结构、扩规模、提品质、延伸产业链，商河现代花卉产业新高地初见雏形。

20亿元产业崛起，源于一次"无中生有"的尝试

谁能想到，供应能力强大、品种多样、产品高端的商河花卉产业，起源于10年前一次"无中生有"的尝试。

商河县贾庄镇"花农"庞尚水，一直从事花卉生意，听说家乡发现了温泉，有丰富的地热资源，就尝试着在家乡建起了第一个花卉种植温室。这是明智的决定。对比试验显示，每年花卉温室用煤和地热采暖成本分别为每平方米63元和16.6元；用地热供热的成本仅为煤供热成本的1/4。

进入21世纪以来，商河得天独厚的地热资源被逐步发现。据统计，该县地热热储面积1 147.19平方千米，占到全县总面积的98.6%；储量达256亿立方米，其中可开采量达179亿立方米，蕴含丰富的锂、碘、锶等矿物质和微量元素。得益于商河坐拥的庞大优质地热资源，济南市于2014年获评"中

国温泉之都"。

民间的探索，正是商河县官方尝试地热资源开发计划的一部分。贾庄镇经过调研试验，发现温泉可广泛用于现代农业发展，特别适合发展设施水平高、效益高的高档花卉产业，实现了特色花卉产业的"无中生有"，让商河县决策者一下打开了思路。

发展"美丽经济"，迅速成为全县上下的共识。

2016年是一个重要节点。这一年，商河以济南市着力培育农业特色产业为契机，先后出台园区引领、主体培育、金融支持、市场开拓、融合发展等举措，壮大商河花卉特色产业。

截至2020年底，商河温泉设施种植面积突破100万平方米；年生产各类高档盆花5 000多万盆；花卉苗木年产值达20多亿元。按照官方估计，今年商河设施花卉生产面积将达到130万平方米。

"美丽经济"做大，需要打造让人印象深刻的亮点，更需要扩大"可喂饱"市场的规模。

"美丽经济"做大，商河经验值得总结

记者发现，除了海峡两岸温泉花卉创新园，商河还建成了20万平方米的温泉花卉孵化基地、贾庄温泉花卉现代农业产业园、许商鑫鑫田园、沙河金沙绿港现代农业产业园等精品园区。这是聪明的一步。

商河县的考虑是，用园区引领提高规模化种植、标准化生产和科学化管理，同步支持企业发展花卉现代服务业，推广连锁经营、鲜花速递、电商交易等销售方式，打造"温泉花都、生态商河"品牌。

现在，山东省林科院二级研究员徐金光有了新职务——商河花卉专家科技创新团队首席专家。商河人认为，增强产品竞争力，研发新品种，高水平的研发团队必不可少。于是，不求所有，但求所用的专家资源库建立起来了。

在贾庄温泉花卉现代农业产业园，看不见的物联网和自动化控制系统发挥威力，对空气、温度、湿度、光照等环境气象要素进行实时动态监测，确保花卉在最佳环境中生长。同时，每个大棚1 000平方米只需1人便可实现轻松管理。

设施花卉产业投入大、技术要求高，小农户很难进入。但在商河，"龙头企业＋合作社＋农户"的产业化联合经营体系，吸引农户带资产"零风险"入驻，实现效益双赢。

在这里，政府和园区为农户提供启动资金和贷款贴息，每个大棚预算投资 52 万元，其中财政提供 10 万元启动资金和 30 万元贴息贷款；农户自筹 12 万元。同时，鼓励龙头企业采取"边学边种、带薪体验"模式，对入驻农户进行带薪培训，每人每年纯收入不低于 3 万元。

在一系列努力下，"美丽经济"越做越大，为乡村振兴的商河探索增添了新经验。

资料来源：中国乡村振兴在线，2021 - 07 - 12.

第四节　基于科技赋能乡村振兴路径探讨

一、科技赋能乡村振兴的问题分析

从全国的情况看，数字农业在平原地区试点取得较好的经济社会效益，但农业数字化转型中存在以下挑战：一是数字农业渗透率较低。据不完全调查，我国数字农业主要集中在沿海及内地经济较为发达地区，数字农业渗透率不超过 9%，与数字经济的差距至少超过 27 个百分点，呈现出"三多三少"现象，即发达地区多、落后地区少，平原地区多、丘陵地区少，沿海多、内地少。二是传统农业与现代农业深度融合度不够。我国幅员辽阔，地方差异很大，分散经营、靠天吃饭、粗放经营是传统农业的主要特点。农业生产种与不种、种多种少自主决定，加之现代农业在传统农业中应用场景较少，种植业、养殖业与第一、第二、第三产业链的深度融合不够，农产品大小不一，分级分类不够，影响力不够，与标准化、集约化、现代农业要求差距较大。三是数字农业信息资源信息共享机制不健全。目前，农业信息主要集中在销售端。而生产端的信息不健全，包括土壤性质、地力、酸碱度等适合何种农作物的生长情况不清、底数不明，尤其对小麦、水稻、玉米等作物实际信息不够清晰。加之农业生产信息分散于政府各相关部门，也尚未建立健全农业信息共享机制，进一步制约了数字农业的发展。四是数字农业智能设备和核心技术发展滞后。目前，我国国产化传感器等智能设备研发滞后，尤其是在动物、植物方面传感器及智能芯片处于空白地带，不仅自给率较低，而且价值不够高，部分传感器的精度、集成度、抗逆性不够。五是数字农业财政金融创新不够。当前，部分技术资本企业进入农村，开展数字农业试验，但与之相适应的金融创新不够。主要表现为：（1）支持数字农业发展的财政金融指导意见及实施细则和工作措施缺失，也未建立健全数字农业风险分担机制，影响金融资本及社会资本进入数字农业领域。（2）金融部门主要靠抵押、担保等传统的信贷、保险及风控手段，而目前数字农业主要依托农业经营主体创始人的原始投入。农业经营主体存在自身抵押担保物匮乏、金融与数字农业深度融合不够、数字农业创新金融产品也不够丰富等问题。六是农业空心化和人口素质偏低制约数字农业发展。据调查，在四川内江较为偏远的某两个自然村，一个村的在村人员6人，占在册人员50人（与20世纪80年代末170人比较减少了4倍以上）的12%；另一个村实际在村人员30人，占在册人员121人的24.79%。其中，18岁以下人员1人，18～59岁的12人，60岁以上17人，占在村人员的56.67%。在这两个自然村中，绝大部分人员的文化程度在初中以下，占比超过90%。文化程度低，劳动力素质较低，对数字农业不懂，是制约数字农业发展的重要因素（李恩付等，2022）。

二、科技赋能乡村振兴的路径探讨

（一）加快数字农业顶层设计

数字农业是农业生产发展的高级阶段，需要强化顶层设计。农业农村部、生态环境部及有关部门要在数字乡村发展战略纲要、农业农村发展规划和全面推进乡村振兴战略的基础上，加强数字农业顶层设计，强化组织领导，统筹推动各省（自治区、直辖市）的数字农业工作。财政金融部门也要强化对数字农业的支持。一是财政部和中国人民银行、中国银保监会、中国证监会及有关部门要按照履行职责的要求，把数字农业发展与促进现代农业集约化、规模化结合起来，制定财政、金融支持数字农业实施乡村振兴战略的意见。明确财政、金融支持数字农业的具体措施，包括通过创设财政贴息、补贴和人民银行的再贷款、再贴现等政策，支持金融机构创新数字农业的信贷、保险等产品，为数字农业稳步健康发展提供有力支撑。二是农业农村部、生态环境部、国家发改委要联合制定支持数字农业促进乡村振兴的具体措施，促进数字农业经营主体探索可持续经营、可持续发展的有效路径。三是财政要出台专项支持数字农业发展若干意见，支持与数字农业有关的智能设备、设施及芯片的研发，对创新型研发企业实行税收抵扣，明确数字农业发展优惠税收各项举措。四是中国人民银行、中国银保监会和中国证监会要联合出台金融支持数字农业发展的指导意见，为金融支持数字农业发展提供支撑。

（二）搭建数字农业信息化综合服务及监管平台

把大数据、物联网、云计算、无人机、地理信息系统、全球定位系统、通讯和网络技术等高新技术及地理学、农学、植物生理学、土壤学等现代信息技术与农业产业体系深度融合。通过搭建数字农业综合信息化平台，为生产主体提供种植、农资、配肥、喷药、病虫害防治、产品烘储、加工、销售等一揽子标准化、特色化服务，强化对农业生产全过程，包括种植地块地理特征、种植状况等信息的实时监测、分析及预警，为农作物生产的产前、产中、产后提供全产业链技术服务。同时利用数字技术将农产品生产、流通和经营融合起来，带动农业产业链进入生产智能化、流通电商化、管理信息化、产业生态化的智慧形态，实现农产品可溯源、可追踪，达到高效配置农业资源，促进农业生产数字化、精准化、智能化，推动数字农业经营方式创新、模式创新。

（三）复制推广数字农业经营主体经验

坚持"深耕农业、服务农民"的理念，按照因地制宜、成熟一家推动一家的策略，复制推广数字农业经营主体的经验做法。以数字农业技术研发、运营服务为核心，以构建"服务平台＋运营中心＋数字农场"为场景，实现数字技术与传统农业的深度融合与应用。一是建立土壤肥力等土地基础信息。二是建立适合作物生长模型与智能生产决策实施方案。三是通过手机 App 构建出数字化管理场景，为农业提供线上地块管理、生产管理、农事作业、农事计划、溯源管理等多种服务，并实时提醒农户下一步规划与操作，实现"一机在手、种田不愁"。四是通过委托经营管理或输出资本、提供种植、栽培、技术咨询、灌溉、施肥、养殖和土地入股等多种有效方式，支持农村经营主体开展数字农业生产经营，促进数字农业经营主体与农户农业生产的集约化、标准化、现代化。五是引导数字农业经营主体在非平原地区或内陆丘陵地区、山地建立数字农业应用场景，帮助发展落后地区、相对欠发达地区农民增收致富和农业产业化，构建农民工返乡就业、创业工作机制，切实解决农村空心化、土地撂荒等问题，探索可复制可推广的经验。

（四）大力发展以电商为引领的数字农业

一是以地理标志及特色农产品为依托，采用智能化分拣技术、可精准识别和税收减免、技能培训等方式，加强分拣、分级分类，大力扶持地理标志产品等特色优势农业产品电商发展；二是加强对农村合作社、新型农民的技能培训，不断培育"互联网新农人"现代农业带头人，促进农业产品、产业标准化、数字化；三是加强农业农村农民的数字及技能教育培训，加强数字农业的宣传引导，促进数字农业与传统农业深度融合。

（五）加强数字农业与乡村振兴融合

把发展数字农业与支持乡村道路、水、电、污水处理和厕所及公共卫生等基础设施建设结合起来，与乡村振兴结合起来。采取更实的举措、更大的力度，全面落实乡村振兴各项措施，全面推动数字农业创新发展（李恩付等，2022）。

案例9-5 "三变+科技"模式，贵州水城乡村振兴路上结出甜蜜果

贵州省六盘水市水城区地处乌江和北盘江的分水岭地带，是典型的喀斯特地貌区。地表破碎，地势切割较深，山地特征特别明显。耕地以坡地、缓坡地为主，农业生产条件较差、生产成本较大。农村地区长期陷入"贫困化—生产条件落后—更加贫困化"的恶性循环。曾经的水城县是国家级贫困县和贵州省深度贫困县，贫困面广、程度深、攻坚难度大。2014年有22.22万建档立卡贫困人口，贫困发生率为28.86%。水城县2017年被确定为中国科学院的定点帮扶县。依托中国科学院的科技优势，将科技扶贫与农村"三变"改革相融合，完成脱贫攻坚目标，探索建立科技扶贫长效机制，为贫困地区不断提高"造血"功能，助其依靠科技"富"起来。2020年3月，水城县正式退出贫困县序列，摘掉了"贫困县"的标签。2020年6月30日，水城县剩余1.26万贫困人口实现全部脱贫。

产业发展是链接脱贫攻坚和乡村振兴有机衔接的"桥梁"。实现脱贫摘帽后，为助推水城形成可持续发展的长效模式，高质量完成脱贫攻坚目标，中科院发挥科技优势，瞄准地方特色主导产业，着力推进科技成果在水城转移转化。

在脱贫攻坚同时助力乡村振兴的过程中，如何找到一条精准扶贫、支撑产业持续发展之路？2013年，水城率先探索创新了农村"资源变资产、资金变股金、农民变股东"的"三变"改革。水城区东部农业产业园区管理委员会高级农艺师张荣全表示，"农村的'三变'改革源于水城米箩镇，在水城红心猕猴桃产业基地里。'三变'改革的初心就是政府为了增加老百姓的收入，解决农民增收的问题，用活土地资源，盘活社会资本，解放农村剩余劳动力。"数据显示，整个水城国家现代农业产业园猕猴桃产业共覆盖农民3.52万户13.38万人。产业园内共有3.14万亩村集体土地、15.29万亩土地实现了资源变资产；共有2 559.24万元各级财政资金、340万元村集体资金、32 800万元社会资金，实现了资金变股金；2.64万农户9.23万人通过多种入股模式参与到产业发展中来，实现了农民变股东。产业园被列为全国农村改革试验区、中国特色农产品（猕猴桃）优势区、农村一二三产业融合发展试点。

张荣全口中的水城红心猕猴桃产业，带动了水城及其周边近20万农民脱贫致富。以中国科学院武汉植物园猕猴桃资源与育种学科组组长、研究员钟彩虹为代表的科研团队，在深入调研的基础上，结合水城发展实际情况展开帮扶工作，进行新品种引进示范、关键技术应用示范、培训乡土技术人才及一线村民等工作，为特色产业扶贫提供科技支撑。由于水城县地处云贵高原乌蒙山区，山高壑深，发展传统种植业，投入高、产出低、效益差。中科院针对该地区纬度低、海拔高差大、土壤有机质高、昼夜温差大的自然特点，发展猕猴桃产业，具有得天独厚的自然资源优势，既不与粮争地，还能解决当地喀斯特地貌水土流失的问题。"我是2012年开始过来调研，在调研过程中发现产业中间还存在一些问题。特别是因为山地猕猴桃产业对地形地貌要求高，当时建园的标准包括产业园的选择都达不到质量要求。我们通过开展全县的调研、产业发展规划，针对适合发展猕猴桃的区域，帮助做产业园的规划、技术培训、现场指导，引进我们中科院的专利品种'东红'。在品种引进同时，培训当地的技术骨干。这几年我们主要在人才培训的基础上建立示范点，品种引进和技术支持的效果都非常好。下一步的重点，就是提质增效，提高质量，然后提高单亩的效益，动态地发展。"钟彩虹介绍道。

在乡村振兴的道路上，中科院的科技帮扶持续发力。下一步，中科院武汉植物园计划加大科技的普及培训。钟彩虹表示，"乡村振兴首先是产业振兴。如果能把产业做好的话，再结合一些其他基础设施的改进，乡村各方面自然就提升了。"中科院武汉植物园科研人员陈美艳高级工程师表示，"很多老百姓都从猕猴桃产业中得到了实惠。为了让更多的老百姓受益，我们想提高种植高度，引进新的品种。另外通过栽培模式的一些实验示范来降低劳动生产成本，让整个产业高质量发展，提升产业效益。"

猕猴桃已成为水城区的"小康果""创业果"和"生态果"，成为农民群众脱贫致富奔小康的大产业。如今，猕猴桃产业正继续助力水城踏上乡村振兴之路。土生土长的水城蟠龙镇村民晏庭银是水城猕猴桃产业促进百姓致富增收的见证者和参与者。他说，"在中科院的帮助下，猕猴桃产量越来越高，钱越挣越多、生活越来越好。种植猕猴桃这么好的产业，我们要把它做大做强。大家都认可猕猴桃是一个致富的好产业。"

钟彩虹表示，"种业是我们国家农业的命脉。未来我们作为科技工作者首先要做好种业的工作，种业的研究、种质的创制、品种的培育等。科普非常重要，希望有千千万万的科研人员能够深入偏远的农村。作为科技人员来说，应该做的就是做好科研，并且把这个科研怎么样推广普及到一线需要的人身上去。我也希望培养大量的年轻人。这几年在推广过程中，很多大学生开始加入猕猴桃产业。有年轻人进来，这个产业发展就有活力。"

资料来源：中国乡村振兴在线，2021 – 10 – 20.

第十章　促进乡村生态产品价值实现

2021 年 4 月，中共中央办公厅、国务院办公厅印发了《关于建立健全生态产品价值实现机制的意见》。建立健全生态产品价值实现机制，是贯彻落实习近平生态文明思想的重要举措，是践行绿水青山就是金山银山理念的科学路径，是从源头上推动生态环境领域国家治理体系和治理能力现代化的必然要求，对推动乡村振兴战略具有重要意义。

第一节　生态产品价值实现与乡村振兴

一、生态产品的内涵

（一）对国外有关概念的理解与认识

"生态产品"作为具有中国特色的名词，在国外相关研究与实践中应用较少。其通常所用的是"生态设计（ecosystem design）""环境服务（environmental services）""生态系统服务（ecosystem services）"等词（见表 10 - 1）。

表 10 - 1　　　　　　　　国外相关概念基本定义与主要内容

名称	基本定义	主要内容	文献来源
生态设计	通过将自身与生活过程集成在一起，从而将对环境的破坏最小化的任何形式的设计	包括生产出的对环境影响小的生态工艺品、生态景观、生态家居等有形产品	Ryn & Cowan（1993）
环境服务	以自然生态为载体为人类提供的净化空气、调节气候等环境服务	包括通过生物地球化学循环提供的调节功能、土壤保护、作物授粉、病虫害防治、娱乐和生态旅游，以及一些其他服务	Myers（1996）

续表

名称	基本定义	主要内容	文献来源
生态系统服务	生态系统为人类提供的各种直接或间接的服务和产品	包括为人类提供的供给、调节、文化、支持 4 类服务和产品，但不包括清新的空气、干净的水源等	Villagómez-Cortés & Del-ngel-Pérez（2013）

资料来源：窦亚权等（2022）。

生态设计是一种在设计产品时要特别考虑产品在整个生命周期中对环境影响的方法。范德莱恩和考恩（Ryn and Cowan，1993）将其定义为"通过将自身与生活过程集成在一起，从而将对环境的破坏最小化的任何形式的设计"。生态设计产品的核心理念是在整个生产过程中实现零浪费。通过模仿自然中的生命周期，真正实现循环经济发展。"生态设计产品"与国内"生态产品"中的生态工艺品概念类似，都是将生态发展的理念贯穿于产品的设计和生产过程中。但"生态产品"比"生态设计产品"的内涵更为丰富。

环境服务是指为人类提供包括气候和生物地球化学循环的调节、水文功能、土壤保护、作物授粉、虫害控制、娱乐、生态旅游以及一些其他服务等（Myers，1996），是早于"生态系统服务"概念的一种说法，但没有"生态系统服务"的内涵丰富。"环境服务"一般不包括生态农产品、生态林产品等物质供给产品。

生态系统服务是指生态系统为人类提供的各种直接或间接的服务和产品。国内外多数学者认为其主要包括供给服务（如提供食物等）、调节服务（如涵养水源和固氧释碳等）、文化服务（如精神、娱乐和文化收益等）以及支持服务（如维持地球生命生存环境的养分循环等）（Villagómez-Cortés & Del-ngel-Pérez，2013）。

我国提出的"生态产品"与国外常用的"生态系统服务"概念比较接近。对比而言，"生态产品"与"生态系统服务"一词既有密切联系，又存在部分区别：其一，生态产品不包括生态系统服务的中间过程，以终端产品为主；其二，生态产品包括产权不明晰的清新空气这一自然要素，而在生态系统服务中尚未体现；其三，生态系统服务在本质上更多地侧重于人类与生态系统之间及生态系统内部之间的关系，而生态产品在此基础上又强调了人与人之间的关系，即产品的可交易性。总体来说，我国用"生态产品"一词代替国外常用的"生态系统服务"，已不仅仅是一个简单的用词问题，而是一个涉及社会、经济、生态系统耦合发展的系统性工程问题（张林波等，2020），与国家发展战略、人民自身需求紧密结合。

（二）生态产品概念的演化

生态产品的概念经历了狭义和广义两个阶段的演化。狭义的生态产品概念主要以《全国主体功能区规划》中的界定为基础，主要集中于自然要素本身。2010 年发布的《全国主体功能区规划》指出，生态产品是指维系生态安全、保障生态调节功能、提供良好人居环境的自然要素。2012 年，党的十八大报告指出要"增强生态产品生产能力"。在此基础上，学者们将生态产品定义为其本身是自然的产物或组成部分，能够丰富生态资源并促进生态和谐，维持人们生命和健康需要的自然要素或产品（曾贤刚等，2014；孙庆刚等，2015）。

随着生态文明建设的逐步推进，学者们对生态产品的内涵进行了拓展，认为生态产品既包含自然界给予的生命支持系统、气候调节系统以及满足人类需求的自然要素，又包含对传统的物质生产模式的加工与改良（刘伯恩，2020）。有学者认为，生态产品应包含人类为保障生态平衡与安全通过劳动生产出来的产品，是与传统的生产产品互补的新型社会生产产品（丁宪浩，2010）。生态产品的概念演化过程如图 10 – 1 所示。

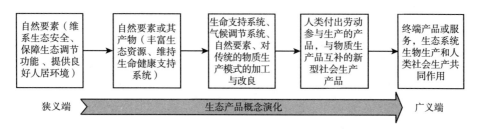

图 10 – 1 生态产品概念的演化

资料来源：沈辉，李宁. 生态产品的内涵阐释及其价值实现［J］. 改革，2021（09）：145 – 155.

综上所述，学者们从狭义与广义视角对生态产品概念进行定义。尽管存在部分差异，但对其基本内涵的理解大体相同，均认为生态产品的生产基于自然要素，其目的是维护生态平衡、维持生命健康。广义的生态产品概念考虑到自然要素与人类劳动的共同作用，更符合目前我国经济社会可持续发展阶段，是生态产品价值实现与生态产品多样化供给的现实需要（沈辉、李宁，2021）。因此，将生态产品定义为"生态系统生物生产和人类社会生产共同作用提供给人类社会使用和消费的终端产品或服务，包括保障人居环境、维系生态安全、提供物质原料和精神文化服务等人类福祉或惠益，是与农产品和工业产品并列的、满足人类美好生活需求的生活必需品"（张林波等，2021）。

二、生态产品价值实现路径

（一）生态产品价值的概念

生态产品具有多重价值属性，渗透于人类的生产生活、经济发展、文化需求等方面（刘江宜、牟德刚，2020）。生态产品价值主要通过其经济价值、生态价值和社会价值三个方面来展现，三者相互统一、相互依存（丘水林、靳乐山，2021）。具体来看，生态产品的经济价值指生态产品直接参与市场交易所形成的价值，是直接使用价值的体现；生态价值指生态产品作为生态自然系统的构成要素，能够提供保持水土、涵养水源、调节气候等维持人类生存所必需的环境价值，是间接使用价值的体现；社会价值指生态产品在丰富人类精神文化、满足人类对美好生活环境需要的过程中所体现出的价值，是非使用价值的具体展示（秦国伟等，2022）。

生态产品价值实现是将生态产品供给中的利益相关者的分配关系，通过运用市场和政府手段进行制度安排的一种方式（丘水林等，2021）。生态产品从消费特征来分类，可分为生态私人产品、纯公共产品、准公共产品以及生态俱乐部产品等。具有纯公共产品属性的生态产品（如森林、湿地、河流等），具有非排他、非竞争性，主要由政府主导进行保护和修复，可以丰富自然资源资产使用权类型，需要合理界定出让、转让、出租、抵押、入股等权责归属，进而开展生态产品价值评价，积极开展排污权、用能权、用水权、碳排放权市场化交易探索，培育绿色交易市场机制，不断挖掘和实现生态产品的市场价值。具有私人产品属性的生态产品，生产和消费对象明确，包括生态农产品、工业品、服务业产品。企业或个人为供给主体，市场价值可直接通过市场交易实现。介于二者之间的准公共产品，涉及主体众多、利益复杂，需要多元治理、协商共识，寻求利益最大公约数。在确保生态产品生态价值的前提下，将生态资源对接市场需求，将自然资本对接产业资本，可实现生态资源增值，充分发掘生态产品带来的经济红利。生态产品价值实现过程如图 10 - 2 所示。

图 10 - 2　生态产品价值实现过程

资料来源：秦国伟，董玮，宋马林. 生态产品价值实现的理论意蕴、机制构成与路径选择［J］. 中国环境管理，2022，14（02）：70 - 75，69.

（二）生态产品价值实现路径

1. 生态产品调查监测机制。一是弄清监测内容。生态产品监测首先就是弄清楚我国各地区各类生态产品的数量、质量、分布特征等基本信息。通过健全规范自然资源确权登记制度，有利于明确生态产品产权，确定生态产品受益主体，进一步通过产权激励来增加生态产品供给，推进生态产品价值实现。二是明确监测方法。由于我国生态产品分布具有明显的区域异质性，因此对生态产品的监测要充分利用我国的自然资源调查和生态环境监测体系，要以各地区成熟的网格化监测手段为基础，动态监测各地区自然资源、生态产品的分布特征与存量特征、生态产品产权归属特征等，并形成能够全面反映我国各地区生态产品状态的目录清单。同时，持续深化环境监测体系改革，努力推进生态环境监测体系统一规范、统一标准、统一监测、统一发布，为生态产品价值实现供全面、完整、准确、及时的数据支撑。三是使用监测结果。构建生态产品调查监测机制的最终目的在于调查数据的服务与应用。要建立完善的生态产品开放共享信息平台，及时准确向全社会发布生态产品动态监测情况，让人们更多地了解生态产品的最新动态。

2. 生态产品价值评价机制建立。生态产品价值评价机制，就是建立对生态产品进行科学评判的制度措施，这是生态产品价值实现的关键。生态产品具有典型的外部性和区域异质性，且生态产品价值维度多样复杂，导致对生态产品价值评价具有困难（陈清、张文明，2020）。因此，构建一套科学合理的生态产品价值评价机制迫在眉睫。一方面，生态产品价值评价需要构建科学合理的指标体系。目前，单项指标体系和多维支柱框架是生态产品价值评价指标体系构建最典型的两种方法。单项指标体系是采用不同类型指数指标加总的方法，更加适用于比较总体价值；多维支柱框架可用来评价生态产品若干个属性的价值，适用于分项价值比较的情形。从现有研究来看，生态产品价值评价体系指标的构建多数基于多维支柱框架，从生态系统的实际出发，围绕产品供给、文化服务价值、调节服务价值以及支持服务价值等方面，来构建生态产品价值评价指标体系（吴绍华等，2021；李凡等，2021）。另一方面，生态产品的价值评价要采用科学的评价方法。生态产品价值评价常用的方法有直接市场法、间接市场法和意愿调查法等（黄如良，2015；廖福霖，2018）。直接市场法指直接采取市场交易的手段实现生态产品的价值，常用方法包括成本法、生产率变动法、重置成本法和影子项目法等。通常来说，对于产权清晰的私人生态产品而言，可采用直接市场法进行交易；间接市场法又可称为替代市场法，指需要通过找到某种有市场价格的替代物来间接估价的方法，常见的方法包括成本旅行法、内涵价格法和防护费用法等，可用来评价准生态公共产品的价值。若价格数据难以获取，则通常采用意愿调查法向被调查者询问有关产品和服务提供方式的意愿，主要有投标博弈、权衡博弈、优先性评价等方法。

3. 生态产品保护补偿机制。生态产品保护补偿是生态产品价值实现的重要方式，可以从三个方面发力：一是完善纵向生态补偿制度，保障重要生态系统和国家生态功能重要区域生态安全。纵向生态补偿制度指对具有生态屏障重要功能的产品进行价值支付；纵向生态补偿资金主要来自政府财政投入，其资金来源稳定，在维护国家生态安全中发挥了重要作用（王金南、刘桂环，2021）。当前，我国已经开展了森林、草原、湿地等七类重点领域和生态功能重要区域的生态保护补偿工作。二是完善横向生态保护机制，促进不同区域间生态环境协同发展。横向生态保护机制是我国生态保护补偿机制的重要发展方向，其通过明确各个地区权责关系的方式，形成生态保护补偿机制，促使各个地区协调发展。目前，我国正在推进长江全流域横向生态保护补偿机制。在长江流域享受优质水质和水量保障的同时，要求其承担保护生态环境的责任。而流域下游则根据上游所提供的生态产品做出相应的补偿，并同时享有对于水质恶化、上游用水过度的监督权力。这种生态补偿机制以"成本共担、效益共享、合作共治"为原则，有效提高了生态产品供给质量，促进了生态产品价值实现。三是完善市场化生态补偿机制，促进优质生态产品供给和生态产品价值实现。由于纵向生态补偿资金主要依靠财政支付，市场化投入不足，因此健全市场化生态补偿机制尤为重要（王金南、王夏晖，2021）。首先，要充分调动市场的力量，构建多层次的生态产品市场体系

（丁斐等，2021）。要着力构建有形生态产品市场、无形生态产品市场以及权益生态产品市场，完善生态产品市场交易机制，促进生态产品产业的发展。其次，完善生态资源核算、生态产品议价和交易、补偿资金筹措和使用、生态产业发展补偿、公民收益补偿等制度，形成市场化生态保护补偿制度体系（彭文英、腾怀凯，2021），推动市场化条件下的生态产品保护。

4. 生态产品经营开发机制。一是丰富生态产品价值实现模式。在遵循严格保护生态环境原则的基础上，提倡通过多样化模式和路径来推动生态产品价值实现。着眼原生态种养，立足现有自然条件，采取人放天养、自繁自养等方式，不断提高生态产品价值。积极延伸生态产品产业链和价值链，通过精深加工等方式，不断提升生态产品附加值。积极使用清洁水源、清新空气、适宜气候等自然条件，适度发展环境敏感型产业，推动生态优势向产业优势转变。充分发挥自然风光、历史遗迹等生态价值，积极盘活废弃矿山、工业遗址、古旧村落等存量资源，引进使用专业的设计、运维、服务团队，在尽量减少人为扰动的前提下，打造旅游观光、娱乐休闲、康养看护等一体融合发展的生态旅游模式。二是促进生态产品价值增值。将各类生态产品纳入品牌范围，围绕特质特色打造品牌，建立规范生态产品认证评价标准。构建具有我国特色的生态产品认证体系，推动生态产品认证国际互认，提升生态产品溢价。建立健全生态产品质量追溯、交易流通全过程监督机制，使用区块链等新技术，实现生态产品的信息倒查、质量追溯和责任检查。注重将生态环境保护修复与生态产品经营开发统筹推进，在确保生态效益、社会效益的基础上，在不违反相关规定的前提下，对进行生态整治修复的社会主体，允许其使用适当比例的土地来发展生态农业、生态旅游。推行农民入股分红模式，积极保障参与生态产品经营农民的切身利益。对探索生态产品价值实现机制的地区，地方政府要注重帮扶，特别是加强对基础设施和公共服务设施的支持力度。三是推动生态资源权益交易。围绕森林资源、清洁水源等，积极探索增量责任指标交易模式，着力推进森林资源等权益指标交易。持续优化碳排放权交易机制，遴选特点鲜明地区试点推进碳汇权益交易。坚持排污权有偿使用，持续拓宽排污权交易相关的污染物种类和交易地区，健全长江、黄河、淮河等重点流域的水权交易制度。探索建立用能权交易机制，推进各类能源的优化使用。四是建立生态产品市场交易平台。明确交易制度，建立反映供应成本、供需关系等要素价格的机制，对交易主体、交易方式、交易行为以及市场监管等要素做出要求，制定生态产品市场的交易管理办法。建立完善生态产品交易注册登记系统、交易系统、结算系统，对交易流程进行监管，保障生态产品交易有序进行。建设生态产品交易市场的相关支撑系统，同时多渠道普及生态产品交易市场相关知识，提升公众认知水平。基于生态产品价值实现平台的生态产品交易模式如图 10 –3 所示。

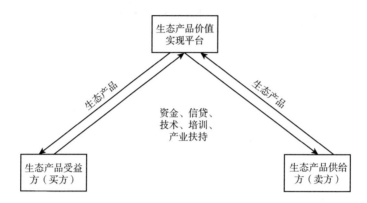

图 10 –3　基于生态产品价值实现平台的生态产品交易模式

资料来源：秦国伟，董玮，宋马林. 生态产品价值实现的理论意蕴、机制构成与路径选择 ［J］. 中国环境管理，2022，14（02）：70 – 75，69.

三、生态产品价值实现与乡村振兴逻辑关系

　　未来的乡村发展必须拥有农村特色的产业支撑，走高效的生态农业道路、发展绿色工业、保护和开发乡村文化越来越成为乡村发展的必然选择。乡村生态产品价值转化机制的设立，在一定意义上可以说是乡村振兴战略实现的必经之路。乡村社会如何在发展过程中找到自身的定位和目标，推进乡村生态产品价值转化是乡村保持自身特点并区别于城市发展模式的重要着力点。

　　具体来看，乡村振兴战略的实施与生态产品价值转化之间存在着内在联系，两者相辅相成。首先，从产业发展情况来分析，随着乡村生态产品价值转化机制的建设，依托于农村自然环境的农业、工业与旅游业将会蓬勃发展起来。以往一些乡村会关注短期利益而忽视环境保护，大量使用农药、化肥，直接排放工业废水、废气和废渣，生活污水和生活垃圾得不到处理等环境问题层出不穷。在"两山"理念指引下，乡村将会更加关注产业发展的生态性，促进经济增长与生态保护相互协调，更好地把生态价值转化为经济价值。通过有效的生态产品价值转化机制的推进，乡村产业兴旺的目标将得以实现。

良好的生态将产出更好的产品，提高产品的品质，扩大市场销售渠道。其次，从生态环境保护方面来分析，随着生态产品价值转化机制推进，乡村生态环境将会得到明显改善。乡村振兴战略实施的一个重要目标是实现乡村的生态宜居。在这一点上，生态产品价值转化机制的实施与乡村振兴战略具有内在的一致性，必须把生态保护放到首位。只有在生态环境得到保护的前提下，才有实现从"绿水青山"向"金山银山"转化的可能。基于政府、村干部、村民、社会组织等不同主体的共同努力，对农村的面源污染、工业污染以及生活污染等进行全方面、持续治理，使得农村环境真正实现生态宜居，保障农村居民的生活环境品质。再次，从乡风文明的角度来分析，生态价值转化过程中需要重视各类文化要素的发挥，有助于进一步提高农村道德水平。农村社会本来就蕴含着大量的传统文化与地方文化，通过生态产品价值转化机制的作用，一方面，可把农村文化重新挖掘出来，推进乡村文化产业的发展与壮大，实现产业经济的增长。另一方面，重新发扬农村传统文化与地方文化，有助于强化农村文化对农村居民意识和行为的影响，进一步提高农村德治水平；另外，从社会治理层面来分析，生态产品价值转化机制的实施同样也是一个乡村治理过程。以农村环境治理为例，需要政府、村干部、村民、社会组织等主体都参与进来，并通过有效的环境制度、合理的组织机制、完善的管理程序等，实现农村环境好转的目标。可见，乡村生态产品价值转化机制的建设，也是农村社会治理体系与治理能力现代化的过程。最后，从农村居民生活富裕的目标来看，生态产品价值转化机制的最终目标与乡村振兴战略是不谋而合的。生活富裕，不仅是物质生活方面的富足，更是精神生活层面的满足，需要有优良的生产生活环境、良好的社会风气、和谐的社会关系、美好的文化生活等。生态产品价值转化机制的建设可以说是实现这一目标的重要条件与基础（艾伟武、蒋培，2021）。

案例 10-1 "创新、三美、共享"，打造朱家林田园综合体

朱家林田园综合体位于山东省临沂市沂南县岸堤镇，总规划面积28.7平方公里，覆盖23个自然村。该项目以"创新、三美、共享"为发展理念和总体定位，以"保护生态、培植产业、因势利导、共建共享"为根本遵循，搭建起人才返乡、产业融合发展的创新创业平台。项目于2016年7月动工建设，目前已成为沂南县实施乡村振兴战略的重要平台和抓手，为沂南县探索实践"区域化突破、全域化提升、系统化推进"的乡村振兴路径奠定了基础。

顶层设计，建立健全工作推进机制

田园综合体建设是新生事物，没有现成的模式和经验可以遵循和借鉴，需要探索科学有效的领导体制和工作运行机制来保障田园综合体的规划建设和推进实施。项目组探索建立指挥部、管委会、平台公司、镇政府和村庄"五位一体"的系统化推进机制。指挥部由两名县领导挂帅负责，从有关部门抽调人员与原工作单位脱钩，负责项目建设工作。指挥部代表县委、县政府统筹田园综合体项目规划建设、项目招引、人才引进、社会管理等；成立朱家林管委会，下设综合协调、项目资金、资产运营、宣传招商4个办公室，全面负责田园综合体日常管理运营服务；注册资本金1亿元成立国有朱家林乡建设发展有限公司，实行市场化运作。发挥创新创业孵化器功能，吸引社会资本、新型农业经营主体、乡村创客、返乡青年等各类群体参与乡村建设；镇、村负责群众工作、土地流转等社会事务工作，创新社会治理，为田园综合体发展营造良好环境。

规划先行，一张蓝图绘到底

项目团队牢牢把握"创新、三美、共享"的发展理念和总体定位，以建设"脱贫攻坚、新六产融合发展、美丽乡村供应商、特色小镇"4个样板为目标，把朱家林作为对接城乡资源、承载产业项目、扶持创新创业的平台，坚持规划先行，一张蓝图绘到底。

强化政策扶持，激励人才创新创业

制定《朱家林田园综合体扶持发展奖励办法》。一是设立发展专项基金，在高层次人才引进、创客项目扶持、新型经营主体落地等方面给予扶持；二是为创业者提供工作、生活空间和基本保障，为产业发展提供科研平台，为拉长产业链条提供支撑，为村民、创客、新型经营主体、游客提供便利化综合服务；三是强化平台体系建设，集中搭建专业平台为项目投资主体和青年创客提供技术、培训、金融等综合性服务保障；四是支持多元创新创业，对有想法的投资者和青年创客，提供各种便利条件。

探索乡村发展新模式，建立多元化运行机制

利用互联网思维审视当代乡村治理，以数字乡村建设为目标，打造智慧型田园综合体，建立统分结合的多元化运行机制。首先，创新性搭建朱家林数字孪生平台，以科技助力乡村振兴。以数字孪生技术为核心，将大数据、云计算、区块链与人工智能硬件进行跨界融合、智慧物联，形成朱家林数字孪生体，实现预演预判，为朱家林发展运营提供有效的数据支撑与数据决策。

其次，盘活乡村资源，活化贫困山村各类要素，为乡村振兴提供有益探索。再次，发挥群众主体作用，建立健全利益联结机制。根据群众不同技能、年龄、体能情况，成立建筑施工、物业保洁、环境绿化、果蔬种植、手工民俗等31个农村专业合作社，让群众全方位参与项目建设管理。60户群众通过开办农家乐、民居民宿、手工制作实现了自主创业。最后，盘活农户闲置院落，进行土地流转，增加群众收入。朱家林、柿子岭村90户闲置院落，以每年1 000～3 000元不等的价格流转用于民宿改造和其他经营性项目，群众获得稳定收益。

塑造一流环境，狠抓推进落实

服务乡村发展要靠脚踏实地的努力、精益求精的服务、朴素奉献的情怀。在具体工作中该村加强队伍建设，提高服务质量，要求所有工作人员要把工作当成事业，要有激情、有梦想、有担当，提出了"眼中有活，心里有法，腿上有风，脚下有泥"的"四有"工作要求。发布了田园综合体地方标准，2020年国家田园综合体建设标准化示范推广平台、田园综合体标准创新平台、沂南县朱家林田园综合体建设标准化试点全部通过验收。

下一步，朱家林田园综合体还将由建设为主阶段，转向运营为主阶段。进一步做实管理服务和运营工作，真正实现生产生活生态"三生同步"、一二三产业"三产融合"，农业文化旅游"三位一体"。把朱家林田园综合体建设成为融生态美、生产美、生活美于一体的美丽田园、幸福家园，闯出一条独具特色的综合解决"三农"问题的新路子，倾力打造乡村振兴的齐鲁样板。

资料来源：新华网，2021-10-21.

第二节　生态产品价值实现与乡村振兴的协同困境

在长期的粗放式经济发展过程中，优美的生态环境变得越来越稀缺，保护修复生态环境的成本越来越高，但人民群众对优美生态环境的需求却越来越强烈。作为乡村的巨大优势和宝贵财富，在优美生态环境"有稀缺、成本高、需求强"的背景下，发挥乡村生态环境优势，将其优美生态环境"产品化"，有效迎合人民群众对优美生态环境的需求，可以将乡村绿水青山中蕴含的生态产品价值合理高效变现，实现稀缺生态产品溢价，为乡村振兴提供源源不断的动力。

然而，生态产品的天然属性制约了其价值实现与乡村振兴的有效衔接。从天然属性看，生态产品的外部性、不可分割性等属性，导致生态产品价值实现的过程中存在供给不足、过度利用、难以转化等问题；从价值属性看，生态产品价值往往是隐性的，只有小部分可以在市场上显现出来，尤其是由生态系统服务所带来的额外附加价值"难度量、难抵押、难交易、难变现"，难以在市场交易中得到体现。此外，由于我国生态产品价值实现还处于起步阶段，政府主导的生态产品价值实现力度不够；市场主导的生态产品价值实现投资回报周期过长，回报率不高，内生动力不足；生态产品价值实现的基础性制度和正常工具有待完善；生态产品价值相关支撑薄弱等问题。因此，亟须打破体制机制上的制约瓶颈，畅通生态产品的变现渠道和路径，使这种隐性价值或者潜在价值在市场上显现出来，为乡村振兴注入动力。

一、生态产品价值实现与乡村振兴协同的现实需求

（一）是生态优先、绿色发展的必然要求

生态文明是工业文明发展到一定阶段的产物，是对资源粗放利用发展模式的根本性调整，其基础是高度发达的物质文明。越是经济发展水平高的地区，越可能有意识和能力为生态产品服务"埋单"。生态文明建设要求从工业文明中的大量生产、大量消费、大量废弃等超出资源环境承载力的死循环中解脱出来（孙雯，2019）。实现生态优先、绿色发展，系统推进生态产品价值实现。这是社会历史的必然选择。

（二）是区域协调发展的必然要求

针对新形势下的区域协调发展，我国正发挥各地区比较优势，增强中心城市和城市群等经济发展优势区域的经济和人口承载能力，增强其他地区在保障粮食安全、生态安全、边疆安全等方面的功能，形成优势互补、高质量发展的区域经济布局。一般来说，经济发展水平越高的省份，生态补偿能力越强（杜林远、高红贵，2017）。同时，重点生态功能区对于"绿水青山变成金山银山"也有强烈的内驱力。两者具有优势互补的天然"势能"。生态产品价值实现可以架起两者之间的桥梁，将"势能"转化为发展"动能"，促进区域协调发展（余星涤，2020）。

（三）是培育新经济增长点的迫切需要

"十四五"时期是我国转变发展方式、优化经济结构、转换增长动力的关键时期，围绕推动经济发展、增进人民福祉、防范化解风险等目标，需要研究推出一批重大政策或项目。总结地方生态产品价值实现试点经验，在经济发展优势区域与生态功能重点区域之间，利用生态产品价值实现的"天然落差"，搭建两者之间的价值流动通道。将有利于显化与"经济增长极"相对应的"绿色增长极"，对于促进经济绿色高质量发展具有重大意义。

（四）是推进乡村振兴和共同富裕的重要抓手

共同富裕是社会主义的本质要求，是中国式现代化的重要特征。实现共同富裕，前提是富裕；核心是共同；关键在"三农"。我国发展不平衡、不协调问题突出。无论是基础设施、公共服务、产业发展，还是人民生活水平，都存在较大差距。与此同时，部分地区生态资源富集区与贫困区高度重叠。以生态产品价值实现为抓手，促进脱贫致富的空间较大。通过发达地区的探索实践可以看出，推动生态资源隐性价值在市场上得到显现，有利于培育区域发展新动能，增加就业，提高人民群众收入水平。"生态优、环境美"还有利于减少环境污染造成的疾病以及城乡居民医疗支出，实现"生态富、物质富、精神富"三者同步推进（冯俊、崔益斌，2022）。

二、生态产品价值实现与乡村振兴的协同困境

虽然我国在积极探索生态产品价值实现的过程中已经取得部分成效，初步建立主体框架，但在推进生态产品价值实现的过程中仍然存在相关政策保障力度不够、金融体系的资金支持不到位、交易价格机制不成熟、补偿机制功能不完备等诸多瓶颈，制约着生态产品价值实现机制的建立和乡村振兴战略的实施（沈辉、李宁，2021）。

（一）生态产品和生态资产产权不明晰

生态产品和生态资产产权归属界定不明晰。生态产品具有一定的公共性和外部性特征，导致其产权边界界定较为模糊，由此造成各类生态产品的定

义和界定标准不统一、权属不清、产权交叉重叠和缺位遗漏现象。因此，加快构建生态产品产权归属清晰、保护权和开发权明确的产权制度是重中之重。生态产品来源于生态资产，健全生态资产确权登记制度规范，有序推进统一确权登记。清晰界定生态资产产权主体，划清所有权和使用权边界。丰富生态资产使用权类型，合理界定出让、转让、出租、抵押、入股等权责归属，依托自然资源统一确权登记明确生态产品权责归属。

（二）生态产品核算机制不完备、不统一

由于生态产品为人类带来的影响是长期存在的，且影响的范围较广，因而难以精准定量核算。我国尚未对生态产品价值核算的指标体系、模型方法、数据来源等进行统一，因而较难对生态产品的价值进行统一核算。同时，目前尚没有一个明确的部门负责统筹生态产品价值核算工作，探索将其纳入经济社会发展评价体系。针对生态产品价值实现的不同路径，缺乏行政区域单元生态产品总值和特定地域单元生态产品价值评价体系，未能全面体现生态产品数量和质量。

（三）生态产品价值实现的资金支持力度弱

生态产品价值的实现离不开资金的支持。以政府为主导的生态补偿体系作为生态产品价值实现的关键环节之一，所需资金大多来源于中央和地方政府的财政转移支付，加之生态产品的外部性、公共性等特殊属性，导致其投资风险加大、收益回报水平较低，且其修复工程期较长。同时，由于投资资金量较大，仅依赖于政府的财政投入难以满足资金需求。而银行等金融机构往往缺乏对生态产品投资的兴趣，绿色信贷、绿色基金、债券等绿色金融体系不够完备，对生态产品价值实现的资金支持力度较为有限。

（四）生态产品价值转化的交易价格机制不成熟

当前我国主要通过政府手段和市场手段两种方式实现生态产品的价值。政府手段主要是采用生态补偿机制，市场手段主要是将生态产品作为一种商品进行统一买卖。在现实中，生态产品价值实现多以政府手段为主。但由于资金需求量巨大，政府转移支付难以满足资金需求，因而需要转向市场手段。然而，目前我国生态产品交易市场的发育程度低，市场准入条件、交易技术与流程、各利益主体分配方式、交易价格和相关监督管理办法等不够统一规

范，尚未形成统一的生态产品自由交换市场和定价机制，生态产品价值实现的市场交易体系还有待进一步完善成熟。

（五）生态产品保护补偿机制功能有限

尽管目前我国已经就建立生态产品保护补偿机制进行大量尝试，也已取得一定的成效，但该机制缺乏统一的生态补偿评价制度原则，且以政府为主导的形式存在着财政负担压力大、资金支持力度有限且资金来源渠道单一、区域间协调衔接不通畅、缺乏生态产品损害补偿的相关法律保障等瓶颈。生态产品价值实现的补偿体系仍有待进一步健全。

案例10-2　四川雅安加强生态保护加快转型发展，培育绿色发展新引擎

说起四川雅安市，许多人可能有些陌生。但是，说起国宝大熊猫肯定都很熟悉。雅安正是我国第一只大熊猫的发现地，被誉为"大熊猫的故乡"。地处四川盆地和青藏高原过渡地带的雅安市，素有"天府之肺""动植物基因库"之称，森林覆盖率持续位居四川全省第1位。去年空气质量优良天数达340天，在全省15个重点城市排名第1位，生态是最突出的优势。

近5年来，雅安认真践行"绿水青山就是金山银山"理念，把生态环境保护作为立市之本，把壮大绿色产业作为发展关键，坚定不移转方式、调结构。全市地区生产总值跨越3个百亿元台阶，经济质效明显提升。

生态农业护本色

走进位于二郎山脚下的雅安市天全县思经镇团结村，只见小山村群山环抱，郁郁葱葱，发源于二郎山上的小河缓缓流过，161口养鱼池在河边有序排列。

"早些年，按照国家退耕还林政策要求，思经镇不适合耕种的坡地都已退出。这几年，国家建设大熊猫国家公园，我们又在公园范围之内，所以对生态保护抓得挺紧。你看这周边山上以前种粮的坡地现在种满了树木和竹子。"思经镇党委副书记梁红川说，生态更好了，但也曾有当地村民感到生计遇到挑战。

令人欣慰的是，绿水青山很快吸引来投资，建起了冷水鱼现代农业产业园区，利用小河中的高山雪水养殖鲟鱼，生产鱼子酱，使冷水鱼产业得到大力发展。去年园区销售收入过亿元。好山好水产好鱼子酱，园区产的鱼子酱打入了欧美高端餐饮市场，去年出口创汇900多万美元。

借助良好的生态环境和特色养殖业，天全县借势打造了 13 公里竹海渔乡生态走廊、主题公园，让更多村民找到了新的生计。村民李亚琼的 10 多亩地退耕还林之后只剩下 1 亩多地。"但生活比以前好得多"，李亚琼高兴地告诉记者，他在冷水鱼产业园区负责给鱼投食、清理鱼池等工作，每个月有 4 000 多元的收入。

背靠绿水青山，雅安一直在探索如何在保护生态本底的前提下，让老百姓过上好日子。雅安各地充分利用不同的自然条件，走出了各自的特色农业之路。

5 月，"中国甜樱桃之乡"汉源县农民迎来一年一度的大樱桃丰收季。依托独特的气候条件，当地生产的大樱桃果实鲜艳、甜度高、果肉肥厚，单果重 10~20 克，每公斤售价可达 50 元以上。目前，汉源全县大樱桃种植规模达 5.9 万余亩，不仅畅销省内各大中城市，还成为北京、广州、深圳等大中城市市场的抢手货。而这些半高山上成片的果树既是农民的"摇钱树"，也是很好的生态林。

春茶采摘季刚过的雅安名山区，35 万多亩茶园起起伏伏，仿佛给连绵的山丘盖上了一层厚重的绿色地毯。近年来，名山区充分利用茶叶资源，将乡村旅游与观光农业有机融合，带动 23 万群众共享茶旅融合发展成果，仅茶叶一项，就使人均增收 5 000 多元。

文旅融合两相宜

据统计，2022 年"五一"假期，雅安全市共接待游客约 84 万人次，同比增长 32%。

"五一"假期游客迅猛增长的良好势头，让二郎山生态旅游开发有限公司副总经理冯国刚心中一喜。"虽然受到新冠肺炎疫情影响，但雅安良好的生态和风景仍然对游客有很强的吸引力。"冯国刚告诉记者，他们开发的喇叭河景区在"五一"期间是全省十大热门景点之一，景区内的酒店一房难求。"在喇叭河景区我们已经投入超 8 亿元，正计划在周边开发新景点，以形成旅游环线和相互依托之势。"冯国刚说，虽然目前时不时受封控等因素影响，但他对雅安旅游业的发展前景仍充满信心。

雅安的旅游资源得天独厚，全市共有 38 家 A 级旅游景区。在 5A 级景区碧峰峡，有全球面积最大、生态环境最好的大熊猫保护研究中心——碧峰峡基地。基地先后诞生 180 余只大熊猫。在我国作为"友好使者"出境的 41 只大熊猫中，就有 12 只来自碧峰峡。除丰富的自然风光之外，雅安充分发挥红军长征等红色资源优势，传承红色基因，发展红色旅游。打造了安顺场、夹金山等20余个红色旅游景点，推出5条红色旅游精品线路。去年带动红色旅游160余万人次。

良好的生态环境、紧邻成都的地理优势，正在催生一个全新的产业——文体旅游产业。在雅安新区文教新城，记者看到，投资4.7亿元的文体产学研中心正加紧建设。另一个重大项目四川国际赛事中心项目一期主体工程已基本建成，总建筑面积达8万平方米的项目全部建成后，将成为全省标志性体育运动综合体之一。去年，全市累计签约亿元以上文体旅游项目17个，签约总金额244亿元。

雅安市文旅融合发展服务中心主任、雨城区委副书记李平说，雅安以建设文教新城为载体，加强与四川体育产业集团等龙头企业合作。以四川国际赛事中心、体育制造产业园和国际运动社区等项目为主体，推动多业态深度融合发展。正在构建体育赛事、体育旅游、体育康养等"体育＋"全链条产业生态，成功实现体育产业从无到有、创新发展的良好开端。

转型发展育后劲

雅安多山，境内1.5万平方公里的土地，超过70%属于邛崃山脉和大雪山脉，"靠山吃山"在所难免。但时代不同，"吃法"也有了根本性改变。过去开山卖矿等"粗犷吃法"已经隐退，取而代之的是依靠科技的"精细吃法"。

在位于天全县的尔润玄武岩纤维科技有限公司，"石头的涅槃"每天都在上演。在这家四川省重点高新技术企业的生产线上，一端吃进去的是粗黑的石块，经过1 600摄氏度高温熔融之后，另一端吐出来的是褐色的细纱。这纱有多细？只有5.5微米，不到头发的1/10。石块来自哪里？来自雅安天全县的满山遍野。这些细纱能干啥？经过加工处理后，作为一种绿色新型材料，其拉伸强度是钢材的3倍多。可上天入海，可修路架桥，用途十分广泛。"这些玄武岩以前作为普通的铺路石不值钱，而1吨玄武岩纤维却值10多万元！而且每一粒石头都可以变成纱，没有浪费。"公司总工程师郑大涛自豪地说。

"石头涅槃"的故事可以说是雅安工业经济转方式、调结构，发展绿色产业的生动缩影。

在雅安，锂电产业从无到有，几年间建起多个相关项目，正加速形成产业链。雅化集团雅安锂业公司就是产业链上的佼佼者。经过几年的努力，公司 2020 年建成全球单线产能最大的氢氧化锂生产线，并以其稳定的产品质量赢得特斯拉、宁德时代、中航锂电等众多客户。"雅化锂业现有产能 4.3 万吨，到 2025 年，二三期项目建成后，将建成年产 10 万吨锂盐的锂业产业园，产值将超过百亿元。"该公司副总经理赵江说。

更令人刮目相看的是，雅安在数字经济竞相发展的大背景下，充分发挥绿色电力丰富、直连骨干节点等比较优势，从"零"起步，借"数"转型，为绿色发展找到了强劲有力的新引擎。雅安产业投资集团有限公司副总经理周小波说，截至目前，雅安大数据产业园已建成为全省单体规模最大的数据中心，也是四川省首个直连国家互联网一级骨干节点的多运营商网络接入的园区。园区累计签约入驻大数据及关联项目 128 家，协议总投资超过 480 亿元，大数据产业园规模体量迈入全国第一方阵。2021 年，雅安大数据产业带动全市数字经济规模达 309.19 亿元，软件信息技术服务业营业收入乘"云"直上，同比增长约 153%。

资料来源：中国乡村振兴在线，2022 - 06 - 14.

第三节　生态产品价值实现与乡村振兴的协同机制

建立健全生态产品价值实现机制，是贯彻落实习近平生态文明思想的重要举措；是践行绿水青山就是金山银山理念的科学路径；是从源头上推动生态环境领域国家治理体系和治理能力现代化的必然要求，对推动乡村振兴战略具有重要意义。要进一步推动实现生态产品价值保值、增值、提质和共享，从而助力乡村全面振兴。

一、生态产品价值实现的体制机制——"六链融合"

绿色生态是乡村最大的财富、优势和品牌。如何将绿色生态转化为百姓的财富、发展的优势和区域的品牌，使绿色生态成为我国乡村振兴的动力和百姓幸福的源泉，是"十四五"时期我国经济社会发展的关键问题。就本质而言，生态产品价值实现，是将各类生态资源所蕴含的内在价值转化为经济效益、社会效益和生态效益的过程。当前，全国各地在生态产品价值核算、确权、抵押、转化、厚植等方面加快探索，形成了诸多有益经验。但从实践层面看，生态产品价值实现仍存在"五难"，即统计难、核算难、抵押难、交易难、变现难。因此，如何建立健全生态产品价值实现的复合系统，打通各链条间的梗阻，协同推进生态产品价值实现，亟待深入思考（谢花林等，2021）。

（一）明确"主体链"，构建多主体协同参与机制

生态产品价值实现，包含生态的治理与保护。生态产品的生产、经营、服务、消费、监管，以及各类配套服务等环节，涉及不同主体的利益关系和诉求。这就需要在各个环节建立有效机制使相关主体责任分工明晰、权力与责任匹配、利益关系合理。

识别生态产品的主体差异。生态产品不同于一般工业产品。一般工业产品的主体只有提供者（包括生产、经营、服务）、消费者和监督者（政府监管和社会监督）的三者关系；而生态产品的主体关系则非常复杂，一般来说有保护者、使用者、破坏者三个主体。但在实践中，还需要进一步细化：一是有责者，即有责任提供生态产品的主体，其责任包括生态治理责任、控制责任、安全和质量保证责任；二是保护者，具体实施生态保护、生态厚植、生态护养；三是获利者，直接或间接利用生态产品，通过生产、经营、服务活动而获取利益利润的主体；四是享用者，即各类生态产品的直接或间接非公益性消费主体；五是受益者，指生态产品的公共性受益群体，主要包括不同范围的社会公众受益、代际受益主体；六是捐献者志愿者，指在生态治理、控制和服务活动中，不以自身获利、享用、受益为目的的贡献者；七是破坏者，指不符合或违反生态建设法规或政策而造成生态不良后果的行为者。

建立符合生态产品主体差异特征的多主体参与机制。对于有责者，可通过区别治理责任、控制责任、安全和质量保证责任来明确参与主体；对于保护者，可制定政府全额、差额、补贴、购买和产业转型性扶持政策，也可制定由政府主导的转移性区域受益者付费政策；对于获利者，在有利于促进生态保护和生态增益原则下，政府应当按照"放管服"的要求制定政策，鼓励支持此类主体发展；对于享用者，按照生态产品享用水平付费是最有效的政策选择，但需要建立形成直接或间接的生态产品质量和诚信监管政策，以维护享用者消费权益；对于生态产品的公共性受益群体，除政府给予这类生态产品投入和政策性支持外，还可采取以某类生态关联产品为载体，制定政策让受益区域的社会主体或公众适当分摊成本；对于捐献者、志愿者，各级政府和社会组织需要制定相应的鼓励政策；对于破坏者，应依法给予赔偿或给予相应处罚。

（二）摸清"价值链"，构建监测评价机制

实现生态产品价值的关键前提是先摸清生态资源家底。根据区域主体功能定位、资源禀赋和基础条件，全面调查挖掘当地所拥有的各类生态资源，梳理形成可供定期追溯和更新的生态资源目录清单，并实现动态监测。生态产品具有显著的公共产品特性。要使公共产品进行有效的市场交易，须界定清晰生态资源或要素的产权，明晰生态产品的所有权及其行使主体，并对其价值进行科学评估。

普查生态产品。制定统一的生态产品调查和监测标准体系，及时汇交各类生态产品类别、数量和空间分布的数据库；加快生态资源信息化平台建设，开展生态产品认证体系建设，全面开展自然资源负债表编制，建立能够体现"山水林田湖草沙冰"等生态资源优势的生态产品目录清单，及时掌控各类生态产品的数量和价值变化。

确权生态产品价值。构建"山水林田湖草沙冰"生态资源统一确权登记系统，对水流、森林、山岭、草原、荒地、滩涂以及探明储量的矿产资源等全部国土空间内的自然资源所有权进行统一确权登记。界定各类生态资源产权主体，明确确权登记的原则、技术、规范等，确保确权登记的科学性和合理性。同时，制定产权主体权利清单，从根本上解决生态产品"归谁有""归谁管""归谁用"等问题。

核算生态产品。一是在完善生态产品价值评估的基础上，尽快纳入国民经济统计核算体系。在国民经济行业分类基础上，制定生态产品分类目录，为生态产品的统计和核算提供前提。二是出台与生态资源基础相适应的 GEP（生态系统生产总值，下同）核算地方标准，明确物质供给类、调节服务类和文化服务类生态产品的价值核算方法。在价值取向上，主要核算生态产品的使用价值和最终产品，并在核算购买量的基础上核算价值量。三是根据核算数据需求，建立由生态系统监测、环境与气象监测、社会经济活动与定价、地理信息类数据等构成的统计报表，全面规范数据来源、填报要求和牵头部门。

（三）健全"交易链"，构建价格形成机制

市场交易是产权的实现途径。市场机制为实现生态产品价值提供了成本最低的途径，也为创新生态产品供给模式、提高生态产品供给质量提供了持续的激励措施。开展生态产权交易可以用生态产品货币化促进其外部成本的

内部化，实现从产权到货币的转型，打通"绿水青山"转化为"金山银山"的市场通道。

打造交易平台。生态产品市场是生态产品价值实现的重要载体。目前的生态产品交易平台，大多仅服务于物质产品类的生态产品，但对产权不明晰的生态产品，尚未有成熟的交易平台。因此，亟须构建生态产品的省级和地市级交易功能性平台，组建自然资源运营管理平台，推动自然资源一体化收储、平台化运营。打通资源整合收储、资产整理、资本引入、运营发展等关键环节，拓展物质和文化服务生态产品供需的对接平台。鼓励各地在电商、出行等互联网平台设立生态产品专区，推动更多优质生态产品向线上平台聚集。

健全交易体系。建立生态资产与生态产品的市场交易机制，形成生态资产确权、第三方核算、交易市场、转移登记等完整交易体系。制定交易行为与资金管理等配套政策，为生态资产与产品交易市场化建设提供保障。同时，探索由政府管控或设定限额，建立健全碳排放权、排污权、用能权、生态产品市场准入负面清单等制度。探索建立反映市场供求关系、资源稀缺程度、环境损害成本和代际关系的价格形成机制，更好地实现生态产品的经济价值和生态价值。

（四）打通"资金链"，构建资金投入机制

生态产品的生产主体是生态系统，保持生态系统的健康稳定是其持续生产生态产品的前提。因此，必须加强生态建设、生态保护和修复、生态治理等方面的投资。

建立以政府投入为主体、社会资本和农民自筹自建为辅助的多元化投入机制。一是提高政府生态补偿财政投入。通过生态补偿方式不断拓展生态建设转移支付的规模和范围，探索耕地、林地、园地、草原、江河、荒漠、湿地等重点领域生态效益补偿，加大对于生态公益林、流域治理、退耕还林、水土保持、退耕还湿等生态补偿力度。二是放宽社会资本投入，推进生态产品市场准入资格改革，清除隐性壁垒，放宽市场准入条件。建立绿色股票市场和生态类投资产品，吸引社会资本进入生态产品市场。三是激励农民自筹自建投入，建立"以奖代补、民办公助、先建后补、以奖促治"激励机制。按"谁所有、谁养护，谁投资、谁受益"的原则，落实好农民生态产品产权归属，保障农民自筹自建生态产品项目的合法权益。

创新绿色金融支持机制。一是探索绿色金融融资渠道，加强税费减免支持，更好地吸引社会资本融资；二是拓展商业银行服务领域，构建生态产品评估机制，破解生态产品抵押困局，根据不同的客户类型，创新贷款类型和模式，实现精准放贷；三是成立绿色金融银行，支持森林、林木和绿色资源开发和资源高效利用项目的抵押贷款，探索建立绿色金融风险补偿机制；四是推进面向中小企业的绿色金融创新，推进绿色无形资产的交易及金融创新；五是推进面向大企业的绿色金融创新，包括绿色银团贷款、绿色债券、绿色股权投资基金等。

（五）延伸"产业链"，构建生态产业化和产业生态化机制

生态产品价值实现，要注重生态产业化和产业生态化，以生态为资源发展好相关产业，把生态优势转变为经济优势。同时，利用先进生态技术，培育发展资源利用率高、能耗低、排放少、生态效益好的新兴产业，促进产业绿色化发展。

生态产业化。把生态环境优势转化为生态农业、生态工业、生态旅游、健康休闲等生态经济优势，是实现生态产品价值的重要路径。一是发展特色种养业。在环境质量较好、适合生态农业发展的地区支持发展生态种养产业，推广复合高效种植模式，推行生态养殖模式，延伸农业产业链，挖掘农产品的生态附加值。二是发展环境敏感型产业。在环境质量优良的城市周边地区，吸引对环境要求较高的医疗器械与生物制药等产业，将生态优势转化为产业优势，降低企业成本，提升产品质量。三是发展生态文旅产业，发展休闲、旅游、康养等产业，依托山、水景观资源发展生态旅游产业。

产业生态化。一是完善生态文明制度体系，强化制度实施的刚性。完善经济社会发展考核评价体系，把资源消耗、环境损害、生态效益等能够体现生态文明建设状况的指标纳入其中。并合理设置权重，使之成为推动产业生态化的指挥棒和硬约束。二是增强企业环保责任意识，推广循环经济模式。在追求经济效益的同时，企业必须兼顾生态效益和社会效益。通过外部政策支持和内生动力培育，推广并参与到循环经济发展模式之中。三是提高能源利用效率。加速推进一批高耗能企业的节能技术改造，降低企业单位产出能源消耗。同时，加快风能、太阳能、生物质能等新能源的开发和建设，促进能源结构的优化调整。实行最严格的水资源和土地保护管理制度，加强用水总量、用水效率、水功能区纳污"三条红线"管理，促进水资源优化配置。

（六）创新"技术链"，构建技术支持机制

绿色技术创新是生态技术供给的重要动力，是对技术创新的拓展和提升，是生态文明视域下技术创新的崭新形态。绿色技术创新实现了低污染、低能耗、低排放、高产出的目标，为人们的生存和发展提供了舒适的生活环境和优美的生态空间，使人们的生产方式、生活方式、思维方式和消费方式更加绿色智能化。

推动现代技术在生态产品价值实现的应用。一是推动数字化、信息化、可视化和互联网技术在生态产品的调查监测、价值评价、经营开发、保护补偿等环节的应用，建设生态产品价值自动化核算系统。二是推进县域 GEP 精准核算及数字化治理试点，依托遥感、物联网等技术，提升自然资源数据精度。三是完善"生态云"平台自然资源数据搜集管理和 GEP 核算功能，实现资源网络化管理、价值自动化核算。四是推动互联网技术在生态产品营销中的应用。鼓励各地在电商、出行等互联网平台设立生态产品专区，推动更多优质生态产品向线上平台聚集。

推动绿色技术创新。一是培养创新主体，提高绿色技术供给能力。强化企业绿色技术创新主体地位，增强其对优质绿色产品和生态服务的识别把控能力，形成技术路线和商业模式高效对接的信息优势，并健全"产、学、研"协同攻关的工作机制，保证企业绿色技术创新成果的快捷高效应用。二是优化市场环境，建立高效监管服务体系。深化市场准入制度改革，鼓励企业以多种经营方式进入新一代信息技术、高端装备、新材料等重点行业以及高端产品生产环节，为企业绿色技术创新提供公平竞争环境。三是增强政策支持，夯实绿色发展制度保障。按照"消化一批、转移一批、整合一批、淘汰一批"的原则，分业分类施策，提供金融、人才等优惠政策，支持绿色技术发展，并完善科技人才发现、培养、激励机制，健全符合科研规律的科技管理体制和政策体系。

二、生态产品价值实现与乡村振兴协同机制

（一）实现生态产品价值保值，助力乡村生态振兴

生态产品价值保值即保护乡村生态系统提供生态物质产品、生态调节服务和生态文化服务的能力，保护乡村的生态禀赋，为乡村振兴筑牢生态产品

价值这一财富和优势。一是加大农村生态保护力度，统筹山水林田湖草沙系统治理、修复，增加生态产品有效供给。结合污染防治攻坚战、厕所革命和农村人居环境整治，着力加强污水、废气、固废等常规污染问题综合治理，以及农村化肥农药污染专项治理和土壤污染综合整治，擦亮乡村振兴生态底色。二是构建多元化的生态补偿机制，健全生态环境损害赔偿制度。受益者付费、保护者得到合理补偿，实现生态保护者和受益者良性互动，拓宽生态补偿资金渠道，有效增加生态产品和服务。生态补偿要由政府、企业、社会组织和公众共同参与。补偿方式要多元化，通过对口协作、园区共建、项目支持、产业转移等，促进生态保护地区和受益地区的良性互动。此外，还要积极发展市场交易型、金融帮扶型、间接型等横向生态补偿方式。

（二）实现生态产品价值增值，助力乡村产业振兴

生态产品价值增值是在保护乡村生态环境的基础上，因地制宜发挥乡村生态资源禀赋的比较优势，开展特色化产业，从而打通绿水青山向金山银山的转换通道，形成"资源变资产，资产变资本，资本变产品，产品变产业"的生态产品价值增值路径。一是构建"生态＋产业"多业态融合机制。以农业为基本依托，通过产业链延伸、产业融合、技术赋能、体制机制创新，立足乡村功能定位，以"农业＋工业""农业＋服务业""农业＋旅游业"等多业态融合实现乡村产业链、价值链、主体链的全面融合发展。二是激发各类市场主体活力，积极引导政府、企业、集体组织、农户等多主体参与，推动生态产品产业化开发。其中，政府通过营造激励机制和制度环境引导产业发展。企业是推动生态产品产业化利用的主体，也是生态产品增值收益的创造者和受益者。市场通过价格机制和供需机制等促进资源的优化配置，集体组织和农户在政府引导和市场驱动下参与生态产品产业化过程。三是推动多要素协同供给机制。通过人才、资金、基础设施等要素的协同供给，共同提升生态资本的增值能力和生态价值的转化效率。

（三）实现生态产品价值提质，助力乡村文化振兴

生态产品价值提质是在生态产品价值转化为经济价值的同时，融入乡村文化价值，又通过生态产品所反映的乡村文化，发展旅游观光、文化教育等产业，以实现乡村的快速发展。一是把生态文化产品所具有的价值放在与生态物质产品供给、生态调节服务产品同等重要的地位来看待。对生态产品的

价值进行评估时，既要考虑其直接的经济价值，也要考虑其隐性的文化价值、社会价值和长远价值。二是取其精华，挖掘乡村文化资源。挖掘乡村的物质文化，包括自然生态、农业生态、村落环境、遗产遗迹等。挖掘乡村的精神文化，包括口头文学、民间艺术、传统技艺、民间习俗等。挖掘乡村的制度文化，包括村规民约、宗教族规、乡贤文化等。同时，也要挖掘在当代乡村振兴和生态文明建设中涌现的优秀乡村文化。三是强化乡村生态文化的宣传引导。充分发挥各类媒体的宣传主阵地作用，促使生态文化产品进媒体、进社区、进校园、进企业。开展广泛的生态文化宣传、科普教育和实践体验，宣传乡村生态文化产品价值实现典型案例和品牌等，提升社会各界对乡村生态文化的认知和接触，也为生态产品价值实现营造良好的社会氛围和群众基础。

（四）实现生态产品价值共享，助力乡村生活富裕

生态产品价值共享是确保生态产品价值人人享有、人人受益，从而提升乡村振兴的内生动力，也是释放内需潜力、促进消费升级、畅通经济循环的重要载体。一是完善产权利益分配机制。对于可分割、可共享的生态产品价值，应坚持"共同入股、共同保护、共同开发、共同受益"的原则。以产权分配收益，清晰界定生态产品资产产权主体，划清所有权和使用权边界。丰富使用权类型，合理界定出让、转让、出租、抵押、入股等权责归属。依托确权登记明确生态产品权责归属，让生态产品价值分配有据可依。二是发挥农村集体经济组织的作用。对阳光、泉水、空气、山林等符合三产融合要求的资源要素进行开发，必须借助于集体经济组织，形成以地缘为依据的利益分配机制。三是鼓励社会公众参与其中。公众是生态资源保护与利用的基础性力量。可以通过建立混合所有制、股份合作、委托经营的方式，发挥公众参与生态产品保护与利用的自主性，实现乡村地区权益共享。通过乡村就业、村民股权分红等形式推动公众参与生态产品价值分配。

案例10-3　打造生态产品价值转化的"篁岭模式"

一、案例背景

篁岭古村，隶属上饶市婺源县江湾镇栗木坑村委会管辖，属典型山居村落。民居围绕水口呈扇形梯状错落排布，有着独特风格的徽派古建筑，迄今已有580余年历史。2014年5月，婺源篁岭旅游度假区被评为国家AAAA级

旅游景区。篁岭古村房屋建在陡坡上，建筑物高低错落，呈半环状分布，被人称为"挂在悬崖上的古村"。周边有千亩梯田环绕，村前和村后背山周围红豆杉、枫香、香樟等千棵古树簇拥，古木参天，郁郁葱葱，造就了该村独特的精华资源。然而多年前，这里也和国内其他濒临消亡的古村落一样，地质灾害频发，交通不便，饮水困难，生产生活条件恶化。有条件的村民陆续搬走，最少的时候仅剩 68 户。整个村庄呈现"人走、屋空、田荒、村散"的萧条景象。

为还篁岭古村"晒秋"之景，婺源县委、县政府主动扛起责任，在充分调研论证的基础上，探索"整体搬迁、精准返迁、产业融入"三部曲保护式改革，对古村进行整体搬迁和保护性开发，力求保持古村文化的"原真性"。开创了独有的"篁岭模式"，取得了古村保护与经济发展双赢的突出成效。篁岭旅游度假区 2014 年获评国家 4A 级旅游景区，先后荣获了中国传统村落、中国最美休闲乡村、中国特色景观名村、中国乡村旅游模范村、中国乡村旅游创客示范基地、全国乡村旅游超级 IP 村、中国商旅文化产业发展示范乡村、全国"景区带村"旅游扶贫示范项目等诸多荣誉称号。

二、主要做法

婺源县坚持以体制机制改革创新为核心，加快完善政府主导、企业和社会各界参与、市场化运作、可持续的生态产品价值实现路径，统合旅游开发经营权。通过整体搬迁、精准返迁、产业融入等方式，成功打造"篁岭晒秋"品牌。

1. 模式创新，政策扶持和古建保护并重。针对篁岭古村整村搬迁、保护开发，县委、县政府研究出台全国首例旅游扶持政策。整合运用小产权房办证试点和地质灾害点整村搬迁的相关政策，推出篁岭古村"整体性转让、整村式搬迁、市场化开发、股份制运营"新模式。针对遍布全县各地的明清徽派老建筑，婺源县乡村文化发展有限公司与许村镇政府达成协议，研究出台全国首例古建保护政策，支持篁岭古村创新"古建异地搬迁保护"举措。开创了老建筑保护利用的"寄养"模式，打造"婺源古建异地搬迁保护试验区"。迄今，篁岭的 120 多栋老建筑，有 20 多栋是异地搬迁来的，使篁岭成为婺源精品老建筑密度最大的村落之一。

2. 整体搬迁，生态保护与民生改善并重。为解决篁岭村村民生产生活不便且村庄存在地质灾害隐患问题，采取"政府＋村民＋公司"的互动形式，早在 2009 年全面实施篁岭村进行整体搬迁工程。在交通便利的公路旁规划新建篁岭新村，在全县每年 10 亩农民建房新增建设用地指标的情况下，分批次先后共安排 35 亩农民建房新增建设用地指标，用于保障整体搬迁安置房建设用地需求。按照"统一规划、统一报批、统一基础设施、统一建设"的原则，在充分征求村民意愿的前提下，由县乡村文化发展有限公司负责建设村民搬迁安置房、新村各项基础设施及配套设施。这是婺源首次采用民资对村民进行安置补偿，这一有力举措备受当地村民欢迎。

3. 精准返迁，返乡就业与产业融合并重。组建专门的古建修复队，将兼业变成了专业。流转村落四周大半抛荒的梯田，雇用当地农民，按公司制定的种植方案，用传统种植方式打造"千亩梯田四季花海"。收获的菜油、辣椒、皇菊、稻谷、果蔬等农产品则定向销售给旅游接待单位，将耕作变成了就业。复原近 300 米的"天街"。街旁密布茶坊、酒肆、书场、砚庄、篾铺，吸引村民返迁"天街"经营相关业态。集结一批甲路油纸伞、婺源龙灯、龙尾歙砚等非物质文化遗产传承者，在街里巷间制作传授工艺绝活。经过"整体搬迁、精准返迁、产业融入"三部曲，每一个利益相关方的利益都得到增进，特别是原住民家庭妇女获得了"家门口"就业的机会，实现了非农化，绘出了"就地城镇化"的新样本。

4. 市场运营，文旅融合与品牌打造并重。篁岭地无三尺平，村庄平地少，屋顶架晒成了主要晾晒农作物的主要场地。篁岭人家为顺应自然地形，家家户户在顶层全层拓开搭起晒架，与屋顶的高低对比。加上篁岭全村房屋错落排布在落差近百米的山坡上，使篁岭晾晒更具层次感。篁岭将这种晾晒农作物的场景叫作"晒秋"，并逐渐形成了极富特色的"晒秋"民俗。每年六月六、九月九，篁岭都举办为期 5 个月的"保护晒秋文化遗产，传承中华农耕文化"为主题的"晒秋节"，将表演舞傩、瓜果秀等农耕风俗。文旅与产业相融合，打造系列"晒秋产品"，成为"最美中国符号"。

三、取得成效

"篁岭"模式复活了行将消逝的古村，复原了传统农耕文明，复兴了乡民的经济自信、产业自信和文化自信，解决了农民就地城镇化、土地经营权集约流转等难题，创造了"篁岭晒秋"的最美中国符号，提供了中国乡村旅游发展升级的领航样本。

1. 改善村居环境，增进人民福祉。2009 年 11 月，江湾镇人民政府与婺源县规划勘测设计院共同编制了《江湾镇果木坑村委会篁岭村整体搬迁安置规划》。婺源县乡村文化发展有限公司斥资 1 200 万元建设 3 层新徽派风格安置房 68 幢，老年、单身公寓 24 套，搬迁人口 320 人，总建筑面积 15 047 平方米，户均住宅建筑面积约 200 平方米。统一建设供水、供电、排污、硬化等公共基础设施建设及新村小学、众屋等配套设施，达到新农村建设规范标准。加上村民的生产资料多在山下，便利的交通条件彻底改变了村民的生产生活条件，村民幸福指数大大提升。

2. 产业延伸带动一方致富。探索形成生态文明建设的"篁岭模式"，通过产业不断融合发展，返乡村民有了工资性和经营性的收入。2016 年，篁岭景区支付给村民的工资有 500 余万元；村民旅游创业收入 600 余万元。截至 2020 年底，已有 150 余位村民在景区内从事特色餐饮、传统民俗表演、地域特色产品和手工艺品等相关工作，人均收入达到 3 万元以上；景区周边还有 100 余户村民从事农家乐、民宿经营，户均增收 5 万元以上。采用"公司 + 农户"的形式，极大地提升了村民的种植积极性。大量农村妇女在景区就业，经济、家庭和社会地位得到切实提高。

四、主要成效

"梯云村落、晒秋人家"篁岭古村，是中国乡村旅游的"宠儿"，也是全国"旅游扶贫"的典范。篁岭运营模式不仅保障了多数村民的参与权，带来了实质上的旅游红利，还为保护和发展古村落实现乡村振兴提供了非常好的借鉴思路。

1. 立足优势，构建精品。婺源境内多森林、溪流，自然环境优美，是古徽州府所辖六县之一，具有浓郁的徽州文化特色；以农业为主的经济，附加值低；相对闭塞交通不便等这些条件，放眼全国相同或相似的地区为数不少，关键是看谁能深挖其中的生态元素、人文元素，寻找它们完美的契合点，把短板和潜力相统一，走差异化道路，打造精品。提供更多优质生态产品是人民群众所想、所盼、所急，打造一个精品胜过 10 个俗品。切入点找好、找准，能够以点带面加速整个区域生态产品价值实现。从这个意义上说篁岭模式也是一种投资小、见效快、产出高的生态产品价值实现模式。

2. 政府推动，政策创新。想得深、看得远、抓得实是婺源县委、县政府现代化治理能力的体现。把生态产品价值转化与脱贫攻坚、乡村振兴统筹起来，同谋划、同部署、同落实，为扫清生态产品价值转换障碍，出台了《关于贯彻落实〈国家生态文明试验区（江西）实施方案〉的实施意见》《关于全面加强生态环境保护坚决打好污染防治攻坚战的实施方案》《婺源县"环保 360"行动实施方案》《婺源·徽州文化生态保护区管理办法》等一系列鼓励政策、保护政策、创新举措，为民、有为、担当的作风是生态价值实现的重要保障。

3. 双向增值，保持定力。"两山"理念的辩证关系表明，绿水青山是社会财富、经济财富，篁岭的实践已经证明了这一点。但更为重要的是用金山银山回馈绿水青山，增值自然资本。富裕起来的篁岭人靠手抬肩挑背驮大力治理地质灾害和改造水源，此举不仅改变了古村相对缺水的历史，最终还恢复了山有多高、水有多高的自然生态景观。持续10年的双向增值，精心打造，必须保持历史耐心和战略定力，也是步入良性循环的关键。

4. 权益共享，共同富裕。构建政府、企业、个人等多种主体积极参与的生态产品价值实现模式，其核心是自然资源产权明晰和制度创新。许多生态产品具有连续分布、互为影响、不可分割的属性，其推行的"权益共享""权益到户"无疑是一种很好的解决方案。共建共享能调动全民参与、人人受益，篁岭村民的人均年收入也从以前的 3 500 元提高到 2019 年的 30 000元，环保意识、生态意识正在成为村民的道德行为准则。可见共同富裕将是生态产品价值实现的持续内生动力。

5. 知难而进，寻求突破。"篁岭模式"的形成发展并非一帆风顺，也曾面临一些困难和发展的瓶颈。例如，篁岭景区出名后，由于周边非景区村庄景色也不错，给"低价团"钻了空子，出现所谓"劣币驱逐良币"的现象，影响了景区声誉；依靠乡村旅游，婺源县 70% 以上的人口吃上"旅游饭"，但像新冠肺炎疫情这类特殊情况也带来了更大的冲击面。对于这些影响生态产品可持续实现的问题，婺源提出了从单纯依靠门票获利的经营模式，向探索打造多元生态产品，促进产业生态化，加大区域协同方面转变。

资料来源：江西省生态产品价值实现案例（一），2021 – 03 – 03.

案例 10 – 4 "五个发力"促进生态产品价值实现的"莲花经验"

生态产品价值实现是"绿水青山就是金山银山"的重要抓手，也是生态富集地区经济实现高质量发展的重要新动能。近年来，江西省莲花县深入贯彻习近平生态文明思想，以建设"全域美丽、全民共享、全国闻名"的"生态名县"为总目标，围绕"生态立县，绿色发展"的战略目标，大力实施"生态兴县、转型升级、乡村振兴、城乡融合"四大战略，加强顶层设计、高位谋划布局。通过推进系统治理、打造生态产业链、建设生态品牌、创新绿色金融、完善生态制度，持续"五个发力"（供给力、增值力、溢价力、变现力和保障力），拓宽"两山转化"的通道，形成了生态产品价值实现的"莲花经验"。

一、推进系统治理，持续在"生态产品供给"上发力

一是开展山水林田湖草系统化治理。以莲江流域为主要治理对象，以打造山水林田湖草综合治理样板区为目标，坚持山水林田湖草系统治理和综合施策。按照水空间划分，在县域范围内开展陆域生态保障与污染防控、岸线生态建设与美化优化、水域环境保护与生态修复、产业布局优化与文化旅游建设、流域综合管理智慧化建设。

二是提升森林质量，增加林业碳汇。以林长制工作为总抓手，以"制"促"治"，厚植绿色，在森林管理上采取"严管、巧促、善推"工作机制。围绕"增绿、管绿、护绿、用绿、活绿"5大任务，退化林修复、矿山复绿、防护林建设、森林抚育补贴、低产低效林改造等项目全面铺开。全县森林质量得以提升、森林覆盖率高速增长、林分结构显著优化、森林蓄积量明显上升，林业碳汇能力和空气质量显著提升，获评"江西省森林城市""江西省首届十佳绿色生态县"等美誉。

三是深入推进污染防治攻坚战。建立污染防治攻坚战的组织体系，深入推进城市扬尘治理、城市餐饮油烟治理、工业废气治理、柴油货车污染治理、农作物秸秆综合利用与禁烧、城市烟花鞭炮禁放等蓝天保卫战专项行动；饮用水水源地环境保护、城镇生活污水处理、入河排污口整治等碧水保卫战专项行动；城镇生活垃圾处理、农用地污染防治、建设用地污染防治、危险废物处置等净土保卫战专项行动，县域生态环境质量得到显著提升。

二、打造生态产业链，持续在"生态产品增值"上发力

一是打造文化旅游产业链。紧扣打造"莲花福地""国内知名的四季花海旅游目的地"发展主线，着力构建"龙头带动，三线贯穿，百花朝莲"的全域旅游新局面。树立"莲花福地赢天下"的主题形象，打造"莲花游"游客心理名片。以"荷花博览园、六市美丽乡村、红色沿背培训"为龙头，突出"一枝花"的名牌效应，彰显"一带绿"的主导地位。发挥"一片红"的教育作用，把莲花县打造成国内知名的四季花海旅游目的地和世界莲文化旅游目的地。

二是打造生态农业产业链。按照"三产融合"发展的思路，促进乡村生态振兴。大力发展绿色循环农业，以琴亭莲子、吉内得大米、胜龙牛肉、莲花血鸭、莲花白鹅、甘红茶和晶沙柚等为重点，建设一批绿色有机农产品基

地，争创国家级现代农业产业园、农村产业融合发展示范园、农业产业强镇、绿色循环农业示范园（基地）和富硒农产品标准化示范区。

三是打造医药食品产业链。延续"莲花一身皆中药""莲花血鸭誉京华"等药食文化，重点支持现代中药、化学原料药及中间体、仿制药、生物制药、药用辅料等产业发展，并充分利用贫困县IPO绿色通道，重点扶持大地制药主板上市。应用农产品精细加工技术，构建莲子、油茶、莲花血鸭等产品生产加工体系，积极拓展生态健康食品链条。

三、建设生态品牌，持续在"生态产品溢价"上发力

一是创建"莲花绿色生态"品牌。积极申报国家地理标志保护产品，打造"莲花胜龙牛肉""吉内得大米"等农产品品牌；"中国硒锌功能产品之乡"等硒锌品牌；"莲花有机水稻"等"有机汇"品牌；"中国楹联之乡"等文化品牌；"红色枪王"等旅游品牌。相继获评"国家生态文明建设示范县"、江西省第三批"绿水青山就是金山银山"实践创新基地、"全省生态产品价值实现机制示范基地创建县"，绿色生态莲花品牌进一步打响。

二是打造"莲花血鸭"饮食品牌。"莲花血鸭"是2008北京奥运会菜肴、清朝皇家宫廷菜肴、省级非物质文化遗产、江西十大名菜之一。莲花县制定了《"莲花血鸭"品牌创建与产业发展实施方案》，启动"莲花血鸭"国家非遗、"莲花麻鸭"国家名特优新农产品申报工作，纳入省级农产品"赣鄱正品""湘赣红"区域品牌。"莲花血鸭"集体商标注册、行业标准确定、内涵文化挖掘、基地平台建设等系列工作的开展，唱响"莲花血鸭"的品牌化、产业化发展大戏。

三是培育"红廉文化品牌"。依托革命老区优势，深耕红色资源。以"红"育廉、以廉促"红"，精心打造具有莲花特色的"廉洁地标"。深入挖掘甘祖昌等先进典型人物的"廉洁故事"，陆续建设了一支枪纪念馆、甘祖昌将军故居等一批红色文化廉洁教育阵地；充分挖掘神泉乡棋盘山3年艰苦游击战争中的红色廉洁因子，编印《铁军星火》《铁军从这里出山》等红色教材。通过红廉文化与绿色资源的互补共融，形成了"红色＋绿色"文旅融合发展的莲花路径。

四、创新绿色金融，持续在"生态产品价值变现"上发力

一是开发绿色信贷产品。探索"生态资产权益抵押＋项目贷"模式，支持银行机构按照市场化、法治化原则，创新金融产品和服务，加大对生态产品经营开发主体中长期贷款支持力度。创新绿色金融信贷产品，探索"古屋贷"、"洁养贷"和"湿地贷"，丰富"生态信贷通"产品。

二是推进生态产品资产证券化。支持从事优质生态农产品供给、生态旅游发展、生态文化创意产业等企业发行绿色债券，到"新三板"市场和区域性股权市场绿色板块挂牌融资。加快资产证券化产品落地，探索生态农林牧渔业、生态旅游、生态环境整治等行业周期较长、可形成稳定现金流的企业发行资产支持证券。

三是建设"两山转化"运营中心。由农发集团牵头，创建"两山转化"运营中心，搭建生态资源价值评估中心、资源收储中心、资产运营中心、金融服务中心和资产交易平台"四中心一平台"。通过赎买、租赁、托管、股权合作、特许经营等方式，将生态资源收储、整合后进行经营，实现生态资源的"化零为整"集约化和"积少成多"规模化利用。

五、完善生态制度，持续在"生态产品机制保障"上发力

一是健全生态价值评估制度。将辖区内主要水系河道等重要自然资源统一确权登记，构建自然资源资产核算体系；逐步完善GEP核算体系，探索编制莲花县自然资源资产负债表；将经济发展增量的环境损害、生态效益、自然资源消耗成本等作为重点核算内容，建立绿色发展绩效评估制度；协调联动发改、住建、商务、规划以及自然资源等部门开展社会经济发展政策战略环评和规划环评，落实行政决策风险评估机制。

二是探索生态文明信用体系建设。制定环保信用评价管理办法，把生态诚信行为纳入征信工作内容。探索构建覆盖企业、社会组织和个人的生态环境保护积分体系，依据征信和积分情况评选先进组织、集体和个人，并在生态产品优惠服务和绿色金融服务予以政策倾斜。

三是建立生态产品价值考核制度。探索实行经济发展和生态产品价值"双考核"，重点考核生态产品供给能力、环境质量提升、生态保护成效等方面指标。适时将生态产品价值核算结果作为领导干部自然资源资产离任审计的重要参考，并将审计结果作为领导干部考核、任免、奖惩的重要依据。对任期内造成GEP严重下降的，依规依纪依法追究有关党政领导干部责任。将金融支持生态产品价值实现情况纳入绿色信贷考核评价体系。

资料来源：谢花林，江西新闻客户端，2022–08–05.

参 考 文 献

1. 艾伟武, 蒋培. 将生态产品价值转化与乡村振兴有机衔接 [N]. 中国社会科学报, 2021 – 12 – 03.

2. 白暴力, 程艳敏, 白瑞雪. 新时代中国特色社会主义生态经济理论及其实践指引——绿色低碳发展助力我国"碳达峰、碳中和"战略实施 [J]. 河北经贸大学学报, 2021, 42 (04): 26 – 36.

3. 蔡继明. 做好"三块地"的顶层设计 [J]. 城乡建设, 2016 (04): 9 – 10.

4. 曹守静. 湖北省人才流动意愿及影响因素研究——基于2016 年全国流动人口动态监测调查数据 [J]. 广西质量监督导报, 2019 (10): 73 – 75.

5. 曾贤刚, 虞慧怡, 谢芳. 生态产品的概念、分类及其市场化供给机制 [J]. 中国人口·资源与环境, 2014, 24 (07): 12 – 17.

6. 车娜. 新土改: 蹄疾步稳 任重道远 [J]. 国土资源, 2017 (09): 25 – 28.

7. 陈纯柱, 刘娟. 网络诈骗的立案困境与路径研究 [J]. 重庆邮电大学学报 (社会科学版), 2017, 29 (02): 50 – 57.

8. 陈放. 乡村振兴进程中农村金融体制改革面临的问题与制度构建 [J]. 探索, 2018 (03): 163 – 169.

9. 陈光军. 乡村振兴战略的历史渊源、理论脉络与实施路径 [J]. 黄河科技学院学报, 2019, 21 (06): 86 – 93.

10. 陈华. 加强与乡村振兴有机衔接 巩固提升广西脱贫攻坚成果 [J]. 桂海论丛, 2020, 36 (04): 61 – 66.

11. 陈怀宇, 杜国明, 吴玲. 大扶贫格局下社会组织参与精准扶贫的影响因素研究 [J]. 行政科学论坛, 2018 (03): 16 – 20.

12. 陈坤秋, 龙花楼, 马历等. 农村土地制度改革与乡村振兴 [J]. 地理科学进展, 2019, 38 (09): 1424 – 1434.

13. 陈清，张文明. 生态产品价值实现路径与对策研究 [J]. 宏观经济研究，2020（12）：133 – 141.

14. 陈润羊. 美丽乡村建设研究文献综述 [J]. 云南农业大学学报（社会科学版），2018，12（02）：8 – 14.

15. 陈伟. 新时代中国推进生态文明建设的战略选择 [J]. 中国软科学，2019（03）：9.

16. 陈锡文，韩俊. 中国特色"三农"发展道路研究 [M]. 北京：清华大学出版社，2014.

17. 陈新. 国外乡村建设对我国欠发达地区乡村振兴的若干启示 [J]. 乡村科技，2019（30）：8 – 10.

18. 陈秧分，刘玉，李裕瑞. 中国乡村振兴背景下的农业发展状态与产业兴旺途径 [J]. 地理研究，2019，38（3）：632 – 642.

19. 陈秧分，刘玉，李裕瑞. 中国乡村振兴背景下的农业发展状态与产业兴旺途径 [J]. 地理研究，2019，38（3）：632 – 642.

20. 程华东，惠志丹. 乡村振兴视域下农业高校服务乡村人才振兴的路径探析 [J]. 高等农业教育，2020（03）：3 – 8.

21. 程建平. 教育扶贫拔除"穷根"　持续巩固脱贫攻坚成果 [J]. 中国政协，2020（17）：40 – 41.

22. 池泽新，彭柳林，王长松，赵隽劼. 农业龙头企业的自生能力：重要性、评判思路及政策建议 [J]. 农业经济问题，2022（03）：136 – 144.

23. 党国英. 中国乡村社会治理现状与展望 [J]. 华中师范大学学报（人文社会科学版），2017，56（03）：2 – 7.

24. 德清县改革办. 德清：把改革作为一张金名片 [J]. 政策瞭望，2018（10）：35 – 37.

25. 邓小平文选（第3卷）[M]. 北京：人民出版社，1993：225.

26. 丁斐，庄贵阳，朱守先. "十四五"时期我国生态补偿机制的政策需求与发展方向 [J]. 江西社会科学，2021，41（3）：59 – 69.

27. 丁宪浩. 论生态生产的效益和组织及其生态产品的价值和交换 [J]. 农业现代化研究，2010（06）：692 – 696.

28. 豆书龙，叶敬忠. 乡村振兴与脱贫攻坚的有机衔接及其机制构建 [J]. 改革，2019（01）：19 – 29.

29. 窦清华. 乡村振兴背景下建设生态宜居乡村的实现路径——基于宜

宾长宁"竹乡美丽庭院"实践的思考［J］．吉林农业，2019（22）：20．

30．窦亚权，李娅，赵晓迪．生态产品价值实现：概念辨析［J］．世界林业研究，2022，35（03）：112－117．

31．杜林远，高红贵．生态补偿标准空间差异与影响因素分析［J］．统计与决策，2017（01）：169－172．

32．杜伟，黄敏．关于乡村振兴战略背景下农村土地制度改革的思考［J］．四川师范大学学报（社会科学版），2018，45（01）：12－16．

33．恩格斯．自然辩证法［M］．北京：人民出版社，2018．

34．樊杰．我国"十四五"时期高质量发展的国土空间治理与区域经济布局［J］．中国科学院院刊，2020，35（7）：796－805．

35．冯俊，崔益斌．长江经济带探索生态产品价值实现的思考［J］．环境保护，2022，50（Z2）：56－59．

36．冯天博．新时代生态宜居美丽乡村建设研究［D］．长春：吉林大学，2020．

37．符梦思，邢成举．乡村产业的困境及乡村价值视角下的重构［J］．团结，2020（04）：41－44．

38．高强．脱贫攻坚与乡村振兴有机衔接的逻辑关系及政策安排［J］．南京农业大学学报（社会科学版），2019，19（05）：15－23，154－155．

39．戈大专，龙花楼．论乡村空间治理与城乡融合发展［J］．地理学报，2020，75（06）：1272－1286．

40．戈大专，陆玉麒．面向国土空间规划的乡村空间治理机制与路径［J］．地理学报，2021，76（06）：1422－1437．

41．戈大专，陆玉麒，孙攀．论乡村空间治理与乡村振兴战略［J］．地理学报，2022，77（04）：777－794．

42．耿羽．壮大集体经济　助推乡村振兴——习近平关于农村集体经济重要论述研究［J］．毛泽东邓小平理论研究，2019（02）：14－19，107．

43．关振国．破除乡村振兴中人才发展的"紧箍咒"［J］．人民论坛，2019（16）：66－67．

44．郭红东，曾亿武．互联网背景下中国农业产业组织体系创新研究——基于农户的视角［J］．新疆财经，2019（02）：52－62．

45．韩长赋．认真学习宣传贯彻党的十九大精神大力实施乡村振兴战略［J］．中国农业会计，2017（12）：54－55．

46. 郝苗苗，赵修海. 在生态环境宣传中注入文化活力——以"兴文化"的使命担当大力推进生态文化建设 [J]. 环境教育，2019（12）：32-35.

47. 何朝银. 试论我国农村土地制度的形成和发展——学习习近平总书记关于乡村振兴的重要论述 [J]. 毛泽东邓小平理论研究，2020（06）：6-14,108.

48. 何宏庆. 数字金融助推乡村产业融合发展：优势、困境与进路 [J]. 西北农林科技大学学报（社会科学版），2020，20（03）：118-125.

49. 何欣，黄心波，周宇红. 农村老龄人口居住模式、收入结构与贫困脆弱性 [J]. 中国农村经济，2020（06）：126-144.

50. 何欣，朱可涵. 农户信息水平、精英俘获与农村低保瞄准 [J]. 经济研究，2019，54（12）：150-164.

51. 何宇鹏，武舜臣. 连接就是赋能：小农户与现代农业衔接的实践与思考 [J]. 中国农村经济，2019（06）：28-37.

52. 洪秋燕. 巩固拓展脱贫攻坚成果　高质量打赢脱贫攻坚战——关于陇南市 W 区高质量打赢脱贫攻坚战的思考 [J]. 改革与开放，2020（14）：6-9.

53. 侯波. 中国扶贫减贫事业 70 年：历史回顾、基本经验和世界意义 [J]. 经济研究参考，2019（09）：5-13.

54. 胡冰川. 改革开放四十年农业支持保护制度：脉络与发展 [J]. 江淮论坛，2019（02）：29-36.

55. 胡联，张小雨，缪宁. 精英俘获形成机制及对巩固脱贫攻坚成果的启示 [J]. 山西农业大学学报（社会科学版），2020，19（03）：31-38.

56. 黄承伟. 习近平扶贫重要论述与中国特色减贫道路的世界意义 [J]. 当代世界，2021（06）：5-10.

57. 黄季焜，李康立，王晓兵，丁雅文. 农村集体经营性资产产权改革：现状、进程及影响 [J]. 农村经济，2019（12）：1-10.

58. 黄如良. 生态产品价值评估问题探讨 [J]. 中国人口·资源与环境，2015，25（3）：26-33.

59. 黄涛，秦密密. 合作治理在乡村振兴中的运用研究——以郝堂村模式为例 [J]. 信阳师范学院学报（哲学社会科学版），2021，41（01）：26-33.

60. 黄雯. 乡村振兴战略视域下 A 市美丽乡村建设问题研究 [D]. 济

南：山东大学，2020.

61. 黄贤金. 自然资源产权改革与国土空间治理创 [J]. 城市规划学刊，2021（02）：53－57.

62. 黄祖辉. 新阶段中国"易地搬迁"扶贫战略：新定位与五大关键 [J]. 学术月刊，2020，52（09）：48－53.

63. 贾琰钦. 陕西省脱贫攻坚与乡村振兴有效衔接的路径研究 [D]. 西安：西安建筑科技大学，2021.

64. 江泽林. 农村一二三产业融合发展再探索 [J]. 农业经济问题，2021（06）：8－18.

65. 姜长云. 全面推进乡村振兴的法治保障和根本遵循 [J]. 农业经济问题，2021（11）：12－19.

66. 蒋永穆，王运钊. 新中国成立70年来农村基本经营制度变迁及未来展望 [J]. 福建论坛（人文社会科学版），2019（09）：71－79.

67. 孔祥智，张琛. 十八大以来的农村土地制度改革 [J]. 中国延安干部学院学报，2016，9（02）：116－122.

68. 孔祥智. 建设生态宜居美丽乡村的五大模式及对策建议 [J]. 经济与管理科学. 农业经济，2019（01）.

69. 雷明，于莎莎，陆铭. 多维理论视域下的全面乡村振兴 [J]. 广西社会科学，2022（02）：130－140.

70. 李博. 乡村振兴中的人才振兴及其推进路径——基于不同人才与乡村振兴之间的内在逻辑 [J]. 云南社会科学，2020（04）：137－143.

71. 李冬慧，乔陆印. 从产业扶贫到产业兴旺：贫困地区产业发展困境与创新趋向 [J]. 求实，2019（06）：81－91，109－110.

72. 李恩付，刘飞，刘玲. 科技赋能数字农业助力实现乡村振兴战略目标 [J]. 财富时代，2021（07）：26，28.

73. 李凡，颜晗冰，吕果等. 生态产品价值实现机制的前提研究——以南京市高淳区生态系统生产总值（GEP）核算为例 [J]. 环境保护，2021，49（12）：51－58.

74. 李红波，胡晓亮，张小林等. 乡村空间辨析 [J]. 地理科学进展，2018，37（05）：591－600.

75. 李金哲. 困境与路径：以新乡贤推进当代乡村治理 [J]. 求实，2017（06）：87－96.

76. 李宁. 乡村振兴背景下推进人才强农战略路径研究 [J]. 农业经济, 2018 (10): 95 – 96.

77. 李文芳. 美国农事活动对设计乡村旅游项目的启示——以张家界为例 [J]. 福建农科, 2019, 41 (09): 84.

78. 李小建, 胡雪瑶, 史焱文等. 乡村振兴下的聚落研究：来自经济地理学视角 [J]. 地理科学进展, 2021, 40 (01): 3 – 14.

79. 李媛. 国土空间规划背景下乡村振兴战略实施路径研究 [J]. 山西农经, 2022 (10): 33 – 35.

80. 李芸. 常州市金坛区美丽乡村建设研究 [D]. 大连：大连海事大学, 2019.

81. 梁栋, 吴存玉. 乡村振兴与青年农民返乡创业的现实基础、内在逻辑及其省思 [J]. 现代经济探讨, 2019 (05): 125 – 132.

82. 廖彩荣, 郭如良, 尹琴, 胡春晓. 协同推进脱贫攻坚与乡村振兴：保障措施与实施路径 [J]. 农林经济管理学报, 2019, 18 (02): 273 – 282.

83. 廖福霖. 生态产品价值实现 [J]. 绿色中国, 2018 (10): 54 – 57.

84. 廖智琪, 陈修颖. 浅谈推进乡村人才振兴的途径 [J]. 农村经济与科技, 2019, 30 (04): 202 – 203.

85. 林海英, 侯淑霞, 赵元凤, 李文龙, 郭红东. 农村电子商务能够促进贫困户稳定脱贫吗——来自内蒙古的调查 [J]. 农业技术经济, 2020 (12): 81 – 93. DOI: 10.13246/j.cnki.jae.2020.12.006.

86. 刘伯恩. 生态产品价值实现机制的内涵、分类与制度框架 [J]. 环境保护, 2020 (13): 49 – 52.

87. 刘江宜, 牟德刚. 生态产品价值及实现机制研究进展 [J]. 生态经济, 2020 (10): 207 – 212.

88. 刘景华, 亓佩成. 欧洲乡村研究在我国的新推进 [J]. 湘潭大学学报 (哲学社会科学版), 2019, 43 (04): 169 – 176.

89. 刘儒, 刘江, 王舒弘. 乡村振兴战略：历史脉络、理论逻辑、推进路径 [J]. 西北农林科技大学学报 (社会科学版), 2020, 20 (02): 1 – 9.

90. 刘世佳, 魏亚飞. 加大金融服务实体经济力度研究 [J]. 北方经贸, 2020 (06): 6 – 9, 44.

91. 刘晓光, 侯晓菁. 中国农村生态文明建设政策的制度分析 [J]. 中国人口·资源与环境, 2015 (11): 107.

92. 刘馨. 关于乡村人才振兴的研究［J］. 农场经济管理, 2018 (10)：18-22.

93. 刘彦随. 中国东部沿海地区乡村转型发展与新农村建设［J］. 地理学报, 2007, 62 (06)：563-570.

94. 刘彦随. 中国新时代城乡融合与乡村振兴［J］. 地理学报, 2018, 73 (04)：637-650.

95. 龙花楼, 陈坤秋. 基于土地系统科学的土地利用转型与城乡融合发展［J］. 地理学报, 2021, 76 (02)：295-309.

96. 龙花楼, 戈大专, 王介勇. 土地利用转型与乡村转型发展耦合研究进展及展望［J］. 地理学报, 2019, 74 (12)：2547-2559.

97. 龙花楼. 论土地整治与乡村空间重构［J］. 地理学报, 2013, 68 (08)：1019-1028.

98. 龙健. 农村社会保障制度对农民收入影响研究［D］. 湘潭：湘潭大学, 2014：7-8.

99. 卢黎歌, 武星星. 后扶贫时期推进脱贫攻坚与乡村振兴有机衔接的学理阐释［J］. 当代世界与社会主义, 2020 (02)：89-96.

100. 卢青, 万喆, 石明. 以人才振兴推动乡村振兴发展——基于人才流动论的研究综述［J］. 社会科学动态, 2021 (03)：64-70.

101. 陆学艺. 农民真苦 农村真穷［J］. 领导文萃, 2001 (04)：37-41.

102. 马克思恩格斯文集 (第1卷)［M］. 中共中央马克思恩格斯列宁斯大林著作编译局译. 北京：人民出版社, 2009：368.

103. 马克思. 1844年经济学哲学手稿［M］. 北京：人民出版社, 2018.

104. 马铃. 脱贫攻坚与乡村振兴衔接中应当处理好的几个关系［J］. 中国财政, 2020 (08)：18-20.

105. 马玉荣. 如何实现脱贫攻坚成果同乡村振兴有效衔接——专访中国人民大学中国扶贫研究院院长汪三贵［J］. 中国发展观察, 2020 (21)：15-17, 21.

106. 毛利, 叶惠娟. 乡村振兴战略下的乡土人才价值再认识［J］. 农村经济与科技, 2018, 29 (22)：207-209.

107. 毛泽东选集 (第1卷)［M］. 北京：人民出版社, 1991：48.

108. 农业部办公厅关于开展"美丽乡村"创建活动的意见. 中华人民共和国农业部, 2019-02-21.

109. 彭文英，滕怀凯. 市场化生态保护补偿的典型模式与机制构建 [J]. 改革，2021（07）：136－145.

110. 彭湘，李纯阳，黎璇. 浅谈农村外出务工人员返乡创业问题——以湖南武陵山片区为例 [J]. 广东蚕业，2019，53（10）：147－148.

111. 彭振芳，代月姣，林秀梅. 城乡融合视域下乡村振兴战略的人才支撑问题研究 [J]. 新乡学院学报，2022，39（02）：29－31，37.

112. 蒲实，孙文营. 实施乡村振兴战略背景下乡村人才建设政策研究 [J]. 中国行政管理，2018（11）：90－93.

113. 齐文浩，李佳俊，曹建民，滕超. 农村产业融合提高农户收入的机理与路径研究——基于农村异质性的新视角 [J]. 农业技术经济，2021（08）：105－118.

114. 祁迎夏，刘艳丽. 整合与重建：西部乡村生态振兴的新轨迹 [J]. 西安财经大学学报，2020，33（03）：46－52.

115. 钱再见，汪家焰. "人才下乡"：新乡贤助力乡村振兴的人才流入机制研究——基于江苏省 L 市 G 区的调研分析 [J]. 中国行政管理，2019（02）：92－97.

116. 乔家君，马玉玲. 城乡界面动态模型研究 [J]. 地理研究，2016，35（12）：2283－2297.

117. 秦国伟，董玮，宋马林. 生态产品价值实现的理论意蕴、机制构成与路径选择 [J]. 中国环境管理，2022，14（02）：70－75.

118. 秦秋霞，郭红东，曾亿武. 乡村振兴中的数字赋能及实现途径 [J]. 江苏大学学报（社会科学版），2021，23（05）：22－33.

119. 丘水林，靳乐山. 生态产品价值实现：理论基础、基本逻辑与主要模式 [J]. 农业经济，2021（04）：106－108.

120. 丘水林，庞洁，靳乐山. 自然资源生态产品价值实现机制：一个机制复合体的分析框架 [J]. 中国土地科学，2021，35（01）：10－17，25.

121. 冉光和. 现代农村金融制度构建与创新 [M]. 北京：科学出版社，2013：60－62.

122. 沈费伟. 乡村技术赋能：实现乡村有效治理的策略选择 [J]. 南京农业大学学报（社会科学版），2020，20（02）：1－12.

123. 沈辉，李宁. 生态产品的内涵阐释及其价值实现 [J]. 改革，2021（09）：145－155.

124. 沈忻昕. 城镇化进程中城乡基本公共服务政策存在的问题 [J]. 农业经济, 2020 (06): 29 - 32.

125. 石丹淅, 王轶. 乡村振兴视域下农民工返乡创业质量影响因素及其政策促进 [J]. 求是学刊, 2021, 48 (01): 90 - 101.

126. 宋明轩, 谢春山. 国内外乡村旅游发展理念、历程和模式比较分析 [J]. 沈阳农业大学学报 (社会科学版), 2019, 21 (04): 385 - 391.

127. 苏德林. 持续推进美丽乡村建设 华南地区生态宜居乡村不断涌现 [J]. 国土绿化, 2019 (12): 14 - 17.

128. 孙好勤, 邵建成. 农业科技人才队伍建设与政策研究 [J]. 中国农学通报, 2006 (09): 518 - 522.

129. 孙庆刚, 郭菊娥, 安尼瓦尔·阿木提. 生态产品供求机理一般性分析——兼论生态涵养区"富绿"同步的路径 [J]. 中国人口·资源与环境, 2015, 25 (03): 19 - 25.

130. 孙雯. 生态理性: 生态文明社会的价值观转向——基于生态马克思主义的经济理性批判视角 [J]. 学习与探索, 2019 (03): 8 - 14.

131. 孙晓军. 完善集体经营层次是乡村振兴战略全局的中心环节 [J]. 毛泽东邓小平理论研究, 2022 (01): 37 - 47, 107.

132. 谭九生, 任蓉. 大数据嵌入乡村治理的路径创新 [J]. 吉首大学学报 (社会科学版), 2017, 38 (06): 30 - 37.

133. 唐承丽, 贺艳华, 周国华等. 基于生活质量导向的乡村聚落空间优化研究 [J]. 地理学报, 2014, 69 (10): 1459 - 1472.

134. 唐寒彬. 科技赋能乡村振兴——时代趋势与产业实践 [M]. 北京: 电子工业出版社, 2022.

135. 唐琳. 乡村振兴中少数民族文化数字化保护和传承研究——5G 时代广西文化产业转型研究系列论文之一 [J]. 南宁师范大学学报 (哲学社会科学版), 2019, 40 (05): 85 - 91.

136. 涂华锦, 邱远, 赖星华. 科技人才下乡助力乡村振兴的困境与实践——基于广东省河源市的田野调查 [J]. 中国高校科技, 2020 (04): 83 - 86.

137. 涂圣伟. 脱贫攻坚与乡村振兴有机衔接: 目标导向、重点领域与关键举措 [J]. 中国农村经济, 2020 (08): 2 - 12.

138. 汪发元, 叶云. 乡村振兴战略背景下的农村经营体制改革 [J]. 学习与实践，2018（12）：38 - 43.

139. 汪慧琳，温杰，陈明君. 数字乡村建设背景下乡村公共空间的传承与重构 [J]. 山西农经，2022（02）：20 - 22.

140. 汪甦. 聚焦全力打造生态宜居美丽乡村 [N]. 长江日报，2019 - 12 - 02（007）.

141. 王东京. 巩固脱贫攻坚成果需建立长效机制 [J]. 中国人大，2020（21）：46 - 48.

142. 王国忠. 把脱贫攻坚经验运用于乡村振兴 [J]. 社会主义论坛，2020（05）：24 - 26.

143. 王惠林，洪明. 政府治理与村民自治的互动机制、理论解释及政策启示——基于"美丽乡村建设"的案例分析 [J]. 学习与实践，2018（03）：105 - 112.

144. 王介勇，戴纯，刘正佳，李裕瑞. 巩固脱贫攻坚成果，推动乡村振兴的政策思考及建议 [J]. 中国科学院院刊，2020，35（10）：1273 - 1281.

145. 王金南，刘桂环. 完善生态产品保护补偿机制促进生态产品价值实现 [J]. 中国经贸导刊，2021（11）：44 - 46.

146. 王金南，王夏晖. 推动生态产品价值实现是践行"两山"理念的时代任务与优先行动 [J]. 环境保护，2020，48（14）：9 - 13.

147. 王俊程，窦清华，胡红霞. 乡村振兴重点帮扶县乡村人才突出问题及其破解 [J]. 西北民族大学学报（哲学社会科学版），2022（04）：104 - 112.

148. 王俊程，武友德，钟群英. 我国原深度贫困地区脱贫成果巩固的难点及其破解 [J]. 西安财经大学学报，2021，34（02）：64 - 72.

149. 王磊，但斌，王钊. 基于功能拓展的生鲜农产品供应商"互联网 +"转型策略 [J]. 商业经济与管理，2018（12）：5 - 17.

150. 王黎明. 生态农村建设：乡村振兴的重要路径 [J]. 湖北理工学院学报（人文社会科学版），2019（04）.

151. 王立胜，张弛. 不断完善农村基本经营制度：乡村振兴战略的制度基础 [J]. 理论学刊，2020（02）：53 - 59.

152. 王宁. 地方分层、人才流动与城市人才吸引力——"地理流动与社会流动"理论探究之二 [J]. 同济大学学报（社会科学版），2014，25（06）：47 - 55，109.

153. 王文龙. 中国美丽乡村建设反思及其政策调整建议——以日韩乡村建设为参照 [J]. 农业经济问题, 2016 (10).

154. 王武林, 包滢晖, 毕婷. 乡村振兴的人才供给机制研究 [J]. 贵州民族研究, 2021, 42 (04): 61 – 68.

155. 王小华, 杨玉琪, 程露. 新发展阶段农村金融服务乡村振兴战略: 问题与解决方案 [J]. 西南大学学报 (社会科学版), 2021, 47 (06): 41 – 50, 257 – 258.

156. 王小林, 冯贺霞. 2020 年后中国多维相对贫困标准: 国际经验与政策取向 [J]. 中国农村经济, 2020 (03): 2 – 21.

157. 王学男. 城镇化进程中的团结融合——《少数民族流动儿童的城市社会融入问题与对策研究》书评 [J]. 教育观察, 2020, 9 (02): 2, 145.

158. 王亚华, 苏毅清. 乡村振兴——中国农村发展新战略 [J]. 中央社会主义学院学报, 2017 (06).

159. 王瑜. 电商参与提升农户经济获得感了吗? ——贫困户与非贫困户的差异 [J]. 中国农村经济, 2019 (07): 37 – 50.

160. 王卓, 董贝贝. 相对贫困治理的内生动力机制与运行逻辑 [J]. 社会科学研究, 2021 (04): 110 – 117.

161. 魏后凯. "十四五"时期中国农村发展若干重大问题 [J]. 中国农村经济, 2020 (01): 2 – 16.

162. 魏后凯. 人才是乡村振兴中最关键最活跃的因素 [J]. 农村工作通讯, 2018 (09): 45.

163. 魏莉华.《土地管理法》的修订背景和主要特点 [J]. 农村经营管理, 2017 (09): 25 – 27.

164. 温暖. 多元共治: 乡村振兴背景下的农村生态环境治理 [J]. 云南民族大学学报 (哲学社会科学版), 2021, 38 (03): 115 – 120.

165. 温涛, 何茜. 新时代中国乡村振兴战略实施的农村人力资本改造研究 [J]. 农村经济, 2018 (12): 100 – 107.

166. 吴金和, 冯洁. 奏响产业融合交响曲——记德清县东衡村农村产业融合发展示范园 [J]. 浙江经济, 2019 (05): 22 – 23.

167. 吴敬琏. 当代中国经济改革教程 [M]. 上海: 远东出版社, 2018.

168. 吴林妃, 陈丽君, 庄俐, 符建荣. 从激励机制视角探析农业科研院所人力资源管理 [J]. 农业科技管理, 2014, 33 (04): 84 – 88.

169. 吴明玺. 打造绿色生态宜居美丽乡村 [J]. 江南论坛, 2022 (04): 47 – 50.

170. 吴山保, 孙恩. 人才向基层一线流动的困境和对策 [J]. 中州学刊, 2015 (11): 91 – 94.

171. 吴绍华, 侯宪瑞, 彭敏学等. 生态调节服务产品价值实现的适宜性评价及模式分区——以浙江省丽水市为例 [J]. 中国土地科学, 2021, 35 (04): 81 – 89.

172. 吴天龙, 王欧, 习银生. 建立和完善农企利益联结机制 [J]. 中国发展观察, 2020 (23): 54 – 56

173. 吴宇哲, 孙小峰. 改革开放 40 周年中国土地政策回溯与展望: 城市化的视角 [J]. 中国土地科学, 2018, 32 (07): 7 – 14.

174. 武国峰, 王蕊, 柏宗春, 周明月, 还红华. 乡村振兴背景下江苏促进科技人才向乡村流动的对策研究 [J]. 农业科技管理, 2021, 40 (06): 82 – 85.

175. 习近平. 共谋绿色生活共建美丽家园 [N]. 人民日报, 2019 – 04 – 29.

176. 习近平. 决胜全面建成小康社会夺取新时代中国特色社会主义伟大胜利 [M]. 北京: 人民出版社, 2017.

177. 习近平. 推动我国生态文明建设迈上新台阶 [J]. 求是, 2019 (03): 4 – 19.

178. 习近平. 在纪念马克思诞辰 200 周年大会上的讲话 [N]. 人民日报, 2018 – 05 – 05.

179. 习近平在中共中央政治局第四十一次集体学习时强调　推动形成绿色发展方式和生活方式　为人民群众创造良好生产生活环境 [N]. 人民日报, 2017 – 05 – 28.

180. 谢花林, 刘志飞, 徐步朝. "六链融合" 协同推进生态产品价值实现 [J]. 中国土地, 2021 (11): 32 – 35.

181. 谢花林, 唐茂林, 刘志飞. 乘势而上答好我国农业农村现代化 "新时代答卷" [N] 光明网, 2021 – 09 – 18.

182. 谢花林. 以生态产品价值实现助力乡村振兴 [N]. 江西日报, 2021 – 09 – 13.

183. 谢花林. "五个发力" 促进生态产品价值实现的 "莲花经验" [N].

江西新闻客服端，2022 - 08 - 05.

184. 新华社．保持生态文明建设战略定力　努力建设人与自然和谐共生的现代化［N］．人民日报，2021 - 05 - 02.

185. 邢成举，李小云，史凯．巩固拓展脱贫攻坚成果：目标导向、重点内容与实现路径［J］．西北农林科技大学学报（社会科学版），2021，21（05）：30 - 38.

186. 邢成举，李小云．超越结构与行动：中国特色扶贫开发道路的经验分析［J］．中国农村经济，2018（11）：32 - 47.

187. 邢成举，李小云．精准扶贫与新型地方政府形塑［J］．北京工业大学学报（社会科学版），2020，20（01）：26 - 33.

188. 邢成举．政策衔接、扶贫转型与相对贫困长效治理机制的政策方向［J］．南京农业大学学报（社会科学版），2020，20（04）：133 - 143.

189. 熊凤平．京津冀一体化过程中的人才流动分析——基于河北视角的研究［J］．特区经济，2007（05）：53 - 55.

190. 徐爱清．看看国外发达国家如何建设美丽乡村［J］．农民科技培训，2018（10）：45 - 46.

191. 徐俊潇．山东省生态宜居美丽乡村建设研究［D］．长春：吉林农业大学，2020.

192. 徐娜．国土空间规划体系下的重庆市乡村振兴分级规划要点探讨［J］．规划师，2021，37（16）：42 - 46.

193. 杨建海，曹艳，王轶．乡村振兴战略背景下返乡创业扶持政策的就业拉动效应［J］．改革，2021（09）：104 - 120.

194. 杨忍，刘彦随，龙花楼等．中国乡村转型重构研究进展与展望：逻辑主线与内容框架［J］．地理科学进展，2015，34（08）：1019 - 1030.

195. 杨忍，潘瑜鑫．中国县域乡村脆弱性空间特征与形成机制及对策［J］．地理学报，2021，76（06）：1438 - 1454.

196. 姚树荣，周诗雨．乡村振兴的共建共治共享路径研究［J］．中国农村经济，2020（02）：14 - 29.

197. 叶兴庆．为实施乡村振兴战略提供制度保障［J］．中国农村经济，2020（06）：15 - 18.

198. 叶云，汪发元，裴潇．信息技术产业与农村一二三产业融合：动力、演进与水平［J］．农业经济与管理，2018（05）：20 - 29.

199. 余星涤. 自然资源领域生态产品价值的实现 [J]. 中国土地，2020 (07)：28 - 30.

200. 喻蓉. 衡山县美丽乡村建设对策研究 [D]. 长沙：中南林业科技大学，2019.

201. 袁方成. 大数据技术在乡村治理中有很大的应用价值 [J]. 中国民政，2018 (10)：14.

202. 张健翎. 防治返贫巩固脱贫攻坚成果调查研究——以贵州省黔东南州为例 [J]. 理论与当代，2020 (06)：24 - 26.

203. 张京祥，陈浩. 空间治理：中国城乡规划转型的政治经济学 [J]. 城市规划，2014，38 (11)：9 - 15.

204. 张京祥，夏天慈. 治理现代化目标下国家空间规划体系的变迁与重构 [J]. 自然资源学报，2019，34 (10)：2040 - 2050.

205. 张婧. 日本一村一品运动走向世界对中国乡村振兴的启示 [J]. 日本问题研究，2019，33 (05)：57 - 66.

206. 张磊. 新时代美丽乡村建设研究 [D]. 哈尔滨：东北林业大学，2021.

207. 张林波，虞慧怡，郝超志等. 生态产品概念再定义及其内涵辨析 [J]. 环境科学研究，2021 (03)：655 - 660.

208. 张林波，虞慧怡，李岱青，贾振宇，吴丰昌，刘旭. 生态产品内涵与其价值实现途径 [J]. 农业机械学报，2019，50 (06)：173 - 183.

209. 张萌，张秀平. 以人才振兴助力乡村振兴 [J]. 合作经济与科技，2019 (04)：109 - 111.

210. 张明湘. 实施乡村振兴战略的目标原则及路径探讨 [J]. 淮南职业技术学院学报，2019，19 (02)：127 - 128.

211. 张鹏，刘承. 巩固拓展脱贫攻坚成果同乡村振兴有效衔接的逻辑机理与实现路径 [J]. 改革与战略，2021，37 (07)：88 - 97.

212. 张守夫，张少停. "三权分置"下农村土地承包权制度改革的战略思考 [J]. 农业经济问题，2017，38 (02)：9 - 15.

213. 张勋，万广华，张佳佳，何宗樾. 数字经济、普惠金融与包容性增长 [J]. 经济研究，2019，54 (08)：71 - 86.

214. 张元洁，田云刚. 马克思的产业理论对乡村产业振兴的指导意义 [J]. 中国农村经济，2020 (10)：2 - 16.

215. 章越松. 乡村治理视域下乡贤的含义、样态与定位 [J]. 绍兴文理学院学报（哲学社会科学），2017，37（04）.

216. 赵邦宏. 新时代背景下新型农业经营主体与新型农民"两新融合"机制构建研究［J］. 农业技术经济，2022（01）：146.

217. 赵国党，李慧. 乡村生态环境"微治理"的逻辑机理与运行机制研究［J］. 中州学刊，2021（05）：80-85.

218. 赵俊亚. 新时代城乡融合发展的意义、困境与路径探析［J］. 农业经济，2021（03）：93-94.

219. 赵送琴，冯怡，彭迪云. 乡村振兴背景下中部地区乡村人力资本的问题与对策研究［J］. 南昌大学学报（人文社会科学版），2019，50（06）：45-55.

220. 赵天闻. 农村人力资源供给视角下乡村振兴问题研究［J］. 智库时代，2018（50）：25-26.

221. 赵文，马嫚. 中国与日本乡村旅游优势比较分析［J］. 农村经济与科技，2019，30（05）：82-84.

222. 赵霞，韩一军，姜楠. 农村三产融合：内涵界定、现实意义及驱动因素分析［J］. 农业经济问题，2017，38（04）：49-57，111.

223. 赵秀玲. 乡村振兴下的人才发展战略构想［J］. 江汉论坛，2018（04）：10-14.

224. 甄敬霞，张磊. 以文化扶贫巩固新疆脱贫攻坚成果［J］. 中共乌鲁木齐市委党校学报，2020（01）：1-7.

225. 郑南. 切实把监督抓到底抓到位　坚持巩固脱贫攻坚成果［J］. 支部建设，2020（15）：12-13.

226. 郑瑞强，胡春晓，赵烨. 脱贫攻坚经验总结及成果巩固策略研究——以江西为例［J］. 农林经济管理学报，2020，19（05）：634-642.

227. 郑晓冬，上官霜月，陈典，方向明. 有条件现金转移支付与农村长期减贫：国际经验与中国实践［J］. 中国农村经济，2020（09）：124-144.

228. 郑雄飞，吴振其. 乡村振兴与农地流转体制机制创新研究——基于地权配置的视角［J］. 浙江工商大学学报，2021（02）：121-129.

229. 中共浙江省委办公厅、浙江省人民政府办公厅关于实施"千村示范、万村整治"工程的通知［EB/OL］. 浙江省人民政府网，2003.

230. 中共中央党校. 习近平新时代中国特色社会主义思想基本问题［M］. 北京：人民出版社，2020：313.

231. 中共中央文献研究室. 习近平关于社会主义经济建设论述摘编
[M]. 北京：中央文献出版社，2017.

232. 中共中央文献研究室. 新时期农业和农村工作重要文献选编 [M].
北京：中央文献出版社，1992：139.

233. 中共中央文献研究室：十八大以来重要文献选编（上）[M]. 北
京：中央文献出版社，2014：668.

234. 中共中央宣传部. 习近平总书记系列重要讲话读本 [M]. 北京：
人民出版社，2014：135.

235. 钟真，黄斌，李琦. 农村产业融合的"内"与"外"——乡村旅游
能带动农业社会化服务吗 [J]. 农业技术经济，2020（04）：38－50.

236. 仲红岩. 在外乡贤"叶落归根"路径研究 [J]. 唯实，2017（11）.

237. 周国华，刘畅，唐承丽等. 湖南乡村生活质量的空间格局及其影响
因素 [J]. 地理研究，2018，37（12）：2475－2489.

238. 朱炯炯，李国新，龙正阳. 云南生态宜居美丽乡村建设路径研究
[J]. 西南林业大学学报（社会科学版），2022，6（03）：77－81.

239. 朱明霞. 乡村振兴视域下美丽乡村建设规划策略研究 [D]. 哈尔
滨：哈尔滨工业大学，2020.

240. 朱泳青. 新时代背景下乡村振兴战略的内涵探究与实践展望 [J].
湖北农机化，2019（02）：3－5.

241. 邹志平. 安吉中国美丽乡村模式研究 [D]. 上海：复旦大学，2010.

242. 左停，徐卫周. 从二维并行到一体互嵌：2020年后开发式扶贫与保障
性扶贫的统筹发展 [J]. 华中科技大学学报（社会科学版），2020，34（02）：
39－46.

243. Benstead K. , Spacey R. , Goulding A. , Changing public library service
delivery to rural communities in England [J]. New Library World, 2004, 105
(11/12)：400－409.

244. Cejudo E. , Navarro F. . Neoendogenous Development in European Rural
Areas [M]. Cham：Springer International Publishing, 2020.

245. Derek Hall. Rural tourism management：sustainable options conference
[J]. International Journal of Tourism Research, 2000（04）：295－299.

246. Dolores Richter, Achim Ecker. Preparations for a New World：An Experi-
ment in Community in Germany [J]. Permaculture Magazine, 2004（39）：27－30.

247. Ecovillage Map [EB/OL]. [2015 – 07 – 05]. https：//ecovillage. org/.

248. Ge D. Z. , Zhou G. P. , Qiao W. F. , et al. , Land use transition and rural spatial governance：Mechanism, framework and perspectives [J]. Journal of Geographical Sciences, 2020, 30（8）：1325 – 1340.

249. Maddy Harland. A. , Dip in a Natural Swimming Pool [J]. Permaculture Magazine, 2004（42）：17 – 19.

250. Martin Oppermann. Rural tourism in Southern Germany [J]. Annals of Tourism Research, 1996, 23（1）.

251. Myers N. E. , nvironmental services of biodiversity [J]. Proceedings of the National Academy of Sciences of the United States of America, 1996, 93（7）：2764 – 2772.

252. Owen D. , Hogarth T. , Green A E. Skills, transport and economic development：evidence from a rural area in England [J]. Journal of Transport Geography, 2012（21）：80 – 92.

253. Simin, Denok Kurniasih, Darmanto Sahat Setyawan Manurung, Guntur Gunarto, Zaula Rizqi. Village Budgeting：Where Does It Come From? [P]. Proceedings of the Third International Conference on Social Transformation, Community and Sustainable Development（ICSTCSD 2019）, 2020.

254. Siti Zunariyah, Akhmad Ramdhon. The Empowerment of Setabelan Tourist Village Based on Culture and Locality [P]. Proceedings of the Third International Conference on Social Transformation, Community and Sustainable Development（ICSTCSD 2019）, 2020.

255. Van Der Ryn S. , Cowan S. , Ecological design [M]. Washington DC：Island Press, 1993.

256. Villagómez-Cortés J. A. , Del-Ngel-Pérez A. L. , The ehics of payment for ecosystem services [J]. Carpathian Journal of Earth and Environmental Sciences, 2013, 5（5）：278 – 286.